धर्मोरक्षति

धर्मोरक्षति

आचार्य चतुरसेन

प्रकाशक
प्रभात प्रकाशन प्रा. लि.
4/19 आसफ अली रोड, नई दिल्ली-110002
फोन : 011-23289777 • हेल्पलाइन नं. : 7827007777
इ-मेल : prabhatbooks@gmail.com ❖ वेब ठिकाना : www.prabhatbooks.com

संस्करण
2026

पेपरबैक मूल्य
पाँच सौ रुपए

मुद्रक
श्री साई प्रिंटर्स, साहिबाबाद

DHARMORAKSHATI
novel by Acharya Chatursen

Published by **PRABHAT PRAKASHAN PVT. LTD.**
4/19 Asaf Ali Road, New Delhi-110002

ISBN 978-93-90900-32-9

₹ 500.00 (PB)

पुस्तक परिचय

महाभारत पर आधारित यह रचना आचार्य चतुरसेन के अप्रकाशित साहित्य की अमूल्य निधि है। महाभारत में यों तो असंख्य पात्र हैं; परंतु इसमें कृष्ण, द्रौपदी, गांधारी, कुंती, अर्जुन, कर्ण, युधिष्ठिर और भीम के महत्त्वपूर्ण चरित्रों का औपन्यासिक वर्णन है। कृष्ण इस कथावस्तु में धुरी के समान है, जिसके चारों ओर महाभारत के सभी पात्र घूमते हैं।

गांधारी और द्रौपदी का संघर्षमय जीवन महाभारत के शीर्ष पुरुषों से भी अधिक उत्सर्गमय है। गांधारी विवाह के समय से ही आँखों पर पट्टी बाँधकर पति की भाँति स्वेच्छा से जीवन भर दृष्टिहीन रही। इसी से उसे महान् पतिव्रता माना गया। परंतु द्रौपदी का पातिव्रत्य उससे सर्वथा भिन्न है। कृष्ण उसके पातिव्रत्य और महानता के पोषक हैं। अर्जुन का शौर्य अद्भुत है, परंतु उस शौर्य के प्राण भी स्वयं कृष्ण हैं। कृष्ण जैसा महान् योगी व राजनीतिज्ञ विश्वसभ्यता के इतिहास में दूसरा नहीं हुआ।

इस उपन्यास में वर्णित कृष्ण की राजनीति, कर्मनीति तथा राधा की भावमूर्ति विश्व साहित्य में अनुपम और विलक्षण हैं। गांधारी और द्रौपदी के तपोपूत जीवन तो महाभारत के शीर्ष-पुरुषों से भी अधिक उत्सर्गमय हैं। सारा उपन्यास बड़ा ही रोचक और मनोरंजक है। स्त्री-पुरुष, बाल-वृद्ध समान रूप से इसका आनंदलाभ करेंगे।

* सब मनुष्यों को परमार्थ साधन का समान अधिकार है। सर्वभूतहित ही सबसे बड़ा धर्म है।
* यतोऽभ्युदय निःश्रेयसः सिद्धिः स धर्मः—जिसके योग से अभ्युदय और निःश्रेयस् की प्राप्ति हो, वही धर्म है।

अनुक्रम

सद्यःस्नाता

इंद्रधनुष के समान भृकुटि, अर्धचंद्र-सा रुपहला ललाट, उद्वेलित कमल-नेत्र, मुकुरांगी युगल पुत्तलिकाएँ, यौवन से मदालस दृष्टि, किंशुक कपोल, प्रफुल्लित अधर, संपुष्ट मृणाल-सी ग्रीवा, अनावृत स्कंध, शुभ्रस्निग्धा प्रलंब शर-सी लहराती तन्वंगी देहयष्टि, भीगे कौशेय में झाँकते समुन्नत उरोज, आजानु लहराती मेघमाला-सी सघन केशराशि, सानुपात उद्भासित जघन-प्रदेश, क्षीण कटि, अधोवस्त्र के कूल बाहुमूलों में एवं मध्य भाग अधरों में दबाए, मंजुल-मृदुल गीत गुनगुनाती, अलौकिक सौंदर्य की साकार प्रतिमा, गंगा के निर्जन पुलिन पर स्वर्ग की अप्सरा-सी अमल धवल स्वरूपमुग्धा नवयौवना वह एकाकिनी सद्यःस्नाता सद्यःकिशोरी।

गुनगुना रही थी, हास्य-लास्य बिखेर रही थी, केशराशि निचोड़ रही थी, निर्जन स्थल को रूप-आलोक से भर रही थी।

ऐसे ही क्षणों में प्रतापी महाराज शांतनु मृगया-आखेट करते नदी-कल की उस दिशा में आ निकले। हरिण भयभीत हो वेगपूर्वक कुलाँचें भर घनी झाड़ियों में जा छिपे, परंतु उनसे बिछड़ा एक मृगशावक अभय-शरण खोजता उसी सद्यःस्नाता किशोरी के पैरों में आ गिरा। किशोरी की गुनगुनाहट की मृदु स्वरलहरी अकस्मात् भंग हो गई। उसने भीत मृगशावक पर एक कोमल दृष्टि फेंक सम्मुख देखा।

साक्षात् कामदेव शर-संधान को तत्पर, वज्र हाथों में धनुष पर खिंचा तीर, भुजाओं की तनी हुई मांसपेशियाँ, विस्मय भरे नेत्र, श्रम-सीकरों से भरा तेजस्वी मुखमंडल, पूर्ण पुरुषत्व की साकार छवि, निष्कंप-स्तब्ध वह सुदर्शन महाबली।

किशोरी के उस कोमल अनुदृष्टिपात ने महाराज शांतनु को आचूड़ उद्वेलित कर रोमांचित कर दिया। उनके धनुष पर चढ़ा तीर खिसककर पृथ्वी पर आ गिरा। वे आखेट से विमुख हो, उस लावण्यमयी अनुपम दिव्य सुंदरी को निहारने लगे।

सद्यःस्नाता के मुक्त केशों से झरते जलकणों की मुक्तादामन को देख उन्होंने

उसके निकट आकर कहा, "शुभे, अवगाहनाभिषिक्त शरीर का सौंदर्य-बोध तो मुझे आज ही हुआ। वय:संधि की प्रथम अवस्था में किशोरी के तन-मन, नैन-बैन के समवेत लावण्यामृत-स्नान का साक्षात् दर्शन-सुयोग भी इस मृगशावक के माध्यम से अनायास ही मुझे मिल गया। दुग्ध-धवल स्फटिक-शिला की प्रतिमा-सी तुम कौन हो?"

किशोरी ने मृगशावक के भय का कारण जान उत्तर दिया, "इस निर्जन कूल की मैं स्वामिनी हूँ, यहाँ आखेट और प्रवेश वर्जित है।"

"परंतु सौभाग्यवश ही इस मृगशावक ने मुझे तुम्हारी इस शरणस्थली में पहुँचा दिया है।"

"अनुद्धत-अनुद्भट महाबली, आप कुछ देर उस वृक्ष की ओट में सुरभित वायु का आनंद लीजिए, श्रम-सीकर सुखाइए। मैं कौशेय बदल लूँ।"

पुष्प-पल्लवित वृक्ष के तले अपना धनुष कंधे से उतार शांतनु प्रेमाकर्षण की सुखद अनुभूति से भर उठे। अपनी जीवन-संगिनी की जिस दुर्लभ अलौकिक कल्पनामूर्ति ने अभी तक उनका हृदय-शून्य बना रखा था, आज इस क्षण उसकी पूर्ति हो गई। मृगशावक उनके सामने से कुलाँचें भरता निकल गया, यह देख उनका मन पुलकित हो नाच उठा।

"अरे, महाबली के आगे से आखेट निकल गया और धनुष पृथ्वी पर पड़ा रह गया।"

हास्य और मधुर वाणी सुन उन्होंने मुड़कर देखा, वही अलौकिक मूर्ति उनके हृदय में पैठ उन पर व्यंग्य कर रही है।

वह निकट आकर उनके सम्मुख बैठ गई। उसने कहा, "सुखद वायु बह रही है। आप क्या दूर से आए हैं?"

"मैं हस्तिनापुरपति शांतनु हूँ। एकाकी और शून्य हूँ।"

"वाह, महाराज शांतनु, इतने विस्तृत राज्य में भी व्यथित हैं? क्या कारण है? क्या राज्य-काज?"

"राजकाज से नहीं, शून्य मन से व्यथित हूँ।"

"क्या राजमहिषी ने मन पर अधिकार नहीं किया?"

"अभी राजमहल में वह पद सर्वदा शून्य है। अंत:पुर हास्यविलास से रहित है।"

"कारण?"

"यही कि दैव ने तुम्हें अभी तक मुझसे छिपाकर इस निर्जन नदी कूल पर रखा।"

यह सुनकर किशोरी खिलखिलाकर हँस पड़ी। उसने कहा, "मुझे प्राप्त करने का स्वप्न त्याग दीजिए।"

"क्यों शुभे, क्या राजमहिषी पद तुम्हें प्रिय नहीं?"

"मैं महर्षि जह्नु की शापभ्रष्टा कन्या गंगा हूँ, जो एकाकी ही रहने को बाध्य है।"

"सुमध्यमे, गोपनीय न हो तो कारण स्पष्ट कर मेरा दुःख दूर करो।"

"गोपनीय ही है राजन्, परंतु महर्षि वसिष्ठ के आदेश में एक आशा भी है।"

"सो कहो शुभे, मैं उसे स्वीकार करूँगा।"

"आपकी पत्नी बनकर मैं जो कुछ भी करूँ, भला या बुरा, आप मुझे रोकेंगे नहीं और न अप्रिय वचन कहेंगे। यदि कभी आप मेरे साथ ऐसा आचरण कर बैठे, तो मैं तुरंत ही आपको छोड़कर चली जाऊँगी।"

शांतनु उसके रूप और तेज से इतने विमोहित और प्रभावित थे कि उन्होंने गंगा की बात स्वीकार कर ली।

गंगा स्वर्णरथ में बैठ शांतनु के साथ महलों में आई और विवाह कर राजमहिषी बनी।

कुछ वर्ष आनंद-विहार में व्यतीत होने पर उन्हें प्रथम पुत्र की प्राप्ति हुई। गंगा ने नवशिशु को उसी निर्जन गंगा कूल पर ले जाकर पतित-पावनी जाह्नवी में फेंक दिया। यह देख शांतनु अवाक् रह गए, परंतु कुछ बोले नहीं। फिर दूसरा पुत्र होने पर भी गंगा ने वही किया, नवशिशु को गंगा में फेंक दिया। इस प्रकार सात पुत्र हुए और उत्पन्न होते ही गंगा में फेंक दिए गए। जब आठवाँ पुत्र भी वह गंगा में फेंकने लगी, तब शांतनु न रह सके। उन्होंने पत्नी का हाथ पकड़कर कहा—

"इस पुत्र को न मारो। तुम कैसी माता हो, जो अपनी ही संतान को नष्ट करने पर तुली हुई हो? तुम्हें पुत्र-हत्या का निंदित कार्य करते तनिक भी दुःख नहीं होता?"

"ठीक है, मैं तुम्हारे इस पुत्र को नहीं मारूँगी। इस यशस्वी पुत्र का नाम 'गंगादत्त' रखना। परंतु अपने वचन के अनुसार अब मैं तुम्हारे पास नहीं रह सकती। गंगादत्त अभी शिशु अवस्था में है, इसलिए अभी अपने साथ लिये जाती हूँ। बड़ा होने पर आपके पास छोड़ जाऊँगी।"

गंगा नवजात शिशु को लेकर चली गई। उसके जाने तथा पत्नी और पुत्र के वियोग से दुःखी शांतनु खिन्न होकर विरक्त की भाँति रहने लगे।

उक्त घटना के अठारह वर्ष बाद एक दिन महाराज शांतनु किसी हिंसक पशु का पीछा करते हुए भागीरथी गंगा के तट पर आए। उन्होंने देखा कि गंगा में बहुत थोड़ा जल रह गया है। कारण ज्ञात करने वे कुछ ऊपर चले, तो देखा कि एक कुमार दिव्यास्त्र का अभ्यास कर रहा है और अपने तीखे बाणों से गंगा की धारा को रोककर खड़ा है। यह देख उन्हें बहुत आश्चर्य हुआ। कुमार उन्हें देखकर वहाँ से चला गया। परंतु कुछ समय बाद ही गंगा कुमार का हाथ पकड़े शांतनु के समीप आई और बोली, "महाराज, मैं आपकी पत्नी गंगा हूँ और यह आपका आठवाँ पुत्र गंगादत्त है। अब यह 'देवव्रत' कहलाएगा। यह पुरुषसिंह संपूर्ण अस्त्रवेत्ताओं में श्रेष्ठ है। अब आप इसे ग्रहण कीजिए। शुक्राचार्य के नीतिशास्त्र को, बृहस्पति के शास्त्र को और जमदग्निनंदन परशुराम की अस्त्र-विद्या को भी यह कुमार जानता है। राजधर्म और अर्थशास्त्र का महान् पंडित यह पुत्र आपको समर्पित है।"

पुत्र का हाथ शांतनु को पकड़ाकर गंगा अंतर्धान हो गई।

शांतनु अपने अठारह वर्षीय पुत्र को लेकर राजधानी लौटे और उसे युवराज पद पर अभिषिक्त कर दिया। इसके चार वर्ष बाद महाराज शांतनु यमुना नदी के निकटवर्ती वन में गए। वहाँ घूमते-घूमते उन्होंने देवांगना के समान एक अप्रतिम सुंदरी देखी। शांतनु के पूछने पर सुंदरी ने कहा, "मैं निषादराज दाशराज की पुत्री काली हूँ और धर्मार्थ नाव चलाती हूँ।"

रूप-माधुर्य और प्रतिभावान उस सुंदर कन्या पर मोहित हो महाराज ने निषादराज के पास जाकर कहा, "आपकी कन्या से मैं विवाह करना चाहता हूँ।"

निषादराज ने उत्तर दिया, "मुझे आपसे अधिक योग्य वर और कहाँ मिल सकता है। परंतु मेरी एक शर्त है।"

"निषादराज, पहले उसे सुन लूँ कि स्वीकार करने योग्य है भी या नहीं।"

"महाराज, विवाह की शर्त यह है कि इसके गर्भ से जो पुत्र उत्पन्न हो, वही आपके राज्य का उत्तराधिकारी घोषित किया जाए।"

निषादराज की बात सुनकर महाराज उदास हो गए और दुःखी मन राजमहल में लौट गए।

देवव्रत इस समय पूर्ण यौवनावस्था में थे। वे बहुत सुंदर, सभ्य और सुहृद् युवक थे। उनकी वीरता, पराक्रम और राज-संचालन की क्षमता से प्रजाजन बहुत

प्रसन्न थे। एक बार काशिराज की बड़ी कन्या अंबा से उनका साक्षात् हो गया था। आँखें चार होते ही दोनों परस्पर मोहित हो गए थे। दोनों ने एक कच्चे डोरे के सहारे अपनी धुँधली आशा को बाँध रखा था। यद्यपि इस एक बार के साक्षात् के बाद फिर दोनों नहीं मिल सके थे, पर क्षण भर को भी एक-दूसरे को भूले नहीं थे। जब देवव्रत वन में, लता-कुंज में, एकांत शैया पर अपने भविष्यत् गृहस्थ-जीवन की कल्पना मूर्ति बनाया करते, तब उनके होंठ खुशी से फूल उठते थे, आँखों की नसें उभर आती थीं और कभी-कभी तो उनकी कुंदकली के समान धवल दंतावली भी अपनी बहार दिखा जाती थी। उनके इस सुख का कारण यही था कि उन्हें अपने विवाह में कोई विघ्न नहीं दिखता था, कितनी बार तो वे स्वप्न में विवाह कर भी चुके थे।

देवव्रत अपने इस मधुर कल्पना-कुंज में मस्त हो रहे थे। उन्होंने पिताजी से अपने विवाह का यह शुभ प्रस्ताव कई बार कहना चाहा था। कुछ पहले उनके पिता शांतनु ने अपने बुढ़ापे का स्मरण कराके कितनी ही बार उन्हें कहलाया था कि अपने अनुरूप कन्या चुनकर विवाह कर लें। कन्या तो बहुत पहले बाल्यकाल में ही चुनी हुई थी। स्नेह की जड़ें भी हृदयतल तक पहुँच चुकी थीं, देवव्रत इस गोप्य बात को अब तक कह ही न सके थे। अब उन्होंने सोचा कि यदि पिता अबकी बार पूछेंगे तो वे सब स्पष्ट कह देंगे। पर पिता ने यह प्रसंग नहीं उठाया। साथ ही देवव्रत ने देखा कि पिता सुखी नहीं हैं, राजकाज में उनका मन तनिक भी नहीं लगता। वे न किसी से बोलते हैं, न मिलते हैं और दिन-दिन सूखते जा रहे हैं। मंत्री भी चिंतित थे।

देवव्रत ने साहस करके एकाध बार पिता से पूछा भी, पर उन्होंने कुछ उत्तर नहीं दिया। अपने पिता की कातर दृष्टि देखकर देवव्रत ने समझा कि मामला गंभीर है। अंततः उन्होंने मंत्री से हठपूर्वक पूछा। मंत्री ने तब कहा, "तुम्हारे पिता निषादराज की कन्या पर मोहित हैं, पर वह इस वचन पर विवाह करेगा कि उसी की कन्या से उत्पन्न पुत्र राज्य का उत्तराधिकारी हो, गद्दी पर बैठे। परंतु तुम जैसे सुयोग्य युवराज के रहते यह कैसे संभव है?"

इस पर देवव्रत ने कुछ नहीं कहा। वे सीधे निषादराज के घर गए और बोले, "निषादराज, आपकी शर्त मुझे स्वीकार है। मैंने राज्याधिकार छोड़ा। आपकी कन्या का पुत्र ही राजा होगा। जाओ, महाराज को विवाह की स्वीकृति दो।"

निषादराज ने प्रथम तो प्रसन्नता से देवव्रत की बात मान ली, परंतु फिर सोच-समझकर उसने कहा, "आप तो कृपाकर राज्याधिकार छोड़ देंगे, किंतु आपकी

संतान यदि दावा करे तो क्या होगा? मैं चाहता हूँ कि आप आजन्म ब्रह्मचर्य-व्रत पालन करें।"

देवव्रत के हृदय में सहसा वज्र के समान आघात लगा। काशिराज की अप्सरा के समान कन्या का देवरूप उनके हृदय से निकलकर आँखों में उभर आया, फिर आँखों से निकल सामने आया और सारे विश्व में रम गया। देवव्रत उस अतृप्ति में बौराए चुपचाप खड़े रहे। उन्हें यों एकदम चुप साधे हुए देखकर निषादराज ने कहा, "कदाचित् युवराज को यह प्रण कठिन प्रतीत होता है।"

यह सुनते ही देवव्रत की मोहनिद्रा भंग हुई। उन्होंने तुरंत सावधान होकर कहा, "हाँ, मैं आजन्म ब्रह्मचारी रहूँगा। आज से संसार की समस्त कन्याएँ मेरी बहनें और स्त्रियाँ माताएँ हुईं।"

इसके साथ ही उन्होंने अपने हृदय के भीतरी परदे में छिपी काशिराज कन्या की मधुर मूर्ति निकालकर फेंक दी, हृदय का सौंदर्य उजाड़ कर डाला। इसी भीष्म प्रतिज्ञा के कारण उसी दिन से देवव्रत का नाम 'भीष्म' पड़ा।

देवव्रत की यह प्रतिज्ञा सुनकर निषादराज के रोंगटे खड़े हो गए। वह अपलक उन्हें देखता रहा, फिर बोला, "मैं यह कन्या आपके पिता को देता हूँ।"

देवव्रत निषादराज और उसकी कन्या को रथ में बैठाकर राजमहल में लौट आए।

निषादराज ने महाराज शांतनु से निवेदन किया, "काली चेदिराज वसु की पुत्री है। मैंने तो केवल इसका पालन-पोषण किया है। यह उच्च कुल की कन्या सब भाँति आपके योग्य है। पूर्ण शास्त्रीय विधि से आप विवाह कीजिए।"

शांतनु का ब्याह हो गया। राजमहल में आकर काली 'सत्यवती' के नाम से प्रसिद्ध हुई। सत्यवती को अक्षय यौवन प्राप्त था और शांतनु वृद्धावस्था की ओर अग्रसर थे। शीघ्र ही उनके उत्साह और रूपलोभ का ईंधन युवती की कामाग्नि में स्वाहा हो गया, काम का नशा उतर गया। भीष्म का कष्ट देखकर शांतनु की छाती फटने लगी। उन्होंने सोचा कि जो आठ भाइयों में अकेला बचा था, जिसने माता का प्यार नहीं पाया, उसे अपनी प्रिया का प्यार भी नहीं मिला। मेरा यह पुत्र स्त्री के प्रेमरस से सर्वथा सूखा रहा, जन्म भर रहेगा। शांतनु का यह दुःख पहले दुःख से भारी था। वे भीतर-ही-भीतर गलने और झरने लगे। वे सत्यवती के अक्षय यौवन और अपने बढ़ते बुढ़ापे को देख-देखकर संतप्त रहते। बहुत शीघ्र ही शांतनु का अंत समय आया। उन्होंने भीष्म से विवाह के लिए बहुत जिद की, पर उन्होंने अपनी

प्रतिज्ञा नहीं तोड़ी। शांतनु ने निराशा और चिंता में देहत्याग किया।

अभी उनकी उत्तर-क्रिया भी संपन्न नहीं हुई थी कि पांचाल उग्रायुध ने भीष्म के पास दूत भेजकर कहलाया कि अपनी माता काली को मेरी सेवा में भेज दो। ऐसा न करने पर तुम्हारे देश पर आक्रमण होगा। इस समय कुरुओं की तैयारी अपूर्ण थी। अतः इस समाचार से मंत्री और भीष्म विचार में पड़ गए। अमात्यों से परामर्श कर उग्रायुध को अशौच तक रोक रखा गया। अशौच की समाप्ति पर उग्रायुध से भीष्म का घनघोर युद्ध हुआ। यह युद्ध तीन दिन तक चलता रहा। अंत में उग्रायुध मारा गया।

उग्रायुध की मृत्यु के बाद पांचालों के कुल में पृषत बच गया था। भीष्म की सहमति से पृषत ने उत्तर और दक्षिण दोनों पांचाल राज्यों को सँभाला। बाद में द्रुपद वहाँ के राजा हुए।

सत्यवती से दो पुत्र उत्पन्न हुए—चित्रवीर्य और विचित्रवीर्य। भीष्म ने उन्हें अस्त्र-शस्त्र संचालन की पूर्ण शिक्षा दी। शांतनु के स्वर्गवास हो जाने पर सत्यवती की इच्छा से चित्रवीर्य राजगद्दी पर बैठा। उसने अपना नाम महाबली गंधर्वराज के नाम पर 'चित्रांगद' घोषित किया और अपने शौर्य के घमंड में आकर राजाओं का तिरस्कार करने लगा। उसने देवताओं और असुरों पर भी आक्षेप किए। इससे क्रुद्ध होकर महाबली गंधर्वराज उसके पास आया और बोला, "राजकुमार, तुम मेरे नाम-राशि हो, अतः मुझसे युद्ध करो और यह न कर सको, तब अपना दूसरा नाम रखो। मेरे नामवाला मनुष्य मेरे सामने से सकुशल नहीं जा सकता।" दोनों चित्रांगद भिड़ गए। बहुत देर तक भारी युद्ध हुआ, जिसमें कुरु राजकुमार चित्रांगद मारा गया।

उसके मरने पर सत्रह वर्षीय कुमार विचित्रवीर्य को राजगद्दी पर बैठाया गया। विचित्रवीर्य अभी किशोर अवस्था में था, अतः भीष्म राजकाज देखने लगे।

कुछ समय बाद जब विचित्रवीर्य युवावस्था को प्राप्त हुआ, तब उसके विवाह का विचार किया गया। इन्हीं दिनों काशिराज ने अपनी तीन कन्याओं—अंबा, अंबिका और अंबालिका का स्वयंवर रचा, परंतु हस्तिनापुर न्योता नहीं भेजा, क्योंकि उन्हें भीष्म की प्रतिज्ञा का वृत्तांत ज्ञात था और सत्यवती के पुत्र को कन्या देना वह चाहते नहीं थे। यह जानकर भीष्म अपमान से क्रोधित हो उठे। उन्होंने अंबा को छोड़ शेष दो कन्याओं का हरण करने का इरादा किया।

काशी ज्यों-ज्यों निकट आती गई, त्यों-त्यों भीष्म का हृदय काँपता गया। बहुत दिन पहले की मधुर स्मृति ने उन्हें उद्वेलित कर दिया था। भीष्म काशी पहुँचे,

परंतु राजोद्यान के द्वार पर ही पूजन-सामग्री लिये अंबा का उनसे साक्षात् हो गया। अपने हृदय के देवता को, जिसे वर्षों से हृदय में विराजमान कर वह पूजती रही थी, देखते ही उसका मन ठिकाने न रहा। वह वहीं सिर पकड़कर बैठ गई। भीष्म भी विचलित हो उठे। मगर उन्होंने शांत और गंभीर वाणी में पूछा, "अंबा, तुम सुखी तो हो ?"

यह सुन अंबा भीष्म के चरणों में गिरकर फूट-फूटकर रो उठी। उसने कहा, "स्वामी, आप कहाँ थे? इस दुर्बल हृदय में आग लगाकर कहाँ जा छिपे थे? मैं तो आज मरने को थी, क्योंकि पिता ने आपको नहीं बुलाया था। आपके विषय में भाँति-भाँति की बातें सुनी गई हैं। बड़ी कृपा की नाथ, अभागिन के भाग खुल गए।"

यह सुन भीष्म की आँखों में भी दो बूँद आँसू भर आए, पर उन्होंने उन्हें टपकने नहीं दिया। आँसू वहीं सूख गए। उन्होंने हृदय को कड़ा करके कहा, "बहन अंबा, उस प्रसंग को न छेड़ो। भगवान् हमें सुमति दे। मैं तुमसे यही कहने आया हूँ कि मुझे पाने का विचार त्याग दो, यह हमारी अंतिम भेंट है।"

अंबा का कलेजा दो-टूक हो गया। रोते-रोते उसकी हिचकियाँ बँध गईं। वह पगली की तरह भीष्म की ओर देखकर कहने लगी, "क्या कहा, क्या कहा ?"

भीष्म ने अवरुद्ध कंठ से कहा, "हाँ, अंतिम भेंट। हमारी-तुम्हारी यह अंतिम भेंट है।"

अंबा ने हा-हा खाते और हाथ मलते हुए कहा, "तब क्या जो कुछ मैं सुनती हूँ, वह सच है ?"

"हाँ, सच है। मैंने आजन्म ब्रह्मचर्य-व्रत की भीष्म-प्रतिज्ञा की है।"

अंबा इस चोट को न सह सकी, वह मूर्च्छित होकर गिर पड़ी।

भीष्म भी अपनी आराध्य-मूर्ति के दुःख से विह्वल हो उठे। मगर मर्यादा का विचार कर, वे उसे उसी अवस्था में छोड़ वहाँ से चल दिए।

अंबा ने मूर्च्छा टूटने पर देखा, भीष्म वहाँ नहीं हैं।

उसने कुछ निश्चय किया और राजोद्यान से बाहर निकल वन की राह ली। घोर वन में पहुँचकर उसने भीष्म के लिए आजन्म तपस्या की।

भीष्म चलकर स्वयंवर में पहुँचे। वहाँ उन्होंने भरे दरबार में अपने धनुष की टंकार करके कहा, "काशिराज, मैं विचित्रवीर्य के लिए आपकी दो कन्याओं, अंबिका और अंबालिका का हरण करने आया हूँ। यदि आप युद्ध की इच्छा रखते हैं तो युद्ध कीजिए।"

यह कहकर उन्होंने दोनों कन्याओं को उठाकर अपने रथ पर बैठा लिया और चल दिए। उपस्थित राजागण तथा राजसेना ने उनका पीछा किया, भारी युद्ध हुआ। भीष्म उन सबको आगे बढ़ने से रोकते भी थे और सारथी की रक्षा भी करते थे। उस समरांगण में भीष्म ने अनेक लोक विख्यात वीरों के धनुष, ध्वजा के अग्र भाग, कवच और मस्तक सैकड़ों और हजारों की संख्या में देखते-देखते काट डाले। भीष्म का हस्तलाघव अपूर्व था। धनुष पर वारुणास्त्र का संधान करके उन्होंने सभी को रौंद डाला। अंत में युद्ध जय कर वे हस्तिनापुर पहुँचे।

अंबिका और अंबालिका का विवाह विचित्रवीर्य से हो गया। परंतु विचित्रवीर्य कामांध पति प्रमाणित हुआ और विवाह के सात वर्ष बाद ही अति सहवास दोष के कारण क्षयरोग से ग्रसित हो गया, अनेक चिकित्सा करने पर भी उसकी प्राणरक्षा नहीं हुई। वह दोनों पत्नियों को निस्संतान छोड़कर मर गया।

सत्यवती अपने दोनों पुत्रों की मृत्यु से बड़ी दु:खी हुई। शोक-पक्ष व्यतीत होने पर एक दिन उसने भीष्म से कहा, "बेटा भीष्म, तुम्हारे भाई विचित्रवीर्य की ये दोनों सुंदरी रानियाँ युवावस्था में हैं। इनके हृदय में पुत्र-प्राप्ति की अभिलाषा है। हमारे कुल की संतान-परंपरा को सुरक्षित रखने के लिए आपद्धर्म का विचार करके तुम इन दोनों के साथ नियोग करके धर्म के अनुसार इनसे पुत्र उत्पन्न करो, इससे कुटुंब का रक्त शुद्ध रहेगा।"

सत्यवती का यह विचित्र प्रस्ताव सुनकर भीष्म ने उत्तर दिया, "माता, मेरी प्रतिज्ञा आपको ज्ञात है। मैं अपना सत्य किसी भी प्रकार नहीं त्याग सकता।"

भीष्म का हठ देखकर सत्यवती दु:खी मन चुप हो रही। फिर कुछ दिन बाद उसने भीष्म को बुलाकर कहा, "वत्स, आपद्धर्म में संतान उत्पन्न करने का एक दूसरा उपाय भी है, तुम उसे उचित समझो तो वैसा ही किया जाए।"

भीष्म ने जिज्ञासा से सत्यवती की ओर देखा। सत्यवती ने साहस बटोरकर विस्तार से बताया, "मैं महाराज वसु के वीर्य से उत्पन्न हुई थी। मुझे एक मछली ने अपने पेट में धारण कर लिया। धर्मज्ञ निषादराज ने जल में से मेरी माता को पकड़ा। उसके पेट से मुझे निकाला और घर लाकर अपनी पुत्री के समान पालन-पोषण किया। निषादराज के पास एक नाव थी, जो धर्मार्थ चलाई जाती थी। अपने विवाह से पहले एक दिन मैं वही नाव चला रही थी कि महर्षि पराशर यमुना नदी पार करने के लिए मेरी नाव पर आए। मैं उन्हें पार ले जा रही थी कि उन्होंने मेरे यौवन और सौंदर्य पर मुग्ध होकर मेरा परिचय पूछा। परिचय जानने पर उन्होंने मेरे प्रति अपना

प्रेम प्रकट किया। उसी प्रेम-समागम के कारण कालांतर में मुझे एक तेजस्वी पुत्र हुआ, जो कृष्ण द्वैपायन महर्षि व्यास के नाम से प्रसिद्ध हुआ।

"व्यास बड़े होकर अपने पिता के पास चले गए थे। जाते समय उन्होंने कहा था, 'संकट के समय मुझे याद करना।' पुत्र भीष्म, तुम्हारी अनुमति हो तो अब इसी कार्य के लिए व्यास का स्मरण करूँ?"

सत्यवती के स्मरण करने पर व्यास अपनी माता के सम्मुख आ उपस्थित हुए। उन्होंने कमंडल के पवित्र जल से माता का अभिषेक कर प्रणाम किया। फिर पूछा, "माता, आज्ञा दीजिए, मैं आपकी क्या सेवा करूँ?"

सत्यवती ने भीष्म की ओर देखा, फिर बोली, "विधाता के विधान से जिस प्रकार तुम मेरे प्रथम पुत्र हो, उसी प्रकार विचित्रवीर्य मेरा छोटा पुत्र था। माता के नाते तुम विचित्रवीर्य के भाई ही हो। भीष्म संतानोत्पादन तथा राज्य-शासन करने का विचार नहीं रखते, अतः तुम अपने भाई के पारलौकिक हित का विचार करके तथा कुल की संतान-परंपरा की रक्षा के लिए अपने छोटे भाई की दोनों पत्नियों के गर्भ में नियोग विधि से ऐसे पुत्रों को जन्म दो, जो इस कुल-परंपरा की रक्षा कर वृद्धि करें।"

माता का यह आदेश सुनकर महर्षि व्यास ने कहा, "माता, आपकी आज्ञा का पालन करूँगा। परंतु मेरे श्याम वर्ण, असुंदर रूप, गंध, वेष और शरीर को दोनों बहुएँ सहन कर लें, तभी संतान प्राप्ति हो सकती है।"

सत्यवती ने समझा-बुझाकर दोनों बहुओं को व्यास के शयनागार में भेजा। व्यासजी के शरीर का रंग काला था, उनकी जटाएँ पिंगल वर्ण थीं और आँखें चमक रही थीं तथा दाढ़ी-मूँछें भूरे रंग की थीं। उन्होंने शरीर पर घी चुपड़ा हुआ था।

व्यास को इस रूप में देखकर अंबिका ने भय के मारे अपनी आँखें बंद कर लीं, वह उनकी ओर देख न सकी। अंबालिका ने आँखें तो बंद नहीं कीं, पर भय के कारण कांतिहीन तथा पीली पड़ गई।

प्रसव होने पर अंबिका ने धृतराष्ट्र को जन्म दिया, जो जन्मांध थे। अंबालिका ने पांडु को जन्म दिया, जो पांडु (पीले) रंग के थे। अंबिका की दासी मर्यादा ने, जो व्यास के समक्ष पहुँचने पर भयरहित और प्रेमभाव से पूर्ण रही, विदुर को जन्म दिया, जो अर्थ-तत्त्व के ज्ञाता और काम-क्रोध से रहित सुंदर पुरुष थे।

धृतराष्ट्र, पांडु और विदुर, इन तीनों कुमारों के जन्म से कुरुवंश, कुरुजांगल देश और कुरुक्षेत्र की बहुत उन्नति हुई। तीनों कुमारों का भीष्म ने पुत्र की भाँति

पालन किया। सभी विद्याओं में उन्होंने कुशलता प्राप्त की। धनुर्वेद, घोड़े की सवारी, गदा-युद्ध, ढाल-तलवार के प्रयोग, गज शिक्षा तथा नीति-शास्त्र में तीनों भाई पारंगत हो गए। पांडु धनुर्विद्या में, धृतराष्ट्र शारीरिक बल में और विदुर धर्म तथा आत्मज्ञान में प्रसिद्ध हुए। वयस्क होने पर धृतराष्ट्र अंधे होने के कारण और विदुर दासी-पुत्र होने के कारण राज्य न पा सके, अतः पांडु ही राजा हुए।

□

धर्मचक्र

एक दिन प्रातःकाल हस्तिनापुर राजप्रासाद के मंत्रणागृह में बैठे हुए भीष्म, धृतराष्ट्र, पांडु और विदुर माता सत्यवती के साथ अपने वंश और यश की वृद्धि के संबंध में परामर्श करने लगे।

भीष्म ने तीनों युवराजों से कहा, "पुत्रो, हमारा कुरुकुल श्रेष्ठ गुणों के लिए सर्वत्र प्रसिद्ध हो चुका है, इसी से यह समुद्र की भाँति बढ़ रहा है। इस प्रतापी कुरुवंश के सभी धर्मात्मा राजाओं ने धर्मपूर्वक प्रजा का पालन करके पृथ्वी के सभी राजाओं पर अपना आधिपत्य स्थापित किया। इस वंश को नष्ट होने से बचाने के लिए राजमाता सत्यवती ने महात्मा वेदव्यास की सहायता से वंश चलाने का उपाय किया और अब तक इन्हीं राजमाता की सहायता से शासन किया। अब तुम समर्थ हो गए, अब इस महामहिम वंश की वृद्धि का फिर समय आ गया है। पुत्रो, अपने यशस्वी वंश की वृद्धि करो और पृथ्वी पर धर्म राज्य स्थापित करके लोकोत्तर संपदा का उपभोग करो।"

सत्यवती ने भी भीष्म की बात का समर्थन करते हुए कहा, "महाव्रती शांतनव देवव्रत ने जो कुछ कहा, वह यथार्थ है। जीवन एक धन है तथा वह सर्वोपरि है। पुत्रो, यह हमारा कुरुकुल, जिसमें कभी हीनता को प्राप्त न हो, वही तुम करो। इसी से तुम्हारे पूर्व पुरुषों का तर्पण होगा।"

भीष्म ने फिर उपदेश देते हुए कहा, "राजा को चाहिए कि वह सूर्य के समान ग्रहण और त्याग करे। जैसे सूर्य पृथ्वी के रस का अपनी किरणों से शोषण करता है और पृथ्वी पर रसवर्षण करके वसुंधरा को आप्यायित भी करता है, उसी भाँति राजा को भी चाहिए। पुत्रो, जीवन का प्रवाह अनंत है। मृत्यु उसे समाप्त नहीं कर सकती, अपितु नवीनता प्रदान करती है। इसी से यशस्वी पुरुष लघु दृष्टि नहीं रखते, वे अनंत जीवन को लक्ष्य करके महान् कार्य करते रहते हैं। सो पुत्रो, तुम एक महान् वंश के

धुरीण नररत्न हो, जीवन को अधिक-से-अधिक मूल्यवान बनाओ। मृत्यु की बाधा को मत देखो, अलिप्त होकर राजसंपदा का भोग करो तथा ग्रहण और त्याग में समान रूप से अनासक्त रहो।"

यह सुनकर विदुर ने विनय भाव से कहा, "पितामह, आप ही हमारे माता-पिता और स्वामी हैं। आप ही हमारे परमगुरु हैं। इसलिए जैसे इस कुल की वृद्धि हो, वही आदेश हमें दीजिए। हम आपकी तथा माता की आज्ञा का सदैव पालन करेंगे।"

"तो पुत्र, यह महान् वंश आगे भी समुद्र की भाँति जैसे बढ़ाया जा सके, वही करो।"

सत्यवती ने भीष्म से कहा, "पुत्र देवव्रत, इस विषय में तुमसे अधिक कौन सोच सकता है। तुम महाबाहु, यशस्वी वीरपुरुष हो। जैसे तुमने अपने भाइयों के लिए श्रेष्ठ राजकन्याएँ अपने बाहुबल से प्राप्त की थीं, उसी भाँति इन अपने पुत्रों के लिए भी करो। जिस कुल के रक्षक तुम जैसे महाप्रतिज्ञ, अजेय योद्धा हैं, कौन उसे अपनी कन्या देकर कृतकृत्य न होगा ?"

यह सुनकर भीष्म बोले, "माता, पराक्रम-प्रदर्शन की अब आवश्यकता नहीं है। पराक्रम तो प्रथम ही प्रकट हो चुका है, भूमंडल के नरपति उसके आतंक से अभी तक अभिभूत हैं। आपके संकेत भर की देर है, श्रेष्ठ कुलों के राजा लोग अपनी कन्याएँ प्रसन्नता से कौरव कुल को देंगे।"

सत्यवती ने प्रशंसा से भीष्म की ओर दृष्टिपात कर कहा, "तुम्हारा प्रताप ही ऐसा है। कहो, किस कुल की कन्या तुम्हारी दृष्टि में है ?"

"माता, यदुवंशी सूरसेन, गांधार राजा सुबल और मद्रपति की रूप गुण-संपन्न विवाह योग्य कन्याएँ हैं। वे तीनों ही कुल हमारे योग्य और प्रसिद्ध हैं। उत्तम भी हैं। मैंने इन पुत्रों के लिए इन तीनों देशों में दूत भेजे थे।"

"उसका क्या परिणाम हुआ पुत्र ?"

"मैंने गांधारनंदिनी ज्येष्ठ कुमार धृतराष्ट्र के लिए माँगी थी। कुमार प्रज्ञाचक्षु हैं, इस विचार से राजा सुबल ने संकोच किया था। परंतु दूत ने उन्हें बताया कि वे यदि अपनी कन्या को कुरुराज-महिषी पद पर आरूढ़ करेंगे तो वह विश्वविख्यात कुरुवंश की राजमाता कहलाएँगी और यदि आप निषेध करेंगे तो कुरुवंश यह सहन नहीं करेगा, वह राजकुमारी का बलात् हरण करेगा।"

"निस्संदेह पुत्र, उस नगण्य राजा की यह स्पर्धा असहनीय है। पुत्र देवव्रत, देखती हूँ कि तुम्हें फिर अपना धनुष ग्रहण करना होगा।"

"नहीं माता, गांधारपति ने अंततः कन्या देना स्वीकार कर लिया।"

"अच्छा ही किया उसने पुत्र, अपने को नष्ट होने से बचा लिया। परंतु पुत्र देवव्रत, कुरुराज धृतराष्ट्र उस राजा की पुत्री को ब्याहने उसके घर नहीं जाएगा। गांधारपति को कन्या का डोला देना होगा।"

"यही किया गया है माता। गांधार युवराज शकुनि राजनंदिनी को लेकर गांधार से यहीं आएँगे। गांधार राज्य के सब अमात्य और पुरोहित भी साथ में होंगे।"

"साधु, पुत्र, साधु! गांधार पुत्री, कुरुवंश की पट्टमहारानी का हस्तिनापुर में भव्य स्वागत होना चाहिए।"

"ऐसी ही आज्ञा दी गई है, माता।"

"यह तो हुआ। अब अन्य राजकुमारों के लिए क्या विचार है ?"

"धृतराष्ट्र के विवाह के बाद वह भी हो जाएगा। पांडु के योग्य यदुनाथ शूरसेन और मद्रराज की कन्याएँ मेरी दृष्टि में हैं। आयुष्मान विदुर के योग्य राजा देवक के यहाँ एक दिव्य कन्या है। राजा देवक ने उसे रत्नभार से मंडित करके देने का संकल्प प्रकट किया है।"

"तो पुत्र, शुभस्य शीघ्रम्।"

"जैसी माता की आज्ञा।"

सत्यवती ने आनंदित हो भीष्म को आशीर्वचन कहे, "पुत्र, तुम्हारा आयुष्य बढ़े, यश बढ़े, कुल बढ़े।"

□

नेत्र विसर्जन

पुरुषपुर के राजप्रासाद में गांधारी अपने कक्ष में सखियों से घिरी बैठी थी। सखियाँ मंगलगान करती हुई गांधार-नंदिनी का श्रृंगार कर रही थीं। षोडशीबाला गांधारकुमारी विविध रत्नाभरणों से सुसज्जित होकर दिव्यांगना सी भासित हो रही थी।

एक सखी बोली, "अरी सखियो, आओ एक आँख सुकुमारी राजनंदिनी को देख लो, फिर काहे को यह दिव्य रूप देखने को मिलेगा।"

दूसरी ने भी कहा, "हम जीवित कैसे रहेंगी? कुमारी के बिना तो हमारा संसार ही सूना हो जाएगा।"

तीसरी ने उसे टोकते हुए कहा, "ऐसी बात न करो सखी, यह मंगल काल है।"

चौथी ने हँसते हुए कहा, "ठीक है, जब तक इन आँखों के सम्मुख प्रीति की मूर्ति राजकुमारी हैं, तब तक हँसो, गाओ सखी। वियोगविथा की बातें कहने-सुनने को तो जन्म भर का समय है।"

इस पर पहली ने उदास भाव से कहा, "सखी केसनी और वासंती ही धन्य हैं, जो देवी के साथ कुरुजांगल जा रही हैं।"

अन्य ने जिज्ञासा प्रकट की, "अरी सुना है, कुरुजांगल सब देशों में श्रेष्ठ है, वहाँ सब ऋतुएँ समय पर अपना प्रभाव दिखाती हैं। समय पर वर्षा होती है। वहाँ कभी दुष्काल नहीं होता, सदैव वृक्षों में फल लदे रहते हैं।"

"क्यों नहीं, सुराज्य के विस्तार के कारण वहाँ न चोर हैं, न कुकर्मी, न कोई ऐसा है, जो अग्निहोत्र न करता हो। न कोई झूठा है, न दरिद्र। वहाँ सदा घर-घर मंगल-उत्सव होते रहते हैं।"

"तब तो वहाँ सतयुग का समय बीत रहा है।"

"केवल राजधानी ही में नहीं, संपूर्ण कुरुजांगल में ऐसा ही है।"

"यह सब परंतप महात्मा भीष्म के धर्म-शासन का प्रताप है।"

"धर्मज्ञों में भीष्म, माताओं में सत्यवती, देशों में कुरुजांगल और नगरों में हस्तिनापुर पृथ्वी पर सर्वश्रेष्ठ हैं।"

"सुनते हैं, महाबली युवराज धृतराष्ट्र संसार में सर्वाधिक बल-संपन्न हैं, उनको वज्रदेह अभंग और अजेय है।"

"इसमें क्या संदेह है? जैसे पृथ्वी के सब मनुष्यों में वे अप्रतिम महाबली हैं, उसी प्रकार सुदर्शन राजकुमार पांडु अप्रतिहत धनुर्धर हैं।

इस पर एक प्रौढ़ा दासी ने कहा, "अरी, विदुर के समान धर्मज्ञ और राजनीति-विशारद आज त्रैलोक्य में दूसरा नहीं है। वे साक्षात् धर्मराज हैं।"

"बड़े भाग्य हैं कि ऐसे यशस्वी कुल में हम संबंधित होकर प्रतिष्ठित हुए हैं।"

"तो सखियो, आओ मंगल-गान करें।"

राजनंदिनी अपनी सखियों की वार्त्ता से मन-ही-मन प्रसन्न थी। मंगलगान आरंभ होने से पहले वह बोली, "ठहरो सखियो, सब कोई मेरे सामने मुहूर्त भर खड़ी रहो।"

"किसलिए राजकुमारी?"

"आँख भरकर अंतिम बार तुम्हें देख लूँ, मेरी प्राण प्यारी सखियो।"

"अंतिम बार क्यों?"

"धर्म और कर्तव्य की मर्यादा के कारण सखियो।"

"कैसा धर्म, प्रिय कुमारी?"

"जो हमारे कुल की प्रतिष्ठा है।"

"तो फिर?"

"सब कोई मेरे सम्मुख आओ।"

राजनंदिनी की बात मान सब सखियाँ सामने आकर खड़ी हो गईं। राजकुमारी ने डबडबाई आँखों से सबको देखकर कहा, "आह, तुम सब प्रेम की पुतलियाँ कितनी सुंदर हो। संसार तुम्हारे रूप से उज्ज्वल हो रहा है। किंतु बस, अब देख चुकी।"

"देख चुकीं?"

"इसका क्या अभिप्राय है, राजनंदिनी?"

राजकुमारी ने मुख पर हास्य लाकर कहा, "अभिप्राय अभी प्रकट करती हूँ। एक पट्टी लाओ।"

"किसलिए, राजकुमारी?"

"धर्म और मर्यादा के अनुशीलन के लिए।"

एक सखी ने अपनी ओढ़नी का एक छोर फाड़कर देते हुए कहा, "लीजिए, देवी।"

राजनंदिनी यह देख हँस पड़ी, बोली, "अरी, यह नहीं, मुझे मानसपट्टी चाहिए।" यह सुन प्रौढ़ा दासी आशंकित हुई। उसने कुछ कहना, परंतु उसे रोककर राजनंदिनी ने कहा, "मालिनी, तू जा, माताजी से मेरे लिए मानसपट्टी माँग ला।"

मालिनी चली गई। सब सखियाँ जिज्ञासा से राजनंदिनी की ओर देखने लगीं।

"अरे, ऐसे क्या देखती हो? गाओ अब।"

सब गाने लगीं। कुछ देर बाद मालिनी पट्टी लेकर आ गई। उसे देख राजनंदिनी ने कहा, "हाँ, यह ठीक है।"

उसने एक सखी से कहा, "प्रिय सखी, इसे मेरी आँखों पर बाँध।"

"यह क्यों?"

"अरी, बाँध तो सही। धर्म और मर्यादा के अनुशीलन के लिए बाँध रही हूँ। तुमने समझा नहीं, मैं कुरुजांगल जा रही हूँ।"

"तो इससे क्या?"

"अब कुरुजांगल की राजमहिषी को विश्व का सौंदर्य देखने का अधिकार नहीं रहा। गांधार की पुत्रियाँ पतिव्रत और मर्यादा अनुशीलन में पृथ्वी पर उसी प्रकार अप्रतिम हैं, जिस प्रकार शौर्य और धर्म में कुरुकुल के धर्मात्मा राजपुत्र।"

सब दुःखित भाव से बोल उठीं, "हाय, अब समझी। कुरुओं के ज्येष्ठ प्रज्ञाचक्षु हैं, इसी से आप भी यह कठिन व्रत ले रही हैं।"

राजनंदिनी ने गर्व से कहा, "हाँ, जब वे विश्व को चर्मचक्षुओं से देखने में अक्षम हैं तो मैं भी उसका आनंद-लाभ लेने की अधिकारिणी नहीं। स्त्री पति की अर्धांगिनी है, वह पति के सुख-दुःख, जीवन, तप सभी में आधे की भागीदार है। सखी, यह पट्टी मेरे नेत्रों पर बाँध दो।"

सखी ने पट्टी बाँध दी और आँसू भरकर बोली, "हाय, ये नीलारबिंद के समान दर्शनीय नेत्र।"

राजनंदिनी ने हँसकर कहा, "आज धन्य हुए सखी, आज से मेरी दृष्टि अंतस्थ हुई। मैं प्रतिज्ञा करती हैं कि अब आजीवन मैं विश्व को नहीं देखूँगी।"

मालिनी दासी से अपनी पुत्री की मानसपट्टी की माँग जानकर महारानी और महाराज सुबल भी वहाँ आ पहुँचे। गांधारी की आँखों पर पट्टी बँधी देख और उसकी प्रतिज्ञा सुन महाराज ने कहा, "यह क्या पुत्री? इतना कठोर व्रत?"

राजनंदिनी ने अभिवादन करते हुए कहा, "अभिवादन करती हूँ पिताजी, आशीर्वाद दीजिए कि मेरा यह व्रत सफल हो।"

महाराज की आँखें भर आईं। उन्होंने कहा, "पुत्री, तू धन्य है। मैं वर देता हूँ कि तेरी दृष्टि 'वज्रदृष्टि' हो जाए।"

महारानी ने आर्द्र स्वर में कहा, "अरी मेरी प्राणदुलारी, तूने यह कठिन व्रत धारण कर लिया? कैसे इसे निबाहेगी?"

राजनंदिनी संयत भाव से बोली, "माता, आपके आशीर्वाद के गांधार की पुत्री कुरुजांगल में पतिव्रत और कर्तव्य का एक उदाहरण उपस्थित करेगी।"

"पुत्री, आशीर्वाद देती हूँ कि पतिव्रताओं में तेरा नाम अग्रगण्य रहे। तू मेरी बेटी नहीं, गांधार राष्ट्र की बेटी है, उत्तर कुरुवंश में तेरी प्रतिष्ठा गांधारी के नाम से चिरस्थायी रहे।"

राजनंदिनी ने प्रणाम करते हुए कहा, "अनुगृहीत हुई माता।"

इस प्रकार गांधार-राजनंदिनी ने अपने मानस नेत्रों को बाँध लिया और अंतर्दृष्टि खोल ली।

ज्येष्ठभ्राता शकुनि ने दुःखी भाव से आकर पूछा, "यह क्या किया प्रिय भगिनी? कुरुवंश का शासन अब कैसे चलेगा—पति-पत्नी दोनों ही के चर्म-चक्षुओं के अभाव में राज्यहानि होनी संभव है।"

"भैया, तुम जो हो मेरे साथ। तुम आँख-कान बनकर वहीं रहोगे। तुम्हीं तो मुझे वहाँ ले जा रहे हो, अब वापस लौटने न दूँगी—वहीं रखूँगी।"

कुछ समय बाद बहुमूल्य धन-रत्न, मणि-माणिक्य, सुवर्ण और मुक्ता के सात भार, सात सौ कांबोजी अश्व, सहस्र गायें और सौ रथ, उपानय और यौतुक दातव्य सहित गांधार-युवराज शकुनि अपनी बहन को हस्तिनापुर पहुँचाने चले।

महारानी ने रोते-रोते पुत्री को विदा करके कहा, "मेरी पुत्री पृथ्वी का सबसे बहुमूल्य रत्न है। मृग-शिशु की भाँति नित्य जिसे पाला, उसे ही आँखों से दूर कर

रही हूँ। पुत्री अपनी वस्तु नहीं, वह तो धरोहर होती है। अरी पुत्री, अपने पतिगृह जा। वहाँ सदा गुरुजनों की सेवा और पति का सम्मान करना। पति से कभी मान मत करना और सदैव परिजनों को अनुकूल रखना।"

पुरोहित ने स्वस्ति–पाठ किया और गांधारी को होमाग्नि की परिक्रमा कराकर आशीर्वाद दे रथ में बैठा दिया।

□

रूपदर्शन

गांधारी का रथ जब हस्तिनापुर के राजद्वार पर पहुँचा, तब कुरुकुल के सब राजपुरुषों और राज-परिजनों ने उसका स्वागत किया। समस्त राज महालय ध्वजाओं, पताकाओं एवं विविध मंगल-चिह्नों से सुसज्जित किया गया था।

शकुनि ने आगे बढ़ भीष्म का अभिवादन करके कहा, "कुरुकुल के रक्षक परंतप महात्मा देवव्रत भीष्म की जय हो! यह गांधार का राजपुत्र शकुनि आपको और कुरुकुल की राजमाता सत्यवती को अभिवादन करके निवेदन करता है कि गांधार-अधिपति मेरे पिता धर्मात्मा महाराज सुबल ने मुझे आपकी सेवा में अपनी प्रिय भगिनी देवपुत्री को अर्पित करने हेतु भेजा है। महाराज, जैसे आपका कुरुकुल जगद्‌विख्यात है, उसी प्रकार हमारा गांधार-कुल भी प्राचीन और विख्यात है। इसी से मेरे प्रतापी पिता महाराज सुबल ने अपनी प्रिय पुत्री गांधारी महाराज धृतराष्ट्र के लिए अर्पित की है और साथ में यत्किंचित् यौतुक भी भेजा है, जिसमें सात भार स्वर्ण और सात सौ सिंधु देश के महार्घ अश्व, जिनमें एक सौ तितिर के रंग के अलौकिक तेज वाले अश्व भी हैं। सहस्र गायें, सौ रथ तथा बहुत से बहुमूल्य शस्त्र-वस्त्र और रत्न भी हैं। आप इन्हें ग्रहण कर हमें कृतार्थ कीजिए और धर्म विधि से मेरी बहन गांधारी, जो धर्मनीति और अर्थनीति की विद्या में वैसी ही अलौकिक है, जैसी रूप और शील में—से युवराज का विवाह कर हमारी प्रतिष्ठा बढ़ाइए।"

यह सुन भीष्म शकुनि का स्वागत करते हुए बोले, "साधु, गांधार युवराज, साधु! हम तुम्हारा हस्तिनापुर में स्वागत करते हैं और तुम्हारी बहन गांधार-नंदिनी को कुरुकुल की गृहलक्ष्मी की भाँति स्वीकार करते हैं। हम यह भी आशा करते हैं कि इन दोनों कुलों का प्रेम और मिश्रण सब भाँति आर्यावर्त के लिए शुभ होगा।"

"अनुगृहीत हुआ, परंतप।"

सत्यवती ने भी आगे बढ़कर कहा, "पुत्र शकुनि, गांधार राजबाला को अपनी

पुत्रवधू बनाकर मैं अति प्रसन्न हुई हूँ।"

फिर उन्होंने रथ के समीप जाकर और गांधारी को आशीर्वाद देकर कहा, "मेरी प्यारी बेटी, आज से यह समस्त कुरुजांगल तुम्हारा हुआ।"

गांधारी ने उनकी चरणवंदना करके कहा, "अभिवादन करती हूँ, आर्ये!"

"पुत्री, सौ पुत्रों की माता होओ।"

शकुनि ने अपनी बहन को भीष्म का परिचय देते हुए बताया, "दिव्यास्त्रों के प्रयोक्ता, कुरुकुल के प्रतापी संरक्षक आर्य देवव्रत भीष्म हैं, इन्हें अभिवादन करो।"

गांधारी ने उनका भी अभिवादन किया। भीष्म ने आशीर्वाद दिया, "अक्षय सौभाग्यवती रहो, पुत्री!"

सत्यवती ने दासी को आज्ञा दी, "अरी निपुणिके, जा वधू के सोलह प्रकार के मंगलोपचार कर और वेदपाठी ब्राह्मणों से कह कि वे पवित्र तीर्थजल का अभिषेक वरके वधू को आशीर्वाद दें।"

निपुणिका 'जैसी आज्ञा' कह चली गई।

फिर उन्होंने गांधारी के नेत्रों पर पट्टी बँधी देख और उसका अभिप्राय जानकर गद्गद कंठ से कहा, "पतिव्रताओं में श्रेष्ठ गांधार राजकुमारी, तुमने जो प्रथम ही अपना नेत्र-शृंगार कर लिया है, उसी से लोक में तुम्हारा नाम पतिव्रताओं में अग्रगण्य रहेगा। आओ, मेरे साथ अंत:पुर में प्रवेश करो।"

इस समय ब्राह्मण आकर वेदपाठ करने तथा पवित्र जल का अभिषेक कर वधू को आशीर्वाद देने लगे। कुमारियाँ और सौभाग्यवतियाँ पुष्प-लाजा वर्षा करने लगीं। सत्यवती गांधारी का हाथ पकड़कर अंत:पुर में ले गईं।

उसी दिन संध्या की शुभ वेला में गांधारी का धृतराष्ट्र के साथ विवाह संपन्न हुआ।

अंत:पुर के उद्यान में स्फटिक-पीठ पर बैठे धृतराष्ट्र और गांधारी संध्याकाल की सुगंधित वायु का आनंद ले रहे थे। अंत:पुर की उपचारिकाएँ यथास्थान सेवा में उपस्थित थीं। दो उपचारिकाएँ मोरछल झल रही थीं। तांबूलवाहिनी तांबूल लिये उपस्थित थीं। कुछ गायिकाएँ वीणा, मृदंग, मिरज आदि विविध वाद्य लिये संगीत और गायन से संध्या को और भी मनोरम बना रही थीं।

गायन समाप्त होने पर गांधारी ने अपना मणिहार गायिकाओं को देते हुए कहा, "साधु, साधु, प्रिय सखियो!"

यह सुन धृतराष्ट्र ने पूछा, "क्या गांधार-नंदिनी को कुरुजांगल की गायिकाओं का सांध्य-निवेदन प्रिय हुआ?"

"बहुत प्रिय महाराज, जैसे कोमल इनके स्वर हैं, वैसे ही कोमलतर भाव भी हैं।"

"किंतु देवी की प्रिय सहचरी वह यवनी भी अति मोहक संगीत की सृष्टि करती है।"

"उसने उत्तरकुरु की देव-संपदा प्राप्त की है, महाराज! स्वयं गंधर्वराज चित्रसेन ने उसे संगीत दान दिया है।"

"किंतु प्रिये गांधार-पुत्री, सखियों ने जिस वासंती संध्या की शोभा का वर्णन अपने संगीत में किया है, उसे क्या हम नेत्रहीन यत्किंचित् हृदयंगम कर सकते हैं? हंत प्रिये, मुझ भाग्यहीन के कारण तुम जैसी कमलाक्षी भी उस सुषमा के रूपदर्शन से वंचित हो गई हो।"

"ऐसा क्यों महाराज, रूपदर्शन क्या नेत्रों ही का विषय है?"

"नेत्र उसके प्रधान उपादान हैं, प्रिये!"

"प्रियदर्शन महाराज, नेत्रों के द्वारा जो रूपदर्शन होता है, वह कितना अस्थायी और विनश्वर होता है, यही तो सर्व धर्म के ज्ञाता महाराज को विदित नहीं है। अविनश्वर रूपदर्शन तो प्रज्ञाचक्षुओं द्वारा ही होता है।"

धृतराष्ट्र ने जिज्ञासावश पूछा, "देवी के इस रूप का शाश्वत स्वरूप क्या है?"

"महाराज, प्रतिवर्ष वसंत आता है, पतझड़ होता है, फिर नई कोपलें खिलती हैं और प्रकृति हर बार नया परिधान धारण करके जो शाश्वत शोभा विस्तार करती है, उसके शाश्वत रूप को देखने में नेत्र ही सबसे बाधक हैं। वे तो उसके लाक्षणिक विकारों को उसके आदि-अंत का रूप देते हैं। नेत्रों द्वारा रूपदर्शन करके हम कहते हैं—वसंत बीत गया। परंतु प्रज्ञाचक्षु के द्वारा वसंत का जो शाश्वत रूप दीख पड़ता है, वह कभी नहीं बीतता, कभी नहीं समाप्त होता—वह तो युग-युग से प्रवाहित है और युग-युग तक प्रवाहित होता रहेगा।"

"तो प्रिये, लोग मुझे व्यर्थ ही प्रज्ञाचक्षु कहते हैं। मैं तो उस शाश्वत रूपदर्शन में नितांत अक्षम, एक निरीह अंधा पुरुष हूँ, प्रज्ञानेत्र तो तुम्हीं को प्राप्त हैं प्रिये, जिनके द्वारा तुम विश्व के शाश्वत सौंदर्य को ऐसे अक्षय रूप में देख सकती हो।"

"यह सब आप ही के अनुग्रह स्पर्श से कुरुश्रेष्ठ। किंकरी यदि आपकी अर्धांगिनी होने का सुयोग न पाती तो नश्वर चर्मचक्षु जो देख पाते, वही तो दिख पाता।"

"किंतु प्रिये, सुना है विश्व बड़ा सुंदर है। उसमें अप्रतिम तेजवान सूर्य है। उसका मनोहर प्रकाश है, उस प्रकाश में दीप्तिमान सुनील आकाश है, उस आकाश में हीरकमणि के समान देदीप्यमान नक्षत्र हैं। सुधावर्षी सुधाधर है, उसकी रजत सुधा से पुण्यरात्रि की मधुरता शत-सहस्र गुना बढ़ जाती है। दिवाकर के प्रकाश में जब दिन का विस्तार होता है तो विविध रंग के पुष्प, हरे-भरे लहलहाते खेत, हिमाच्छादित गिरि-शिखर, निर्मल सरोवर में उज्ज्वल उत्फुल्ल कमलदल, उन पर गुंजायमान काले भँवर और इस सब विश्व-सौंदर्य को सार्थक करनेवाली विधुवदनी रूपसी बालाओं की मंजु मुखश्री देखने योग्य है। प्रिये, यह सब तो चर्मचक्षुओं ही का विषय है।"

"नहीं वीरवाहु, चर्मचक्षु ही विश्व-सौंदर्य को देख पाने योग्य होते तो फिर उनके सामने विश्व की कुत्साएँ कहाँ से आतीं? महाराज, जैसे चर्म चक्षु स्वयं नश्वर हैं, वैसे ही उनसे जो विश्व-सौंदर्य का आभास अंतरात्मा को मिलता है, वह भी नश्वर है। वह विश्व-सौंदर्य क्षण-क्षण में लय-विलय होता रहता है। परंतु प्रज्ञाचक्षुओं द्वारा जो विश्वरूप अंतरात्मा ग्रहण करती है—वह शाश्वत, अविनश्वर और अक्षय है। स्वामिन्, अंतरात्मा की तृप्ति उसी से होती है।"

"तब प्रिये, आँख रहते आँखों पर पट्टी बाँधकर, शाश्वत जगत् से इन नश्वर नेत्रारविंदों का संबंध विच्छिन्न करके, तुम उसी शाश्वत विश्वरूप को देखकर अंतरात्मा की तृप्ति अनुभव करती हो?"

"निस्संदेह कुरुकुल महाराज, ऐसा ही है।"

"तो कुरुजांगल की महारानी, मैं अपनी इन अंधी आँखों पर आज अभिमान अनुभव कर रहा हूँ। तुम्हारी भावना ने मुझे भी विश्व-सौंदर्य के उस अलौकिक आलोक का एक कण स्पर्श करा दिया है और उसी से मैं कृतार्थ हो गया हूँ। गांधार-पुत्री, अपनी अंधी आँख पर अभिमान करनेवाले कुरुकुल के इस अकिंचन धृतराष्ट्र को तुम अपनी आज्ञा से अनुगृहीत करो। प्रिये, कुछ माँगो, इस हस्तिनापुर के महासाम्राज्य में जो कुछ है, वह सभी तुम्हारा है प्रिये, फिर भी कुछ माँगो।"

"अनुगृहीत हुई महाराज! यदि आप मुझ पर प्रसन्न हैं तो मैं यही माँगती हूँ कि महाराज, आप सदा धर्म, अर्थ और काम की सिद्धि के मार्ग पर अविचलित रहें, संपत्ति और विपत्ति में कभी विचलित न हों। इससे प्रियदर्शी महाराज, आपका वंश और यश अमर हो जाएगा।"

"प्रिये गांधार कुमारी, तुम धन्य हो। तुम इस अंधे राजा की राजनीति और

धर्मनीति की अवलंब यष्टिका हो प्रिये, तुम कुरुकुल की भाग्यलक्ष्मी और पूजनीया देवी हो। तुम्हारी जैसी विदुषी और शीलवती पत्नी पाकर जैसे मैं कृतकृत्य हुआ, उसी भाँति तुम्हारे भावुक हृदय और मेधावी मस्तिष्क के सहारे से यह वंश कृतकृत्य हो, यही मेरी कामना है। प्रिये, हम दोनों जीवनपथ पर इसी प्रकार उद्ग्रीव होकर विश्व के आदर्श रूप होकर अंत तक चलते रहें।"

गांधारी अति आनंदित हो पुलकित भाव से बोली, "धन्य महाराज, अन्य कुरुकुलपति। अरी सखी श्वेतभद्रे, आओ महाराज की सेवा में गांधार पद्धति का नृत्य-संगीत निवेदन करो।"

श्वेतभद्रा अपनी संगिनियों सहित नृत्य कर मधुर स्वर में गाने लगी—

धरा पर वह ज्योति उतरी।
खोल लोचन जगे शतदल,
मलय मारुत हुई सुरभित।
क्षितिज के अंचल तिमिर से,
मुक्त होकर हुए विकसित।
कुहुकनी की तान सुनकर,
डालियाँ झुक झूम कुसुमित।
लगी सौरभ दान करने,
युगल प्रेमी मिले सस्मित।

□

वियोग

यदुवंशियों में श्रेष्ठ महाराज शूरसेन के यहाँ एक कन्या 'पृथा' ने जन्म लिया। उन्होंने अपने निस्संतान फुफेरे भाई राजा कुंतिभोज को वह कन्या दे दी। कुंतिभोज ने पृथा का बड़े प्यार से लालन-पालन किया। आयु के साथ-साथ उनके गुण भी बढ़ते गए। वयस्क होने पर कुंतिभोज ने पृथा को देवताओं के पूजन और अतिथियों के सत्कार का कार्य सौंपा। एक समय वहाँ महर्षि दुर्वासा आए। पृथा उनकी सेवा करने लगी। पृथा की सेवा से दुर्वासा संतुष्ट हुए। उन्होंने उस पर भावी संकट का विचार कर उसे एक वशीकरण मंत्र दिया और उसके प्रयोग की विधि भी बता दी। उन्होंने कहा, "शुभे, इस मंत्र द्वारा तुम जिस देवता का आह्वान करोगी, उसके अनुग्रह से तुम्हें पुत्र प्राप्त होगा। आज से तुम 'कुंती' कही जाओगी।"

दुर्वासा ऋषि के चले जाने पर कौतूहलवश कुंती ने सूर्यदेव का आह्वान किया। तत्क्षण ही भगवान् भास्कर को अपने सम्मुख उपस्थित देख कुंती चकित हो गई। उसने हाथ जोड़कर कहा, "देव, ऋषि दुर्वासा के मंत्र-बल की परीक्षा करने के लिए मैंने अनायास ही आपका आह्वान किया है। मेरे अपराध को आप क्षमा कीजिए।"

भगवान् भास्कर बोले, "शुभे, मेरा दर्शन अमोघ है, मेरे द्वारा प्रदत्त पुत्र माता अदिति के दिए हुए दिव्य कुंडलों और मेरे कवच को धारण किए हुए उत्पन्न होगा। उसका कवच किन्हीं अस्त्र-शस्त्रों से टूट न सकेगा, उनके पास कोई भी वस्तु ब्राह्मणों के लिए अदेय न होगी। वह परम तेजस्वी और स्वाभिमानी होगा।"

यथासमय कुंती को 'कर्ण' नामक पुत्र उत्पन्न हुआ और सूर्य ने कुंती को पुनः कन्या बना दिया। शिशु पुत्र को गोद में लेकर कुंती बहुत देर तक अपने भविष्य पर विचार करती रही। अंत में परिजनों की दृष्टि बचाने के लिए कुंती ने शिशु पुत्र को रेशमी वस्त्र में लपेट, लकड़ी के एक संदूक में रखकर नगर के बाहर 'अश्व नदी' में बहा दिया। संदूक बहता हुआ चर्मण्य नदी में, फिर यमुना में और वहाँ से गंगा

नदी में बहुता हुआ चंपापुरी में पहुँचा। अमृतमय कवच और कुंडल बच्चे की रक्षा करते रहे। चंपापुरी के अधिपति अधिरथ सूत की दृष्टि गंगा में बहते उस संदूक पर पड़ी। उसने उसे पकड़ लिया। संदूक में दूब, अक्षत, कुंकुम तथा मांगलिक पदार्थों के बीच रेशमी वस्त्रों से लिपटा एक दिव्य शिशु जीवित लेटा हुआ था। आश्चर्य और प्रसन्नता से अधिरथ ने शिशु को गोद में उठा लिया और घर लाकर पत्नी को देकर बोला, "महाभागे राधा, तेरी सूनी कोख आज ईश्वर ने भर दी। ले, इस पुत्र को पाल और अपना मातृपद सफल कर।"

राधा भी शिशु का दिव्यरूप और प्रतिभा देख चकित हो गई। हर्ष से उसके नेत्र आर्द्र हो गए। उसने शिशु को हृदय से लगा लिया। बालक दिन-ब-दिन बढ़ने लगा। अपनी अनोखी शौर्य-लीलाओं से अधिरथ घर के सूने को उसने आह्लाद से भर दिया। उसका यह स्वभाव था कि वह सूर्योदय से लेकर सूर्यास्त तक सूर्योपस्थान करता रहता था। बड़ा होने पर अधिरथ ने उसे हस्तिनापुर गुरु के पास अस्त्र-विद्या सीखने भेजा दिया।

अपनी पुत्री को युवावस्था के तेज से सुशोभित देखकर राजा कुंतिभोज ने उसके लिए स्वयंवर रचा। अनेक राजकुमार उस स्वयंवर में आए। हस्तिनापुर के राजकुमार पांडु भी आए। पांडु के विशाल वक्ष और उनके पराक्रम से अवगत कुंती ने जयमाला उनके गले में डाल दी। पांडु कुंती को ब्याहकर हस्तिनापुर ले आए।

कुंती के आने पर भी भीष्म ने पांडु का एक विवाह और भी करने का विचार किया। वे अपने बूढ़े मंत्री और सेना के साथ मद्रराज की राजधानी में पहुँचे। मद्रराज ने उनका स्वागत-सत्कार किया और महलों में लाकर आने का प्रयोजन पूछा।

भीष्म बोले, "आपकी यशस्विनी बहन माद्री को मैं पांडु के लिए माँगने आया हूँ।"

यह सुन मद्रराज ने उत्तर दिया, "पांडु से श्रेष्ठ वर मुझे अन्यत्र नहीं मिलेगा, परंतु हमारे कुल में पूर्वजों ने कुछ शुल्क लेने का नियम चला दिया है, उसका मैं उल्लंघन नहीं कर सकता।"

यह सुनकर भीष्म ने मद्रराज को स्वर्ण, आभूषण, रत्न, हाथी, घोड़े, रथ, वस्त्र, अलंकार तथा मणि-मोती और मूँगे भेंट किए और माद्री को लेकर हस्तिनापुर लौट आए। माद्री का भी पांडु से विवाह कर दिया गया।

कुछ समय बाद भीष्म ने राजा देवक की दिव्य कन्या को, जो शूद्रा स्त्री से ब्राह्मण द्वारा उत्पन्न हुई थी, परंतु सुंदर और सर्वगुणसंपन्ना धर्मपरायण थी,

हस्तिनापुर ले आए और विदुर से उसका विवाह कर दिया।

तीनों के विवाह हो गए और वे सुखपूर्वक रहने लगे। अब कुरुकुल की श्रेष्ठता और संपन्नता बढ़ गई थी। गांधारी के आग्रह पर भगिनी प्रेम में शकुनि हस्तिनापुर ही रहने लगा। धृतराष्ट्र ने भी कहा—राजकुमार शकुनि यहीं रहें और हमारा मनोरंजन करते रहें।

परंतु भीष्म उसके प्रति सशंक थे। उन्होंने उपेक्षा और अवहेलना का भाव धारण किया। समय बीतता गया। शकुनि हस्तिनापुर की राजनीति को अपने अनुकूल बनाता गया।

परंतु पांडु उससे प्रभावित न थे। वे अदम्य साहस से राज्य की बागडोर सँभाल रहे थे। कुछ वर्ष और व्यतीत होने पर अपना प्रभुत्व बढ़ाने के लिए उन्होंने दिग्विजय करने का निश्चय किया। अतः भीष्म और धृतराष्ट्र से परामर्श कर और ब्राह्मणों का आशीर्वाद प्राप्त कर तेजस्वी और पराक्रम पांडु ने अनेक हाथी-घोड़े तथा रथ लेकर विशाल सेना के साथ प्रस्थान किया। उन्होंने दशार्णवराज, मगधराज दीर्घ, मिथिला के विदेहवंशी राजा, काशी, सुह्य तथा पुंड देशों के राजाओं को परास्त कर अपने अधीन किया। पराजित देशों से प्राप्त ढेरों मणि, मुक्ता, मूँगा, स्वर्ण, चाँदी, गौरत्न, अश्व, रथ, हाथी, ऊँट, भैंसें, भेड़ें, कंबल, मृगरत्न आदि लेकर कुरुकुल की यशोध्वजा फहराते हुए वे हस्तिनापुर लौटे। भीष्म, धृतराष्ट्र, मंत्री तथा पुरवासियों ने नगरद्वार पर पहुँचकर पांडु की अगवानी की।

इस विजय से पांडु का प्रताप और यश चारों ओर फैल गया। हस्तिनापुर की प्रजा भी उनके कुशल प्रशासन और न्याय से सुखी रहकर उनका जय-जयकार करती थी। धृतराष्ट्र यद्यपि ज्येष्ठ थे, परंतु पांडु ही असली राजा थे।

एक दिन पांडु शालवन में रथ पर सवार धनुष-बाण लिये मृगों के झुंड के पीछे-पीछे दौड़कर मृगया कर रहे थे। परंतु मृग किसी झाड़ी में चक्कर खाकर लोप हो जाते थे।

यह देख सूत ने कहा, "महाराज, घोड़े बहुत थक गए हैं। आज्ञा हो तो अब थोड़ा विश्राम कर लिया जाए। इस वन में मृग बहुत मिलेंगे।"

पांडु भी विश्राम करना चाहते थे, उन्होंने उत्तर दिया, "तब इसी विशाल वटवृक्ष के नीचे रथ रोक दो। सामने वह पुष्करिणी है, उसके निर्मल जल में खिले हुए पुष्पों की गंध से यहाँ की वायु शीतल और सुरभित हो रही है। विश्राम के लिए यह स्थान उत्तम है।"

रथ रुकने पर पांडु उतरकर टहलने लगे।

यज्ञ-धूम्र की श्याम रेखाएँ आकाश में उठ रही थीं। चारों ओर शांति थी, दूर से बटुकों के वेदपाठ की ध्वनि भी सुनाई दे रही थी। पांडु समझ गए कि यह किसी ऋषि का आश्रम है।

तभी सामने झाड़ी में से दो मृग फिर निकले।

सूत ने उन्हें दिखाते हुए कहा, "महाराज, इन दो में कदाचित् एक हरिणी है। दोनों महाराज की उपस्थिति से अज्ञात हैं, आनंद से वन-विहार कर रहे हैं।"

पांडु ने उन्हें देखा, फिर बोले, "हरिण बड़ा ही चपल पशु है। उसका लक्ष्यवेध करने में बड़े ही हस्तलाघव की आवश्यकता होती है। किंतु यह हरिण तो बहुत बड़ा है। वह देखो, कान खड़े करके इधर की ओर ही देख रहा है।"

"उसे हमारी गंध मिल गई है, महाराज!"

"लाओ मेरा धनुष तो दो! मैं दोनों को अभी मार गिराता हूँ।"

परंतु उनके बाण-संधान करने पर आश्रम की ओर से किसी ने कहा, "मत मारिए, मत मारिए। ये आश्रम के मृग हैं।"

"कौन है, जो मुझे मृगया से विरत करता है? क्या नहीं जानते कि मैं कुरुवंशी पांडु हूँ?"

यह कहकर उन्होंने बाण छोड़ दिया, मृग आहत होकर भूमि पर गिर पड़ा। तब तक ऋषि वहाँ आ पहुँचे। उन्होंने पांडु की भर्त्सना करते हुए कहा, "अनर्थ किया महाराज पांडु, आपने मेरे निषेध करने पर भी आश्रम के मृग का वध कर डाला।"

"किंतु ऋषिवर, मृगया करने का मेरा अधिकार है।"

"आप प्रतापी भरतवंश के वंशज हैं। आपने काम और लोभ के वशीभूत होकर यह दुष्कर्म किया है।"

"ऋषिवर, राजा लोग शत्रु को मारने में जैसा व्यवहार करते हैं, उसी प्रकार मृगया में पशुवध भी करते हैं। फिर, इसके लिए आप मेरा तिरस्कार किसलिए करते हैं?"

"राजन्, आपने धर्मात्मा कुरुवंश के होने पर भी यह निष्ठुर कार्य किया। जब मृग-मृगी आनंद-विहार कर रहे थे, तभी दोनों को मार डाला।"

"राजा लोग जिस प्रकार शत्रु को सम्मुख देखकर तुरंत मार डालते हैं, उसी प्रकार मृगया में पशु को भी देखते ही मार डालते हैं। यह तो सनातन धर्म है, इसमें पाप क्या है?"

"राजन्, मनुष्यों की भाँति ये पशु भी जीवन के आनंद को अनुभव करते हैं, फिर ये हिरण कभी किसी का कुछ बिगाड़ते भी नहीं। और ये तो आश्रम के हिरण थे। इन्हें आपने मेरे निषेध करने पर भी मारकर निष्ठुरता की है, इससे मैं किदम मुनि शाप देता हूँ कि इसी प्रकार वन में आनंद-विहार करते हुए आपकी भी मृत्यु होगी।"

यह कहकर ऋषि ने कमंडलु से जल छोड़ दिया और चले गए। पांडु यह शाप सुन स्तब्ध रह गए। साधारण सी बात पर इतना भयानक शाप!

वे दुःख और पश्चात्ताप से ग्रस्त होकर अपने शिविर में लौट आए। उन्होंने अपनी दोनों पत्नियों से कहा, "देवियो, मृगया-आखेट में किदम मुनि के शाप से अब मैं संतानोत्पादन-शक्ति से शून्य हो गया हूँ। दुःख और पश्चात्ताप से आक्रांत होकर मैं अब वन में तप करके देह-विसर्जन करूँगा। तुम दोनों हस्तिनापुर लौट जाओ और गुरुजनों को मेरे वनगमन तथा संन्यासी होने का समाचार कहकर उन्हीं की सेवा में रहो।"

यह सुन कुंती और माद्री दुःखी हो उठीं। कुंती बोली, "नाथ, संन्यास के अतिरिक्त अन्य आश्रम भी हैं, जिनमें आप हम धर्म-पत्नियों के साथ रहकर भारी तपस्या कर सकते हैं। हम दोनों भी कामसुख की भावना का परित्याग करके पति-लोक की प्राप्ति का लक्ष्य रखकर संयम से तप करेंगी। आपसे पृथक् होकर हम दोनों निश्चय ही प्राण-त्याग कर देंगी। अतः आप हमें अपने से पृथक् मत कीजिए।"

पत्नियों का दृढ़ निश्चय जानकर पांडु ने कहा, "ठीक है। मैं संन्यास न लेकर वानप्रस्थाश्रम में रहूँगा। वल्कल पहन, फल-फूल का सूक्ष्म भोजन कर वन में तपस्या कर शरीर को सुखाकर इसका अंत करूँगा।"

यह कहकर पांडु ने अपने सिरपेंच, वक्षस्थल के आभूषण, बाजूबंद, कुंडल और बहुमूल्य वस्त्र तथा कुंती और माद्री के भी शरीर के आभूषण उतारकर ब्राह्मणों को दे दिए। उन्होंने अपने सेवकों से कहा, "तुम लोग हस्तिनापुर में जाकर कहना कि पांडु अर्थ, काम, विषयसुख और स्त्री विषयक रति आदि सबकुछ छोड़कर अपनी पत्नियों सहित वानप्रस्थी हो गए हैं।"

सेवक सब राज अलंकार लेकर हस्तिनापुर लौट आए।

हस्तिनापुर में जब यह समाचार पहुँचा तो सब दुःखी हुए। धृतराष्ट्र ने विदुर को बुलाकर कहा, "प्रियदर्शन पांडु तो वन-विहार की आज्ञा लेकर दोनों रानियों सहित शालवन गए थे। फिर वे राज्य से विरक्त क्यों हो गए?"

विदुर ने उत्तर दिया, "महाराज, वहाँ विहार करते हुए आश्रम के दो हरिणों को मारने के कारण किदम ऋषि ने उन्हें उसी प्रकार मृत्यु-प्राप्ति का शाप दे दिया। उसी से खिन्न होकर उन्होंने वानप्रस्थ ग्रहण किया और चैत्ररथ कालकूट शृंग से हिमालय पार करके गंधमादन पर्वत पर तप करने चले गए।"

"विदुर, उनके साथ कुरुकुल-वधू कुंती और माद्री भी वन में चली गईं, यह तो और भी दुःख की बात है। अरे, यह आयु सुख-भोग की है, तप की नहीं।"

"महाराज, उनके साथ बहुत से तपस्वी ब्राह्मण भी गए हैं। परंतु महाराज पांडु ने तो सर्वत्यागी विरक्त होकर सब धन-रत्न-वस्त्र ब्राह्मणों को देकर दास-दासी लौटा दिए हैं।"

"पांडु ने कुरुकुल के अनुरूप ही किया। पर मैं अपने प्रिय भाई के बिना कैसे रहूँगा?"

इसी समय गांधारी ने आकर धृतराष्ट्र को सांत्वना दी। वह बोली, "आर्यपुत्र कुरुकुल के आधारस्तंभ हैं। इतने कातर न हों। धर्मात्मा पांडु धर्म रक्षा के लिए ही बन में गए हैं। उनके तप से कुरुवंश का कलुष नष्ट होगा।"

"प्रिय गांधारी, तुम्हारा धैर्य-वाक्य जीवनदाता है, परंतु वधू कुंती और माद्री?"

"वे भी पति-सेवा में हैं। वे दोनों धर्मपरायण पति की धर्मपरायण पत्नियाँ हैं।"

"तो विदुर, क्या भाई पांडु को फिर कभी आलिंगन न कर सकूँगा?"

गांधारी ने ही कहा, "महाराज, समय सब कार्य-संपादन करा देता है। अब आप राजकाज में मन दीजिए, कुरुवंश की वृद्धि की आशा है।"

"वृद्धि की आशा? एक बार फिर तो कहो!"

"हाँ महाराज, वंश-वृद्धि की आशा।"

विदुर बोले, "महाराज, यशस्विनी गांधारी गर्भवती हैं। यथासमय वे हमारे वंश के प्रतापी पुत्रों को जन्म देंगी।"

"मैं सुखी हुआ, आप्यायित हुआ। प्रिय गांधार-दुलारी, तुम धन्य हो। तो पांडु ने अपने तप से कुरुकुल को पावन करने का उपक्रम किया है?"

पांडु के वनगमन से राजहीन कुरु-राज्य की व्यवस्था बिगड़ने लगी, तब धृतराष्ट्र ही को भीष्म ने राजा बना दिया; पर उनका राज्याभिषेक नहीं हुआ।

□

पाँच तेजपुंज

उधर पांडु पत्नियों सहित नागशत पर्वत, चैत्ररथ वन, कालकूट और हिमालय पर्वत को लाँघते हुए गंधमादन पर आए। यहाँ कुछ दिन विश्राम कर इंद्रद्युम्न सरोवर पहुँच तथा हंसकूट को पारकर वे शतशृंग पर्वत पर पहुँचकर भारी तपस्या करने लगे।

ऋषि-मुनि और तपस्वियों के पास जाकर उन्होंने पूछा, "महर्षिगण, संतानहीन के लिए स्वर्ग का द्वार बंद रहता है। मैं भी संतानहीन हूँ। चार प्रकार के ऋण हैं—पितृ-ऋण, देव-ऋण, ऋषि-ऋण और मनुष्य-ऋण। मैं धर्म की दृष्टि से ऋषि-ऋण, देव-ऋण तथा मनुष्य-ऋण से मुक्त हो चुका हूँ, परंतु पितृ-ऋण से मुक्त नहीं हो सका हूँ। मैं शापग्रस्त हूँ, कैसे संतान उत्पन्न करके पितृ-ऋण से मुक्त हो सकता हूँ?"

ऋषिगण ने विचार करके उत्तर दिया, "धर्मात्मा राजा, आपको पापरहित, देवोपम संतान होने का योग है। उस योग को प्रयत्न द्वारा प्राप्त कीजिए।"

अपने आश्रम में लौटकर पांडु ने कुंती से कहा, "भद्रे, यह आपत्तिकाल है, संतान-उत्पत्ति के लिए जो आवश्यक प्रयत्न हो, उसका तुम समर्थन करो।"

कुंती ने पति की अंत:वेदना देखकर कहा, "पत्नी के लिए यह बड़े अधर्म की बात है कि पति ही उनसे अधर्म की बात कहे।" परंतु ऋषि-मुनियों की बात अर्थपूर्ण होती है। वह मान्य है। आर्यपुत्र, किशोरावस्था में जब मैं अपने पिता के घर थी, तब दुर्वासा ऋषि ने मुझे वरदान दिया था, जिससे किसी भी देवता का आह्वान करने से वह तुरंत आ उपस्थित होते हैं और उस देवता के प्रसाद से पुत्र-प्राप्ति होती है। आपकी आज्ञा हो तो उस मंत्र द्वारा देवता का आह्वान करूँ।"

यह सुन पांडु को संतति-लालसा सफल होने की आशा बँधी। उन्होंने कहा, "प्रिये, आपद्धर्म में कुछ भी दोष नहीं लगता। मेरे हित के लिए, कुरु वंश की वृद्धि के लिए तुम ऐसा ही करो। तुम दुर्वासा ऋषि के बताए हुए मंत्र का विधिवत् प्रयोग करो और सबसे पहले धर्मराज का आह्वान करो।"

कुंती ने पांडु को प्रणाम कर उनकी परिक्रमा की और अपने शयनकक्ष में जाकर विधिपूर्वक मंत्र-जाप कर अच्युतरूप भगवान् धर्मराज का आह्वान किया।

गर्भकाल पूर्ण होने पर जब चंद्रमा ज्येष्ठा नक्षत्र पर थे, सूर्य तुला राशि पर थे, शुक्ल पक्ष की पूर्णा नामक पंचमी तिथि थी, अत्यंत श्रेष्ठ अभिजित आठवाँ मुहूर्त विद्यमान था, कुंती ने पुत्र को जन्म दिया। यही पुत्र युधिष्ठिर थे।

युधिष्ठिर के बाद पांडु की आज्ञा से कुंती ने देवश्रेष्ठ वायुदेव का आह्वान किया। उसके प्रसाद से दूसरा पुत्र भीम उत्पन्न हुआ। जिस दिन भीम का जन्म हुआ, उसी दिन हस्तिनापुर में दुर्योधन का भी जन्म हुआ।

कुंती ने तीसरी बार इंद्र का आह्वान कर अर्जुन को जन्म दिया। इंद्र का आह्वान करने से पूर्व स्वयं पांडु ने एक पैर से खड़े होकर सूर्य के साथ-साथ उग्रतप किया था, जिससे इस बार उन्हें अलौकिक कर्म करनेवाला, यशस्वी, शत्रुदमन, नीतिज्ञ, महामना, सूर्य के समान तेजस्वी, दुर्धर्ष, कर्मठ तथा अमित तेजस्वी पुत्र की प्राप्ति हो।

पांडु ने जब कुंती से चौथी बार भी किसी देवता का आह्वान करने को कहा, तब उसने मना कर दिया। वह बोली, "आर्य, आपातकाल में भी तीन से अधिक संतान उत्पन्न करने की आज्ञा शास्त्र नहीं देते। इससे स्त्री कुलटा हो जाती है।"

कुंती को तीन यशस्वी पुत्रों की प्राप्ति से पांडु की द्वितीय पत्नी माद्री को भी पुत्र-लालसा हुई। यह भी उसने सुना कि हस्तिनापुर में गांधारी को भी पुत्र-प्राप्ति हुई है। उसने एक दिन पांडु से एकांत में कहा, "नाथ, कुंती और मैं दोनों आपकी समान पत्नियाँ हैं, तब भी उन्हें तो पुत्र हुए और मैं संतानरहित रह गई। यदि कुंती मेरे गर्भ से भी कोई संतान उत्पन्न करा सकें तो यह उनका अनुग्रह होगा। मौन अभिमान के वश मैं स्वयं कुंती से नहीं कह सकती, आप उनसे कहिएगा।"

पांडु के कहने से कुंती ने मंत्र-प्रयोग किया और माद्री को किसी देवता का आह्वान करने को कहा। माद्री ने दोनों अश्विनीकुमारों का आह्वान किया। गर्भ पूर्ण होने पर माद्री को एक साथ दो पुत्र उत्पन्न हुए, नकुल और सहदेव।

महात्मा शुक्र शतशृंग-पर्वत पर तपस्या करते थे। उन्हीं तपस्वी ने श्रेष्ठ संस्कारों और शिक्षा द्वारा पाँचों पुत्र-पांडवों की योग्यता बढ़ाकर उन्हें भलीभाँति शिक्षित किया। वन में रहते ऋषियों-मुनियों का भी उन किशोरों पर प्रभाव पड़ा।

युधिष्ठिर तोमर फेंकने में, भीम गदा-संचालन में और अर्जुन धनुर्वेद में पारगामी हुए। नकुल और सहदेव ढाल-तलवार चलाने की कला में निपुण हुए।

□

आत्मश्लाघा

एक समय व्यास धृतराष्ट्र के यहाँ आए थे। गांधारी ने भोजन और विश्राम की व्यवस्था द्वारा उन्हें संतुष्ट किया था, तब व्यास ने गांधारी से कहा, "तुम्हारी सेवा से मैं बहुत प्रसन्न हूँ, वर माँगो।"

गांधारी बोली, "अपने पति के समान मुझे सौ पुत्र दीजिए।"

व्यास आशीर्वाद देकर चले गए। गांधारी को गर्भ रहा, परंतु दो वर्ष बाद भी प्रसव नहीं हुआ। इसी समय उसे युधिष्ठिर के जन्म की बात ज्ञात हुई तो उसे दुःख हुआ। उस दुःख-पीड़ा में उसके गर्भ से मांस-पिंड निकला, जिसे व्यासजी ने आकर सौ खंड करा, सौ घड़ों में रख दिया और कहा, "इन्हें सुरक्षित स्थान पर ढक्कन बंद करके रख दो। एक वर्ष बाद ढक्कन खोलकर इनमें से उत्पन्न पुत्रों को निकाल लेना।"

एक वर्ष बाद पहला घड़ा खोलने पर दुर्योधन उत्पन्न हुआ। उसी समय गांधारी को भीम के जन्म का भी समाचार मिला।

दुर्योधन की जन्म-कुंडली पूछने पर ब्राह्मणों ने बताया, "इसके जन्म लेते ही भयंकर अपशकुन हुए हैं। यह पुत्र समस्त कुल का नाश करेगा। इसे आप त्याग दें।" परंतु धृतराष्ट्र ने यह बात स्वीकार नहीं की। गांधारी की एक पुत्री दुःशला भी हुई।

जिन दिनों गांधारी गर्भवती थी और कष्ट पाती थी, उन दिनों धृतराष्ट्र की सेवा में एक वैश्य दासी रहती थी, उसी दासी से धृतराष्ट्र द्वारा एक यशस्वी पुत्र युयुत्सु उत्पन्न हुआ।

महाराज पांडु अपने पुत्रों को देख-देखकर बहुत हर्षित और आनंदित होते थे। उनका वानप्रस्थाश्रम का आचरण कुछ शिथिल होने लगा। एक दिन जब कुंती अर्जुन के पंद्रहवें वर्ष के जन्मदिवस पर ब्राह्मणों के स्वस्तिवाचन और उन्हें भोजन

कराने में व्यस्त थी, पांडु अपनी द्वितीय पत्नी माद्री को साथ लेकर एकांत में वन-प्रदेश में चले गए। उन्हें किदम मुनि के शाप का ध्यान नहीं रहा और काम-विह्वल हो उन्होंने माद्री को अपने आलिंगन में ले लिया। माद्री के विरोध को उन्होंने नहीं माना। कामक्रिया में ही उनकी मृत्यु हो गई। माद्री विलाप करके रोने लगी।

विलाप सुनकर कुंती तथा अन्य ऋषिगण, ब्राह्मण सभी वहाँ आ पहुँचे और महाराज पांडु की मृत्यु देखकर शोक करने लगे। कुंती मूर्च्छित होकर उनके चरणों में गिर पड़ी।

मूर्च्छा टूटने पर कुंती ने माद्री से कहा, "महाराज की मैं बड़ी पत्नी हूँ, अतः मैं ही इनके साथ चितारोहण करूँगी। तुम मेरे पुत्रों को मातृवत् स्नेह देती रहना।"

परंतु माद्री ने विलाप करते हुए कहा, "महाराज मेरी ही कामना में मृत्यु को प्राप्त हुए हैं, अतः मुझे ही चितारोहण करने दीजिए। आप बड़ी हैं, आप ही मेरे पुत्रों का संरक्षण-भार निबाहिए।"

दोनों पत्नियों का विलाप और क्रंदन सुन ऋषिगण ने उन्हें बहुत भाँति समझाकर कहा, "सुभगे, तुम दोनों के पुत्र अभी बालक हैं, अतः तुम्हें किसी प्रकार देह-त्याग नहीं करना चाहिए। धृतराष्ट्र के अधर्म से भी बालकों की रक्षा करनी है। कुंती के रक्षक वृष्णिवंशी राजा कुंतिभोज हैं, माद्री के रक्षक महारथी शल्य हैं। साध्वी स्त्री पति की मृत्यु हो जाने के बाद ब्रह्मचर्य-पालन करते हुए जीवित रहकर अपनी संतान की सब भाँति रक्षा करती है।"

पर माद्री ने विनयपूर्वक पति के साथ चितारोहण ही किया। पांडु का विधिवत् दाह-संस्कार कर मुनिगण ने परामर्श किया और कुंती तथा पाँचों पुत्रों को लेकर हस्तिनापुर चले।

बहुत से ब्राह्मण और ऋषिगण पांडवों व कुंती सहित माद्री तथा पांडु का अस्थिकलश लेकर हस्तिनापुर राजद्वार पर पहुँचे।

एक ऋषि ने आगे बढ़ द्वारपाल से कहा, "कुरुराज महाराज धृतराष्ट्र से कहो कि हम हैमवंत पर्वत के निवासी ब्राह्मण और मुनि, महात्मा पांडु का अस्थिकलश और उनके पुत्र-कलत्र को लेकर आए हैं।"

यह सुन द्वारपाल ने आहत हो शोक-विह्वल होकर पूछा, "क्या महात्मा पांडु का अस्थिकलश? हाय! हाय! यह शोक-संदेश महाराज धृतराष्ट्र नहीं सुन सकेंगे।"

ऋषि ने उत्तर दिया, "फिर भी मित्र, महाराज को सूचित करना होगा।"

भृत्य से यह दुस्संवाद सुनते ही मतवाले हाथी की भाँति धूल-मिट्टी में लथपथ

विलाप करते महाराज धृतराष्ट्र परिजन सहित राजद्वार पर आ पहुँचे। रोते-रोते पूछा, "मेरा प्रिय भ्राता महावीर पांडु कहाँ है, जिसके भुजबल से मैं निश्चिंत-अकंटक कुरुजांगल का राज्य भोग रहा हूँ।"

ऋषि ने आगे बढ़ उन्हें सांत्वना दी और कहा, "महाराज, नियति प्रबल है। महात्मा पांडु शापवश मृत्यु को प्राप्त हुए। सती माद्री ने भी प्राण त्यागे। यह उनकी पत्नी कुंती और पाँचों पुत्र हैं, जो हमारे यहाँ धरोहर थे। अब आप इनके स्वामी हैं। हम इन्हें आपको सौंपते हैं।"

"हाय वीरबाहु भाई, तुम मुझ अंधे के बल थे। अरे, अब मेरे जीने से क्या लाभ!"

"महाराज, धैर्य से सुनिए। महात्मा पांडु वानप्रस्थ आश्रम ग्रहण कर तप करने हमारे बीच शतश्रृंग पर्वत पर निवास करते थे। उन्होंने अपने वंश को नष्ट होने से बचाने के लिए पाँच पुत्र क्षेत्रज उत्पन्न किए। अब शापवश महाराज दिवंगत हुए। आज उन्हें मरे सत्रह दिन हुए। सती माद्री ने उसी समय प्राण त्याग दिए। अब आप शोक त्यागकर कुलरीति के अनुसार उनकी अंत्येष्टि-क्रिया कीजिए और कुंती सहित इन पाँचों बालकों को महात्मा पांडु के पुत्र स्वीकार कीजिए। इसी में आपका मंगल होगा।"

"हम ब्राह्मणों के वाक्य प्रमाण मानते हैं और इन पाँचों बालकों को पांडुपुत्र स्वीकार करते हैं। इनके राजपुत्रवत् सब संस्कार करके इनका राजमहालय में पालन हो।"

सत्यवती बोली, "देव, इन पुत्रों के नाम अनुक्रम से कहें।"

कुंती ने आगे बढ़कर बताया, "यह मेरा ज्येष्ठ पुत्र युधिष्ठिर है, यह धर्म के अंश से है। यह सोलह वर्ष का है।"

"हमने प्रमाण किया।"

"यह मेरा मध्यम पुत्र भीम है, यह वायु के अंश से है। यह पंद्रह वर्ष का है।"

"हमने प्रमाण किया।"

"यह मेरा कनिष्ठ पुत्र अर्जुन है, जो इंद्र के दिव्य अंश से है। यह चौदह वर्ष का है।"

"हमने प्रमाण किया।"

"यह माद्री-पुत्र नकुल और सहदेव हैं, जो दोनों अश्विनीकुमारों के देव अंश से हैं। ये दोनों तेरह-तेरह वर्ष के हैं।"

"हमने प्रमाण किया।"

"ये पाँचों पुत्र वीर, बुद्धिमान और कुरुकुल की प्रतिष्ठा बढ़ानेवाले हैं। इनके सहित मैं आपकी वधू आपकी शरणापन्न हूँ।"

भीष्म ने कहा, "इन देवतुल्य पुत्रों से कुरुकुल की शोभा होगी।"

पांडु के निधन से व्यथित होकर सत्यवती ने वन का निश्चय जाने किया, उन्होंने भीष्म से कहा, "पुत्र देवव्रत, अब समय है कि मैं वन में जाकर तप करके सद्गति प्राप्त करूँ।"

इसी समय व्यास भी वहाँ आ उपस्थित हुए। उन्होंने सत्यवती के विचार का अनुमोदन कर कहा, "माता, तुम्हारा यह विचार अत्यंत उत्तम है। ऐसा ही करो।"

व्यास की सहमति से अंबा-अंबालिका ने भी उनके साथ जाने का विचार किया। वे बोलीं, "माता, हम भी आपके साथ वन को जाएँगी।"

"चलो पुत्रियो, अब हम अपनी आत्मा की सद्गति का उपाय करें।"

महाराज पांडु की अंत्येष्टि क्रिया संपन्न हो जाने पर तीनों स्त्रियों ने वन की राह ली। उन्होंने धृतराष्ट्र का भी अनुरोध स्वीकार नहीं किया।

□

कटुमित्रता

गंगाद्वार में महर्षि भरद्वाज रहते थे। वे अनेक कठोर व्रतों का पालन कर तपस्या करते थे। प्रतापी महर्षि भरद्वाज अस्त्र-वेत्ताओं में श्रेष्ठ थे। इन्हीं के पुत्र द्रोणाचार्य थे। युवक द्रोण को अपने पिता से अस्त्र संचालन की प्रारंभिक शिक्षा प्राप्त हुई। बाद में उन्हें उच्च शिक्षा के लिए महर्षि अग्निवेश के आश्रम में भेजा गया।

महर्षि अग्निवेश के आश्रम में रहकर उन्होंने कठिन धनुर्वेद का ज्ञान प्राप्त किया। कुछ समय बाद उत्तर पांचाल के राजा प्रषत के पुत्र राजकुमार द्रुपद भी धनुर्वेद की शिक्षा प्राप्त करने हेतु अग्निवेश के आश्रम में आकर रहने लगे। द्रोण और द्रुपद शीघ्र ही घनिष्ठ मित्र हो गए। दोनों साथ खेलते और शिक्षा प्राप्त करते। एक दिन द्रुपद ने द्रोण से कहा, "प्रिय द्रोण, तुम मेरे अत्यंत घनिष्ठ मित्र हो। जब मैं अपने पिता की राजगद्दी पर बैठूँगा, उस समय मेरे राज्य का तुम भी उपभोग करना। मेरे भोग, वैभव और सुख सब पर तुम्हारा अधिकार होगा।"

द्रुपद अपना शिक्षा-काल समाप्त होने पर अग्निवेश के आश्रम से चले गए। चलती बार उन्होंने अपने प्रिय मित्र द्रोण को फिर अपनी बात का स्मरण कराया और कहा, "मेरे राजा होने पर अवश्य मेरे पास आना।"

इसके बाद द्रोण कुछ और काल तक आश्रम में रहे। महर्षि अग्निवेश ने उनकी लगन और योग्यता से प्रसन्न होकर उन्हें महान् आग्नेय अस्त्र दिया और उसकी संचालन की कठिन विधि भी बता दी। आग्नेय अस्त्र की शिक्षा के बाद उनका शिक्षण पूर्ण हुआ और वे अपने पिता के आश्रम में लौट आए।

द्रोण ने सुना कि महेंद्र पर्वत पर जमदग्नि-नंदन परशुराम निवास करते हैं, जो संपूर्ण शस्त्रधारियों में श्रेष्ठ हैं और जिन्हें संपूर्ण धनुर्वेद तथा दिव्यास्त्रों का ज्ञान प्राप्त है। अधिक ज्ञान प्राप्ति की इच्छा से उन्होंने परशुराम के आश्रम में जाने का निश्चय किया और एक दिन महेंद्र पर्वत पर पहुँचकर परशुराम के चरणों में प्रणाम

कर अपना परिचय देकर कुछ याचना की।

परशुराम ने कहा, "द्विजश्रेष्ठ, मेरे पास जो स्वर्ण तथा अन्य प्रकार का धन था, वह सब मैंने ब्राह्मणों को दे दिया। पृथ्वी महर्षि कश्यप को दे दी। अब मेरे पास मेरा शरीर और अस्त्र-शस्त्रों का ज्ञान शेष है, इनमें से जो चाहो माँगो।"

द्रोण बोले, "भृगुनंदन; आप मुझे प्रयोग, रहस्य तथा संहार-विधि सहित संपूर्ण अस्त्र-शस्त्रों का ज्ञान प्रदान कीजिए।"

"तथास्तु", कहकर परशुराम ने उन्हें अपने आश्रम में रहने की आज्ञा दी और संपूर्ण अस्त्र देकर उनके रहस्य और व्रत सहित संपूर्ण धनुर्वेद की शिक्षा दी। कुछ काल बाद वहाँ की भी शिक्षा पूर्ण होने पर परशुरामजी की आज्ञा प्राप्त कर वे फिर अपने आश्रम में लौट आए।

कुछ दिन बाद महर्षि भरद्वाज की मृत्यु हो गई। पिताविहीन द्रोण एकाकी आश्रम में रहकर अध्ययन करते रहे। पूर्ण युवा होने पर उन्होंने कृपाचार्य की बहन 'कृपि' नामक कन्या से विवाह किया। आगे चलकर उन्हें एक पुत्ररत्न की प्राप्ति हुई, जिसका नाम 'अश्वत्थामा' रखा गया।

पुत्र अश्वत्थामा का लालन-पालन और शिक्षा उन्होंने उसी प्रकार यत्न से की, जिस प्रकार उनके पिता ने उनकी की थी। बालक अश्वत्थामा बड़ा होता गया और अस्त्रविद्या में पारंगत होता गया। परंतु उसे अच्छा भोजन नहीं मिलता था, न दूध मिलता था। द्रोण के पास गाय नहीं थी। एक दिन कुछ ऋषिकुमार गाय का दूध पी रहे थे, उन्हें देखकर बालक अश्वत्थामा भी दूध पीने के लिए मचल उठा और रोने लगा। आश्रम के ऋषिकुमारों ने पात्र में आटा घोलकर उसे दूध बनाकर पीने को दिया। बालक अश्वत्थामा वही पीने लगा। वह प्रसन्न था कि वह भी ऋषिकुमारों की भाँति दूध पी रहा है।

इस घटना से द्रोण को अपनी धनहीनता पर बहुत क्षोभ हुआ। दरिद्र और धनहीन होने पर इस प्रकार के उपहास से उनके आत्मसम्मान को मार्मिक चोट लगी।

उन्हें ज्ञात हुआ कि द्रुपद अपने पिता की मृत्यु होने पर अब राजगद्दी पर बैठा है। इस क्षोभ की अवस्था में द्रोण को अपने इस प्रिय मित्र का स्मरण हुआ। वे पत्नी-पुत्र सहित राजा द्रुपद के पास चले गए।

समस्त राजसुखों से संपन्न मित्र के आकर्षण से प्रेरित होकर उन्होंने राजा द्रुपद के पास पहुँचकर मित्रभाव से कहा, "अपने इस मित्र को पहचानो तो सही।"

द्रुपद ने उनकी हीन दरिद्रावस्था, बढ़ी हुई दाढ़ी, मलिन वेशभूषा देखकर उनका उपहास कर पूछा, "ब्राह्मण, तुम कौन हो, क्या चाहते हो?"

द्रोण ने मर्माहत होकर उत्तर दिया, "मैं तुम्हारा प्रिय मित्र द्रोण हूँ, तुम्हारा वचन स्मरण कर तुम्हारे पास रहने आया हूँ।"

अब द्रुपद ने द्रोण को पहचाना। परंतु कहाँ यह दीन-हीन ब्राह्मण, कहाँ वह राजसी सुख का उपभोक्ता राजा।

द्रुपद ने अत्यंत रूखेपन से कहा, "द्रोण, तुम्हारी-मेरी कोई मित्रता नहीं है। मैं राजा हूँ, तुम एक श्रीहीन मनुष्यमात्र हो।"

द्रोण बोले, "मित्र द्रुपद, क्या तुम आश्रम के जीवन को सर्वथा भूल गए हो? क्या तुम्हें अपना वचन स्मरण है?"

द्रुपद ने घृणापूर्वक कहा, "आश्रम का जीवन समाप्त हो चुका। गुरु आश्रम में बहुत विद्यार्थी साथ रहते, खेलते और शिक्षा प्राप्त करते हैं। मगर दरिद्र-धनवान का, मूर्ख-विद्वान् का और कायर-शूरवीर का मित्र नहीं हो सकता।"

□

अप्रतिम गुरु

द्रुपद से इस प्रकार अपमानित होकर द्रोण क्रोध में भरकर वहाँ से चल दिए और हस्तिनापुर पहुँचकर कृपाचार्य के घर में गोपनीय ढंग से रहने लगे।

कृपाचार्य कौरव और पांडव कुमारों को अस्त्र-शस्त्र की शिक्षा देते थे। द्रोणाचार्य के साथ आए उनके पुत्र अश्वत्थामा भी उन्हीं कुमारों में मिलकर शिक्षण-अध्ययन करने लगे।

एक दिन कौरव और पांडु कुमार नगर से बाहर एक कुएँ के पास मैदान में गल्ली-डंडा खेलने लगे। खेलते-खेलते गुल्ली एक पुराने सूखे कुएँ में गिर गई। कुएँ से गुल्ली निकालने का कोई उपाय किसी भी कुमार को नहीं सूझा और वे एक-दूसरे की ओर देखकर हताश भाव से खड़े रहे।

इसी समय उनकी दृष्टि कुछ दूर बैठे एक श्यामवर्ण वृद्ध ब्राह्मण पर पड़ी, जो क्षीणकाय थे और जिनके सिर के बाल सफेद हो चुके थे। वे भी उनका खेल देख रहे थे। सभी कुमार उस ब्राह्मण के पास आए।

कुमारों को देखकर द्रोण ने कहा, "तुम राजकुमार होकर अपनी अस्त्र-विद्या से गुल्ली को भी कुएँ में से नहीं निकाल सकते? क्या सीखा है तुमने?"

उनकी यह बात सुनकर सभी राजकुमार लज्जित हो उठे। यह देख द्रोण फिर बोले, "ठहरो, गुल्ली मैं निकाले देता हूँ, बल्कि अपनी इस अँगूठी को भी निकालूँगा।"

यह कहकर वे उठे और कुएँ के पास आकर उन्होंने अपनी उँगली में से उतारकर अँगूठी भी कुएँ में डाल दी।

अब तो सभी राजकुमार आश्चर्य से उन्हें देखने लगे।

द्रोण ने कहा, "देखो, यह मुट्ठी भर सींकें मेरे पास हैं, जिन्हें मैंने अस्त्र-शस्त्र के मंत्रों द्वारा अभिमंत्रित किया है। तुम लोग इनका बल देखो।"

द्रोण ने एक सींक से उस गुल्ली को बींधा, फिर दूसरी सींक से पाली सींक

को बींध दिया। इसी प्रकार सींक पर सींक बींधकर उन्हें एक-दूसर से जोड़कर लंबी सींक बनाकर अपने हाथ की पहुँच तक कर लिया और सींक खींचकर गुल्ली बाहर निकाल दी। इसी प्रकार एक-एक सींक बींध कर उन्होंने अपनी अँगूठी को भी बाहर खींच लिया। सभी राजकुमार उनका यह कौशल देखकर बहुत प्रसन्न हुए।

उन्होंने कहा, "ब्राह्मण श्रेष्ठ, हम आपको प्रणाम करते हैं। आपका यह अद्‌भुत अस्त्र-कौशल अनुपम है। आज्ञा कीजिए, हम आपकी क्या सेवा करें?"

द्रोण बोले, "तुम सब भीष्म के पास जाकर मेरे रूप और गुणों का परिचय दो, सुनकर वे मुझे पहचान लेंगे।"

जब राजकुमारों ने भीष्म से सब वृत्तांत कहा तो वे सब समझ गए। उन्हें द्रोण की योग्यता विदित थी। उन्हें हस्तिनापुर में उपस्थित जान, वे तुरंत वहाँ पहुँचकर उन्हें सत्कारपूर्वक अपने महल में ले आए और बोले, "विप्रवर, आप अपने धनुष की डोरी उतार दीजिए और यहाँ रहकर राजकुमारों को धनुर्वेद और अस्त्र-शस्त्रों की शिक्षा दीजिए। यह हमारे लिए सौभाग्य की बात है कि आप यहाँ आए और हस्तिनापुर को अपना घर समझा।"

भीष्म ने सब राजकुमारों को एकत्र करके कहा, "ये धनुर्वेद के महान् ज्ञाता गुरु द्रोण हैं। आज से तुम सब इनके शिष्य हो, अब इनसे धनुर्वेद और अस्त्र-शस्त्र संचालन का पूर्ण ज्ञान प्राप्त करो।"

राजकुमार तो द्रोण से पहले से ही प्रभावित थे, अतः उन्हें गुरु रूप में पाकर बहुत प्रसन्न हुए। गुरु ने अपने शिष्यों को आशीर्वाद देकर कहा, "राजकुमारो, अस्त्र-शिक्षा पूर्ण कर लेने पर आप लोगों को मेरी एक इच्छा पूर्ण करनी होगी।"

यह सुन अन्य राजकुमार तो चुप रहे, परंतु अर्जुन ने उत्तर दिया, "गुरुजी, आपकी इच्छा मैं पूर्ण करने का वचन देता हूँ।"

यह सुन द्रोण प्रसन्न हुए और अर्जुन के मस्तक को सूँघकर आशीर्वाद दिया।

कौरव, पांडव, वृष्णिवंशी, अंधकवंशी और सभी कुमारगुरु द्रोण से अस्त्र-शिक्षा पाने लगे। अर्जुन में धनुर्वेद की जिज्ञासा सबसे अधिक थी। उनका बाहुबल, हस्तलाघव, परिश्रम और लगन अद्वितीय थी। वे तुल्य अस्त्रों के प्रयोग, स्फति और तीव्रगति में भी सबसे बढ़-चढ़कर निकले। द्रोणपुत्र अश्वत्थामा भी उन सबके साथ शिक्षा लेता था, परंतु अर्जुन की विशेष योग्यता देखकर द्रोण अपने पुत्र को कभी-कभी गुप्त रूप से शिक्षा भी देते। एक दिन गुरु ने पुत्र को एक महा दिव्यास्त्र की शिक्षा देकर कहा, "पुत्र, रणक्षेत्र में जब बचने का कोई अन्य उपाय न रह जाए,

तब ही इस दिव्यास्त्र का प्रयोग करना। मनुष्यों पर तो इसे कभी भी मत छोड़ना।"

यह सुन अश्वत्थामा कुछ निराश सा हो गया। वह तो अपने शत्रु से कभी भी परास्त न होने की कामना रखता था। फिर वह निराश नहीं हुआ। कुछ समय बाद हठात् उसे कृष्ण के सुदर्शन चक्र का स्मरण हुआ। वह उनके पास द्वारकापुरी पहुँचा और बोला, "मेरे पिताजी ने भीषण तपस्या करके महर्षि अगस्त्यजी से ब्रह्मास्त्र प्राप्त किया था। वही अस्त्र मैंने प्राप्त कर लिया है। आप कृपाकर यह ब्रह्मास्त्र ले लीजिए और इसके बदले मुझे अपना सुदर्शन चक्र दे दीजिए।"

कृष्ण ने उत्तर दिया, "ठीक है, तुम मेरा सुदर्शन चक्र ले लो, पर मैं तुम्हारा दिव्यास्त्र नहीं लूँगा।"

अश्वत्थामा उस सहस्र किरण युक्त वज्रनाभि अजेय सुदर्शन चक्र को उठाने लगा। उसने अपनी सारी शक्ति उसे उठाने में लगा दी, परंतु उठा नहीं सका।

तब कृष्ण ने कहा, "गुरुपुत्र, यह तुम्हारी अनधिकार चेष्टा है। रुक्मिणि के गर्भ से शिव अंश मेरे पुत्र प्रद्युम्न ने भी इसे नहीं माँगा; महाबली बलराम ने भी कभी इसकी इच्छा नहीं की। मेरे प्रिय मित्र अर्जुन ने भी कभी इसका मोह नहीं किया। यह चक्र केवल धर्मभ्रष्टों और पापियों को ही दंड देता है।"

यह सुन अश्वत्थामा अत्यंत क्षोभ में भरकर वहाँ से लौट गया। जब सब शिष्य गुरु के लिए पात्र लेकर जल लेने निकल जाते, तब वे अश्वत्थामा को जलपात्र ऐसा देते कि वह तुरंत भर जाता, वह उसे लेकर अन्य कुमारों से पहले लौट आता। इस अल्प समय में ही द्रोण अपने पुत्र को विशेष शिक्षा दे डालते। अर्जुन इस बात का आभास पाकर वारुणास्त्र से अपना जलपान तुरंत भरकर अश्वत्थामा के साथ ही लौटने लगे। विवश द्रोण को दोनों को ही विशेष शिक्षा देनी पड़ती।

एक दिन रात्रि में जब अर्जुन भोजन कर रहे थे, तब वेग की आँधी के कारण वहाँ का जलता हुआ दीपक बुझ गया, परंतु अर्जुन उसी कौशल से भोजन करते रहे। उस समय अर्जुन को अनुभव हुआ कि अँधेरे में भी अस्त्र अभ्यास किया जा सकता है। बस वे धनुर्विद्या का अभ्यास अँधेरे में भी करने लगे। रात्रि के घोर अंधकार में धनुष की प्रत्यंचा की टंकार द्रोण ने सोते-सोते सुनी। वे उठकर अर्जुन के पास आए और उसे अभ्यास करते देख हृदय से लगा लिया। वे बोले, "वत्स अर्जुन, मैं तुम्हें ऐसी विद्या दूँगा, जिससे तुम्हारे समान कोई धनुर्धर न हो।"

वे अर्जुन को घोड़ा, हाथी, रथ तथा भूमि पर रहकर युद्ध करने की शिक्षा देने लगे।

द्रोणाचार्य की कीर्ति सुनकर निषादराज हिरण्यधनु का पुत्र एकलव्य भी उनके पास अस्त्र-विद्या सीखने आया, परंतु निषाद-पुत्र होने के कारण वह उनका शिष्य नहीं बन सका। फिर भी एकलव्य की द्रोण के प्रति अपूर्व निष्ठा इससे खंडित नहीं हुई। वह उन्हें गुरुवत् दंडवत् कर लौट गया और उनकी मिट्टी की मूर्ति बनाकर वन के एक वृक्ष के नीचे उच्च स्थान पर रखकर उसे ही गुरुवत् प्रणाम करके धनुर्वेद का स्वंतः अभ्यास करने लगा। उसकी इस सच्ची निष्ठा और लगन ने उसे भी अप्रतिम धनुर्धारी बना दिया।

एक बार सब राजकुमार रथों पर बैठकर वन में शिकार खेलने गए। उनके साथ एक शिकारी कुत्ता भी था। घूमते-घूमते कुत्ता एकलव्य के शिक्षणस्थली के समीप जा पहुँचा। एकलव्य के शरीर का काला रंग और उसकी बढ़ी हुई जटा देखकर वह उस पर भौंकनें लगा। यह देख एकलव्य ने सात बाण धनुष पर एक साथ चढ़ाकर उसके भौंकते हुए मुख में मारे। उसका मुँह बाणों से भर गया और उसका भौंकना बंद हो गया। कुत्ता राजकुमारों के पास भाग आया। अपने प्रिय कुत्ते का मुख बाणों से भरा देख राजकुमार विस्मय से उसे देखने और बाण मारनेवाले के लक्ष्यवेध कौशल की प्रशंसा करने लगे। कुत्ते का मुँह बाणों से भरा हुआ था, परंतु एक भी बाण अंदर मांस में घुसकर उसे आहत नहीं कर सका था।

राजकुमार उस ओर चले, जिधर से कुत्ता आया था। कुछ दूर जाने पर उन्होंने एकलव्य को अपनी शिक्षण-स्थली पर निरंतर बाण चलाते और अभ्यास करते देखा।

उन्होंने उससे पूछा, “हमारे कुत्ते के मुँह में तुमने बाण भरे?”

“हाँ, राजकुमारो!”

“तुम्हारा क्या नाम है?”

“एकलव्य।”

“तुम्हारे गुरु कौन हैं?”

“यह महात्मा, द्रोणाचार्य।” कहकर उसने वृक्ष के समीप रखी द्रोणा की मिट्टी की मूर्ति दिखा दी।

राजकुमारों ने घर लौटकर एकलव्य की घटना अपने गुरु को बता दी, परंतु अर्जुन ने एकांत में गुरु से अपने मन की आशंका व्यक्त की। उसने कहा, “आचार्य, एकलव्य मुझसे भी बढ़कर अस्त्र-विद्या सीख रहा है।”

यह सुन आचार्य कुछ सोचने लगे, फिर अर्जुन को साथ लेकर वन में एकलव्य के पास पहुँचे।

अपने आराध्य गुरुदेव को सम्मुख उपस्थित देखकर एकलव्य ने उनके चरण पकड़कर वंदना की, फिर पूजन किया।

द्रोण उसकी भक्ति देखकर अप्रतिम रह गए। बोले, "शिष्य, गुरु-दक्षिणा दो।"

"आचार्यवर, मेरे पास आपको देने योग्य कोई वस्तु नहीं है। मैं दरिद्र और हीन हूँ।"

"तुम मुझे अपने दाहिने हाथ का अँगूठा काटकर दो।"

गुरु का यह वचन सुनते ही एकलव्य ने खट् से अँगूठा काटकर गुरु को सादर अर्पित कर दिया।

एकलव्य को सत्यप्रतिज्ञ देखकर द्रोण बहुत प्रभावित हुए। उन्होंने संकेत से उसे बताया कि अँगूठा कटने पर भी तर्जनी और मध्यमा के संयोग से बाण पकड़कर किस प्रकार धनुष की डोरी खींची जानी चाहिए।

वे अर्जुन को लेकर लौट आए। एकलव्य ने गुरु द्वारा निर्दिष्ट संकेत के अनुसार बाण चलाने का अभ्यास फिर प्राप्त कर लिया।

अश्वत्थामा धनुर्विद्या में, भीम और दुर्योधन गदायुद्ध में, नकुल और सहदेव तलवारबाजी में, युधिष्ठिर रथ पर बैठकर युद्ध करने में तथा अर्जुन सभी प्रकार की युद्ध-कलाओं में सबसे बढ़कर थे।

शिक्षा पूर्ण होने पर सब शिष्यों की परीक्षा ली गई।

गुरु द्रोण ने एक नकली गीध बनवाकर एक वृक्ष के अनुभाग पर रख दिया। उन्होंने शिष्यों से कहा, "इस गीध को बींधने के लिए तैयार हो जाओ। तुम लोग धनुष पर बाण चढ़ाकर तैयार रहो और मेरा शब्द सुनते ही इसका सिर काट गिराओ।"

सब राजकुमार तैयार हो गए। सबसे पहले उन्होंने युधिष्ठिर से कहा, "राजकुमार, वृक्ष की शिखा पर बैठे हुए इस गीध को देखो।"

"देख रहा हूँ, आचार्य।"

"क्या तुम इस वृक्ष को, मुझको अथवा अपने भाइयों को भी देख रहे हो?"

"हाँ, मैं इस वृक्ष को, आपको, अपने भाइयों को तथा गीध को भी बारंबार देख रहा हूँ।"

युधिष्ठिर का यह उत्तर सुन द्रोण ने उन्हें झिड़ककर कहा, "हट जाओ, तुम इस लक्ष्य को नहीं बींध सकते।"

इसी प्रकार के प्रश्न उन्होंने प्रत्येक राजकुमार से किए और सभी ने युधिष्ठिर के समान ही उत्तर दिए। सभी को द्रोण ने झिड़ककर उस स्थान से हटा दिया।

सबके अंत में अर्जुन से गुरु बोले, "अर्जुन, तुम्हें यह लक्ष्यवेध करना है, इसे अच्छी तरह देख लो।"

गुरु का आदेश सुनते ही अर्जुन ने लक्ष्य देखकर धनुष को इस प्रकार खींचा कि मंडलाकार होने लगा। द्रोण ने पूछा, "क्या तुम उस वृक्ष बैठे हुए गीध को, वृक्ष को और मुझे भी देखते हो?"

"मैं केवल गीध को देखता हूँ।"

"गीध के अंग कैसे हैं?"

"मैं तो गीध का केवल मस्तक भर देख रहा हूँ।"

"चलाओ बाण।"

अर्जुन ने बाण चला दिया। गीध का मस्तक तत्क्षण पृथ्वी पर गिर पड़ा। द्रोण ने अर्जुन को हृदय से लगा लिया। अर्जुन को पुरस्कृत करते हुए उन्होंने अपने गुरु अग्निवेश से प्राप्त प्रसिद्ध 'ब्रह्मसिर' नामक अस्त्र उसे दिया और उसका कठिन प्रयोग भी बता दिया। यह अस्त्र असाधारण था। अब अर्जुन क्षुर (बगल में तेज धार वाला बाण), नाराच (वह बाण, जिसका अग्र भाग तीक्ष्ण हो), भल्ल (नोक का पिछला भाग चौड़ा और नोकदार बाण), विपाठ (खनती की आकृति के समान बड़ा बाण), ऋजु, वक्र तथा अन्य सभी विशिष्ट अस्त्रों के संचालन का गूढ़तत्त्व भलीभाँति सीख गए थे।

□

श्रेष्ठ शिष्य

भीष्म की आज्ञा से सब राजकुमारों के अस्त्र-शस्त्र-लाघव को राजपरिवार तथा प्रजा के सामने दिखाने की व्यवस्था की गई। गुरु द्रोण और कृपाचार्य ने इसके लिए रंगमंडप में विशाल आयोजन किया।

रंगमंडप खूब सजाया गया। सब श्रेणियों के लोग वहाँ आकर यथास्थान बैठ गए। व्यास, भीष्म, कृप, धृतराष्ट्र, विदुर आदि कुरुवंशी तथा गांधारी, कुंती आदि रनिवास की स्त्रियाँ भी वहाँ उपस्थित थीं। राजपुत्रों का अस्त्र-कौशल देखने के लिए सभी उत्सुक हो रहे थे। श्वेत वस्त्र और श्वेत यज्ञोपवीत धारण किए आचार्य द्रोण ने अपने पुत्र अश्वत्थामा के साथ रंगभूमि में प्रवेश किया। द्रोण के सिर-दाढ़ी-मूँछ के बाल सफेद हो गए थे। वे श्वेत पुष्पों की माला और श्वेत चंदन-तिलक से सुशोभित थे।

इसके बाद राजकुमार बड़े-बड़े रथों पर दस्ताने पहने, कमर कसे पीठ पर तूणीर बाँध और धनुष लिये हुए रंगभूमि में आए। कौरव राजकुमारों ने गुरु की आज्ञा ले अपने धनुष लेकर डोरी चढ़ाई और भाँति-भाँति के बाणों का संधान करके प्रत्यंचा की टंकार कर वे अस्त्र-कौशल का प्रदर्शन करने लगे। राजकुमारों ने पहले धनुष-बाण के पैंतरे दिखाए, फिर रथ-संचालन के विविध मार्गों पर आना-जाना, दाएँ-बाएँ और मंडलाकार चलाने का प्रदर्शन किया। इसके बाद कुश्ती, ढाल-तलवार, हाथी तथा घोड़े की पीठ पर बैठकर युद्ध करने के प्रदर्शन हुए। कुछ देर बाद भीम और दुर्योधन गदा-युद्ध का प्रदर्शन करने रंगभूमि में आए। दुर्योधन भीम के प्रति अप्रिय भाव रखते थे, अतः उनके प्रहारों को देखकर गुरु द्रोण ने अश्वत्थामा को उनका प्रदर्शन रोकने के लिए भेजा। अश्वत्थामा ने जाकर उन्हें गुरु-आज्ञा बताकर कहा, "आचार्य की आज्ञा है कि यह गदा-युद्ध रोक दो, दुस्साहस अनुचित है। तुम दोनों ही योग्य हो।" भीम और दुर्योधन अपनी-अपनी गदा लिये लौट आए।

सबसे अंत में अर्जुन रंगभूमि में आए। वे गोह के चमड़े के दस्ताने पहने, बाणों से भरा तरकस लिये, धनुष टंकारते हुए आए। उन्होंने पहले आग्नेयास्त्र से आग पैदा की, फिर वरुणास्त्र से जल उत्पन्न कर उसे बुझा दिया। फिर वायव्यास्त्र से आँधी चला दी और पर्जन्यास्त्र से बादल उत्पन्न किए। भौमास्त्र से पृथ्वी और पर्वतास्त्र से पर्वतों को उत्पन्न किया, फिर अंतर्धानास्त्र के द्वारा वे स्वयं अदृश्य हो गए। वे क्षण भर में लंबे हो जाते, क्षण भर में ही छोटे बन जाते, एक क्षण में रथ के धुरे पर खड़े होते, दूसरे क्षण रथ के बीच में दिखते और पलक मारते पृथ्वी पर उतरकर अस्त्र-कौशल दिखाने लगते थे। अर्जुन ने बड़ी फुर्ती से सूक्ष्म और बृहत् निशाने को भी बिना हिलाए-डुलाए नाना प्रकार के बाणों द्वारा बींध दिया। रंगभूमि में लोहे का बना एक सूअर इस प्रकार रखा था कि वह सब ओर चक्कर लगा रहा था। उस घूमते सूअर के मुख में अर्जुन ने एक ही साथ पाँच बाण मारे। एक स्थान पर लटकते हुए गाय के सींग के छेद में लगातार इक्कीस बाण गड़ा दिए। खड्ग, धनुष और गदा के भी पैंतरे अर्जुन ने दिखाए।

उनके अद्भुत प्रदर्शन और कौशल की प्रशंसा में भारी जनरव से रंगभूमि गूँज उठी। अभी लोगों का हर्ष-कोलाहल कम नहीं हुआ था कि रंगभूमि के प्रवेश-द्वार पर एक व्यक्ति ने आकर अपनी पुष्ट भुजाओं पर ताल ठोकी।

सब लोग चकित होकर द्वार की ओर देखने लगे।

ताल ठोककर रंगभूमि में प्रवेश करनेवाला शक्तिशाली युवक कर्ण था। कुंडल और कवच सहित उनकी ऊँची और सुगठित देहयष्टि शोभायमान हो रही थी। हाथ में धनुष और कमर में तलवार बाँधे उस तरुण महाबली ने रंगभूमि में पहुँचकर द्रोणाचार्य और कृपाचार्य को प्रणाम किया। फिर उन्होंने अर्जुन की ओर दृष्टि करके कहा, "तुमने जो कौशल दिखाए हैं, मैं उससे भी अधिक अद्भुत कौशल दिखाऊँगा।"

द्रोण की आज्ञा पाकर कर्ण ने वे सभी कौशल कर दिखाए, जो अर्जुन ने किए थे। अपनी प्रतिभा दिखाने के बाद उसने कहा, "मैं अर्जुन के साथ द्वंद्वयुद्ध करना चाहता हूँ।"

यह सुनकर अर्जुन ने क्रोध भरा उत्तर दिया, "बिना बुलाए आनेवाले युवक तुम कौन हो, जो अनायास ही अपनी मृत्यु की इच्छा रखते हो?"

"अर्जुन, यह तो रंगभूमि है, सभी के लिए खुली हुई है। साहस हो तो बाणों से मुझ पर घात करो, तुम्हारे गुरु के सामने ही तुम्हें परास्त कर तुम्हारा शिरच्छेद कर सकता हूँ।"

यह सुन अर्जुन वीर दर्प से आगे बढ़े। यह देख कुंती 'नहीं-नहीं!' कहकर मूर्च्छित हो गईं। विदुर ने दासियों द्वारा चंदन-जल छिड़कवाकर उनकी मूर्च्छा दूर की। मूर्च्छा दूर होने पर भी उन्होंने फिर 'नहीं-नहीं' कहा और शिथिल पड़ने लगीं। कृपाचार्य ने कुछ संकट का आभास पाकर आगंतुक युवक से कहा, "पुत्र, पांडुनंदन अर्जुन कुरुवंश के रत्न हैं, इसी प्रकार तुम भी अपना वंश-परिचय दो। कुल-गोत्र जानने के बाद ही अर्जुन तुमसे द्वंद्व-युद्ध करेंगे।"

कृपाचार्य का यह प्रश्न सुनकर युवक चुप रह गया।

वह लज्जित होते हुए बोला, "कुलशील दैवाधीन है, परंतु पुरुषार्थ मेरे अधीन है।"

यह देख दुर्योधन ने अपने आसन से उठकर कहा, "आचार्य, राजवंश या श्रेष्ठ कुल में उत्पन्न पुरुष, वीरपुरुष और सेनापति, ये तीनों राजा होने के अधिकारी हैं। यदि अर्जुन राजा से ही युद्ध करना चाहता है तो मैं अभी अपने इस वीर युवक मित्र को अंगदेश के राज्य पर अभिषिक्त करता हूँ।"

यह कहकर दुर्योधन ने अपना अँगूठा चीरकर कर्ण के मस्तक पर तिलक किया। उसे अपने समीप बैठाकर उसका अभिषेक और अभिनंदन किया।

कर्ण ने दुर्योधन का आभार प्रकट कर कहा, "महाराज दुर्योधन, आज से यह शरीर और प्राण आपके हुए।"

दुर्योधन ने उत्तर दिया, "मित्र, तुम्हारी मैत्री प्राप्त कर मैं धन्य हो गया।"

इसी समय अधिरथ दोनों हाथ फैलाकर कर्ण को रोकने के लिए बढ़ा, "अरे पुत्र कर्ण, यह क्या करता है, शस्त्र रख दे। राजकुमार से वैर न बढ़ा!"

कर्ण पिता को प्रणाम कर बोला, "पिता, चिंता न करो, मैं तुम्हारा पुत्र त्रिलोकी को इसी धनुष से विजय कर सकता हूँ।"

यह देख अर्जुन ने घृणापूर्वक कहा, "तो तुम नीच सूतपुत्र हो? जाओ मेरे अश्वों की सेवा करो, तुम्हें पुरस्कार मिलेगा।"

अर्जुन के इन वचनों ने दुर्योधन को क्रोधित कर दिया। उसने कहा, "अर्जुन, तुम्हें यह बात कहनी नहीं चाहिए। समस्त शुभ लक्षणों से सुशोभित तथा कुंडल और कवच से संपन्न सूर्य के समान तेजस्वी यह युवक सूतपुत्र कैसे हो सकता है?"

कर्ण ने क्रोधपूर्वक कहा, "क्षत्रियों में बल का ही आदर होता है। वीरों और नदियों के जन्म का निश्चय नहीं रहता। तुम पांडवों के जन्म का हाल भी मुझे ज्ञात है।"

दुर्योधन ने कर्ण का हाथ पकड़कर कहा, "सूर्यास्त हो रहा है, इन बातों से अब क्या? चलो मित्र, अर्जुन से फिर कभी समझ लिया जाएगा।"

यह कहकर वह उसे अत्यंत आदर और प्रेमपूर्वक रंगभूमि से बाहर ले गया।

दुर्योधन बंधु कौरव और युधिष्ठिर बंधु पांडव नाम से प्रसिद्ध हुए। वे पाँचों भाई तेजस्वी, वीर, प्रतापी और धर्मज्ञ थे। उनका यश बढ़ता ही गया। दुर्योधन आदि जन-द्वेषी, क्रोधी और राज्य-लोलुप स्वभाव के थे। अत: बाल्यकाल में ही कौरव-पांडव संघर्ष आरंभ हो गया था।

द्रोण का कार्य पूरा हो चुका था, राजकुमारों की शिक्षा पूर्ण हो गई। एक दिन उन्होंने सबको एकत्र कर कहा, "शिष्यो, अब मुझे गुरु-दक्षिणा दो।"

सब राजकुमार उनके समीप आ खड़े हुए। उन्होंने पूछा, "क्या आज्ञा है आचार्य?"

"पांचाल-राज द्रुपद को युद्ध में कैद करके मेरे पास ले आओ। यही मेरे लिए गुरु-दक्षिणा होगी।"

"बहुत अच्छा!" कहकर सब राजकुमार अपने-अपने रथों पर बैठकर पांचाल राजपथ पर चल दिए। अर्जुन के संकेत पर पांडव कुछ पीछे रहे, उन्होंने कौरवों को आगे बढ़ने दिया। कौरवश्रेष्ठ दुर्योधन, कर्ण, महाबली युयुत्सु, दु:शासन, विकर्ण, जलसंध तथा सुलोचन ने द्रुपद की राजधानी में पहुँचकर उसके राजमहल पर आक्रमण कर दिया और प्रजाजनों को मारने-काटने लगे।

कौरवों का यह अकस्मात् आक्रमण देखकर राजा द्रुपद सेना सजाकर विद्युत्-वेग से उन पर टूट पड़ा। उसने उन पर सब ओर से धावा कर बाणों का भारी जाल सा बिछाकर कौरव-सेना को मूर्च्छित कर दिया। पांचालवासी शंख, भेरी और मृदंग बजाकर विजय-उत्सव मनाने लगे। राजा द्रुपद अलातचक्र की भाँति सब ओर घूमकर कौरवों पर भयानक बाण-वर्षा कर, उन्हें परास्त कर पीछे हटाने लगे। दुर्योधन, कर्ण, विकर्ण तथा शकुनि घायल अवस्था में पीछे लौटकर पांडवों के पास आए। अब अर्जुन के आगे बढ़ने का सुअवसर था। उसने युधिष्ठिर को वहीं रुके रहने को कहा। उसने नकुल और सहदेव को रथ के पहियों का रक्षक बनाया, भीम को रथ के आगे रहने को कहा और स्वयं रथ में बैठ, दिशाओं को गुँजाते हुए बड़े वेग से आगे बढ़ा। भीम ने गदा-युद्ध कर द्रुपद की गज-सेना को नष्ट कर डाला। अर्जुन ने अपने रथ को युद्धभूमि के मध्य में

रख द्रुपद-सेना पर बाण-वर्षा कर सैनिकों के मस्तक काट डाले। अपनी सेना का संहार होते देख द्रुपद अपने भाई सत्यजित सहित क्रोधपूर्वक अर्जुन की ओर बढ़ा। सत्यजित ने अपने भाई की रक्षा करते हुए अर्जुन को लक्ष्य करके अनेक तीक्ष्ण बाण चलाए। परंतु अर्जुन ने प्रचंड माया-अस्त्रों का प्रयोग कर द्रुपद और सत्यजित के रथों को नष्ट कर उन्हें नीचे गिरा दिया। द्रुपद को नीचे गिरते देख अर्जुन द्रुपद के रथ का डंडा पकड़ उस पर चढ़ गए और द्रुपद को पकड़ लिया।

युद्ध समाप्त कर अर्जुन ने राजा द्रुपद और मंत्रियों को बंदी बनाकर आचार्य द्रोण के सम्मुख उपस्थित कर अपनी गुरु-दक्षिणा भेंट की।

बंदी अवस्था में द्रुपद को निस्तेज देखकर आचार्य द्रोण बोले, "मैंने गुरु-दक्षिणा के रूप में तुम्हें बंदी बना लिया, तुम्हारी राजधानी रौंद डाली; कहो, अब भी मुझसे मित्रता चाहते हो?"

परंतु द्रुपद उसी प्रकार मौन खड़ा रहा।

द्रोण फिर बोले, "मित्र, तुमने कहा था, जो राजा नहीं है, वह राजा का मित्र नहीं हो सकता। अब तुम्हें जीतकर मैं तुम्हारा आधा राज्य लेता हूँ। गंगा के दक्षिण प्रदेश के तुम राजा रहो और उत्तर के भूभाग का राजा मैं हूँ। आशा है, अब तुम मुझे राजा मानकर मित्र समझोगे।"

यह सुन द्रुपद हँस दिया। उसने कहा, "राजा द्रोण मेरे मित्र हैं।"

द्रुपद के यह कहने पर द्रोण ने उन्हें और मंत्रियों को मुक्त कर दिया।

एक दिन गुरु द्रोण ने अर्जुन से कहा, "वत्स, मैंने तुम्हें ब्रह्मसिर नामक अस्त्र प्रदान किया था, जो अमोघ वज्र के समान है। उस शक्तिशाली अस्त्र का प्रयोग तुम मनुष्यों पर मत करना, क्योंकि उसमें पृथ्वी को भी भस्म कर डालने की शक्ति है। यह नियम तुम्हें पालन करना चाहिए। अब तुम मुझे एक वचन दो।"

"आज्ञा कीजिए, गुरुवर!" अर्जुन ने उत्सुकता से पूछा।

"यदि युद्धभूमि में मैं भी तुम्हारे विरुद्ध लड़ूँ, तब भी तुम अवश्य मुझसे युद्ध करना, युद्ध-विमुख न होना।"

यह अद्भुत प्रस्ताव सुनकर अर्जुन ने गुरु के चरण पकड़ लिये। उन्होंने कहा, "मुझे शक्ति दीजिए, गुरुदेव!"

द्रोण ने उन्हें उठाकर हृदय से लगा लिया।

रंगशाला तथा पांचाल युद्ध में प्रदर्शित राजकुमारों की विभिन्न योग्यताओं ने

कौरवों के मन में पांडवों के प्रति द्वेष, ईर्ष्या, आकांक्षा और वैरभाव उत्पन्न कर दिए। उनके ये भाव और भी दृढ़ हो गए, जब इस प्रदर्शन के अगले वर्ष धृतराष्ट्र ने युधिष्ठिर को युवराज पद पर अभिषिक्त कर दिया। यद्यपि यह उचित ही था, परंतु दुर्योधन तथा उसके मामा शकुनि इसे सहन नहीं कर सके। वे धृतराष्ट्र से अपना विरोध प्रकट करने का अवसर ढूँढ़ने लगे।

□

विदुर नीति : कणिक नीति

धृतराष्ट्र ने युधिष्ठिर को युवराज पद देकर कहा, "अपने यशस्वी पिता के समान ही राज्य की वृद्धि और शासन करो।"

पांडवों ने राजकाज और शासन को सँभालते हुए सौवीर देश के राजा विपुल, दत्तामित्र तथा पवन देश के राजा का दमन कर अपना पराक्रम स्थापित किया। अन्य और भी छोटे-छोटे राज्य जीतकर अपने राष्ट्र की वृद्धि की। पांडवों के पराक्रमों की यशगाथाएँ धृतराष्ट्र ने भी सुनीं। उन्हें यह भी विदित हुआ कि पांडवों के शासन से प्रजा अत्यंत प्रसन्न और सुखी है। पांडव जितने पराक्रमी हैं, उतने ही धर्मपरायण भी हैं, ब्राह्मणों का यथोचित सत्कार करते हैं। राज्य में कहीं भी दुराचार नहीं है।

दुर्योधन पांडवों की इस प्रसिद्धि को सहन नहीं कर सका। वह दुःखी रहकर कुढ़ने लगा।

शकुनि ने कहा, "पुत्र, इस प्रकार कुढ़ने और दुःखी रहने से क्या लाभ? कुछ उपाय करो और पांडवों को यहाँ से निकालो।"

शकुनि ने दुर्योधन को वैर का पहला पाठ पढ़ाया और कर्ण को साथ लेकर धृतराष्ट्र के पास पहुँचा।

दुर्योधन ने पिता से कहा, "महाराज, आपने मेरे रहते युधिष्ठिर को युवराज क्यों बनाया, अब आज्ञा दीजिए कि मैं वनगमन करूँ।"

धृतराष्ट्र ने पूछा, "वनगमन क्यों पुत्र?"

दुर्योधन ने खीझकर उत्तर दिया, "अब हस्तिनापुर में क्या मेरी आवश्यकता है? युधिष्ठिर को मैं अपने सिर पर नहीं बैठा सकता।"

"पुत्र, युधिष्ठिर ज्येष्ठ है, योग्य, दयावान, क्षमावान, जितेंद्रिय और लोकप्रिय है, इसी से उसे मैंने युवराज बनाने का विचार किया।"

दुर्योधन के संकेत पर कर्ण बोला, "किंतु महाराज, आप अपने पुत्रों के संबंध में भी तो सोचिए कि उनका क्या होगा? भीम बलदेव से गदा-युद्ध में निपुण होकर आ गया है। अर्जुन से द्रोण ने प्रतिज्ञा कर ली है कि वे उससे स्वतः युद्ध न करेंगे। आज संसार में यह बात फैल गई है कि अर्जुन के समान दूसरा धनुर्धर संसार में नहीं है। उसने गंधर्वों को विजय करनेवाले सौवीरराज को मारा, जिस यवनराज को पांडु भी न हरा सके थे, उसे परास्त किया तथा पूर्वी और दक्षिण देश जीत लाए। नकुल चित्र-युद्ध में अतिरथ प्रसिद्ध है। अब उनका यश फैल रहा है। राज्य भी उनके हाथ में रहेगा तो कुरुवंश की समाप्ति ही है। महाराज, पांडवों की उत्पत्ति की ओर ध्यान दीजिए और कुरुकुल की प्रतिष्ठा को देखिए।"

धृतराष्ट्र यह सुन कुछ देर चुप रहे, फिर बोले, "तब नीतिवान कणिक से परामर्श करना होगा।"

दुर्योधन ने कणिक को बुला भेजा। उनके आने पर धृतराष्ट्र ने उनसे पूछा, "महात्मन, हमें यह बताओ कि पांडवों के साथ हम कैसा व्यवहार करें? आप नीति के महापंडित हैं। हमें सत् परामर्श दीजिए, जिससे हमारा कुल दूषित न हो।"

कणिक बोले, "राजा की सर्वश्रेष्ठ नीति पौरुष और दंड है। उसी से शत्रु और प्रजा संयम में रहते हैं। चतुर पुरुष अपने पर चोट करने का दूसरों को अवसर नहीं देते, स्वयं अवसर पाते ही औरों पर चोट करते हैं। जैसे कछुआ अपना सिर छिपाए रहता है, उसी भाँति राजा अपने सहाय, साधन, उपाय आदि छिपाकर रखे तथा शत्रु को कभी जीता न छोड़े। छोटे शत्रु को भी तुच्छ न समझे। इस समय आप करुजांगल के श्रेष्ठ राजा हैं। आपके भतीजे पांडव बली और बुद्धिमान हैं। उनसे अपनी और अपने ऐश्वर्य की रक्षा समय रहते कीजिए।"

कणिक ने साम, दाम, भेद और दंड की व्याख्या करते हुए एक कथा सुनाई—

एक वन में एक गीदड़ अपने चार मित्रों—बाघ, चूहा, भेड़िंया और नेवले के साथ रहता था। एक दिन उन सबने हरिणों के एक सरदार को देखा, जो अपेक्षाकृत अधिक बलवान था। वे उसे पकड़ने में सफल नहीं हो सके। अतः सबने मिलकर एक युक्ति की। हरिण जब सो रहा था, चूहा धीरे-धीरे उसके पैरों के पास पहुँचा और उसने धीरे-धीरे उसके दोनों पैर अपने दाँतों से काट खाए। जागने पर जब मृग चलने लगा, तब काटने की पीड़ा से वह भाग नहीं सका और बाघ ने उसे तत्काल मार डाला।

गीदड़ बोला, 'शुभ हुआ, अब आप लोग स्नान करके आइए। तब तक मैं इसकी रखवाली करता हूँ।'

स्नान करके सबसे पहले बाघ लौटा। उसने गीदड़ को गहन चिंता में बैठे देखकर पूछा, 'महामते, किस चिंता ने आपको घेरा है?'

गीदड़ ने उत्तर दिया, 'महाबली बाघ, चूहा कहता है कि वन के राजा बाघ को धिक्कार है, जो उसने मृग को मेरे बल पर मारा है। उसकी यह बात सुनकर मेरी इच्छा इस मृग को खाने की नहीं रही।'

बाघ ने कहा, 'मित्र, तुमने यह बात कहकर मेरे पौरुष को जगा दिया है। अब मैं अपने बाहुबल का आखेट ही खाऊँगा।'

यह कहकर बाघ वन में नए आखेट की तलाश में चला गया। उसके जाने के बाद चूहा स्नान करके लौटा।

गीदड़ ने उससे कहा, 'मित्र चूहे, नेवला कहता है कि चूहे के काटने से हरिण का मांस विषैला हो गया है, इसलिए मैं यह मांस नहीं खाऊँगा। मैं चाहता हूँ कि मैं चूहे को ही खा जाऊँ।'

यह सुनते ही चूहा अपने बिल में शीघ्रता से घुसकर दुबक गया। इसके बाद भेड़िया स्नान करके लौटा।

गीदड़ ने उससे कहा, 'मित्र भेड़िए, बाघ तुम पर बड़ा क्रोधित है। वह अपनी बाघिन को लेकर तुम्हारा हनन करने आ रहा है।'

यह सुनते ही भेड़िया हरिण का कच्चा मांस खाने की अपनी प्रबल लालसा त्याग वहाँ से भाग खड़ा हुआ। अब नेवला स्नान करके आया।

गीदड़ ने नेवला से कहा, 'मित्र नेवले, मैंने अपने बाहुबल से बाघ, भेड़िए और चूहे को परास्त करके भगा दिया। अब तुम मुझसे पहले निबट लो, तब मांस खाना।'

नेवले ने उत्तर दिया, 'वीर शिरोमणि, मुझमें इतनी सामर्थ्य कहाँ? मैं आपसे युद्ध नहीं कर सकता। आप तृप्त होकर मृग मांस भक्षण करो, मैं चला।' यह कहकर नेवला भी चला गया।

यह कथा सुनाकर कणिक ने कहा, "पुत्र, मित्र, भाई, पिता, गुरु कोई भी यदि शत्रु-भाव में आ जाए, तो उन्हें स्वरक्षा के लिए परास्त करना ही बुद्धिमानी है। अतः आप पांडुपुत्रों से अपने पुत्रों की रक्षा अवश्य कीजिए।"

अब तो शकुनि को भी कहने का अवसर मिल गया। उसने कहा, "महाराज, आर्य कणिक ने जो नीति कही है, वही सर्वश्रेष्ठ है। यदि पांडव राज्य पा जाएँगे तो आपके वंश वाले सदा दुःख पाएँगे।"

दुर्योधन ने आँखों में आँसू भरकर कहा, "महाराज, ऐसा उपाय कीजिए कि जिससे हमें दूसरों के दिए अन्न से पेट न पालना पड़े।"

अब धृतराष्ट्र द्रवित हो उठे। उन्होंने कहा, "पुत्र, तुम्हारी क्या इच्छा है, वह कहो। पांडु नाममात्र के राजा थे, वे सब काम मुझसे पूछकर करते थे। वे मेरा और सबका मान करते थे। पांडु की दी हुई वृत्ति से आज भी मंत्री, सेनापति, सैनिक और उनके पुत्र-पौत्र पल रहे हैं। यदि हम उन्हें बलपूर्वक राज्याधिकार से वंचित करते हैं तो सेना और प्रजा हमारे विपरीत हो जाएगी तथा हमें राज्य और प्राण से हाथ धोना पड़ेगा।"

दुर्योधन ने उत्तर दिया, "इन सब बातों पर विचार करके ही मैं प्रजा को अपनी ओर करने की चेष्टा कर रहा हूँ। इस समय राज्यकोष मेरे ही हाथों में है। मंत्री भी मेरे वश में हैं। यदि पांडव एक बार यहाँ से दूर चले जाएँ तो मैं सिंहासन पर बैठकर अपनी जड़ पक्की कर लूँ।"

धृतराष्ट्र ने कहा, "भीष्म, द्रोण, विदुर, कृपाचार्य इसमें हमारा विरोध करेंगे।"

दुर्योधन ने समाधान किया, "भीष्म सबको समान मानते हैं, वे अवश्य उदासीन रहेंगे। अश्वत्थामा मेरे मित्र हैं, इससे कृपाचार्य और द्रोण मेरे पक्ष में रहेंगे। अकेले विदुर पांडवों का पक्ष लेकर भी हमारा कुछ न बिगाड़ सकेंगे। आप निश्चिंत होकर उन्हें वारणावर्त भेज दीजिए।"

"वारणावर्त क्यों?"

"महाराज, वह बड़ा मनोरम स्थान है, वहाँ एक मेला भी लगनेवाला है, उत्सव भी होगा। पांडव वहाँ जाकर वहाँ के लोगों का दान-मान से सत्कार करें, जिससे उनका यश बढ़ेगा।"

विवश धृतराष्ट्र ने कहा, "ठीक है, मैं यथासमय इसकी व्यवस्था करूँगा।"

दुर्योधन ने अपने विश्वस्त व्यक्तियों द्वारा नगर में यह चर्चा प्रचारित कर दी कि वारणावर्त नगर बहुत सुंदर है। इस समय वहाँ शिव-पूजा का भारी पर्व मनाया जा रहा है। वह पवित्र नगर धन-रत्न से भरपूर तथा अत्यंत रमणीक-पवित्र स्थान है।

शीघ्र ही धृतराष्ट्र ने युधिष्ठिर को बुलाकर कहा, "पुत्र, राज्य की रक्षा,

राजकीय व्यवहारों की रक्षा तथा निरंतर हित-साधन की दृष्टि से तुम्हारे लिए यह लाभप्रद होगा कि तुम लोग अपनी माता सहित कुछ दिन वारणावर्त की यात्रा करो। अपने कुटुंबियों और सेवकों सहित वहाँ विहार करो। विहार समाप्त कर तुम फिर हस्तिनापुर लौट आना।"

युधिष्ठिर ने धृतराष्ट्र के अंतर्मन को पढ़ लिया और 'जो आज्ञा' कहकर हस्तिनापुर से प्रस्थान करने की तैयारी की। उन्होंने माता और भाइयों से सलाह कर उसी दिन वारणावर्त की राह ली।

दुर्योधन ने अपने कूटमित्र मंत्री पुरोचन से कहा, "पांडव वारणावर्त जा रहे हैं। उनके रहने के लिए तुरंत ही वहाँ महल में सन, राल, घी, तेल, चरबी, लाह आदि ज्वलनशील पदार्थ मिट्टी में मिलाकर दीवारों को लिपवा दो। पांडवों का वहाँ खूब स्वागत करो, अधिक-से-अधिक स्वादिष्ट व्यंजन, सवारी आदि से उन्हें प्रसन्न रखो। फिर किसी दिन अनुकूल अवसर देखकर रात को सबके सो जाने पर घर में आग लगा दो, ताकि वे सभी वहाँ जलकर भस्म हो जाएँ।"

पांडवों को विदा देते समय विदुर ने युधिष्ठिर से गूढ़ संकेत में कहा, "जो शत्रु की नीति-शास्त्र का अनुसरण करनेवाली बुद्धि को समझ लेता है, वह ऐसा उपाय करे, जिससे वह शत्रुजनित संकट से बच सके।

"एक ऐसा तीक्ष्णशस्त्र है, जो लोह निर्मित नहीं है, परंतु मनुष्य शरीर को नष्ट कर देता है। उस शस्त्र के ज्ञाता को कोई शत्रु नहीं मार सकता।

"घास-फूस तथा सूखे वृक्षों वाले जंगल को जलाने और शीत को नष्ट करनेवाली अग्नि वन में फैल जाने पर भी बिल में रहनेवाले जीवों को नहीं जला सकती।

"जो धैर्य खो देता है, उसे सद्‌बुद्धि त्याग देती है, मनुष्य नक्षत्रों से दिशाओं का ज्ञान करता है। पाँचों इंद्रियों का दमन करनेवाले को शत्रु कोई पीड़ा नहीं पहुँचा सकता।"

विदुर ने इस प्रकार लाक्षागृह में सुरंग बनाकर बच निकलने और वन में जा पहुँचने का स्पष्ट संकेत देकर आशीर्वाद दे पांडवों को विदा किया।

वारणावर्त पहुँचकर पांडव पहले तो राजसी डेरे में ठहरे, जहाँ नगरवासियों ने उनका स्वागत-सत्कार तथा अभिनंदन किया। दस दिन वहाँ रहने के बाद पुरोचन ने निवेदन किया, "पांडुनंदन, अब आप भवन में चलकर आवास करें, जो आपके

लिए सुसज्जित किया गया है।"

पुरोचन उन्हें लाक्षा-भवन में ले आया। वहाँ की सुख-सुविधा देखकर युधिष्ठिर मन-ही-मन पुरोचन की कुटिलता पर हँसे। भवन में घुसते ही उन्हें गंध मिल गई कि इसका निर्माण अग्निदीपक पदार्थों से हुआ है। महात्मा विदुर का संकेत इसी ओर था। उन्होंने अपने भाइयों को सब रहस्य बताकर कहा, "सावधान रहो, क्या तुम्हें स्मरण है कि विदुर जब हमें विदा करने आए थे, तब उन्होंने म्लेच्छ भाषा में हमें पाँच सूत्र-संकेत दिए थे।"

अर्जुन बोले, "मैं तो भूल गया।"

भीम बोले, "मैं भी भूल गया।"

युधिष्ठिर ने कहा, "परंतु मैं नहीं भूला। उनमें सार है।"

"वे सूत्र क्या हैं?"

विदुर ने कहा था, "एक अस्त्र है, जो लोहे का न होने पर भी शरीर को नष्ट कर डालता है, कहो वह क्या है?"

अर्जुन ने बताया, "अग्नि।"

"ठीक है! फिर कहा था, बिलों में रहनेवाले जीव उससे बच जाते हैं।"

भीम भी समझ गए, बोले, "अहा, महात्मा विदुर ने हमें सुरंग बनाने का संकेत किया था।"

"ठीक है। तीसरा सूत्र था—अंधे को राह नहीं सूझती, उसे दिशाभ्रम हो जाता है।"

नकुल बोले, "मैं समझ गया। अर्थात् हमें सब राह-बाट देख रखने चाहिए।"

"यही बात है। चौथा सूत्र था—अस्त्र का प्रयोग स्वयं करने से अपनी रक्षा और शत्रु का नाश होता है।"

अर्जुन ने समझकर कहा, "अब मैं समझ गया। हमें इस घर से वन तक सुरंग खोदना चाहिए और सब राह-घाट ठीक-ठीक देख रखने चाहिए। फिर अवसर पा घर में आग लगाकर पुरोचन को नष्ट कर सुरंग से भाग चलना चाहिए। हमें नक्षत्रों और दिशाओं का ज्ञान ठीक-ठीक होना चाहिए।"

"निस्संदेह, दुर्योधन ने हमें इस घर में जला मारने की व्यवस्था की है। उनकी यह व्यवस्था हम नष्ट करेंगे तथा कोई पाँच प्राणी इसमें जलकर मरने भी चाहिए, जिससे शत्रु को हमारे मरने का विश्वास हो जाए।"

कुंती ने कहा, "इसकी व्यवस्था सहज ही हो जाएगी। बहुत लोग रात को घरों में आश्रय लेते हैं।"

"अब एक बात सुनो। एक वधिर दास हमारा विश्वस्त है। पाँचवाँ सूत्र था—बधिर विश्वस्त होते हैं।"

भीम ने मत प्रकट किया, "तो निश्चय यह विदुर का जन है।"

"उसी को सुरंग खोदने पर लगा दिया जाए।"

"यही ठीक होगा।"

"हम मृगया के बहाने वन, घाट, राह सबको भलीभाँति देख-समझ लेंगे, जिससे निकल भागने में सुविधा रहे।"

अर्जुन ने क्रोधपूर्वक कहा, "धूर्त, कौरवों ने हमें लाक्षागृह में जलाकर मार डालने का प्रबंध किया है और अपने विश्वस्त मंत्री पुरोचन को यह जघन्य कार्य करने का आदेश दिया है? अब हम इसी पुरोचन को जलाकर यहाँ से जाएँगे। दिन भर मृगया खेलने के बहाने पास-दूर के सुरक्षित वनप्रदेश को देखें, रात को चुपचाप सुरंग खोदें, जो हमें सुरक्षित वनप्रदेश में ले जाए। पुरोचन को शंका न होनी चाहिए।"

पुरोचन सर्वदा भवन के द्वार पर ही रहता था, पांडव भी रात्रि के समय शस्त्र सँभाले, सावधानी से द्वार पर रहते थे। सुरंग तैयार होने पर युधिष्ठिर ने कहा, "कल रात्रि को भवन में आग लगाकर सुरंग से भाग निकलें।"

अगले दिन कुंती ने दान और ब्राह्मण-भोजन कराया। संध्या समय तक भोजन चला। परंतु दिन छिपने पर एक भीलनी अपने पाँच पुत्रों सहित भोजन करने आ गई। भोजन कर चुकने पर उसने और उसके पुत्रों ने छककर मद्य पी और नशे में बेसुध होकर वहीं पड़े रहे। अंधकार बढ़ने पर भीम ने द्वार बंद कर भाइयों और माता को सुरंग में उतारकर भवन में आग लगा दी—भलीभाँति दाह-क्रिया संपन्न कर वह भी सुरंग में पहुँच गया। भवन धाँय-धाँय जल उठा। पुरोचन और पुत्रों सहित भीलनी उसमें जलकर मर गए। पांडव सुरंग की राह निकलकर वन में गंगा-तट पर पहुँचे और वहाँ से नाव द्वारा गंगा पार गहन वन में प्रवेश किया। पांडव इस लाक्षागृह में छह महीने रहे थे।

प्रातःकाल नगरवासियों ने भवन को जलकर नष्ट हुआ देखा तो वे 'हा पांडव!', 'हा पांडव!' कहते जले हुए भवन में पांडवों को ढूँढ़ने लगे। एक स्त्री

और पाँच पुत्रों के शव को देख, वे पांडवों की मृत्यु पर विलाप करने लगे। पुरोचन का शव भी उन्होंने ढूँढ़ लिया।

शीघ्र ही हस्तिनापुर समाचार भेजा गया, जिसे सुन धृतराष्ट्र तथा अन्य सभी विलाप करने लगे। विदुर शांत रहे। भीष्म इस मृत्युकांड पर किंचित् भी विश्वास न कर गहन चिंता में निमग्न हो गए।

□

कोमल निर्णय

पांडव अपनी सुरक्षा और कुछ समय अज्ञात रहने के प्रयत्न में वन में घुसते चले गए। चलते-चलते थककर एक वृक्ष के नीचे बैठ गए। युधिष्ठिर ने भीम से कहा, "भाई, बहुत प्यास लगी है, देखो, कहीं पास में सरोवर होगा, जल लाओ।"

भीम चल दिए। परंतु सरोवर बहुत दूर था। वहाँ पहुँचकर उन्होंने पहले अपनी प्यास बुझाई, फिर जल भरकर भाइयों के पास लौटे। आकर देखा तो भाई और माता श्रम से थककर सो गए थे। उन्होंने जलपात्र रख दिया और जागकर पहरा देने लगे।

समीप ही एक वृक्ष पर राक्षस हिडिंब तथा उसकी बहन हिडिंबिका रहते थे। हिडिंब को मनुष्य की गंध आई तो उसने अपनी बहन को शिकार मारकर ले आने को भेजा। हिडिंबिका अविवाहित युवती थी। पांडवों के पास आकर जब उसने बलिष्ठ भीम को देखा तो वह उस पर अनुरक्त होकर बोली, "महाबली मनुष्य, मेरा भाई राक्षस हिडिंब समीप ही एक वृक्ष पर रहता है। उसे तुम्हारी गंध मिल गई है, इसी से उसने मुझे तुम्हें मारकर लाने को भेजा है। परंतु मैं तुम्हारा रूप देखकर तुम पर मोहित और कामवश हो गई हूँ। मैं तुम्हारा वध नहीं करूँगी, अपने भाई से तुम्हारी रक्षा करूँगी। तुम मेरे साथ विवाह कर मेरी इच्छा पूर्ण करो। मेरे साथ विहार करो।"

हिडिंबिका की यह बात सुनकर भीम ने कहा, "अभी मेरे ज्येष्ठ पूज्य भ्राता ही अविवाहित हैं, तब मैं परिवेत्ता नहीं बन सकता। अपने भाइयों को छोड़कर तुम्हारे साथ कहीं जा भी नहीं सकता। मुझे तुम्हारे राक्षस भाई का तनिक भी भय नहीं है। तुम जाओ और उसे मेरे पास भेज दो।"

भीम की यह बात सुनकर हिडिंबिका बहुत दुःखी हुई। इसी समय उसे ढूँढ़ता हुआ उसका भाई भी वहाँ आ पहुँचा। अपने भाई के विकराल मुख को देखते ही

हिडिंबिका भयभीत ही गई। उसने भीम से कहा, "परंतप, आप अपनी माता और भाइयों को जगा दीजिए, मैं आप सबको अपनी पीठ पर बैठाकर आकाश-मार्ग से उड़ चलूँगी। नहीं तो मेरा भाई आप सबको मार डालेगा।"

हिडिंब ने समीप आकर क्रोध में भरकर कहा, "हिडिंबे, मैं भूखा हूँ, क्या तुझे मेरे क्रोध का ज्ञान नहीं है ?"

यह कहकर वह हिडिंबिका और पांडवों की ओर झपटा।

भीम ने गर्जन करके कहा, "राक्षस, वहीं खड़ा रह।"

क्रोध में भरा हुआ वह नरभक्षी राक्षस भीम पर प्रबल वेग से टूट पड़ा। परंतु भीम ने अनायास ही उसके हाथों को पकड़ लिया और उस स्थान से घसीटते हुए उसे कुछ दूर ले गए, फिर उसे उठाकर पृथ्वी पर पटक दिया। शीघ्र ही दोनों में भयानक युद्ध छिड़ गया। दोनों एक-दूसरे की भुजाओं को मरोड़ते, जाँघों को घुटनों से दबाते, खींचते, उठा-उठाकर पटकते, वृक्षों को तोड़-तोड़कर एक-दूसरे पर प्रहार करने लगे।

उनकी भयानक गर्जना से पांडव और उनकी माता की निद्रा खुल गई।

उन्होंने सामने खड़ी हुई हिडिंबिका को देखा। इस समय हिडिंबिका ने अपने राक्षसी रूप को त्याग कर अत्यंत रूपवती एक षोडशी का स्वरूप धारण कर लिया था। उसे देखकर कुंती ने पूछा, "पुत्री, तुम कौन हो, यहाँ कैसे आई हो ?"

हिडिंबिका ने उन्हें प्रणाम कर उत्तर दिया, "महाभागे, इस गहनतम वन में राक्षस हिडिंब का राज्य है। हिडिंब मेरा बड़ा भाई है। हम समीप ही एक वृक्ष पर निवास करते हैं। मेरे भाई ने मनुष्य-गंध पाकर मुझे आपको मारकर लाने के लिए यहाँ भेजा था। परंतु सुदर्शन महाबली आपके पुत्र को देखते ही मैं उसके प्रेम में आसक्त हो अपनी आसुरी वृत्ति भूल गई। मैंने उनसे अपने साथ यहाँ से भाग चलने की प्रार्थना की, परंतु उन्होंने स्वीकार नहीं किया। मेरे न लौटने पर मेरा भाई स्वयं यहाँ आ पहुँचा, पर मेरे महाबली प्रियतम उसे घसीटकर दूर ले गए, जहाँ उन दोनों का भीषण युद्ध हो रहा है।"

यह सुनते ही युधिष्ठिर, अर्जुन और नकुल, सहदेव उछलकर खड़े हो गए। उन्होंने भीम के पास आकर देखा कि दो मतवाले हाथियों के समान दोनों ही उठक-पटक में धूल-धूसरित हो रहे हैं। पृथ्वी की धूल ने उड़कर उन्हें ढक सा दिया है।

अर्जुन ने आगे बढ़कर कहा, "भीम, हम आ पहुँचे हैं, मैं अभी इस राक्षस को मार डालता हूँ।"

भीम ने उत्तर दिया, "अर्जुन, भय मत करो, इस राक्षस का हनन मैं ही करूँगा।"

युधिष्ठिर ने कहा, "पूर्व दिशा में अरुणोदय की लालिमा फैल रही है, उषा काल होनेवाला है। इस रौद्र मुहूर्त में राक्षस प्रबल हो जाते हैं। अतः भीम जल्दी करो, खिलवाड़ न करो, राक्षस को मारने में विलंब मत करो।"

यह सुन भीम ने अपने शरीर में प्रलय-काल की वायु का बल धारण कर राक्षस को ऊपर उठा, दो बार घुमाकर पृथ्वी पर वेगपूर्वक दे मारा और उसकी छाती पर चढ़ उसे रगड़कर पशु की भाँति मारना आरंभ किया। राक्षस पीड़ा से आर्तनाद कर उठा। अब भीम ने उसे उलटा मोड़ उसकी कमर तोड़, उसका अंत कर डाला।

हिडिंब के आतंक से मुक्ति पाकर हिडिंबिका हर्ष-विभोर हो, भीम के चरणों में झुक गई। युधिष्ठिर ने कहा, "अब हमें यह स्थल तुरंत त्याग देना चाहिए। दुर्योधन के चर हमारा पीछा कर सकते हैं। संभव है, आगे चलने पर हमें कोई नगर मिल जाए, जहाँ हम आश्रय लें।"

सब लोग चल दिए। हिडिंबिका भी उनके साथ चल दी।

उसे अपने पीछे आते देख भीम ने कहा, "हिडिंबे, राक्षस मोहिनी माया का आश्रय लेकर बहुत दिनों तक वैर का स्मरण रखते हैं, अतः मैं तेरा भी हनन करूँगा।"

यह देख युधिष्ठिर ने कहा, "भाई भीम, क्रोध में आकर स्त्री का वध मत करो। इसका भाई तुम्हें मारने के अभिप्राय से आया था, पर इसने तो राक्षसी-वृत्ति त्याग हमारी-तुम्हारी रक्षा ही की है।"

हिडिंबिका ने हाथ जोड़कर कुंती से कहा, "माता, आप तो नारी-जाति का प्रेमभाव जानती हैं। मैंने अपनी सभी राक्षसी वृत्तियों को त्यागकर आपके महाबली पुत्र को मन से पति रूप में वरण कर लिया है। यदि आप मेरी इस प्रार्थना को ठुकरा देंगी तो मैं प्राण त्याग कर दूँगी। माता, आप अपने पुत्र को मुझसे मिलने की अनुमति दीजिए। मैं अपने मनोनीत पति को लेकर अपने स्थान पर जाऊँगी और अपना जीवन सार्थक कर इन्हें आपके समीप ले आऊँगी। आप मेरा विश्वास कीजिए।

"मैं न तो यातुधानी हूँ और न निशाचरी हूँ। मैं राक्षस जाति की सुशीला कन्या हूँ। मेरा नाम सालकंटकटी है। मैं देवोपम कांति और यौवन से संपन्न हूँ। अपने इन

पति से उत्पन्न पुत्र के साथ मैं सदैव आपकी सेवा में रहूँगी। प्रत्येक संकट के क्षण आपकी रक्षा करूँगी। विषम और असुरक्षित स्थानों में आप सबको अपनी पीठ पर ले आकाश-मार्ग से उड़कर निरापद स्थान पर पहुँचाऊँगी।

"साधु पुरुष धर्म, अर्थ, काम और मोक्ष की सिद्धि के लिए सभी शरणागतों पर दया करते हैं। मैं दिव्य ज्ञान से भूत और भविष्य को जानती हूँ। यहाँ से थोड़ी दूर पर एक सरोवर है, आप वहाँ जाकर स्नान कर विश्राम कीजिए। वहाँ महर्षि व्यास शालिहोत्र मुनि के आश्रम में निवास करने आ रहे हैं, वे आपसे भी मिलेंगे। उन्हें अपनी दिव्यदृष्टि से आपका लाक्षागृह से बच निकलना ज्ञात है। शालिहोत्र मुनि के आश्रम में कादंब, सारस, हंस, कुररी और कुरर आदि पक्षी मधुर कलरव करते हैं। महर्षि व्यास के दर्शन से आप शोक-मुक्त हो, उचित मार्ग-दर्शन प्राप्त करेंगे।"

हिडिंबिका की यह कौतूहलपूर्ण बातें सबने सुनीं। कुछ विचार कर युधिष्ठिर बोले, "भद्रे, तुम जो कह रही हो, वह ठीक है। मैं भीम को कुछ समय तक तुम्हारे साथ रहने की अनुमति दे दूँगा। परंतु जब भीम स्नान, नित्यकर्म तथा मांगलिक वेशभूषा धारण कर लें, तब तुम प्रतिदिन उनके साथ रहकर सूर्यास्त होने से पहले तक ही उनकी सेवा कर सकती हो, परंतु रात को सदा ही तुम्हें भीम को हमारे पास पहुँचा देना होगा तथा निरंतर इनकी रक्षा करनी होगी। जब तक तुम गर्भ धारण न कर लो, तब तक भीम तुम्हारे पास रहेंगे।"

युधिष्ठिर की बात हिडिंबिका ने स्वीकार की। फिर वह सबको शालिहोत्र मुनि के आश्रम की ओर सरोवर तट पर ले चली। वहाँ पहुँचकर उसने एक वृक्ष के नीचे स्थान साफ करके पांडवों के लिए पर्णकुटी तैयार की। माता कुंती तथा अपने लिए भी पृथक्-पृथक् पर्णकुटी तैयार की। पांडवों ने सरोवर में स्नान कर शालिहोत्र मुनि द्वारा प्रेषित भोजन किया और विश्राम करने लगे।

कुंती ने भीम से कहा, "पुत्र भीम, अब तुम हिडिंबिका के साथ रहो और उसकी कामना पूर्ण करो। निश्चय ही यह नारी हमारी सहायक और हितैषिणी है।"

माता की आज्ञा मान भीम हिडिंबिका के साथ विहार करने चल दिए। वह उन्हें अत्यंत सुंदर पुष्पाच्छादित स्थान पर ले गई और विहार करने लगी। रात्रि होने से पहले ही वह भीम को पांडवों के पास ले गई। इस प्रकार कुछ समय तक भीम और हिडिंबिका विहार करते रहे। वे रात्रि होने से पहले लौट आते थे। अंत में हिडिंबिका ने गर्भ धारण किया, परंतु राक्षस-योनि होने के कारण गर्भ धारण करते

ही पुत्र प्रसव भी किया। पुत्र अत्यंत बलवान, विकराल, महान् पराक्रमी, विशाल शरीर वाला और अतुल साहसी था।

यह पुत्र 'घटोत्कच' शीघ्र ही बड़ा हो गया। उसने पांडवों को प्रणाम करके कहा, "गुरुजन, मेरी सब प्रकार की सेवाएँ आपके लिए हैं, मेरी आवश्यकता समझकर जब भी मुझे स्मरण करेंगे, मैं उपस्थित होकर आपका संकट दूर करूँगा। अपने इस अनुपम पराक्रमी पुत्र को स्मरण रखिए।"

यह कहकर वह अपनी माता को लेकर गहन वन की ओर चल दिया।

□

चक्रवेध

उस स्थान पर रहते हुए पांडव वनवासी ब्राह्मणों का वेश धारण कर जटा बढ़ा, मृगचर्म पहन तपस्वी का जीवन व्यतीत करने लगे थे। कुछ समय बाद श्रीकृष्ण द्वैपायन व्यास ने उनके समक्ष पहुँचकर आशीर्वाद दिया और कहा, "यहाँ से थोड़ी दूर एकचक्रा नगरी रमणीय स्थान है, वहाँ जाकर रहो। तुम लोग दुर्योधन के कुचक्र को शीघ्र नष्ट करके चक्रवर्ती राज्य भोगोगे। विषाद को मन में कभी स्थान न दो। आओ, मैं तुम्हें नगरी में पहुँचाकर तुम्हें रहने का स्थान दिला दूँ।"

यह कहकर वे पांडवों को एकचक्रा नगरी में ले गए और वहाँ एक ब्राह्मण के घर उन्हें ठहरा दिया। बोले, "तुम लोग यहाँ रहकर कुछ समय तक मेरी प्रतीक्षा करो। मैं फिर आकर आगे का निर्देश दूँगा। तुम्हारा कल्याण हो।"

पांडव वहाँ रहने लगे। वे उसी वेश में नगर-भ्रमण करते, भिक्षा माँगते और दिन छिपने से पहले घर लौट आते। एक दिन चारों पांडव तो भिक्षा लेने चले गए, परंतु भीम घर में माता के पास रहे। सहसा ब्राह्मण-परिवार में रुदन और विलाप होने लगा।

कुंती उन लोगों के पास रुदन का कारण पूछने गई।

पत्नी कह रही थी, "नाथ, मैंने संसार के सब सुख भोग लिये। आपका प्यार, पुत्र और पुत्री की प्राप्ति भी हुई। अब मैं वृद्धा हूँ, मृत्यु का द्वार समीप आ रही है। अत: मुझे राक्षस के पास जाने दीजिए। परिवार का एक भक्ष्य तो वह कभी त्यागता नहीं है।"

यह सुन पुत्री बोली, "माता, यह कैसी बात है ? आप घर का संचालन करती हैं, आपके न रहने से घर नष्ट हो जाएगा। मेरा अभी जीवन में कोई उपयोग नहीं है, मुझे ही राक्षस का भक्ष्य बनने दीजिए।"

बहन का यह करुणाजनक आग्रह देखकर बालक पुत्र ने कहा, "आप लोग

क्यों भयभीत हैं? मुझे राक्षस का तनिक भी भय नहीं है। मैं अभी जाकर उसका हनन कर आता हूँ।"

कुंती के प्रश्न करने पर गृहपति ने बताया, "इस नगर के बाहर यमुना के किनारे एक गुफा है, उसमें नरभक्षी राक्षस बक रहता है। वही इस जनपद का स्वामी है। उस दुष्ट के पास प्रतिदिन एक नगरवासी को जाकर उसका भोजन बनना पड़ता है। आज हमारे परिवार में से एक व्यक्ति के जाने की बारी है। कौन वहाँ जाए, यही विवाद हो रहा है। यही हमारे रुदन का कारण है। यदि हम चारों प्राणी ही उसकी बलि-सामग्री लेकर उसका भक्ष्य बन जाएँ, तो फिर हम सभी को वियोग-कष्ट से मुक्ति मिल जाएगी।"

ब्राह्मण की बात सुनकर कुंती को अपार कष्ट हुआ। उसने सांत्वना देते हुए कहा, "विप्रवर, मेरे पाँच पुत्र हैं, उनमें से एक पुत्र राक्षस की बलि-सामग्री लेकर चला जाएगा। एक पुत्र की हानि से मुझे अधिक कष्ट न होगा।"

परंतु अतिथि माता की बात सुनकर ब्राह्मण और भी रोने लगा। उसने कहा, "अपने अतिथि को मैं अपने लिए मृत्यु का ग्रास बनने दूँ, इससे बढ़कर पाप संसार में क्या होगा! नहीं, नहीं, मेरा सर्वस्व चला जाए, पर मैं ऐसा न होने दूँगा!"

कुंती ने उसे अनेक भाँति समझाकर कहा, "भय न करो ब्राह्मण, मेरा यह बलिष्ठ पुत्र पवन के समान शक्तिवान, पराक्रमी, मंत्रसिद्ध, तेजस्वी और अपराजित है। वह बलि-सामग्री उसे देकर सकुशल वापस लौट आएगा। उसने पहले भी अनेक राक्षसों का युद्ध में वध किया है। यदि वह राक्षस मेरे पुत्र को तनिक भी क्रोधित करेगा तो उस नीच की आज ही मृत्यु होगी और नगरवासी उसके भय से सर्वदा के लिए मुक्ति पा जाएँगे। इसलिए तुम मेरे पुत्र को सहर्ष जाने दो; परंतु हमारी बात किसी पुरवासी पर प्रकट न करना!"

रात्रि होने पर भीमसेन बलि-सामग्री लेकर राक्षस के स्थान पर पहुँचे और उसका नाम पुकार-पुकारकर लाई हुई भोज्य-सामग्री स्वयं खाने लगे। राक्षस उनकी पुकार सुनकर बाहर आया और जब एक मनुष्य को उसके लिए लाई गई भोजन-सामग्री खाते देखा तो वह बड़े क्रोधपूर्वक गरजकर कहने लगा, "यमलोक में जानेवाला यह कौन दुर्बुद्धि मनुष्य मेरे लिए लाए इस भोजन को स्वयं खा रहा है?"

परंतु भीम मुँह फेरकर खाते ही रहे, उन्होंने कोई उत्तर नहीं दिया। उलटे वे जोर-जोर से हँसकर राक्षस को चिढ़ाने लगे। यह देखकर नरभक्षी राक्षस अपना विकराल मुँह फाड़कर भीम की ओर दौड़ा और दोनों हाथों से उनकी पीठ पर प्रहार

किया। फिर वह एक वृक्ष उखाड़कर भीम को मारने के लिए लाया, यह देख भीम ने जल पी और आचमन कर, राक्षस द्वारा वेग से फेंके गए वृक्ष को अपने हाथों में उठा लिया और उसे घुमाकर राक्षस के ऊपर दे मारा। अब तो दोनों में संहारक युद्ध छिड़ गया। भीम उसे अधिक समय नहीं देना चाहते थे, अतः उन्होंने बड़े वेग से उसे अपनी ओर खींचकर घुमा दिया और पृथ्वी पर पटककर उसकी पीठ दबाकर, दाहिने हाथ से उसकी गरदन पकड़ दोहरा मोड़ दिया। राक्षस रक्त-वमन करते हुए चीत्कार करके ठंडा हो गया।

राक्षस का चीत्कार सुनकर उसके परिवार के लोग वन से निकल आए और बक को प्राणहीन पड़ा देख भय से काँपने लगे। वे हाथ जोड़कर भीम के सम्मुख आए। भीम ने कहा, "इस नरभक्षी को मैंने मार डाला है। तुम लोग आगे से नरहत्या और हिंसा न करने तथा मनुष्यों को कष्ट न पहुँचाने की प्रतिज्ञा करो, तो तुमको अभय, नहीं तो मैं अभी तुम सबका भी हनन कर डालता हूँ!"

सभी राक्षसों ने प्रतिज्ञा कर अभयदान पाया और वहाँ से चले गए। भीम ने राक्षस का मृत शरीर अपने कंधों पर उठा लिया और नगर की पौर पर लाकर डाल दिया। फिर वे लोगों की दृष्टि से बचते हुए अपने घर आ गए। भीम को सकुशल घर में आता देख और राक्षस के वध का समाचार सुनकर सभी को अत्यंत हर्ष हुआ।

प्रातःकाल होने पर नगर-पौर पर बक राक्षस के विकराल मृत शरीर को पड़ा देखकर लोगों को बहुत आश्चर्य हुआ। सारे नगर में विद्युत्-वेग से यह समाचार फैल गया और उसे मृत देख, हर्ष से उन्मत्त हो नाचने लगे। इसे किसने मारा है, यह जानने के लिए उन्होंने उस परिवार की खोज की, जिसकी बारी राक्षस के पास जाने की थी। ब्राह्मण की बारी का पता लगने पर सब लोग उसके पास पूछने आए।

ब्राह्मण बहुत धर्मसंकट में पड़ा, परंतु उसने युक्तिपूर्वक उत्तर दिया, "कल जब मेरी बारी आई, तो हम सब शोक कर एक-दूसरे से मिलने लगे। हमारा रुदन सुनकर एक तेजस्वी ब्राह्मण ने आकर हमारे रुदन का कारण पूछा। कारण जानने पर बोले, मुझे उसके लिए बलि-सामग्री दो, मैं वहाँ जाता हूँ। आप मेरे लिए भय न करें, मैं मंत्र-सिद्ध पुरुष हूँ!

"फिर वे लौटकर नहीं आए! संभवतः उन्होंने ही नगरवासियों को उससे मुक्ति दिला दी।"

यह सुन सभी लोग उस अज्ञात ब्राह्मण की प्रशंसा करते हुए लौट गए। उस

दिन नगर में उत्सव मनाया गया।

इस घटना के कुछ समय बाद एक ब्राह्मण आकर उसी ब्राह्मण-परिवार में अतिथि हुआ। वह प्रति रात्रि अच्छी-अच्छी कथाएँ सुनाता था। पांडव भी उसकी कथा सुना करते थे। एक दिन ब्राह्मण ने राजा द्रुपद के पुत्र-पुत्री प्राप्ति होने की कथा सुनाई।

उन्होंने बताया कि जब अर्जुन ने द्रुपद को बाँधकर गुरु द्रोण के सम्मुख उपस्थित किया और द्रोण ने उसे क्षमा करके छोड़ दिया, तब अपनी राजधानी लौटकर द्रुपद उस अपमान से पीड़ित रहने लगे। उन्होंने एक याज्ञिक से यज्ञ कराकर एक पुत्र धृष्टद्युम्न और एक पुत्री कृष्णा (द्रौपदी) प्राप्त की। याज्ञिक ने कहा कि यह पुत्र महाबली और अद्वितीय योद्धा होगा और द्रोण से पिता का बदला लेगा। पुत्री कृष्णा भी विवाह के बाद कौरवों के नाश का कारण बनेगी। कृष्णा अब पूर्ण यौवन में है। महाराज द्रुपद ने उसके लिए स्वयंवर रचा है, जो आज से पचहत्तर दिन बाद पौष शुक्ला एकादशी को पांचाल नगरी में होगा।

यह सुन कुंती की इच्छा हुई कि पांचाल की यात्रा करें, स्वयंवर में मेरे पुत्र पांचाल-राजनंदिनी को प्राप्त करें। उसने अपने पुत्रों से सलाह की। भाग्य से महर्षि व्यास भी अगले दिन आ पहुँचे और उन्होंने कृष्णा के स्वयंवर में जाने की सलाह दी। अतः पांडव अपनी माता को लेकर पांचाल की ओर चल दिए।

पांचाल पहुँचकर वे एक कुम्हार के घर ठहरे और ब्राह्मण वेश में भिक्षा लेने नगर में चल दिए। नगर में स्वयंवर की धूम मची हुई थी। द्रुपद ने एक ऐसा दृढ़ धनुष बनवाया था, जिसे झुकाना महा कठिन था। उसने एक कृत्रिम आकाश-यंत्र भी बनवाया था, जो तीव्र वेग से घूमता रहता था। इस यंत्र के छिद्र के ऊपर उसी के आकार का एक लक्ष्य भी रखवा दिया। उसने घोषणा की कि जो वीर इस धनुष पर प्रत्यंचा चढ़ाकर इन प्रस्तुत बाणों द्वारा यंत्र के छेद के भीतर से लाँघकर लक्ष्यवेध करेगा, वही राजनंदिनी कृष्णा को प्राप्त कर सकेगा।

स्वयंवर का दिन आ पहुँचा। राजमहल में रंगमंडप सजाया गया। सब राजा लोग यथास्थान आ बैठे। प्रमुख प्रजाजन भी लक्ष्यवेध देखने के लिए आ उपस्थित हुए। पांडव भी वहाँ उपस्थित ब्राह्मण मंडली में एक ओर बैठ गए। राजनंदिनी कृष्णा जयमाला लिये, दिव्य वेश में रंगमंडप में आ पहुँची। धृष्टद्युम्न ने कृष्णा को लेकर रंगमंडप के बीच खड़े होकर घोषणा की—"यह धनुष है, यह बाण है, यह लक्ष्य है। उत्तम कुल, सुंदर रूप और श्रेष्ठ बल से संपन्न जो वीर आकाश में छोड़े हुए पाँच

पैने बाणों द्वारा इस यंत्र के छेद के भीतर से लक्ष्य को वेधकर गिरा देगा, उसी को मेरी बहन जयमाला पहनाएगी।"

इसके बाद धृष्टद्युम्न ने वहाँ उपस्थित राजाओं का परिचय अपनी बहन को दिया। सारे राजा बारी-बारी से उठकर लक्ष्यवेध करने आए, परंतु कोई भी धनुष नहीं उठा सका।

युधिष्ठिर ने देखा, दुर्योधन और कर्ण भी वहाँ आए हुए हैं; कृष्ण और बलराम भी हैं। कृष्ण ने पांडवों को पहचान लिया और चुप बैठे रहकर अपने साथी यादवों को लक्ष्यवेध में भाग नहीं लेने दिया। शल्य, शिशुपाल, शाल्व, क्राथ, सुनीथ, वक्र, कलिंगराज, बंगनरेश, पांड्य-नरेश पौंड्र देश के अधिपति, विदेह के राजा, दुर्योधन आदि उपस्थित सभी नरेशों ने आकर धनुष पर बल प्रयास किए, परंतु धनुष किसी से नहीं उठा। दुर्योधन के संकेत पर कर्ण उठा और उसने अनायास धनुष उठाकर प्रत्यंचा चढ़ा ली। वह लक्ष्यवेध करने ही वाला था कि कृष्णा ने बाधा देकर कहा, "मैं सूतपुत्र का वरण नहीं करूँगी!"

यह सुन कर्ण मर्माहत होकर धनुष रखकर लौट आया। जब सभी प्रत्याशी विमुख हो बैठे रहे, तब ब्राह्मण-मंडली में से अर्जुन उठ खड़े हुए और धनुष की ओर बढ़े। मृगचर्मधारी इस तेजस्वी ब्राह्मण युवक को देख रंगभवन में उत्सुकता फैल गई। कृष्णा ने आँख उठाकर सुदृढ़ शरीरधारी इस सुंदर युवक को धनुष की ओर बढ़ते देखा। वह रोमांचित हो उठी, उसने प्रभु से उसकी सफलता की कामना की।

अर्जुन ने धनुष के पास पहुँचकर उसकी परिक्रमा की, उसके बाद मस्तक झुकाकर धनुष को फूल की भाँति ऊपर उठाकर प्रत्यंचा चढ़ा ली। फिर उन्होंने पाँचों बाण चलाकर लक्ष्य वेधकर पृथ्वी पर गिरा दिया।

प्रियदर्शन और महाबली ब्राह्मण युवक का यह पराक्रम देख कृष्णा पुलकित हो जयमाला लिये अर्जुन के पास आई और उसके गले में जयमाला डाल विनय से खड़ी हो गई। अर्जुन उसका कर-पल्लव थाम उसे अपने साथ ले चले।

यह देख वहाँ उपस्थित सभी राजवंशी अपमान और क्षोभ से क्रोधित हो राजा द्रुपद को अपशब्द कहने लगे। उन्होंने कहा, "यह हम सभी राजपुरुषों का अपमान है, जो राजा द्रुपद अपनी राजनंदिनी को एक दरिद्र ब्राह्मण कुमार को दे रहे हैं। स्वयंवर क्षत्रियों का होता है, न कि ब्राह्मणों का।"

वे विवेक-शून्य होकर तलवार और धनुष लेकर द्रुपद की ओर दौड़ पड़े। यह

देख द्रुपद भागकर ब्राह्मण-मंडली में अर्जुन के समीप आ खड़े हुए। राजा पर संकट आया देख, भीम और अर्जुन कमर कसकर उनके समक्ष युद्ध करने को सन्नद्ध हुए। भीम ने बेदी में लगा विशाल खंबा उखाड़ लिया और उसी से प्रहार कर उनको मार-मारकर गिराने लगे। अर्जुन ने भी उसी लक्ष्यभेद के भारी धनुष को लेकर तीखे बाणों से उनके प्रहारों को व्यर्थ कर डाला। मद्रराज शल्य भीम से भिड़ गए। भीम ने उन्हें उठाकर पटक दिया। उन दो ब्राह्मण कुमारों का ऐसा युद्ध-कौशल देखकर सभी राजा भयचकित हो पीछे हटने लगे। परंतु कर्ण ने आगे बढ़कर अर्जुन का सामना किया। अर्जुन ने बाणों द्वारा ऐसे कौशल से प्रहार किया कि कर्ण अपना शौर्य भूल उनकी प्रशंसा कर बोले, "विप्रवर, आप इस वेश में कोई देवता हैं, जो ब्राह्मण वेश धारण कर अपने बाहुबल से मेरा पराभव कर रहे हैं। देवराज इंद्र अथवा अर्जुन के सिवा दूसरा कोई व्यक्ति मेरा सामना नहीं कर सकता। आप कृपा कर अपने असली रूप में प्रकट होकर मुझे दर्शन दीजिए।"

कर्ण के यह वचन सुन अर्जुन हँस दिए। उन्होंने कहा, "वीर, न मैं इंद्र हूँ, न परशुराम। मैं एक ब्राह्मण हूँ। गुरु के उपदेश से मैं ब्रह्मास्त्र तथा इंद्रास्त्र दोनों में पारंगत हूँ। तुम स्थिरतापूर्वक खड़े होकर मुझसे युद्ध करो।"

परंतु कर्ण उन्हें प्रणाम कर सामने से हट गया। भीम के द्वारा महाबली शल्य को पृथ्वी पर पटक देने और महारथी कर्ण के अर्जुन के सामने से नतमस्तक हो युद्ध-विरत हो लौट जाने से वहाँ उपस्थित सभी राजा उत्साहहीन होकर अपने-अपने स्थानों पर बैठ गए।

श्रीकृष्ण और बलराम ने उठकर कहा, "इन वीर ब्राह्मण-कुमारों ने उचित कार्य किया है, अतः आप लोग शांत होकर अपने-अपने घरों को लौट जाएँ। स्वयंवर-विधि नियमपूर्वक संपन्न हो गई है।"

यह सुनते ही सब लोग स्थान छोड़ उठ खड़े हुए, रंगभूमि खाली होने लगी। ब्राह्मण-मंडली भी चली गई। सबसे अंत में पांडव कृष्णा को ले अपने डेरे की ओर चले।

कृष्ण और बलराम ने ब्राह्मण वेशधारी पांडवों को पहचान लिया था, पर उस समय चर्चा न कर वे प्रसन्नचित्त अपने आवास को लौट गए, परंतु गुप्त रूप से उन्होंने उनके आवास का पता लगा लिया। रात्रि में वे उनसे मिलने वहाँ आए, और लाक्षागृह का वृत्तांत जानकर भविष्य पर विचार करते हुए लौट गए। उधर द्रुपद ने धृष्टद्युम्न को भी कृष्णा को ले जानेवाले ब्राह्मण-कुमार का आवास जानने के लिए

गुप्त रूप से भेजा। पीछा करते हुए धृष्टद्युम्न ने अपने गुप्त अनुचर उस कुम्हार के घर के चारों ओर बैठा दिए।

तीसरे दिन धृष्टद्युम्न के पिता से कहा, "कृष्णा को ले जानेवाला ब्राह्मणकुमार क्षत्रिय प्रतीत होता है। वे पाँचों भाई क्षत्रिय वीरों की, युद्ध और अस्त्र-शस्त्रों की बातें करते हैं; वीर-पराक्रमी और धीरमति हैं।"

यह सुन द्रुपद ने अनुमान किया कि पाँचों पांडव पुत्र लाक्षागृह से जीवित बचकर छद्मवेश में उपयुक्त अवसर की प्रतीक्षा में हैं। उसने पुरोहित को भेजकर उन्हें अपने महल में भोजन पर निमंत्रित किया।

अगले दिन पांडव अपनी माता और कृष्णा सहित राजभवन में भोजन के लिए गए। धृष्टद्युम्न और द्रुपद ने स्वयं उपस्थित रहकर उन्हें भोजन कराया और उनके प्रत्येक व्यवहार पर दृष्टि रखी। उन तेजस्वी वीरों को उसने पहचान लिया।

भोजन कर चुकने पर द्रुपद ने युधिष्ठिर से एकांत में पूछा, "पांडुनंदन, मैं आपको पहचान गया हूँ, परंतु अपना संदेह निवारण करना चाहता हूँ। आप सत्यवादी हैं, सत्य ही कहेंगे। मेरी यह चिर अभिलाषा थी कि कृष्णा का हाथ मैं अर्जुन जैसे अप्रतिम महारथी के हाथ में दूँ। यदि भाग्यवश अर्जुन ने ही कृष्णा का हाथ पकड़ा है तो मेरा जीवन सफल हो गया।"

द्रुपद की बात सुनकर युधिष्ठिर ने उत्तर दिया, "राजन्, सत्य ही हम लोग लाक्षागृह से जीवित बचकर वन में निकल आए, अब प्राणरक्षा और दुर्योधन के कुचक्रों से बचने के लिए ब्राह्मण वेश धारण कर गुप्त रूप से इधर-उधर वास करते हुए अनुकूल अवसर की प्रतीक्षा कर रह हैं।"

द्रुपद ने हर्ष से आँखों में आँसू भरकर कहा, "धन्य अर्जुन, धन्य पांडव कुल। अब आप तनिक भी चिंता न कीजिए। यहाँ मेरे महलों में राहिए। मेरी सारी सेना और कोष आपका है। आपका राज्य लौटाने में सहायता दूँगा। दुर्योधन का पराभव मेरे हाथों होगा। अब आप सब विषाद त्याग, कृष्णा के विवाह की तैयारी कीजिए, मैं अपनी पुत्री का पूरे राजसम्मान के साथ विवाह करना चाहता हूँ।"

परंतु जब उन्हें धृष्टद्युम्न से यह ज्ञात हुआ कि माता कुंती की सहमति से पाँचों भाई ही कृष्णा से विवाह करेंगे, तब वे धर्मसंकट में पड़ गए।

अगले दिन व्यास पांडवों के समाचार लेने राजभवन आए। उनका यथोचित् सत्कार करके राजा द्रुपद ने उनसे एकांत में अपने धर्मसंकट की बात प्रकट की और विवाह विधि पर विचार-विमर्श किया।

व्यास ने उत्तर दिया, "राजा द्रुपद, पाँचों पांडव इंद्र के पाँच स्वरूप हैं, जो पहले इंद्र पद पर रह चुके हैं। स्वर्गलोक की लक्ष्मी तुम्हारी दिव्यरूपा कृष्णा के रूप में आई हैं। तुमने यज्ञ करके सूर्य और चंद्रमा के समान प्रकाशवती लक्ष्मी को पुत्री के रूप में पाया है। इस कार्य में देवताओं का सहयोग है। तुम प्रसन्न होकर विधि-विधान संपन्न करो; इसमें धर्म के विपरीत कुछ नहीं है। आज चंद्रमा भरण-पोषण-कारक पुष्य नक्षत्र पर जा रहे हैं, इसलिए आज युधिष्ठिर कृष्णा का पाणिग्रहण करें।"

दूसरे दिन उसी वेला में भीम ने, तीसरे दिन अर्जुन ने, चौथे दिन नकुल ने, पाँचवें दिन सहदेव ने कृष्णा का पाणिग्रहण किया। प्रत्येक पति के साथ रात्रि भर रहने के बाद विवाह के दूसरे दिन वह देवप्रसाद से कन्याभाव प्राप्त कर लेती थी। राजा द्रुपद ने दहेज में बहुत सा धन, स्वर्ण मालाएँ, सौ स्वर्ण रथ, सौ हाथी, बहुमूल्य शृंगार-सामग्री तथा दास-दासियाँ भेंट कीं और रहने को महल दिया।

कुंती ने अपनी पुत्रवधू को आशीर्वाद देते हुए कहा, "जैसे इंद्राणी इंद्र में, स्वाहा अग्नि में, रोहिणी चंद्रमा में, दमयंती नल में, भद्रा कुबेर में, अरुंधती वसिष्ठ में तथा लक्ष्मी नारायण में भक्तिभाव और प्रेम रखती है, उसी प्रकार तुम भी अपने पतियों में अनुरक्त हो।"

कृष्ण और बलराम ने भी पांडवों के विवाह के अवसर पर वैदूर्य मणि जड़ित स्वर्ण आभूषण, बहुमूल्य वस्त्र, कोमल कंबल, रत्न, वाहन और वज्रमणि आदि भेंट में दिए।

□

विग्रह

हस्तिनापुर पहुँचने पर कौरवों को पाँचों पांडवों का कृष्णा के साथ विवाह होने का समाचार प्राप्त हुआ, जिसे सुनकर दुर्योधन बहुत निराश हुआ। उसने कहा, "मित्र कर्ण, तुमने अर्जुन को सामने पाकर भी जीवित छोड़ दिया।"

कर्ण ने लज्जित होकर कहा, "नहीं मित्र, मुझे जरा भी आभास नहीं हुआ कि यह ब्राह्मणकुमार अर्जुन है।"

दुर्योधन ने शकुनि से कहा, "मातुल, ये लोग लाक्षागृह से कैसे बच गए?"

शकुनि ने कहा, "पुत्र, धैर्य धारण करो। अपने पिता के पास चलो, वहीं विचार किया जाएगा।"

सब लोग धृतराष्ट्र के पास आए। वहाँ देखा कि विदुर बैठे वार्त्तालाप कर रहे हैं। विदुर कह रहे थे, "महाराज प्रसन्न हों। द्रुपदनंदिनी ने महावीर पांडवों को अपना पति स्वीकार किया है और वे स्वयंवर में उपस्थित अनेक आत्मीय जनों से मिलकर आनंदपूर्वक द्रुपद के यहाँ उपस्थित हैं। वारणावर्त में उनके जल मरने की बात मिथ्या थी। महाराज, द्रुपद ने बहुमान से धन-रत्न-दास-दासी और सेना देकर पांडवों का आदर किया है और कुरुकुल की मर्यादा की रक्षा की है।"

यह सुनकर धृतराष्ट्र बोले, "मैं यह सुनकर बहुत संतुष्ट हुआ। पांडु पुत्रों को मैं अपने पुत्रों से बढ़कर प्यार करता हूँ। इस समय वे मित्र और महाबली संबंधी को पाकर कुशलपूर्वक जीवित हैं, यह जानकर मुझे बड़ी प्रसन्नता हुई। राजलक्ष्मी से भ्रष्ट कौन राजा द्रुपद जैसे शक्तिशाली महाराजा का आश्रय पाकर सहज ही अपनी उन्नति नहीं कर सकता!"

विदुर ने कहा, "महाराज के विचार स्तुत्य हैं। मैं प्रार्थना करता हूँ कि महाराज के सदा ही ऐसे विचार रहें। युवराज दुर्योधन, शकुनि, दुःशासन, कर्ण और अश्वत्थामा एवं कृपाचार्य महाराज के दर्शनार्थ आ गए हैं, अब मैं चलूँ।"

यह कहकर वे चले गए। उनके जाने पर दुर्योधन पिता के समीप पहुँचकर बोला, "महाराज, आप विदुर के आगे शत्रुओं की उन्नति को अपनी वृद्धि मानकर हर्ष प्रकट कर रहे थे।"

"किंतु पुत्र..."

"निष्पाप महाराज, यदि आप आज्ञा दें तो निवेदन करूँ कि आप कर्तव्य को छोड़कर अब कुछ और ही कर रहे हैं।"

"नहीं पुत्र, ऐसा नहीं। पांडव भी मेरे पुत्र हैं।"

"तो महाराज, फिर आज्ञा दीजिए कि हम पुत्र-कलत्र सहित बन जाएँ, आप उन कलंकितों को कुरुकुल के सिंहासन पर अभिषिक्त कर दीजिए।"

"परंतु पुत्र, कुरुकुल का सिंहासन तो तेरा है।"

"तो पांडवों की बात-बात में विजय, कुरुकुल की पराजय है।"

अब कर्ण बोले, "महाराज, हमें तो नित्य उनके बल को नष्ट करने की धुन में लगे रहना चाहिए। अभी समय है, हमें अभी से ऐसा कोई उपाय सोचना चाहिए कि जिससे वे लोग आगे चलकर पुत्र-बांधव सहित आप लोगों को नष्ट न कर सकें।"

"तुम दोनों जो करना चाहते हो, वही मेरी राय है। पर मैं विदुर के आगे अपने मन का भाव प्रकट नहीं कर सकता। पुत्र दुर्योधन, तुम्हारी समझ में जो कर्तव्य हो, वह मुझसे कहो। और कर्ण, तुम भी जो कार्य समयानुकूल समझो, वह करो।"

दुर्योधन ने उत्तर दिया, "महाराज, इस समय कपट वेशधारी ब्राह्मणों को भेजकर कुंती और माद्री-पुत्रों में परस्पर मन-मुटाव करा देना चाहिए।"

कर्ण ने कहा, "या अतुल धन-संपत्ति देकर द्रुपद और उनके पुत्रों को मिला लेना चाहिए, जिससे वे पांडवों को आश्रय न दे सकें।"

शकुनि ने सुझाव दिया, "अथवा ऐसा किया जाए कि हमारे भेजे हुए छद्मवेषी ब्राह्मण हस्तिनापुर में उनके रहने के दोषों और भयप्रद स्थिति का इस प्रकार वर्णन करें कि पांडव वहीं पांचाल में बस जाएँ।"

कृपाचार्य बोले, "क्यों न कुछ चतुर राजनीति-विचक्षण पुरुष पांडवों के निकट जाकर उनके विश्वासपात्र बन जाएँ, फिर उनमें परस्पर फूट करा दें, द्रौपदी को उनका विरोधी बना दें। द्रौपदी पाँचों भाइयों की पत्नी है। अतः द्रौपदी के कारण ही पाँचों पांडवों में कलह उत्पन्न होना बहुत सरल है।"

दुर्योधन ने कहा, "किंतु भीमसेन को तो गुप्त रीति से विष दिलाकर मरवा

डालना चाहिए। वही हमारा सबसे भयानक बैरी है। उसके बलबूते पर युधिष्ठिर हमें कुछ नहीं समझते। और भीम ही के सान्निध्य के कारण अर्जुन अजेय बना है। भीमसेन के मर जाने पर पांडव यहाँ आए भी तो वे हमसे हीन बनकर रहेंगे और हम कूटनीति का आश्रय लेकर उनको छिन्नबल कर डालेंगे।"

शकुनि बोला, "यदि उनके पास चतुरा स्त्रियाँ भेजी जाएँ, जो उनका मन मोहकर उन्हें कामुक बना दें और द्रौपदी से उन्हें विमुख कर दें, तो बानक बन जाए।"

कृपाचार्य ने एक अन्य उपाय बताते हुए कहा, "एक उपाय यह भी है कि कर्ण को उन्हें आदरपूर्वक लेने को भेजा जाए और यहाँ आने पर उन्हें विष देकर मरवा डाला जाए।"

दुर्योधन ने कष्टपूर्वक कहा, "महाराज, हमने इतने उपाय निवेदन किए हैं, इनमें जो महाराज को निर्दोष और सुकर प्रतीत हो, हमारे कल्याण के लिए महाराज वही तुरंत करें, विलंब न करें, क्योंकि जब तक द्रुपद को पांडवों का और पांडवों को द्रुपद का पूरा विश्वास नहीं हो जाता, तभी तक हम पांडवों का निग्रह कर सकते हैं।"

सबकी बात सुनकर धृतराष्ट्र बोले, "तुम लोगों की सलाह मैंने सुनी, पर वह मुझे भली नहीं लगी। इन कुटिल उपायों से पांडवों का निग्रह नहीं हो सकता। ऐसे तुच्छ और गुप्त उपाय तो तुम पहले भी काम में ला चुके हो। पहले वे बालक और मित्रहीन थे, तब भी तुम उनका कुछ अनिष्ट नहीं कर सके; अब तो वे समर्थ भी हैं, तुमसे दूर भी हैं और उनके अनेक सहायक हैं, इसलिए मेरी समझ में भेद-नीति और गुप्त उपाय कुछ भी कारगर नहीं होंगे।"

कर्ण ने कहा, "तो महाराज, उनकी जड़ जमने से पहले ही उन पर चढ़ाई कर दी जाए। उनका वंश, वाहन और मित्रों का मंडल बढ़ने से पहले ही उन्हें कुचल दिया जाए। पराक्रम द्वारा ही हम इस पृथ्वी पर निष्कंटक राज्य कर सकते हैं।"

"वीर सूतपुत्र, तुम्हारे शौर्यपूर्ण वचन सुनकर संतुष्ट हुआ। तुम महाज्ञानी और महावीर हो, परंतु यह विषय अधिक जटिल है; इस पर भीष्म, द्रोण और विदुर से भी परामर्श करना होगा। पुत्रो, अब तुम विश्राम करो, मैं समयानुकूल व्यवस्था करूँगा।"

□

भद्रपीठ

रात्रि में धृतराष्ट्र ने भीष्म, द्रोणाचार्य और विदुर को बुलाकर सब बातें बताकर उनसे सम्मति चाही।

भीष्म ने कहा, "मुझे पांडवों के साथ विरोध या युद्ध किसी भी प्रकार पसंद नहीं है। उनके साथ संधि करके सम्मानपूर्वक उन्हें आधा राज्य दे देना चाहिए। यह सौभाग्य है कि वे अपने कौशल से लाक्षागृह से जीवित बच निकले। पांडवों के लाक्षागृह में जल मरने के समाचार से प्रजा ने यह विश्वास कर लिया है कि दुर्योधन ने राज्य अधिकृत करने के लिए उन्हें जला डाला। जिस राजा की कीर्ति नष्ट हो जाए, उसका जीवन भी नष्ट हो जाता है।"

द्रोणाचार्य ने कहा, "महात्मा भीष्म की सम्मति से मैं भी सहमत हूँ। कुंती-पुत्रों को आधा राज्य दे देना चाहिए। आप कृष्णा को अपनी पुत्रवधू समझकर उसके लिए रत्न, धन तथा उपहार भेजिए और उन्हें यहाँ बुलाकर उनका सत्कार कीजिए। उनका अनिष्ट करने से कौरवों का भी अनिष्ट और अपयश होगा।"

विदुर ने कहा, "हितैषियों का कर्तव्य है कि संदेहरहित होकर हित की बात बताएँ। भीष्म और गुरु द्रोणाचार्य ने हित की बात कही है। अवस्था, बुद्धि और शास्त्र-ज्ञान सभी दृष्टि से यही उचित है कि पांडवों को सादर बुलाकर आधा राज्य दे दिया जाए। युधिष्ठिर, भीम, अर्जुन, नकुल और सहदेव, जिस प्रकार वीर हैं, उसी प्रकार धर्मपरायण भी हैं। श्रीकृष्ण और बलराम उनके सहायक हैं। द्रुपद का राज्य एक प्रबल सत्ता है। यदुवंशी भी बलवान और पराक्रमी हैं। दुर्योधन, कर्ण और शकुनि अधर्मपरायण और दुर्बुद्धि हैं, इनके अपराध से सारी प्रजा को नष्ट करने से क्या लाभ?"

तीनों पूज्य पुरुषों की बात सुनकर धृतराष्ट्र का मालिन्य धुल गया। उन्होंने कहा, "मुझे भी यही करना उचित लगता है कि मैं पांडवों को बुलाकर आधा राज्य

दे दूँ। विदुर आप ही राजा द्रुपद के पास जाइए और भेंट-उपहार देकर पांडवों को वधू सहित यहाँ ले आइए।"

विदुर भेंट-उपहार लेकर पांचाल नगरी पहुँचे और द्रुपद की राजसभा में उपस्थित हुए। वहाँ पांडवों सहित श्रीकृष्ण और बलराम भी थे। विदुर ने कहा, "महाराज धृतराष्ट्र ने अपने पुत्र, मंत्री और बंधुओं के साथ अत्यंत प्रसन्न होकर सबका कुशल पूछा है। उन्होंने पांडवों को हस्तिनापुर बुलाया है। सभी नगरवासी पांचालकुमारी कृष्णा को देखने की इच्छा से उसके शुभागमन की प्रतीक्षा कर रहे हैं।"

द्रुपद ने कहा, "महाप्राज्ञ, कुंतीकुमार वहाँ जाना उचित समझें और कृष्ण तथा बलराम उन्हें वहाँ जाने की अनुमति दें तो वे अवश्य वहाँ जाएँ।"

कृष्ण ने कहा, "महाप्राज्ञ विदुरजी, आप अंत:पुर में जाकर माता कुंती से भी निवेदन कीजिए।"

विदुर ने अंत:पुर में आकर कुंती को प्रणाम किया। हस्तिनापुर चलने के अनुरोध पर कुंती ने कहा, "विदुरजी, जैसे कोयल के पुत्रों का पालन-पोषण कौवे की माता करती है, उसी प्रकार आपके इन पुत्रों की मैंने केवल रक्षा की है। इसमें मुझे अनेक प्राणांतक कष्ट भी सहन करने पड़े हैं, अब आप जिसमें हित समझें, वही कीजिए।"

विदुर बोले, "यदुकुलनंदिनी, आपके महाबली पुत्र नष्ट नहीं हो सकते। उन्हें अपना आधा राज्याधिकार प्राप्त करने दो। शोक मत करो।"

सबकी सहमति प्राप्त कर द्रुपद ने अपनी पुत्री सहित पांडवों को राजकीय सम्मान के साथ बहुमूल्य भेंट देकर विदा किया।

पांडवों का आगमन सुनकर धृतराष्ट्र तथा अन्य सभी गुरुजनों ने राजद्वार पर आकर उनका स्वागत किया और सम्मानपूर्वक महलों में ले गए। दुर्योधन की पत्नी ने अन्य रानियों के साथ आकर पांचालकुमारी द्रौपदी की अगवानी की। महल में पहुँचकर कुंती ने कृष्णा सहित जाकर गांधारी को प्रणाम किया। गांधारी ने कृष्णा को हृदय से लगा, आशीर्वचन कहे।

नगरवासियों ने नगर को ध्वज-पताकाओं, तोरण आदि से सजाकर पांडवों के आगमन का हर्षपूर्ण स्वागत किया।

अगले दिन धृतराष्ट्र, भीम और विदुर ने उन्हें सभा-भवन में बुलाया। कृष्ण भी पांडवों के साथ थे।

धृतराष्ट्र ने कहा, "पुत्र, पांडु मेरे भ्राता और पराक्रमी पुरुष थे। उन्होंने इस राज्य की वृद्धि कर इसे संपन्न किया। मेरे पुत्र कुमतिवान हैं, तुमसे वैर-भाव रखते हैं, इसलिए पितामह भीष्म, गुरु द्रोण और भाई विदुर के परामर्श से यही हितकर होगा कि तुम लोग खांडवप्रस्थ जाकर अपना पृथक् और स्वतंत्र राज्य स्थापित कर शासन करो। वहाँ रहते मेरे पुत्र तुम्हें कष्ट न दे सकेंगे। पुरुरवा, आयु, नहुष तथा ययाति जैसे प्रतापी राजा भी खांडव-वन में ही निवास करते थे। पहले वही पौरव नरेशों की राजधानी थी। कालांतर में मुनियों ने बुध-पुत्र के लोभ से खांडव-वन को श्रीहीन कर दिया। अब तुम खांडवप्रस्थ को पुनः बसाओ और अपने राष्ट्र की वृद्धि करो। ब्राह्मण, क्षत्रिय, वैश्य तथा शूद्र सभी ने तुम्हारे साथ वहीं जाकर बसने का निश्चय किया है। इस तरह खांडवप्रस्थ समृद्धिशाली और धन-धान्य से संपन्न राजधानी होगी।"

यह कहकर धृतराष्ट्र ने कृष्ण का मनोभाव भी जानने की इच्छा प्रकट की। उन्होंने उत्तर दिया, "आपका विचार उत्तम है, इस कार्य को यथाशीघ्र ही कर लेना चाहिए।"

तब धृतराष्ट्र ने विदुर से कहा, "महाप्राज्ञ, दो भुजदंड, एक सुंदर मुकुट, हाथ के आभूषण, मोतियों की मालाएँ, हार पदक, कुंडल, करधनी, कटिसूत्र और उदरबंध लाने की शीघ्र व्यवस्था करो। वेदवेत्ता ब्राह्मण, प्रमुख व्यापारी तथा बंधु-बांधवों को बुलाओ। पुण्याहवाचन कराओ और ब्राह्मणों को दक्षिणा सहित एक सहस्र गायें दो। पुरोहितों से कहो कि गंगाजल लेते आएँ। मैं आज ही कुरुनंदन युधिष्ठिर का अभिषेक करूँगा। युधिष्ठिर गंगाजल से अभिषिक्त और आभूषणों से विभूषित हो गजराज पर सवारी करें, श्वेत छत्र उनके ऊपर हो, ब्राह्मण जय-जयकार करते साथ चलें।"

यह सुनकर विदुर हर्षोन्मुख हो सब व्यवस्था करने चल दिए। इसी समय ऋषि कृष्ण द्वैपायन व्यास ने वहाँ आकर सबको आशीर्वाद दिया। धृतराष्ट्र ने निवेदन किया, "महामते, बड़े ही शुभ मुहूर्त में आपका आगमन हुआ है। अब युधिष्ठिर का राज्याभिषेक भी आपके ही कर-कमलों से संपन्न हो।"

दुर्योधन ने जब पिता का यह निर्णय सुना, तब वह अति क्षुब्ध और दुःखी होकर माता के पास पहुँचा और बोला, "माता, मैं यह अन्याय सहन नहीं करूँगा।"

"पुत्र, इसमें अन्याय क्या है? महाराज ने पांडवों को खांडवप्रस्थ का राज्य दे दिया है। अब तुम सुख से हस्तिनापुर का राज्य भोगो।"

"माता, एक तो द्रुपद की सहायता पाकर पांडव बड़े सामर्थ्यवान हो गए, फिर अब मिल गया आधा राज्य। तुम देख लेना, वे अवश्य हमारा भी राज्य हड़प लेंगे।"

"तुम यदि धर्मपूर्वक अपना राज्य भोगोगे, तो कुरुजांगल के प्रकृत राजा तो तुम्हीं हो। तुम्हारे मित्र-सहायक भी बहुत हैं, फिर भय क्यों?"

"राज्य के इस प्रकार खंड-खंड करके बाँट देने से राज्य सत्ता ही नष्ट हो जाती है।"

"यह ठीक है पुत्र, परंतु धर्मात्मा पांडु के पराक्रमी पुत्र परमुखापेक्षी नहीं रह सकते। यदि तुम इसमें बाधा डालोगे, तो तुम्हारा भला नहीं होगा।"

"मैं तो कदापि यह सहन न करूँगा कि हमारे राज्य के दो भाग हों।"

"पुत्र, राजनीति में कुछ अकरणीय भी करना पड़ता है।"

"माता, क्या कोई ऐसा उपाय नहीं कि पांडवों को यह राज्य न मिले?"

"नहीं पुत्र, मैं तुम्हारे ऐसे किसी अनुरोध को नहीं सुनूँगी। तुम पांडवों से प्रेम और भाईचारा बढ़ाओ, इसी में कल्याण है।"

दुर्योधन माता से भी हताश होकर लौट गया।

व्यास ने अभिषेक की सब व्यवस्था पूर्ण की। कृपाचार्य, द्रोणाचार्य, भीष्म, धौम्य, व्यास, श्रीकृष्ण, वाह्लीक और सोमदत्त ने चारों वेदों के विद्वानों को आगे रखकर भद्रपीठ पर संयमपूर्वक युधिष्ठिर को बैठाया। पहले व्यास ने उनका अभिषेक किया, फिर अन्य सबने। अभिषेक करके व्यास ने आशीर्वाद दिया, "राजन्, तुम सारी पृथ्वी को जीतकर संपूर्ण नरेशों को अपने अधीन करके दक्षिणायुक्त राजसूय-यज्ञ पूर्ण करने के बाद अवभृथ स्नान करके बंधु-बांधवों सहित सुखी रहो।"

अभिषेक के बाद युधिष्ठिर को गजराज पर बैठाकर नगर में घुमाया गया। प्रजाजनों ने जय-जयकार की, उन पर अक्षत और पुष्पों की वर्षा कर बहुमूल्य भेंटें दीं।

अगले दिन सब पूज्यजनों से विदा लेकर पांडव लोग खांडवप्रस्थ की ओर चल दिए। कृष्ण तथा वेदव्यास भी उनके साथ थे। खांडवप्रस्थ में पहुँचकर उन्होंने भूमि-पूजन किया और नगर की नींव डाली। दिन-रात के परिश्रम के बाद कुछ ही काल में वहाँ अत्यंत सुंदर और समृद्धिशाली नगर बस गया। सुदृढ़ किला बना, राजमहल बने। इंद्र और विश्वकर्मा द्वारा निर्मित उस नगर का नाम पड़ा इंद्रप्रस्थ।

अनेक धनिक व्यापारी तथा शूरवीर प्रजाजन अपना पूर्व स्थान छोड़-छोड़कर पांडवों की यशकीर्ति सुन इंद्रप्रस्थ में आकर रहने लगे।

पांडु के वनगमन के बाद अब तक धृतराष्ट्र ने हस्तिनापुर में राज्य किया। दुर्योधन अब बत्तीस वर्ष का हो गया था, उसकी महत्त्वाकांक्षाएँ ऊँची उड़ रही थीं, अत: अब पांडवों के पृथक् राज्य पा जाने से अब उसे हस्तिनापुर की राजगद्दी पर विधिवत् अभिषिक्त कर दिया गया।

□

आत्मदंड

कुछ समय पश्चात् एक दिन नारद मुनि ने इंद्रप्रस्थ आकर पांडवों को आशीर्वाद दिया। उन्होंने यह भी परामर्श दिया कि आप पाँचों भाइयों की एक ही पत्नी हैं, अतः भ्रातृप्रेम में कभी कलुष न आ जाए, इसलिए आप लोग यह नियम बना लें कि आपमें प्रत्येक के घर में द्रौपदी एक-एक वर्ष निवास करेगी। द्रौपदी के साथ एकांत में बैठे आप में से कोई अपने भाई को देख ले तो वह बारह वर्षों तक ब्रह्मचर्यपूर्वक वन में निवास करे। इस नियम का पालन करने से आप लोग धर्म के आचरण की रक्षा करेंगे! पांडवों ने नारद का यह परामर्श स्वीकार किया।

परंतु दैवयोग से कुछ मास बाद ही रात्रि के समय आकर एक ब्राह्मण ने राजद्वार पर पुकार मचाई, "पांडवो, हमारे गाँव में कुछ पापात्मा चोर आकर बलपूर्वक हमारा गोधन चुराकर लिये जा रहे हैं। उनकी रक्षा के लिए दौड़ो! मुझ ब्राह्मण के घर गौ न रहने पर दुग्ध और हविष्य के अभाव में धर्म और अर्थ का लोप हो जाएगा!"

अर्जुन ने उसकी पुकार सुनकर कहा, "ब्राह्मण भय मत करो, मैं तुम्हारा गोधन अभी वापस लाता हूँ।"

यह कहकर वे अपने अस्त्र-शस्त्र लेने अंदर गए। परंतु अस्त्र-शास्त्र जहाँ रखे थे, वहीं युधिष्ठिर कृष्णा के साथ एकांत में बैठे थे।

अर्जुन धर्मसंकट में पड़ विचार करने लगे। परंतु ब्राह्मण की सहायता करने का अपना दायित्व वे त्याग नहीं सकते थे, अतः हड़बड़ी में द्वार पर आकर युधिष्ठिर से आज्ञा ले, उन्होंने घर के भीतर प्रवेश कर अपने अस्त्र-शस्त्र ले लिये और तीव्रगामी रथ पर आरूढ़ हो ब्राह्मण के बताए मार्ग पर चल दिए। कुछ दूर जाने पर उन्हें चोरों का दल गोधन ले जाता मिला। तुरंत ही उन्होंने तीक्ष्ण बाणों से चोरों का विनाश कर

सारा गोधन वापस ले लिया। फिर ब्राह्मण को उसका गोधन सौंपकर वे प्रसन्नचित्त महलों में लौट आए।

अर्जुन ने युधिष्ठिर से कहा, "मैंने आपको कृष्णा के साथ देखकर नियम-भंग किया है, अत: उसके दंडस्वरूप मैं वनवास के लिए जाऊँगा। आप मुझे आज्ञा दीजिए।"

युधिष्ठिर बोले, "तात, ऐसा क्यों करते हो ? तुमने घर के भीतर प्रवेश करके तो प्रिय राजकार्य ही किया है, उसके लिए तुम दोषी नहीं हो। और फिर बड़ा भाई घर में पत्नी के पास बैठा हो तो छोटे भाई का वहाँ प्रवेश करना दोष नहीं है, छोटे भाई के घर में बड़े भाई का प्रवेश दोष होता है।"

परंतु अर्जुन ने युधिष्ठिर के इस क्षमादान को स्वीकार नहीं किया। वे नियम भंग का प्रायश्चित्त करने के लिए दृढ़ निश्चय कर, सबको प्रणाम कर वन की ओर चल दिए।

पहले वे हरिद्वार की ओर गंगाद्वार पर पहुँचे, वहाँ कुछ दिनों तक ब्राह्मणों के साथ रहकर हिमालय की ओर गए। हिरण्यबिंदु तीर्थ में स्नान करके हिमालय से नीचे पूर्व दिशा की ओर चल दिए। नैमिषारण्य तीर्थ में उत्पलिनी नदी, नंदा, अपरनंदा, कौशिकी, महानदी, गयातीर्थ तथा गंगा में स्नान-धर्म किया। अंग-बंग-कलिंग के सब तीर्थों में दर्शन करते हुए, कलिंग देश को लाँघकर वे मणिपुर-नरेश चित्रवाहन के पास पहुँचे। वहाँ उनका साक्षात्कार चित्रवाहन की अनुपम सुंदरी राजकुमारी चित्रांगदा से हुआ। उस पर विमोहित होकर अर्जुन ने राजा से कहा, "महाराज, मैं पांडुपुत्र अर्जुन हूँ, मुझे आप अपनी कन्या दीजिए।"

राजा ने उत्तर दिया, "पांडुनंदन, हमारे कुल में एक पूर्वज प्रभंजन थे। उन्हें बहुत समय तक पुत्र की प्राप्ति नहीं हुई, तब उन्होंने देवाधिदेव महेश्वर की तपस्या की और उनसे वरदान पाया कि इस कुल में सबके एक-एक संतान होगी। तब से हमारे कुल में एक-एक ही संतान होती चली आई है। मेरे अन्य सभी पूर्वजों को तो पुत्र-प्राप्ति हुई, परंतु मुझे यह कन्या ही हुई। यही मेरे कुल को चलानेवाली है। मेरी इच्छा है कि इससे जो पुत्ररत्न हो, वह मेरे पास ही रहकर हमारी कुल-परंपरा का प्रवर्तक हो। इस कन्या के विवाह का यही शुल्क आपको देना होगा।"

अर्जुन यह स्वीकार कर तीन वर्ष वहाँ रहे। पुत्र होने पर वे चित्रवाहन से आज्ञा ले प्रेयसी चित्रांगदा और पुत्र बभ्रुवाहन को वहीं छोड़ दक्षिणी समुद्र-तट की ओर चले। वहाँ उन्होंने अगस्त्यतीर्थ, सौभद्रतीर्थ, पौलोमतीर्थ, कारमंधतीर्थ और भरद्वाज

तीर्थों में स्नान किया। वहाँ से पश्चिमी समुद्र तटों पर स्थित तीर्थों की ओर चलकर प्रभासक्षेत्र में आए। कृष्ण ने जब सुना कि अर्जुन प्रभासक्षेत्र में हैं, तब वे उनसे मिलने वहाँ गए। कृष्ण ने उन्हें देखते ही हृदय से लगा लिया और कुशल-क्षेम पूछकर अपने आवास रैवतक पर्वत पर ले गए। वहाँ कुछ दिन विश्राम कर वे दोनों द्वारकापुरी चले। द्वारकापुरी में नगरवासियों ने अर्जुन का भारी स्वागत किया। भाज, वृष्णि और अंधकवंश के पुरुषों की भारी भीड़ ने उनका स्वागत-सत्कार कर भेंटें दीं।

द्वारकापुरी के प्रवासकाल में ही वृष्णि और अंधकवंश के लोगों का बहुत भारी उत्सव रैवतक पर्वत पर हुआ। तेजस्वी वृष्णिवंशियों के बालक वस्त्राभूषणों से विभूषित होकर उत्सव में घूमने लगे। द्वारकापुरी के निवासी सुसज्जित सवारियों में बैठकर उत्सव देखने आए। वहाँ गंधर्व गायन करते थे, नृत्यांगनाएँ नृत्य करती थीं। अक्रूर, सारण, गद, बभ्रु, विदूरथ, निशठ, चारुदेष्ण, पृथु, विपृथु, सत्यक, सात्यकि, भंगकार, महारव, हृदिकपुत्र, कृतवर्मा, उद्धव आदि यदुवंशी भी रैवतक पर्वत पर आमोद-प्रमोद कर रहे थे। अर्जुन भी कृष्ण के साथ घूमने आए। दैवयोग से वसुदेव की सुंदरी पुत्री सुभद्रा श्रृंगार-सुसज्जित हो सखियों से घिरी उसी ओर आ निकली, जिधर ये दोनों मित्र घूम रहे थे। अर्जुन उस रूपसी बाला की रूप-ज्वाला को प्रशंसा की दृष्टि से देखने लगे। उनका यह भाव देखकर कृष्ण ने मधुर हास्य किया, "हे भारत, यह आँखमिचौनी कैसी? यह बाला मेरी और सारण की सगी बहन सुभद्रा है। यदि तुम्हारा चित्त इसके प्रति आकर्षित है तो मैं अपने पिता से बात करूँगा!"

अर्जुन ने मित्र को हृदय से लगाकर कहा, "जनार्दन, मेरा यह कल्याणमय मनोरथ आप शीघ्र पूर्ण कीजिए!"

कृष्ण ने कहा, "इसका शीघ्र ही स्वयंवर होनेवाला है। पता नहीं स्वयंवर में यह किसे वरण करे?"

"सखे, आज्ञा हो तो मैं बलपूर्वक हरण करूँ?"

कृष्ण ने हँसकर कहा, "गुरुजनों की आज्ञा से ऐसा भी कर सकते हो?"

तब अर्जुन ने युधिष्ठिर और माता कुंती से आज्ञा लेने के लिए आदमी इंद्रप्रस्थ भेजा, जो शीघ्र ही उनकी आज्ञा प्राप्त कर लौट आया।

अर्जुन ने दारुक से एक स्वर्णमय रथ विधिपूर्वक सजाकर तैयार कराया। उसमें छोटी-छोटी घंटिकाएँ और झालरें लगवाईं। शैव और सुग्रीव अश्व जोत लिये। रथ के भीतर सब प्रकार के अस्त्र-शस्त्र भी रख लिये। अर्जुन कवच और तलवार बाँधकर हाथों में दस्ताने पहनकर रैवतक पर्वत के उस मार्ग पर चले, जिधर से

सुभद्रा गिरिराज रैवतक की पूजा कर द्वारकापुरी लौटती थी। भाग्य से मार्ग में ही सुभद्रा उन्हें अपनी सखियों और सेवकों से घिरी लौटती हुई मिल गई। ऐसा सुयोग अनायास ही प्राप्त कर अर्जुन ने रथ से उतर सुभद्रा का हाथ पकड़कर बलपूर्वक उसे रथ में डाल लिया और अपने आवास को लौटे।

साथ के सेवकों ने दौड़कर द्वारकापुरी के सभापाल को सुभद्रा के अपहरण का समाचार दिया। सभापाल ने डंका पीटकर अंधक, भोज और वृष्णिवंशी वीरों को एकत्र किया। उनके आने पर अर्जुन द्वारा किए गए अपहरण की बात बताई, जिसे सुन सभी क्रोधित हो अपने-अपने रथ सजाने और अस्त्र-शस्त्र बाँधने लगे। उन सबको युद्ध की तैयारी करते देख बलराम ने आकर कहा, "अरे भाइयो, कृष्ण तो चुप बैठे हैं, तुम लोग उनका अभिप्राय जाने बिना क्यों गर्जन-तर्जन कर रहे हो?"

सब लोग कृष्ण के पास आए। उन्होंने उत्तर दिया, "अर्जुन ने हमारे कुल के प्रति सम्मान प्रकट किया है। पांडुपुत्र यह जानते हैं कि सात्वतवंश से धन देकर कन्या नहीं ली जा सकती। स्वयंवर में भी कन्या के मिल जाने का पूर्ण निश्चय नहीं रह जाता। मेरा विश्वास है कि कुंतीकुमार ने क्षत्रिय-परंपरा के अनुसार कन्या का हरण किया है, जो सर्वथा उचित है। इस समय अर्जुन के पास मेरा दिव्य रथ है, मेरे ही अश्व हैं, अस्त्र-शस्त्र हैं। ऐसी स्थिति में कौन अर्जुन का सामना कर सकता है? अर्जुन वीर और अजेय योद्धा हैं, उन्हें संबंधी बनाने में क्या दोष है? मेरा विचार है कि आप लोग अर्जुन के पास जाएँ और उन्हें आदर-सत्कार से द्वारका ले आएँ!"

कृष्ण की बात स्वीकार कर सब लोग वहाँ गए और अर्जुन को द्वारका लाकर धूमधाम से उनका सुभद्रा से विवाह कर दिया।

विवाहोपरांत एक वर्ष तक अर्जुन द्वारका में रहे। फिर खांडव वन की ओर चल दिए और वनवास की शेष अवधि के कुछ मास तक वहीं रहे। कृष्ण भी भ्रमण करने की इच्छा से उनके साथ हो लिये।

मार्ग में कृष्ण अर्जुन को साथ लेकर महर्षि व्यास के आश्रम में उनका दर्शन करने पहुँचे। व्यास ने कृष्ण का यथोचित सत्कार करके पूछा, "माधव, आप प्रसन्न नहीं हैं, क्या बात है?"

कृष्ण ने उनके इस प्रश्न को शांतिपूर्वक सुना। फिर बोले, "महर्षि, भारत के आकाश में काले बादल घिरे आ रहे हैं। वे कब-कहाँ बरस पड़ेंगे, नहीं कहा जा सकता। देश में आग सुलग रही है, चाहे जब वह भक् से जल उठेगी। राजागण लड़ने को कमर कसे बैठे हैं। यदि उन्हें मनमानी करने दिया जाए तो भारत का केंद्र नष्ट

हो जाएगा और ये सब राजा टूटे हुए नक्षत्रों की भाँति आपस में ही टकराकर विश्व को नष्ट कर देंगे। मुनिवर, क्या मैं चुपचाप यह सब देखता रहूँ? यही मेरी चिंता का विषय है।"

"कृष्ण, तुम तो यह कहते हो, पर देश के सब नर-नारी क्या कहते हैं, यह भी तुमने सुना? वे सब घबराए हुए हिरन की भाँति चौकन्ने होकर तुम्हारी ओर ताक रहे हैं। धर्म, राजनीति और समाज तीनों में तुम गड़बड़ी करना चाहते हो, इसी से वे कहते हैं कि तुम्हीं सब झगड़ों की जड़ हो।"

"धन्य मुनिवर, जिन्होंने विशुद्ध वैदिक धर्म को हिंसक यज्ञ बना दिया। एक आर्य-जाति के प्रथम चार, फिर अनगिनत टुकड़े कर दिए। भारत के अनार्यों का सर्वस्व हरण कर उन्हें दास बना दिया, क्या यह सब इस झगड़े की जड़ नहीं हैं?"

"परंतु कृष्ण, तुम क्या कालके पट से दो युगों के चिह्नों को धो डालना चाहते हो? आर्यों को फिर उत्तर कुरु की ओर भेज देने की सामर्थ्य तुममें है?"

"नहीं, मैं यह तो नहीं चाहता, पर जैसे मनुष्य का शैशव, यौवन और वार्धक्य होता है, वैसे ही राष्ट्र का भी होता है। बालक चाँद को देखकर हँसता और गरजते बादल को सुनकर भय से रो उठता है। परंतु युवा होने पर वह नई-नई बातें सोचता है, ज्ञानार्जन करता है। वही दशा राष्ट्र की है। सतयुग में राष्ट्र की बाल्यावस्था थी, त्रेता में किशोर, अब उसके यौवन का उदय है। उसमें स्वतंत्रता-दबंगता, उमंग और आशा की लहरें उठ रही हैं, उसका नियंत्रण आवश्यक है। हम तीनों यही करेंगे। आपका ज्ञान और अर्जुन का बल लेकर मैं राजनीति और संस्कृति को एक नया मोड़ देना चाहता हूँ।"

"अकेले तुम यह सब कर सकोगे, कृष्ण?"

"मैं अकेला क्यों हूँ? विश्व की समस्त सद्भावना मेरे साथ है, हम विश्वमय हैं। सोऽहम्—मैं ही विश्व हूँ। मैं आपके और अर्जुन के मन में जैसे बसता हूँ, वैसे ही समस्त प्राणियों के मन में भी मैं विश्वरूप और विश्व प्राण हूँ। यह मेरे एक हाथ में नीति का शस्त्र है और दूसरे में धर्म का महाशंख। इसमें से वज्रध्वनि निकलती है⋯ 'सर्वधर्मान् परित्यज्य मामेकं शरणं ब्रज।' विश्व मेरा कर्मक्षेत्र, विश्व का कल्याण मेरा धर्म है। मित्र अर्जुन, तुम अपना बल लेकर और मुनिवर, आप अपना ज्ञान लेकर मेरे इस कार्य का विस्तार करें।"

"कृष्ण, क्या तुम वही वसुदेव-पुत्र गाय चरानेवाले कान्हा हो? तुम्हारा यह महाधर्म तो ऋषि-मुनि भी नहीं समझ सकते। जब मैंने सुना कि गोकुल में एक दिव्य कुमार का जन्म हुआ है और वह बड़े-बड़े अद्‍भुत कर्म कर रहा है और उसने

गोप–गोपिकाओं के प्रेमवश हो देहाभिमान खो दिया है, तभी मैं समझ गया था कि द्वापर का अंत हो चला और अब एक नवीन युग का आरंभ होगा। बजाओ कृष्ण अपना शंख और चलाओ नीति शस्त्र, मैं भी आज से इस महाधर्म को स्वीकार करता हूँ।

सत्यमेकाक्षरं ब्रह्म, सत्यमेकाक्षरं तप:।
सत्यमेकाक्षरं यज्ञ, सत्यमेकाक्षरं श्रुतम्॥"

"और मैं भी!" अर्जुन ने कहा।

"तो नवयुग की स्थापना में आप दोनों का योगदान शुभ हो।"

महर्षि व्यास के आश्रम में कुछ दिन आनंदपूर्वक बिताकर वे वन में भीतर की ओर चल दिए।

□

गांडीव-दान

खांडवप्रस्थ का यह वन्य प्रदेश हिंसक वन-पशुओं का गहन निवासस्थल था, जहाँ मनुष्य जाने का साहस नहीं करते थे। वन की पश्चिम दिशा में यमुना का विस्तार दूर-दूर तक फैला हुआ था। वहीं एक रम्य स्थल में विश्राम के लिए कुछ पर्णकुटियाँ बनी हुई थीं। यहीं वे अपना आवास बनाकर रहने लगे। दोनों मित्र जल-विहार करते, फल-मूल खाते और भविष्य पर विचार करते।

एक दिन अर्जुन कृष्ण को लेकर वन के भीतर भ्रमण करते हुए बहुत दूर निकल गए, यमुना-तट पीछे छूट गया। बातों-बातों में दूरी का ज्ञान ही नहीं रहा। अकस्मात् उन्होंने अपने पीछे एक वज्रध्वनि सुनी, "रुको अर्जुन!"

उन्होंने पीछे फिरकर देखा।

चीर वस्त्र पहने जटाधारी, तप्त स्वर्ण के समान कांति लिये, अंग नीले और पील, अग्नि-ज्वाला के समान पीतवर्ण तेजस्वी मुख आभा लिये एक अप्रतिम ब्राह्मण उनके समीप आकर खड़े हो गए हैं। ब्राह्मण बोले, "अर्जुन, तुम्हारा पराक्रम मैंने सुना है, वासुदेव का शौर्य भी मैंने सुना है। मैं भूखा ब्राह्मण हूँ। मेरी क्षुधा-तृप्ति अपरिमित भोजन से होती है। आप लोग आज मुझे भोजन कराकर मेरी तृप्ति कीजिए।"

अर्जुन और कृष्ण उन्हें प्रणाम करके कहा, "आज्ञा कीजिए ब्राह्मण, आप किस अन्न से तृप्ति चाहते हैं?"

"वीरवर, मुझे अन्न वर्ग नहीं चाहिए। मैं अग्नि हूँ, मेरे अनुरूप भोजन दीजिए।"

यह सुन दोनों ही ब्राह्मणरूपी अग्निदेव का मुख देखने लगे। अर्जुन बोले, "देव, फिर आप ही अपना भक्ष्य बताइए।"

"इस खांडव वन में इंद्र का सखा तक्षक नाग अपने परिवार सहित निवास

करता है। इसी से इंद्र उसके लिए खांडव वन की रक्षा करते रहते हैं। मैंने जब भी खांडव वन को जलाकर उसमें से प्राण-रक्षा के लिए भागते तक्षक तथा अन्य जीवों को भक्ष्य करना चाहा, इंद्र वर्षा करके अग्नि बुझा देते हैं। मैं बहुत दिनों का भूखा हूँ, मैं अब अग्नि प्रकट करके खांडव वन को जलाऊँगा। अग्नि फैलते ही प्राण-रक्षा के लिए भागते वन-प्राणियों को आप चारों ओर से घेरकर भागने से रोकिए। इंद्र मेघ लाकर वर्षा करें तो उसे भी रोकिए। आप दोनों ही अस्त्र-शस्त्रों के ज्ञात वीर हैं, अत: मेरी सहायता कर मुझे भोजन करने दीजिए।"

अग्निदेव की ऐसी अद्‌भुत बात सुनकर अर्जुन ने कहा, "देव, मेरे पास अनेक दिव्य अस्त्र तो हैं, जिनके द्वारा मैं अनेक वज्रधारियों से युद्ध कर सकता हूँ, परंतु मेरे पास मेरे बाहुबल के अनुरूप धनुष नहीं है, जो युद्ध में मेरे प्रचंड वेग को सहन कर सके। इसके सिवा निरंतर चलाते रहने के लिए बाणों के अक्षय भंडार तथा शक्तिशाली रथ की भी मुझे आवश्यकता है। मेरे सखा वासुदेव को भी उनके बल-पराक्रम के अनुरूप एक आयुध चाहिए। पुरुषार्थ करने को हम तत्पर हैं।"

अर्जुन का यह उत्तर सुनकर ब्राह्मण ने जलेश्वर वरुण का आह्वान किया। उनके प्रकट होने पर आदेश दिया, "वरुणदेव, अपना दिव्य धनुष, तरकश और कपियुक्त ध्वज से सुशोभित रथ लाकर अर्जुन को दीजिए।"

क्षण भर में ही वरुणदेव ने आदेश का पालन किया, महाप्रचंड गांडीव धनुष तथा बाणों से भरे दो अक्षय तरकश लाकर अग्निदेव के सम्मुख रख दिए। अग्निदेव ने उन्हें अर्जुन को देते हुए कहा, "सभी आयुधों में वज्र के समान अजेय यह गांडीव किसी भी अस्त्र-शस्त्र से नहीं टूट सकता। तुम्हारा अपरिसीम वेग भी इसका ह्रास नहीं कर सकता। यह चिकना और छिद्र रहित धनुष, देवताओं, दानवों और गंधर्वों द्वारा वर्षों तक पूजित रहा है। इसे तुम ग्रहण करो।"

वरुणदेव ने गंधर्व-देश में उत्पन्न दिव्य घोड़ों से जुता हुआ अत्यंत दृढ़ और घोषयुक्त, रत्नजटित सूर्य-रथ भी प्रस्तुत किया। उस रथ के ध्वज पर सिंह के समान भयंकर आकृति वाला दिव्य वानर बैठा था। रथ के चलने पर शत्रुओं के हृदय को दहलानेवाली ध्वनियाँ ध्वज से निकलती रहती थीं।

अर्जुन ने ब्राह्मण अग्निदेव को प्रणाम किया, कवच और तलवार बाँध ली, दस्ताने पहन लिये और रथ की परिक्रमा कर उस पर आरूढ़ हुए। उन्होंने गांडीव को उठाकर उसकी प्रत्यंचा चढ़ाई। प्रत्यंचा की टंकार करके अर्जुन ने कहा, "देव, अब मैं युद्ध में अजेय हूँ।"

वरुणदेव ने कृष्ण को एक सुदर्शन वज्र-चक्र दिया।

अग्निदेव ने कहा, "वासुदेव, अर्जुन अजेय योद्धारूप में विराजमान हुए हैं। इस सुदर्शन वज्र-चक्र से आप भी अनायास ही प्रबल से प्रबल शत्रु का हनन क्षण भर में कर सकते हैं। युद्ध में जब आप इसका प्रयोग करेंगे, यह सारे शत्रुओं को मारकर किसी भी शत्रु-अस्त्र से प्रतिहत न होकर आपके पास लौट आएगा। अब आप दोनों वीरबाहु युद्ध कीजिए।"

अर्जुन ने कहा, "हम तैयार हैं देव, आप खांडव वन को चारों ओर से घेरकर जलाइए।"

ब्राह्मण के मुख से सात ज्वालामयी जिह्वाएँ निकलीं और विकराल अग्नि खांडव वन में सर्वत्र फैल गई। वन में रहनेवाले जीव प्राण-रक्षा के लिए भागने लगे, परंतु अर्जुन और कृष्ण ने उन्हें कहीं नहीं भागने दिया। वन के सहस्रों प्राणी अग्नि की भेंट चढ़ने लगे। न पशु भाग सकते थे, न पक्षी उड़कर आकाश में जा सकते थे। अर्जुन के बाण और कृष्ण के चक्र ने उन्हें मार-मारकर नीचे गिरा दिया। बाणों से घायल झुंड के झुंड वनवासी जीवों का भयानक चीत्कार और करुण क्रंदन आकाश में फैल गया। जब इंद्र के पास खांडव वन के इस भयंकर अग्निकांड का समाचार पहुँचा, तब उसने क्रोधित होकर बड़े-बड़े मेघों से भारी वर्षा की, परंतु अग्नि के तेज से वे धाराएँ पृथ्वी पर पहुँचते ही सूख जातीं। अग्नि की तेजोमयी लपटों और जल की मोटी धाराओं के संयोग से जलते हुए वन की भयंकरता बढ़ गई।

इंद्र ने अपने प्रताप से जब वेगवती वर्षा की, तब अर्जुन ने अपने दिव्य अस्त्रों से बाण छोड़कर उसका पृथ्वी तक आना रोक दिया। उन्होंने अनगिनत बाणों से सारे खांडव वन को ढक दिया।

जिस समय खांडव वन जलाया गया था, उस समय तक्षक वहाँ नहीं था, वह कुरुक्षेत्र प्रवास में था। परंतु उसका पुत्र अश्वसेन वहीं था, वह आग से बचने को इधर-उधर छिपता रहा। इंद्र और अर्जुन के अस्त्र-शस्त्र भयंकरता से टकराने लगे। अंत में अपराजित दुर्धर्ष वीर अर्जुन और कृष्ण की जय हुई। इंद्र पराजित होकर लौटने लगे। उन्होंने कहा, "पुत्र अर्जुन, मैं तुम्हारे अजेय पराक्रम से बहुत प्रसन्न हूँ। आज कैसा ही दुर्लभ वर मुझसे माँग लो।"

अर्जुन ने कहा, "देव, आप मुझे सब प्रकार के दिव्यास्त्र दीजिए।"

"पांडुनंदन, तुम पर जब भगवान् महादेव प्रसन्न होंगे, तब मैं तुम्हें दिव्यास्त्र दूँगा। वह समय शीघ्र आनेवाला है। तुम मुझसे आग्नेय तथा वायव्य-अस्त्र प्राप्त

कर दिग्विजयी होगे। तुम्हारे हित के लिए दुर्धर्ष कर्ण से कुंडल और कवच माँगकर उसका सूर्य से प्राप्त अक्षय वरदान भी मैं नष्ट कर दूँगा।"

कृष्ण से उन्होंने कहा, "आपका और अर्जुन का सखाभाव दृढ़ रहे।"

इसी अग्निदाह में मायासुर मय भी प्राणरक्षार्थ भागकर बाहर निकला। उसे देखते ही कृष्ण उसे मारने के लिए तैयार हुए। यह देख वह रक्षा की पुकार करता हुआ अर्जुन के पास आकर बोला, "महाप्रतापी कुंतीनंदन, मेरी रक्षा कीजिए, मैं आपकी शरण हूँ।"

अर्जुन ने उसकी दयनीय दशा देखकर कहा, "भय मत करो दानवश्रेष्ठ।"

कृष्ण ने उसे छोड़ दिया। अग्निदेव ने भी उसका भक्षण नहीं किया।

उन्होंने पंद्रह दिनों तक खांडव वन का दाह किया और अपने मुख से सात जिह्वाएँ निकालकर अपनी क्षुधा-तृप्ति की। उनकी जिह्वाओं की ज्वाला सूर्य-किरणों के समान ऊपर-नीचे, आगे-पीछे, अगल-बगल सब ओर फैलकर भक्षण करती थीं। पंद्रह दिन तक छककर जीव-जंतुओं के मांस खाकर, उनका मेदा तथा रक्त पीकर तथा छह दिन विश्राम करने के बाद अग्निदेव ने अर्जुन और कृष्ण से कहा, "वीरो, आप दोनों ने मुझे आनंदपूर्वक तृप्त कर दिया।"

अर्जुन बोले, "महाप्रचंड अग्निदेव, आपने तृप्त होकर अपनी क्षुधा निवारण कर मेरे पराक्रम को सार्थक किया है। मैं महाभागी हूँ।"

"वीरश्रेष्ठ अर्जुन, जब तक यह गांडीव, तरकश और रथ तुम्हारे पास है, तुम अजेय शत्रुहंता रहोगे। मैं तुम्हें आशीर्वाद देता हूँ।"

उनके नेत्र चमक उठे, जिह्वा में दीप्ति आ गई और उनका विशाल मुख तेज से प्रकाशित हुआ। वे ऊपर आकाशाचारी हो धूम्ररहित हो गए।

अर्जुन ने मायासुर के प्राणों की रक्षा की थी, अतः उसने कृष्ण की आज्ञा से पांडवों के लिए एक बहुत सुंदर सभा-भवन बनाया। उसने हिरण्यशृंग महामणिमय पर्वत से लाकर 'वज्र गदा' भीम को तथा 'देवदत्त' शंख अर्जुन को भेंट किया। 'देवदत्त' शंख की ध्वनि से युद्ध-स्थल में शत्रुओं के हृदय दहल जाते थे।

बारह वर्ष पूर्ण करके अर्जुन ने इंद्रप्रस्थ लौटकर माता कुंती के चरणों में आकर प्रणाम किया। भाइयों से भर-भुज भेंटकर अंतःपुर में जब वे कृष्णा के सम्मुख आए, तब उन्होंने दिखावटी कोप करके अर्जुन को उलाहना दिया, "सात्वत-वंश की कन्या जहाँ है, वहीं जाकर रहिए।"। अर्जुन ने अपने अपराध को स्वीकार कर कृष्णा का कोप दूर किया। कुछ समय बाद कृष्णा ने सुभद्रा को भी बुला लिया और इस प्रकार वे सब सुखपूर्वक रहने लगे।

कृष्ण, बलराम, वृष्णि और अंधकवंशी वीर दहेज की बहुमूल्य सामग्री हाथी, घोड़े, स्वर्ण, रत्न, दास-दासी आदि लेकर आए और महाराज युधिष्ठिर को भेंट दी। सब लोग तो लौट गए, परंतु कृष्ण अर्जुन के पास ही रह गए। कुछ समय पश्चात् सुभद्रा के गर्भ से अभिमन्यु का जन्म हुआ। अभिमन्यु में सिंह के समान गर्व और गजराज की भाँति पराक्रम था। वह ज्यों-ज्यों बड़ा होता गया, कृष्ण और अर्जुन उसे सब प्रकार की योग्य शिक्षा देते गए। वयस्क होने तक अभिमन्यु ने धनुर्वेद के चार पाद मंत्रयुक्त (जिसका मंत्र द्वारा प्रयोग हो), मुक्तामुक्त (जिसके प्रयोग और उपसंहार दोनों हों), पाणि-मुक्त (जिसे हाथ में लेकर धनुष द्वारा छोड़ा जाए) और अमुक्त (मंत्र-साधित, जो वस्तुतः छोड़ा नहीं जाता, परंतु जिसे देखने मात्र से शत्रु भाग जाए) तथा दशविध अंग-आदान (तरकश से बाण को निकालना), संधान (बाण को धनुष की प्रत्यंचा पर रखना), मोक्षण (लक्ष्य पर छोड़ना), विनिवर्तन (यदि बाण छोड़ देने के बाद ज्ञात हो कि शत्रु अस्त्रहीन है, तब मंत्रशक्ति से छोड़े बाण को लौटा लेना), स्थान (धनुष या उसकी प्रत्यंचा के शरसंधान-काल में धनुष और प्रत्यंचा का मध्यदेश), मुष्टि (तीन या चार उँगलियों का सहयोग), प्रयोग (तर्जनी और मध्यमा उँगली के अथवा मध्यमा और अंगुष्ठ के मध्य से बाण का संधान करना), प्रायश्चित्त (स्वतः या दूसरे से प्राप्त प्रत्यंचा के आघात और बाण के आघात को रोकने के लिए दस्ताने), मंडल (चक्राकार घूमते हुए रथ के साथ-साथ घूमनेवाले लक्ष्य का वेध), रहस्य (शब्द के आधार पर लक्ष्य बींधना अथवा एक ही समय अनेक लक्ष्यों को बींध डालना) आदि अस्त्र-शस्त्र का ज्ञान प्राप्त कर लिया।

इसके सिवा ब्रह्मास्त्र (दिव्य) और खड्ग (मानुष) आदि चलाना भी सीख लिया।

कृष्णा ने बारी-बारी से प्रत्येक पति से एक-एक पुत्र उत्पन्न किया। युधिष्ठिर से प्रतिविंध्य, भीमसेन से सुतसोम, अर्जुन से श्रुतकर्मा, नकुल से शतानीक और सहदेव से श्रुतसेन उत्पन्न हुए। इन सभी पुत्रों ने धौम्य मुनि से वेदाध्ययन करने के बाद अर्जुन से पूर्ण धनुर्वेद का ज्ञान प्राप्त किया।

□

खड्‌गहीन

एक दिन पाँचों पांडव श्रीकृष्ण के साथ बैठे बातें कर रहे थे कि हिडिंबिका पुत्र घटोत्कच ने आकर सब गुरुजनों को प्रणाम किया।

सबने उसे आशीर्वाद दिया और अपने बीच में बैठाया और कुशल-क्षेम पूछा।

युधिष्ठिर ने पूछा, "पुत्र, कहाँ से आ रहे हो?"

घटोत्कच ने कहा, "मामा की मृत्यु के बाद मुझे उनका आसन दिया गया है। माता की आज्ञा से आप सबको प्रणाम करने आया है। मेरी माता दिव्य तपस्या में लगी हुई हैं।"

युधिष्ठिर बोले, "हम लोगों के प्रति अविचल भक्ति रखनेवाली तुम्हारी माता धन्य हैं, जो तपस्या में लीन हैं।"

फिर उन्होंने कृष्ण से कहा, "मैं चाहता हूँ कि मेरे इस पुत्र को एक योग्य पत्नी प्राप्त हो जाए। आप बताइए, इसके योग्य पत्नी कहाँ प्राप्त हो?"

कृष्ण ने कुछ क्षण विचारकर उत्तर दिया, "इसके योग्य सुंदर कन्या प्राग्ज्योतिषपुर में रहती है, वह महाबली मुर दैत्य की पुत्री है। मुर दैत्य बड़ा भयंकर था और पाशमय दुर्ग में रहता था। वह मेरे हाथ से मारा गया। उसके मारे जाने पर उसकी यह पराक्रमी पुत्री खड्‌ग और खेटक धारण कर मेरे साथ युद्ध करने आई। मैंने शार्ग धनुष से जितने भी बाण मारे, उसने अपने खड्‌ग से सभी को काट डाला। जब मैंने उसका वध करने के लिए सुदर्शन-चक्र लिया, तब कामाख्या देवी मेरे सम्मुख आकर बोलीं, 'इसका वध मत कीजिए।'

"मैं युद्ध से विरत हो गया। कामाख्या देवी की आज्ञा से मुर-पुत्री मोर्वी ने भी खड्‌ग पृथ्वी पर रख दिया और मुझे प्रणाम किया।

"उसकी यह प्रतिज्ञा है कि जो मुझे किसी प्रश्न पर निरुत्तर कर देगा अथवा

मेरे समान बलवान होगा, वही मेरा पति होगा, इस दृष्टि से मोर्वी घटोत्कच के लिए सर्वथा योग्य है।"

अर्जुन ने पूछा, "कहो पुत्र, तुम्हारी क्या इच्छा है?"

घटोत्कच ने उत्तर दिया, "पूजनीय पुरुषों की बात मुझे शिरोधार्थ है। आपके आशीर्वाद से मैं उस पर विजय प्राप्त करूँगा।"

कृष्ण ने कहा, "मैं तुम्हें अथकवाणी प्रदान करता हूँ, जिससे तुम उसे अनेक जटिल कथाएँ सुना सकते हो।"

सबका आशीर्वाद प्राप्त कर घटोत्कच प्राग्जोतिषपुर पहुँचा और मोर्वी के महल के द्वार पर जाकर प्रहरी से कहा, "मैं मुर की पुत्री की कामना करनेवाला अतिथि दूर देश से आया हूँ और उसे देखना चाहता है।"

प्रहरी ने स्वामिनी से आज्ञा लेकर घटोत्कच को उसके पास पहुँचा दिया।

उसने कहा, "ओ निष्ठुर नारी, मैं अतिथि होकर तुम्हारे घर आया हूँ, मेरा सत्कार करो।"

मोर्वी ने उसे देख हँसकर कहा, "भद्र पुरुष, कोई कथा कहो। कथा कहकर यदि मुझे संदेह में डाल दोगे तो मैं तुम्हारे साथ विवाह कर लूँगी।"

घटोत्कच ने कथा प्रारंभ की, "मान लो, किसी पत्नी के गर्भ से कोई बालक उत्पन्न हुआ, जो युवा होने पर बड़ा अजितेंद्रिय निकला। उस युवक के एक पुत्री हुई तथा उसकी पत्नी मर गई। तब पिता ने उस नन्ही सी पुत्री की रक्षा एवं पालन-पोषण किया। वह जब युवा हुई, तब उसके पिता का मन कामलोलुप हो उठा। उसने कहा, तुम मेरे पड़ोसी की लड़की हो, मैंने तुम्हें अपनी पत्नी बनाने के लिए यहाँ लाकर पालन-पोषण किया है, अत: अब मेरी इच्छा पूरी करो। लड़की ने उसे पति रूप में स्वीकार कर लिया। उसकी एक कन्या उत्पन्न हुई। अब बताओ, वह कन्या उसकी क्या लगेगा—पुत्री अथवा दौहित्री?"

मोर्वी बहुत सोचने पर भी उत्तर न दे सकी, तब उसने खड्ग हाथ में ले लिया। यह देख घटोत्कच ने उसके केश खींच उसे पृथ्वी पर पटक दिया और उसी के खड्ग से उसकी नाक काटने को उद्यत हुआ। अंत में शिथिल और परास्त होकर वह बोली, "नाथ, मैं तुम्हारे प्रश्न, शक्ति और बल से परास्त हो गई हूँ। मुझे छोड़ दो, मैं तुम्हारी पत्नी और दासी हूँ। मैं अपने सब सेवक और यह महल तुम्हारे चरणों में अर्पित करती हूँ।"

घटोत्कच ने कहा, "तुम मेरे साथ विवाह की सब सामग्री लेकर इंद्रप्रस्थ

चलो, वहीं गुरुजनों के सामने हमारा विवाह होगा।"

इंद्रप्रस्थ आकर उन्होंने विवाह किया। गुरुजनों का आशीर्वाद लेकर घटोत्कच अपनी पत्नी के साथ अपने आवास हिडंब वन को चला गया। यथासमय उन्हें एक तेजस्वी पुत्र की प्राप्ति हुई, जिसका नाम बर्बरीक रखा गया।

युवा होने पर बर्बरीक महासागर संगम-तीर्थ में गुप्तक्षेत्र पहुँचा और वहाँ नौ दुर्गाओं की आराधना करने लगा। देवियों ने प्रसन्न होकर उसे दिव्य अस्त्र-शस्त्र देकर आशीर्वाद दिया।

□

स्वर्गलोक

तीनों लोकों में विचरण करते हुए एक दिन महर्षि नारद युधिष्ठिर के सभा-भवन में आए। उन्होंने कहा, "पांडुनंदन, शासक में छह गुण होने चाहिए—व्याख्यान-शक्ति, प्रगल्भता, तर्क-कुशलता, भूतकाल की स्मृति, भविष्य पर दृष्टि और नीति निपुणता। मंत्र, औषध, इंद्रजाल, साम, दाम, दंड और भेद—ये सात उपाय हैं। देश, दुर्ग, रथ, हाथी, घोड़े, शूर सैनिक, अधिकारी, अंतःपुर, अन्न, गणना, शास्त्र, लेख्य, धन और असु—इन चौदह के अधिकारियों की परीक्षा करते रहना चाहिए। खेती का विस्तार, व्यापार की रक्षा, दुर्गों की रचना एवं रक्षा, पुलों का निर्माण और रक्षा, हाथी बाँधना, स्वर्ण-हीरक आदि की खानों पर अधिकार करना, कर की प्राप्ति और उजाड़ प्रांतों में लोगों को बसाकर आवास-स्थल बनाना—ये आठ संधान कर्म हैं। स्वामी, मंत्री, मित्र-कोष, राष्ट्र, दुर्ग तथा सेना एवं पुरवासी—ये सात अंग राज्य की प्रवृत्तियाँ हैं। ब्रह्ममुहूर्त में उठकर प्रजा का हितचिंतन करना चाहिए।"

युधिष्ठिर बोले, "देवर्षि, आपने जैसा उपदेश दिया, वैसा ही आचरण करूँगा।"

युधिष्ठिर ने फिर कहा, "मुनिवर, आप बहुत से लोकों का दर्शन करते हुए विचरते हैं; कहीं आपने मेरी सभा से भी अच्छी सभा देखी है ? हम आपके मुख से दिव्य सभाओं का वर्णन सुनना चाहते हैं।"

तब नारदजी ने कुछ दिव्य सभाओं का वर्णन इस प्रकार किया—

देवराज इंद्र की सभा—सर्वश्रेष्ठ सिंहासन पर लक्ष्मी के समान इंद्राणी शची के साथ इंद्र विराजते हैं। उनके मस्तक पर किरीट रहता है। दोनों बाजुओं में लाल रंग के बाजूबंद शोभा पाते हैं, कंठ में माला होती है। लज्जा, कीर्ति और कांति इन तीन देवियों के साथ वे दिव्य सभा में बैठते हैं। सिद्ध, देवर्षि, सांध्य देवगण तथा मरुत्वान स्वर्ण मालाएँ पहने इंद्र की उपासना करते हैं। दिव्य जल, औषधियाँ,

श्रद्धा, मेधा, सरस्वती, अर्थ, धर्म, काम, विद्युत्, जलधर मेघ, वायु, बादल, प्राची दिशा, अग्नि और सोम, विश्वेदेव, साध्य, बृहस्पति, शुक्र और तारा—यह सभी इंद्रसभा में उपस्थित रहते हैं।

सूर्यपुत्र यम की सभा—वहाँ न शोक है, न जीर्णता; न भूख है, न प्यास। वहाँ कोई अप्रिय घटना नहीं घटती। वहाँ दिव्योपपादुक और मानुष उपस्थित रहते हैं। सभी पुण्यात्मा, कीर्तिमान राजषि और बहुश्रुत ब्रह्मर्षि यम की उपासना करते हैं। वह सभा बाधारहित है, अपने तेज से सदा प्रज्वलित तथा उद्भाषित होती रहती है। कठोर तपस्या, उत्तम व्रत का पालन करनेवाले सत्यवादी शांत संन्यासी तथा पुण्य-कर्म से शुद्ध एवं पावन पुरुष उस सभा में प्रवेश पाते हैं। उस सभा में सदा पवित्र गंध, मधुर शब्द और दिव्य मालाओं के सुखद स्पर्श प्राप्त होते हैं।

वरुण की सभा—वरुण की सभा जल के भीतर बनाई गई है। उसके भिन्न-भिन्न प्रदेश नीले, पीले, काले, सफेद और लाल रंगों के लता-गुल्मों से आच्छादित हैं। वहाँ अनेक मधुर स्वर वाले सुंदर पक्षी हैं। वहाँ न सर्दी है, न गरमी। जब सभा में वरुणदेव रानी वारुणी सहित सिंहासन पर विराजते हैं, तब आदित्यगण जल के स्वामी की उपासना करते हैं। वासुकि नाग, तक्षक, ऐरावत नाग, कृष्ण, लोहित, पद्म, चित्र, पाणिमान, कुंडधार, प्रह्लाद, मूषकादि, जनमेजय, महानाग, भगवान् अनंत आदि नागराज उस सभा में सुशोभित होते हैं। सभी दैत्य और दानव वहाँ आकर वरुणदेव की उपासना कर भयरहित होते हैं। समस्त सरिताएँ, जलाशय, सरोवर, कूप, झरने, पोखर, तालाब, संपूर्ण दिशाएँ, पृथ्वी, पर्वत तथा संपूर्ण जलचर अपने-अपने रूप धारण कर वरुण की उपासना करते हैं।

कुबेर की सभा—विश्रवापुत्र कुबेर की सभा अत्यंत श्वेतप्रभा से युक्त है। वह दिव्य सभा ऊँचे-ऊँचे स्वर्ण महलों से शोभित है। अमूल्य और बड़े-बड़े रत्नों से उसका निर्माण हुआ है, इसलिए उसकी दीवारें विद्युत् के समान उद्दीप्त होनेवाले सुनहले रंगों से चित्रित हैं। कानों में ज्योति-कुंडल धारण कर महाराज कुबेर सहस्रों स्त्रियों से घिरकर स्वर्ण सिंहासन पर बैठते हैं। गंधर्व और अप्सराओं से घिरी, दिव्य वाद्य-नृत्य एवं गीतों से निरंतर ध्वनित कुबेर की सभा मन-मुग्धकारी है। देवी लक्ष्मी, नलकूबर, ब्रह्मषि, देवर्षि आदि वहाँ उपस्थित होते हैं। श्रेष्ठ निधियों में प्रमुख और धन के अधीश्वर शंख तथा पद्म सब निधियों सहित कुबेर की उपासना करते हैं।

ब्रह्मा की सभा—'एतत् सत्यं ब्रह्मपुरम्' के अनुसार वह सभा खंभों के

आधार पर नहीं टिकी है, न उसमें क्षय होनेवाला रूप है। वह नित्य है। अग्नि, चंद्रमा और सूर्य से अधिक वह अनेक प्रकार की किरणों से प्रकाशमान रहती है। संपूर्ण लोकों के पितामह ब्रह्मा अकेले ही अपने सिंहासन पर विराजते हैं। वायु, ऋतु, संकल्प और प्राण उनकी सेवा में रहते हैं। समस्त विद्याएँ, समस्त ज्ञान, समस्त ज्ञानेंद्रियाँ अपना स्वरूप धारण कर वहाँ उपस्थित रहते हैं।

महाभाग वैराज, अग्निष्वात, सोमपा, गार्हपत्य (यह चार मूर्त); एक शृंग, चतुर्वेद तथा कला (यह तीन अमूर्त) और सातों पितरगण तेजस्वी ब्रह्मा की उपासना करते हैं। पितामह ब्रह्मा की सभा संपूर्ण तेज से संपन्न, दिव्य तथा ब्रह्मषियों से सेवित, ब्राह्मीश्री से सदैव उद्‌भासित रहती है।"

युधिष्ठिर को उन सभाओं का वर्णन सुनाकर नारदजी ने कहा, "पांडुनंदन, तुम भी अक्षयकीर्ति बनो। राजसूय-यज्ञ करो, तुम्हारा होगा।"

यह कहकर देवर्षि वहाँ से चले गए।

□

शत्रुहंता

उषा के उदय के साथ ही गायन करनेवाले मागध हथेलियों से ताल देते हुए गीत गाने लगे। भाट और सूत युधिष्ठिर की स्तुति करने लगे, नर्तक नाचने लगे। गायक सुस्वर से कुरुवंश का कीर्तिगान करने लगे। मृदंग, झाँझ, प्रणव, आनक, शंख और मधुरध्वनि करनेवाले दुंदुभी आदि वाद्य बजने लगे। युधिष्ठिर ने जागकर नित्यकर्म के लिए स्नानगृह में प्रवेश किया। वहाँ स्नान किए और स्वच्छ वस्त्र पहने 108 तरुण सेवक जल से भरे स्वर्णकुंभ लिये खड़े थे। युधिष्ठिर अत्यल्प वस्त्र धारण कर चौकी पर बैठे, सुशिक्षित मर्दकों ने सुगंधित वनस्पतियों से निर्मित उबटन उनके शरीर पर मला, फिर सुगंधित जल से स्नान कराया। माथे के बाल सुखाने के लिए युधिष्ठिर ने राजहंस के समान श्वेतवस्त्र सिर से लपेट लिया। शरीर पर चंदन लेपकर धोती पहन पूर्वाभिमुख बैठकर संध्या की। फिर प्रदीप्त अग्निगृह में जाकर समिधा और आज्याहुति से हवन किया। बाहर आकर वेदवेत्ता ब्राह्मणों का दर्शन किया तथा मधुपर्क से उनकी पूजा की। उन्हें एक-एक निष्क स्वर्ण तथा दुधारू गायें, जिनके सींगों में स्वर्ण और खुरों में चाँदी लगी थी, दान कीं। फिर पवित्र पदार्थों को स्पर्श करके सभा-भवन में 'सर्वतोभद्र' स्वर्णासन पर आकर बैठ गए। सेवकों ने उन्हें रत्नाभरण धारण कराए और स्वर्णदंडीय चँवर डुलाने लगे। बंदीजन वंदना गाने लगे।

कवच-कुंडल पहने तथा खड्ग हाथ में लिये एक तरुण द्वारपाल ने प्रवेश कर पृथ्वी पर घुटने टेककर युधिष्ठिर को प्रणाम कर निवेदन किया—

"एक ग्रामाधिपति न्यायप्रार्थी द्वार पर उपस्थित है।"

"उपस्थित करो।"

न्यायप्रार्थी ने आकर कहा, "महाराज, कुछ समय पूर्व न्याय-सभा के चार वेदज्ञ ब्राह्मण, आठ शस्त्रज्ञ क्षत्रिय, इक्कीस धनी वैश्य और तीन विनम्र शूद्रों सहित

आपने यह निर्णय दिया था कि मेरे गोधन के पाँचों झुंड मुझे फिर प्राप्त हो जाएँगे, परंतु उनमें अभी चार झुंड ही प्राप्त हुए हैं, शेष एक झुंड की सौ गायें अभी भी मुझे नहीं मिली हैं, मेरे गोधन की वृद्धि कैसे होगी ?"

युधिष्ठिर ने उत्तर दिया, "विप्रवर, मुझे स्मरण है कि मैंने ऐसा ही निर्णय दिया था। आज ही मैं अपने गोधन-परीक्षक को तुम्हें गायें देने की आज्ञा भेजता हूँ। सायंकाल तक तुम्हें गायें मिल जाएँगी!"

"महाराज, ग्राम का एक गोमी अपने बैलों पर गोने लादकर अपनी आजीविका चलाता है। उनके दस बैल मार्ग में मर गए। इस बार उसे राज्य कर से मुक्ति दी जाए।"

"इसकी भी आज्ञा समाहर्ता से मिल जाएगी।"

"महाराज की जय हो, यशवृद्धि हो!" कहकर वह ग्रामाधिपति चला गया।

अन्य राज्यकाज देखने के बाद महाराज युधिष्ठिर ने अपने मंत्रियों से पूछा, "राजसूय-यज्ञ के संबंध में आप लोगों की क्या सम्मति है!"

मंत्रियों ने उत्तर दिया, "कुरुनंदन, राजसूय-यज्ञ से अभिषिक्त होने पर राजा वरुणतुल्य ही सम्राट् पद धारण करता है। आप सब प्रकार समर्थ हैं, राजसूय-यज्ञ से अभिषिक्त होकर 'सर्वजित् सम्राट्' कहलाने के अधिकारी बनिए!"

द्वारपाल ने आकर फिर निवेदन किया, "महाराज, श्रीकृष्ण भेंट करने आ रहे हैं!"

यह सुनते ही युधिष्ठिर ने मंत्रियों सहित उठकर आगे बढ़ कृष्ण का स्वागत किया और यथोचित सत्कार कर अपने समीप ही आसन पर बैठाया।

युधिष्ठिर ने उनसे महर्षि व्यास और देवर्षि नारद की बात बताकर राजसूय-यज्ञ करने के संबंध में सम्मति पूछी।

कृष्ण बोले, "जामदग्नि परशुराम ने पूर्वकाल में क्षत्रियों का संहार कर बहुत हानि की है। इसी से मगध जनपद का अधिपति, हीन क्षत्रिय जरासंध अपने बल-पराक्रम से राजाओं में वैमनस्य पैदा कर स्वयं को सम्राट् मानता है। महाबली करुषराज दंतवक्र, महापराक्रमी हंस और डिंभक, करभ, मेघवाहन, मुर और नरक-देश के शासक यवनाधिपति राजा भगदत्त, बंग, पुंड्र तथा किरात देश का राजा पौंड्रक और भोजवंशी शत्रुहंता राजा भीष्मक सभी जरासंध से भयभीत और उसके आश्रित रहे। इस काल में भारत के एक सौ एक प्रमुख क्षत्रिय राजाओं में छियासी को उसने परास्त कर शेष राजाओं पर अपना पूरा आतंक फैला रखा है।

"कंस ने जरासंध की दो पुत्रियों—अस्ति और प्राप्ति से विवाह किया और जरासंध के बल पर अत्याचार क़रने लगा। तब मैंने कंस को मार डाला। कंस के मारने पर उसकी शोक-पीड़ित पत्नी ने जरासंध के पास जाकर मुझे मार डालने की प्रार्थना की। जरासंध द्वारा उत्पीड़न का आभास पाकर हम लोग मथुरा से चलकर रैवतक पर्वत के निकट द्वारकापुरी में रहने लगे।

"अत: उस दुरात्मा जरासंध का पराभव करने के लिए तुम राजसूय-यज्ञ अवश्य करो। हम अठारह हजार यदुवंशी, याहुक के अजेय सौ पुत्र, चारुदेष्ण, चक्रदेव, सत्यकि, बलराम, सांब, प्रद्युम्न, कृतवर्मा, अनाधृष्टि, समीक, समिंतिजय, कंक, शंकु, कुंति और अंधकभोज के महावीर दो पुत्र—यह सभी पराक्रमी-महारथी वीर आपका साथ देंगे। प्रसेनजित् और सत्राजित स्यमंतक मणि से शोभित दोनों जुड़वाँ भाई भी आपके साथ होंगे। आप सब प्रकार से राजसूय-यज्ञ करने के अधिकारी हैं। अत: जरासंध की कैद में बंद बड़े-बड़े राजाओं को आप शीघ्र मुक्त कीजिए, नहीं तो वह उनकी बलि देकर अपना यज्ञ पूरा कर लेगा।"

इसके बाद युधिष्ठिर, भीम, अर्जुन और कृष्ण ने जरासंध को मारने पर विचार किया। कृष्ण बोले, "जरासंध के मुख्य सहायक हंस और डिंभक यमुना में डूब मरे, कंस भी मारा गया। अब जरासंध की मृत्यु का समय निकट है, इसमें संदेह नहीं। पांडुनंदन, जरासंध का जो पराक्रम मैंने आपको बताया, उसे सुनकर आप आशंका न करें, अत्याचारी तथा पथभ्रष्ट कभी भी सत्य पर विजयी नहीं हो सकता। जरासंध को मारने की एक सरल युक्ति मुझे सूझी है। आप मेरे साथ भीम और अर्जुन को भेज दें। हम लोग जाकर जरासंध से मिलेंगे और उसे द्वंद्व-युद्ध के लिए ललकारेंगे। अपना पराक्रम प्रकट करने के लिए वह निश्चय ही महाबली भीम के साथ द्वंद्व-युद्ध करने को तैयार हो जाएगा और महाबाहु भीम जरासंध का वध करने में सब भाँति सक्षम हैं।"

कृष्ण का आदेश स्वीकार कर युधिष्ठिर ने भीम और अर्जुन को गले से लगाकर उनके साथ भेज दिया। तीनों ने कुश और वल्कल-वस्त्र धारण कर ब्राह्मण-वेश में मगध की ओर प्रस्थान किया।

नगर के बाहर चैत्यक पर्वत था। नगरवासी उस पर्वत की पूजा किया करते थे। एक बार उस पर्वत पर राजा बृहद्रथ ने ऋषभ-मांसभक्षी राक्षस से युद्ध कर, उसका हनन कर उसकी खाल उतार, उससे तीन बड़े-बड़े नगाड़े तैयार कराए, जिन पर चोट करने से महीने भर तक आवाज होती रहती थी। तीनों ने वहाँ पहुँच तीनों नगाड़े

फोड़ डाले और चैत्यक के पूजन शिखर को गिरा डाला। इसके बाद वे नगर-द्वार में प्रवेश कर दुकानों से पुष्पमालाओं को उठाकर अपने कंठ में डाल जरासंध के सभा-भवन में पहुँचे। उन दीप्तिमान ब्राह्मणों को देख जरासंध ने अपने आसन से उठकर उनका सत्कार किया और कहा, "आप सबका स्वागत है।"

कृष्ण बोले, "राजन्, मेरे दोनों साथियों का यह व्रत है कि वे आधी रात से पहले नहीं बोलते, इसलिए आधी रात के बाद वे आपसे बात करेंगे।"

यह सुन जरासंध ने उन्हें यज्ञशाला में ठहरा दिया और आधी रात होने पर उनके पास आया।

तीनों ने खड़े होकर उसका स्वागत कर कहा, "राजन्, आपका कल्याण हो।"

जरासंध ने कहा, "आप लोग बैठिए।"

जरासंध भी बैठ गया, फिर पूछने लगा, "आप लोग ब्राह्मण-वेश में हैं, परंतु आपकी भुजाओं में धनुष की प्रत्यंचा की रगड़ का चिह्न मुझे स्पष्ट दिख रहा है। मैंने सुना है कि आपने चैत्यक-पर्वत के पूजन-शिखर को तोड़कर तीनों नगाड़े भी नष्ट कर दिए हैं। आपने मेरा भोजन भी अस्वीकार कर दिया। कहिए, आप कौन हैं और आपके यहाँ आने का क्या प्रयोजन है?"

कृष्ण ने उत्तर दिया, "राजन्, हम स्नातक ब्राह्मण हैं। पुष्पधारी में लक्ष्मी का निवास होता है, इसलिए हमने पुष्पमाला धारण की है। क्षत्रिय का बल और पराक्रम उसकी भुजाओं में होता है, यदि आप देखना चाहें तो देख लेना। हम अपने कार्य से ही तुम्हारे पास आए हैं, हम शत्रु से पूजा ग्रहण नहीं करते।"

यह सुन जरासंध ने पूछा, "ब्राह्मणो, मुझे स्मरण नहीं कि कब मैंने आपके साथ वैरभाव बरता?"

कृष्ण ने कहा, "सारे कुल में एक ही पुरुष कुल का भार सँभालता है और कुल के सभी लोगों की रक्षा करता है। महापुरुषों की आज्ञा से हम लोग तुम्हें दंड देने आए हैं। तुमने निरपराध भूलोकवासियों को कैद कर रखा है, तुम उन्हें रुद्रदेव को भेंट चढ़ाना चाहते हो। तुम्हारे समान क्रूर और कौन है? उसी अपराध का दंड देने हम आए हैं। तुमसे युद्ध करने आनेवाले हम तीनों निश्चय ही ब्राह्मण नहीं हैं। मैं तुम्हारा शत्रु वसुदेव पुत्र कृष्ण हूँ। यह भीम है, यह अर्जुन है। हम तुम्हें युद्ध के लिए ललकारते हैं। तुम या तो बंदी राजाओं को मुक्त कर दो, नहीं तो हमारे हाथों मृत्यु का वरण करो।"

कृष्ण को अपने महलों में देख जरासंध क्रुद्ध हो तुरंत ही युद्ध करने के लिए

तैयार हो गया। उसने कहा, "पहले मैं तुम्हारे महाबली भीम का ही वध करूँगा।"

यह कहकर उसने अपना किरीट उतारकर केशों को बाँध लिया। उस युद्ध करने के लिए उद्यत देख उसके पुरोहित गोरोचन, माला तथा पाड़ाशमन करने की औषधियाँ लेकर वहाँ आ गए। ब्राह्मणों द्वारा स्वस्तिवाचन संपन्न होने पर जरासंध ने आगे बढ़, भीम का हाथ पकड़कर अपनी ओर खींचा। फिर तो सिंह के समान दो महाबली अपनी भुजाओं को ठोकते हुए गुँथ गए और एक-दूसरे को बार-बार रगड़ने लगे। वे कभी हाथों से कंधों पर चोट करते, कभी मुष्टि-प्रहार करते। फिर चित्रहस्त दाँव दिखाकर उन दोनों ने कक्षाबंध का प्रयोग कर कमर में हाथ डाल विरोधी को बाँध लेने की चेष्टा करते। उन्होंने एक-दूसरे के गले और गालों पर घातक प्रहार किए। बाहुपाश और चरणपाश दाँवों से ऐसे भीषण प्रहार किए कि शरीर की नस-नाड़ियाँ पीड़ित हो उठीं। पूर्ण कुंभ और उरोहस्त का भी प्रयोग किया। भीम की भाँति जरासंध भी महाबली और मल्ल-युद्ध में प्रवीण था।

अब दोनों योद्धा उदर के नीचे हाथ लगाकर दोनों हाथों से पेट को लपेट लेते और प्रतिद्वंद्वी को सिर तक ऊँचा उठाकर पृथ्वी पर दे पटकते। इसके बाद पृष्ठभंग दाँव लगाकर शत्रु को परास्त करने की चेष्टा करते। उन दोनों की भुजाओं के आघात से ऐसा भयंकर शब्द होता था, मानो पर्वत टकरा रहे हों।

कार्तिक मास के प्रथम दिन उन दोनों का युद्ध आरंभ हुआ, जो अविराम-अविश्राम गति से त्रयोदशी तक होता रहा। अंत में चतुर्दशी की रात्रि में भीम के घातक प्रहारों से जरासंध क्लांत होने लगा। यह देख भीम ने वायुदेव का चिंतन कर जरासंध को उठाकर आकाश में घुमा दिया। उन्होंने उसे सौ बार घुमाकर धरती पर पटक दिया और उसकी पीठ को धनुष की भाँति मोड़कर घुटनों की चोट से रीढ़ तोड़ डाली, फिर अपने शरीर से रगड़कर उसे प्राणांतक पीड़ा दी। इसके बाद उसका एक पैर पकड़कर और दूसरे पैर पर अपना पैर रखकर महाबली भीम ने उसे दो खंडों में चीर डाला। इस प्रकार जरासंध का वध कर भीम ने सिंहगर्जना की।

अब कृष्ण ने विलंब नहीं किया, वे भीम और अर्जुन का हाथ पकड़कर वहाँ से चल दिए। बाहर आकर उन्होंने जरासंध का रथ 'सौंदर्यवान' लिया और गिरिब्रज की पहाड़ी खोह में जाकर वहाँ कैद पड़े सब राजाओं को मुक्त कर दिया। राजाओं ने मुक्त होकर कृष्ण की वंदना की और जरासंध के वध पर अपार हर्ष प्रकट किया।

उन्होंने कहा, "महाबाहो, आप साक्षात् भगवान् हैं, भीम और अर्जुन के भी बल आप ही हैं। हम सब राजा भयानक नरककुंड में यातना भोगकर बाहर निकले

हैं, आपने हमें पुनः जीवन-प्राण दिए हैं। आप हमें आज्ञा दीजिए कि हम क्या सेवा करें।"

कृष्ण बोले, "राजाओ, महाराज युधिष्ठिर राजसूय-यज्ञ करना चाहते हैं, आप सब इस कार्य में उनकी सहायता करें।"

इसके बाद जरासंध का पुत्र सहदेव अपने सेवकों के साथ वहाँ आया और कृष्ण के सम्मुख रत्नों का थाल रखकर नतमस्तक हुआ। बोला, "मैं आपकी शरण हूँ। मेरे पिता के अपराध को आप क्षमा करें।"

कृष्ण ने उसे अभय-दान दिया और सत्कर्म करने का आदेश दिया।

मुक्त हुए राजाओं तथा सहदेव के द्वारा भेंट दिए गए रत्न लेकर भीम और अर्जुन सहित कृष्ण रथ पर आरूढ़ हो इंद्रप्रस्थ लौटे।

उन्होंने भीमसेन की प्रशंसा करते हुए युधिष्ठिर से कहा, "दुर्दांत जरासंध मारा गया, अब राजसूय-यज्ञ कीजिए। सभी राजा आपके साथ हैं।"

पांडवों को सब भाँति संतुष्ट कर और शुभ सम्मति देकर कृष्ण द्वारकापुरी चल दिए।

□

राजसूय-यज्ञ

राजसूय–यज्ञ का कार्य आरंभ कर दिया गया।

कृष्ण की सम्मति के अनुसार अर्जुन उत्तर दिशा में, भीम पूर्व दिशा में, सहदेव दक्षिण दिशा में और नकुल पश्चिम दिशा में अस्त्र–शस्त्र और सेना से सुसज्जित होकर दिग्विजय करने चल दिए।

अर्जुन ने सबसे पहले पुलिंद देश के राजा को अधीन किया। फिर कालकूट और आनर्त के राजाओं को जीत सुमंडल को भी जीत लिया। फिर राजा सुमंडल को साथ ले शाकल द्वीप तथा प्रतिबिंध्य पर विजय प्राप्त की। विजित राजाओं को साथ लेकर अर्जुन ने प्राग्ज्योतिषपुर पर भारी आक्रमण किया। वहाँ राजा भगदत्त ने किरात, चीन तथा अनेक समुद्री टापुओं के योद्धाओं के साथ अर्जुन से आठ दिनों तक भारी युद्ध किया। अर्जुन का पराभव न होते देख उन्होंने युद्ध बंद कर कहा, "अर्जुन, मैं तुमसे जीत न सकूँगा। कहो, मैं तुम्हारा क्या प्रिय करूँ?"

अर्जुन ने उत्तर दिया, "महाराज युधिष्ठिर राजसूय–यज्ञ कर रहे हैं, आप उन्हें 'कर' दीजिए।"

राजा भगदत्त को पराभूत कर अर्जुन ने अंतर्गिरि, बहिर्गिरि और उपरिगिरि प्रदेशों पर विजय प्राप्त की। फिर उलूकवासी राजा बृहंत पर आक्रमण किया।

राजा बृहंत के पास सुसमृद्ध चतुरंगिणी सेना थी। उसने प्रबल पराक्रम से अर्जुन से युद्ध किया, परंतु अंत में पांडवों की प्रभुता स्वीकार कर ली। फिर अर्जुन ने सेनाबिंदु, मोदापुर, वामदेव, सुदामा, सुसंकुल तथा उत्तरी उलूक देशों और वहाँ के राजाओं को परास्त किया। इसके बाद उन्होंने पराजित राजाओं की विशाल सेना सहित देवप्रस्थ में पड़ाव डाला। वहीं से पौरव राजा विश्वगेश्वर पर आक्रमण किया। उसे जीतकर पर्वत निवासी लुटेरों के सात दल 'उत्सव संकेतों' को हराकर अपने अधीन किया। इसके बाद काश्मीर को तथा दस मंडलों के राजा लोहित को

अपना करद बनाया। त्रिगर्त, दार्व और कोकनद भी परास्त हुए। फिर उन्होंने सिंहपुर पर आक्रमण कर वहाँ के राजा चित्रायुध को अपने अधीन किया। सुहा और चोल देश पर भी विजय पाई। लोह, परकांबोज, ऋषिक तथा उत्तर देश पर आक्रमण किया। ऋषिकराज और अर्जुन में भयंकर युद्ध हुआ, परंतु अर्जुन ने उसे परास्त कर तोते के उदर जैसे हरे रंग के आठ घोड़े उससे भेंट लिये। इसके बाद धवलगिरि आकर पड़ाव डाल कुछ दिन विश्राम किया।

वहाँ से वे किन्नर देश किंपुरुष गए और वहाँ के शासक द्रुमपुत्र को करद बनाया। फिर गुह्यकों के हाटक देश गए। वहाँ के राजा ने बिना युद्ध लड़े ही अर्जुन का स्वागत कर अपनी हार स्वीकार कर ली। वहाँ से मानसरोवर पहुँचकर उन्होंने ऋषि कुल्त्राओं के दर्शन कर स्वयं को पवित्र किया। फिर वहाँ से हेमकूट लाँघकर हरिवर्ष पहुँचे, जहाँ कुछ समय रहकर निषध-पर्वत को जय कर इलावृतवर्ष पहुँचे, जो जंबूद्वीप का मध्यवर्ती भूभाग है। वहाँ से आगे बढ़कर उन्होंने गिरिराज महामेरु का दर्शन किया, जंबू नदी में स्नान कर तीर्थ-लाभ किया। वहाँ से चलकर गंधमादन पर्वत पार कर वे केतुमालवर्ष गए। भद्राश्ववर्ष, नीलगिरि, रम्यकवर्ष, हिरण्यक वर्ष, उत्तर कुरुवर्ष आदि जयकर असंख्य धन-यत्न लेकर अर्जुन इंद्रप्रस्थ लौटे।

भीम ने पूर्व दिशा की ओर चलकर पहले पांचाल महानगरी अहिच्छत्रा में पड़ाव डाला। पांचाल वीरों ने भीमसेन का स्वागत कर उनकी अधीनता स्वीकार की। फिर उन्होंने गंडक और दशार्ण को वश में किया। दशार्ण के राजा सुधर्मा का पराक्रमी मल्ल-युद्ध देख भीम ने उन्हें अपना सेनापति बनाकर सम्मानित किया। अश्वमेध देश के राजा रोचमान को विजित कर उससे कर ग्रहण किया। चेदिराज शिशुपाल ने भीमसेन का स्वागत कर महाराज युधिष्ठिर को कर देना स्वीकार किया। वहाँ कुछ दिन विश्राम कर भीमसेन ने श्रेणीमान तथा बृहद्बल को जय किया। गोपाल कक्ष, उत्तर कोसल, हिमालय के पास जलोद्भव देश, शुक्तिमान-पर्वत, जीत सुपार्श्व के निकट राजराजेश्वर क्रथ को परास्त किया। मत्स्य, मलद, अनघ और अभय तथा नेपाल को भी जय किया। भगों के स्वामी तथा निषादों के अधिपति से भी अनेक रत्न और माणिक्य उन्होंने कर-रूप में प्राप्त किए। दक्षिण मल्य देश, भोगवान पर्वत, विदेह राज्य, शक और बर्बरों पर भी विजय प्राप्त की। फिर गिरिव्रज में आकर सहदेव को साथ लेकर भीम ने कर्ण से विकट युद्ध किया। कर्ण के साथ ही उन्होंने मोदगिरि के राजा को भी परास्त किया। समुद्रसेन, भूपाल, चंद्रसेन, राजा ताम्रलिप्त, कर्वटाधिपति तथा सुह्य-नरेश को जीतकर समस्त म्लेच्छों को भी उन्होंने

सहज ही परास्त किया। इस प्रकार असंख्य धन-रत्न और बहुमूल्य भेंट लेकर भीमसेन इंद्रप्रस्थ लौटे।

सहदेव ने दक्षिण-यात्रा कर शूरसेन जनपद जीतकर विराट को परास्त किया। सुमित्र, श्रेणिमान, नरराष्ट्र के साथ साधारण युद्ध कर उन्हें करद बनाया। नरराष्ट्र ने बिना युद्ध किए ही अधीनता स्वीकार की। आगे चलकर जृंभक-पुत्र ने सहदेव का विरोध किया, परंतु परास्त हुआ। फिर सहदेव ने सेक को अपने अधीन कर सेक के राजा को साथ ले नर्मदा पार की। वहाँ अवंती के राजकुमार विंद और अनुविंद को परास्त किया। वहाँ से भोजकट में दो दिन युद्ध कर वीर भीष्मक को परास्त कर कोसलाधिपति तथा पूर्व-कोसल के राजाओं से भी युद्ध में विजय प्राप्त की। दक्षिणापथ की ओर बढ़कर उन्होंने किष्किंधा-गुफा पहुँचकर वानरराज मैंद और द्विविध के साथ सात दिन युद्ध किया और जय प्राप्त की। माहिष्मति पुरी पहुँचकर राजा नील के साथ सहदेव का घोर युद्ध हुआ, जिसमें अग्निदेव ने नील की सहायता की। सहदेव की सेना अग्नि-ज्वाला से जलने लगी। यह देख सहदेव को आश्चर्य और निराशा हुई कि अग्निदेव पांडवों से क्यों क्रुद्ध हैं। उन्होंने युद्धवेश त्याग अग्निदेव के सम्मुख आकर उनकी अभ्यर्थना करके कहा, "कृष्णवर्त्मन्, हमारा यह आयोजन तो आपके ही आशीर्वाद से है। मैंने पवित्रभाव से आपका स्तवन किया है, आप मुझे तुष्टि-पुष्टि, श्रवण-शक्ति एवं शास्त्र-ज्ञान प्रदान कीजिए। हे हव्यवाहन, आपको महाराज युधिष्ठिर के राजसूय-यज्ञ में विघ्न नहीं डालना चाहिए।"

सहदेव को पृथ्वी पर बैठा देख अग्निदेव ने प्रसन्न होकर कहा, "कौरव्य, उठो, मैं युधिष्ठिर के यज्ञ को संपूर्ण करूँगा।"

अग्निदेव ने राजा नील को आज्ञा दी, तब नील ने सहदेव का सत्कार कर उन्हें कर दिया। इसके बाद सहदेव दक्षिण दिशा की ओर बढ़े। वहाँ उन्होंने त्रिपुरी के राजा अमितौजा, पौरवेश्वर और कौशिकाचार्य आकृति को अधीन किया। उन्होंने समस्त कोलगिरि, सुरभिपत्तन, ताम्रद्वीप, रामक पर्वत, पांड्य, द्रविड़, पुंड्र, केरल, आंध्र, तालवन, उष्ट्रकर्णिक, अटवीपुरी को जय कर सबसे कर प्राप्त किया। इसके बाद कुछ दिन समुद्र-तट पर विश्राम कर अपने सेनापतियों से परामर्श किया। उनकी सम्मति से सहदेव ने घटोत्कच का स्मरण किया। स्मरण करते ही महाबली घटोत्कच उनके सम्मुख आकर उपस्थित हो गया। उसने प्रणाम करके कहा, "क्या आज्ञा है?"

सहदेव ने उसका आलिंगन कर उसे आशीर्वाद दिया। फिर बोले, "तुम

लंकापुरी जाओ और विभीषण को राजसूय-यज्ञ का विनीत समाचार कहकर उससे उचित भेंट ग्रहण करो।"

"जो आज्ञा," कहकर सिर नवा घटोत्कच ने लंकापुरी की ओर प्रस्थान किया।

समुद्र-द्वार पर पहुँचकर घटोत्कच ने श्रीराम द्वारा निर्मित सेतुबंध को देख भगवान् राम के पराक्रम का स्मरण किया और सेतुबंध को प्रणाम कर समुद्र के विस्तार पर दृष्टि डाली। फिर हुंकार भरकर क्षणमात्र में ही वह लंकापुरी पहुँच गया और राजसभा के द्वार पर पहुँचकर द्वारपाल से बोला, "मैं महाराज युधिष्ठिर का संदेश लेकर विभीषण से भेंट करने आया हूँ। उन्हें मेरे आने की सूचना दो।"

विभीषण ने समाचार पाकर घटोत्कच को आदरपूर्वक लाने की आज्ञा दी। घटोत्कच ने उसके सम्मुख पहुँचकर प्रणाम किया।

विभीषण ने पूछा, "अपना और महाराज युधिष्ठिर का परिचय देकर अपने आने का कारण कहो।"

घटोत्कच ने विनीत भाव से उत्तर दिया, "महाराज, चंद्रवंश में पांडु नामक एक प्रसिद्ध राजा हो गए हैं, उन्हीं के ज्येष्ठ पुत्र युधिष्ठिर हैं। अपना हस्तिनापुर का राज धृतराष्ट्र को सौंप वे इंद्रप्रस्थ में राज करते हैं। उनके महाबली भाई भीमसेन, अर्जुन, नकुल और सहदेव हैं। श्रीकृष्ण और अग्निदेव उनके मित्र और सहायक हैं और मैं अपनी माता हिडिंबिका से उत्पन्न भीमसेन का पुत्र घटोत्कच हूँ। देवर्षि नारद और श्रीकृष्ण के आदेशानुसार धर्मपरायण महाराज युधिष्ठिर राजसूय-यज्ञ कर रहे हैं। दिग्विजय करने उनके चारों भाई भीम, अर्जुन, नकुल और सहदेव सेना सहित चारों दिशाओं में निकले हैं और विरोधियों से युद्ध कर समस्त राजाओं को करद बनाकर राजसूय-यज्ञ में आने को निमंत्रित कर रहे हैं। दक्षिण दिशा में सहदेव आए हैं और उन्होंने सेतुबंध के पार ठहरकर बड़े सत्कारपूर्वक मुझे आपके यहाँ राजकीय कर लेने के लिए संदेश भेजा है।"

घटोत्कच से यह वृत्तांत सुन विभीषण और उनके मंत्रिगण बहुत प्रसन्न हुए। उन्होंने महाराज युधिष्ठिर का अभिनंदन कर हाथी की पीठ पर बिछानेवाले बहुमूल्य कंबल, हाथीदाँत और स्वर्णनिर्मित रत्नजटित पलंग, बहुमूल्य आभूषण, मणिरत्न, सोने के पात्र, कलश एवं जलपात्र भेंट किए। यज्ञ के फाटक पर लगाने के लिए चौदह ताड़, मणिजटित शिविकाएँ और उज्ज्वल शतावर्त शंख भी दिए।

यह सब भेंट ग्रहण कर घटोत्कच ने विभीषण की परिक्रमा कर उन्हें प्रणाम किया और वहाँ से लौटा। यह अमूल्य भेंट-वस्तुएँ इतनी अधिक थीं कि विभीषण ने

उन्हें सहदेव तक पहुँचाने के लिए अपने अट्ठासी सेवक भी साथ कर दिए।

समुद्र लाँघकर जब घटोत्कच सहदेव के सम्मुख आया तो उसने सभी भेंटों को प्रस्तुत कर उन्हें प्रणाम किया और विभीषण की सभा का समाचार बताया। सब सुनकर सहदेव ने घटोत्कच को गले से लगा लिया।

अब सहदेव की दक्षिण-विजय पूर्ण हो चुकी थी, इसलिए वे राजाओं द्वारा प्रदत्त भेंट की अतुल धनराशि और बहुमूल्य वस्तुएँ लेकर विभीषण के अट्ठासी सेवकों सहित इंद्रप्रस्थ लौटे और युधिष्ठिर के चरणों में अपना मस्तक टेक दिया।

नकुल पश्चिम दिशा की ओर गए थे, वहाँ उन्होंने भी सर्वत्र विजय प्राप्त की। उन्होंने पहले रोही प्रदेश और मरुभूमि को अपने अधीन कर महोत्थ के अधिपति आक्रोश को पराजित किया। फिर दशार्ण देश जीतकर वे शिवि, त्रिगर्त, अंबष्ठ, मालव, पंचकर्मट एवं मध्य देशों में गए। वहाँ सफलता प्राप्त कर उन्होंने पुष्करारण्य के उत्सवसंकेत गणों को परास्त किया। समुद्र-तट पर आवास करनेवाले ग्रामीण क्षत्रियों, शूद्र आभीरों, धीवरों आदि को जीतकर अधीन किया। संपूर्ण पंचनद देश, अमर पर्वत, उत्तर-ज्योतिष और दिव्यकूट भी उनके अधीन हो गए। रामठ, हार, हूण तथा अन्य पश्चिमी राजाओं ने बिना लड़े ही युधिष्ठिर की प्रभुसत्ता स्वीकार कर ली। शाकल देश को जीतकर मद्रदेश की राजधानी में पहुँचकर वहाँ के शासक शल्य को नकुल ने प्रेम और विनय से वश में किया। सागर भूखंडों के निवासी म्लेच्छ, पह्नव, बर्बर, किरात, यवन और शक भी पराजित हो नकुल की शरण में आए।

इस प्रकार सब पर विजय प्राप्त कर और बहुमूल्य भेंट-उपहार लेकर नकुल भी इंद्रप्रस्थ लौटे।

□

कृष्ण की अग्रपूजा

पांडवों द्वारा दिग्विजय करने का समाचार पाकर कृष्ण इंद्रप्रस्थ आए और युधिष्ठिर से बोले, "अब आप यज्ञ आरंभ कीजिए। राजाओं, ब्राह्मणों एवं संबंधियों को निमंत्रण भेजिए।"

युधिष्ठिर ने कहा, "महाबाहु दाशार्ह, आपकी कृपा से सभी नरेशों ने एक सार्वभौम सत्ता स्वीकार कर ली है। दुष्टों का दमन हो गया है। अब आप इंद्रप्रस्थ में रहिए और यज्ञ की व्यवस्था कीजिए।"

कृष्ण के निदेशन में यज्ञ की तैयारियाँ आरंभ हो गईं, निमंत्रण भेज दिए गए। वेदपाठी ब्राह्मण स्तवाचन करने लगे। महर्षि द्वैपायन व्यास को बुलाकर यज्ञ के ब्रह्मपद पर आसीन किया गया। ब्रह्मनिष्ठ याज्ञवल्क्य इस यज्ञ के श्रेष्ठतम अध्वर्यु बने। वसुपुत्र पैल धौम्य मुनि के साथ रहे। वेद-वेदांगों में पारंगत धौम्य ऋषि के शिष्य 'हात्रग' सप्तहोता हुए।

उन सबने पुण्याहवाचन कराकर शास्त्रोक्त विधि से यज्ञ स्थान का पूजन किया। वहाँ विशाल यज्ञ-मंडप बनाया गया। निमंत्रित ब्राह्मण और संबंधी इंद्रप्रस्थ में आने लगे। सहस्रों शीर्ष ब्राह्मणों ने शुभ मुहूर्त पर युधिष्ठिर को यज्ञ की दीक्षा दी! यज्ञ की दीक्षा लेकर युधिष्ठिर उन सहस्रों ब्राह्मणों की आज्ञा से यज्ञ-मंडप में आए। उन्होंने एक लाख गाय, एक लाख शैया, एक लाख स्वर्णमुद्राएँ और एक लाख युवतियाँ ब्राह्मणों को दान कर यज्ञ-कार्य आरंभ किया। उन्होंने यज्ञ में छह अग्नियों—आरंभणीय, क्षत्र, धृति, व्युष्टि, द्विरात्र और दशपेय की स्थापना की।

भरतखंड के सभी राजा लोग इंद्रप्रस्थ में आ-आकर अतिथि-भवनों में ठहरने लगे। धृतराष्ट्र, भीष्म, विदुर, सभी भाइयों सहित दुर्योधन, कर्ण, शल्य, जयद्रथ, द्रुपद, शाल्व, भगदत्त, पौंड्रक, वसुदेव, कलिंग-नरेश, गौर-वाहन, मावेल्ल, रणदुर्गद, महापराक्रमी शिशुपाल, बलराम, अनिरुद्ध, कंक, सारण, प्रद्युम्न आदि

सभी वृष्टिवंशी राजा आकर अतिथि-भवनों में ठहरकर इंद्रप्रस्थ की शोभा और युधिष्ठिर का वैभव देखने लगे। उनके आदर-सत्कार और सम्मान में चारों पांडव-पुत्र अति सतर्कता से तत्पर रहते थे।

कंबोज-नरेश ने भेड़ की ऊन, बिलों में रहनेवाले चूहों के रोएँ और बिल्लियों की रोमावलि से तैयार वस्त्र, तोते के समान रंग वाले तीन सौ घोड़े भेंट किए। द्विजों में प्रधान राजा कुणिंद ने युधिष्ठिर को एक मूल्यवान शंख भेंट किया। शंख में स्वर्ण हार तथा एक सहस्र स्वर्णमुद्राएँ मढ़ी हुई थीं। अन्नदान करने पर यह शंख स्वयं बज उठता था। पांड्य नरेश ने मलय और दर्दुर-पर्वत के श्रेष्ठ चंदन के छियानबे भार भेंट में दिए। राजा अश्मक ने स्वर्णमंडित सींगोंवाली, बछड़ों सहित दस हजार दुधारू गायें आभूषणों से सजाकर भेंट कीं। सिंधु-नरेश ने पच्चीस हजार सिंधु-देश के श्रेष्ठ घोड़े दिए। सौवीर-राज ने हाथीजुते तीन सौ रथ दिए। अवंती-नरेश ने विविध उपहार-सामग्री सहित दस हजार तरुणी दासियाँ भेंट कीं। कार्पासिक देश की श्यामा तथा तन्वंगी स्वर्ण-भूषणों से सुसज्जित एक लाख दासियाँ यज्ञ में सेवा करने आईं। चीन, शक, ओड्र, वनवासी, बर्बर अनेक भेंटें लेकर आए। द्रुपद ने चौदह हजार दासियाँ, दस हजार दास, हाथीजुते छब्बीस रथ भेंट में दिए। स्वयं कृष्ण ने चौदह हजार हाथी अर्जुन को दिए।

प्राग्ज्योतिष-नरेश भगदत्त हीरे और पद्मराग मणियों के आभूषण तथा हाथीदाँत वाली मूठ की तलवार लेकर भीड़ भरे द्वार पर बहुत देर तक राजद्वार में प्रवेश की प्रतीक्षा में खड़े रहे। पिपीलिका (चींटियों) द्वारा निकाले पिपीलिक-स्वर्ण, हिमालय के पुष्पों से उत्पन्न मधु तथा उत्तर कैलास से प्राप्त औषधियों का भार लिये, काम्यक-सरोवर के निकट उत्पन्न स्वर्ण-रस्सी से बँधे हुए कमल के समान वर्ण वाले पर्वताकार एक हजार हाथी भी भेंटस्वरूप राजद्वार पर प्रतीक्षारत थे। शुकर देश के नरेश भी सौ गज-रत्न लेकर द्वार पर प्रतीक्षा कर रहे थे।

युधिष्ठिर के अभिषेक के लिए वाह्लीक-नरेश स्वर्णमंडित रथ ले आए, सुदक्षिण ने उसमें श्वेत कांबोजी अश्व जोत दिए। महाबली सुनीथ ने उसमें अनुकर्ष लगाया, चेदिराज ने रथ में ध्वजा फहरा दी। दक्षिण देश के राजा ने कवच, मगध-नरेश ने माला और पगड़ी, धनुर्धर वसुदान ने साठ वर्षीय गजराज, मत्स्य-नरेश ने सुवर्णजटित धुरी, एकलव्य ने जूते, चेकितान ने तूणीर और काशिराज ने धनुष अर्पित किया।

भोजन आदि की देखरेख और बाँटने-परोसने की व्यवस्था दुःशासन को दी

गई। ब्राह्मणों के स्वागत-सत्कार का भार अश्वत्थामा को सौंपा गया। राजाओं के सेवा-सत्कार का भार संजय को दिया गया। भीष्म और द्रोणाचार्य सारी व्यवस्था की निगरानी पर रहे। स्वर्ण और रत्नों को परखने, रखने और दक्षिणा में देने का कार्य कृपाचार्य को दिया गया। विदुर को धन-व्यय करने का अधिकार दिया गया। दुर्योधन आगत राजाओं से कर लेने, भेंट स्वीकार करने और उसे व्यवस्थापूर्वक रखने के काम पर रहा। कृष्ण ने यज्ञ में आए ब्राह्मणों के चरण धोने का कार्य लिया।

यज्ञ के अवसर पर देवर्षि नारद भी आकर सम्मिलित हुए। उन्होंने यज्ञ में आए ब्रह्मर्षियों, राजाओं और कृष्ण को देखा, युधिष्ठिर के अपार वैभव-बल-पराक्रम को देखा, यज्ञ में आए नरेशों की सद्भावनाएँ देखीं तो उन्हें अत्यंत हर्ष हुआ। उन्होंने कृष्ण की अनेक प्रकार से स्तुति कर उनका अभिवादन किया।

भीष्म ने युधिष्ठिर से कहा, "हे कुलभूषण! अब तुम यहाँ आए आचार्य, ऋत्विज, संबंधी, स्नातक, प्रिय मित्र तथा राजा इन छहों का अर्घ्य देकर पूजन करो। तुम बारी-बारी से इन सबके लिए अर्घ्य दो और इन सबमें जो श्रेष्ठ एवं शक्तिशाली हो, उसे सबसे प्रथम अर्घ्य दो।"

युधिष्ठिर ने पूछा, "पितामह, इन समागतों में किसी एक को सर्वश्रेष्ठ मानकर प्रथम अर्घ्य देना आप उचित समझते हैं?"

भीष्म ने उत्तर दिया, "पांडुश्रेष्ठ, इस समय श्रीकृष्ण ही सबसे अधिक पूज्य हैं। इन्हीं की अग्रपूजा करो।"

यह सुनकर युधिष्ठिर ने आसन से उठकर कृष्ण को अत्यंत सम्मानपूर्वक उच्च आसन पर बैठाया और उन्हें विधिवत् अर्घ्य दिया।

परंतु चेदिराज शिशुपाल इस कार्य के लिए युधिष्ठिर और भीष्म की क्रोधपूर्वक भर्त्सना करने लगा। वह बोला, "कौरव्य, इतने महात्मा, भूपतियों के रहते हुए यह वृष्णिवंशी ग्वाला कृष्ण राजाओं की भाँति पूजा करने के योग्य नहीं है। कृष्ण न राजा है, न ऋत्विक, न आचार्य। तुमने स्वार्थवश कृष्ण का पूजन किया है। तुम लोगों को धर्म का ज्ञान नहीं है, धर्म अत्यंत सूक्ष्म और जटिल है। इसी कृष्ण ने अन्यायपूर्वक राजा जरासंध का वध कराया है।"

फिर उसने कृष्ण की ही भर्त्सना कर उन्हीं से कहा, "माधव, पांडव कायर हैं, मगर तुम्हें तो समझना चाहिए कि तुम इस पूजा के अधिकारी नहीं हो। तुमने पूजा क्यों स्वीकार की?"

यह कहकर शिशुपाल अपने साथी राजाओं के साथ उठकर बाहर जाने लगा।

यह देख युधिष्ठिर उसके पास पहुँच, शांति-वचन कहकर उसे समझाने लगे, "राजन्, आपने जो कहा, वह उचित नहीं है। पितामह भीष्म का अपमान न करो। कृष्ण संपूर्ण जगत् में परमपूज्य हैं। वे तीनों लोकों में पूजित हैं। कृष्ण के यश, शौर्य और विजय को भलीभाँति जानकर ही उनकी पूजा की गई है। ब्राह्मणों में वही पूजनीय समझा जाता है, जो ज्ञान में बड़ा हो तथा क्षत्रियों में वही पूजा के योग्य है, जो बल में सबसे अधिक हो। कृष्ण हमारे ऋत्विक, गुरु, आचार्य, स्नातक, राजा और प्रिय मित्र हैं, ये ही अव्यक्त प्रकृति, सनातनकर्ता तथा संपूर्ण भूतों से परे हैं! कृष्ण ही नारायण-रूप में स्थित हैं!"

परंतु शिशुपाल पर इन वचनों का कुछ भी प्रभाव न हुआ। वह अपने साथियों सहित युद्ध के लिए तैयार हो गया। उसका यह आचरण देख नकुल ने कहा, "जो गुरुजनों की अवज्ञा करेगा, वह मेरी तलवार से मारा जाएगा।"

विग्रह होने की आशंका देखकर नारद मुनि बोले, "भगवान् श्रीकृष्ण पूजा के सर्वथा योग्य हैं।"

शिशुपाल ने अपना खड्ग ऊँचा करके कहा, "भूमिपालो, मैं सबका सेनापति बनना स्वीकार करता हूँ, आओ हम सब लोग सम्मिलित होकर इस अधर्म का विरोध करें।"

उसकी बात सुनकर सुनीथ तथा उसके संगी राजा शिशुपाल के पास आकर युद्ध के लिए तत्पर हो गए। यह देख युधिष्ठिर ने भीष्म से कहा, "पितामह, इन लोगों को कैसे शांत किया जाए?"

भीष्म बोले, "शिशुपाल अपना विवेक खो बैठा है, तीनों लोकों में स्वेदज, अंडज, उद्भिज और जरायुज—चार प्रकार के प्राणी होते हैं, इन सबकी उत्पत्ति और प्रलय के पृथक्-पृथक् स्थान हैं।"

भीष्म की बात सुनकर शिशुपाल पितामह को अपमानजनक बातें कहने लगा। उसने कहा, "भीष्म, तुम मूर्ख हो। इस ग्वाले की तुम स्तुति करते हो? तुमने ब्रह्मचर्य-व्रत प्रेम और मोहवश धारण किया है, जो निंदनीय है। तुम उस वृद्ध हंस के समान कलुषहृदयी जीव हो, जिसकी बात मैं यहाँ सुनाता हूँ। सुनो—

पूर्वकाल में सागर के निकट एक वृद्ध हंस रहता था। वह धर्म की बातें करता, परंतु उसका आचरण विपरीत होता था। वह पक्षियों को उपदेश देता, 'धर्म करो! अधर्म से बचो!' सागर में रहनेवाले पक्षी उस पर विश्वास और श्रद्धा कर अपने अंडे उसके पास रख जाते, सागर में विचरते, भोजन पाते और उसके लिए भी भोजन ले

आते थे। परंतु हंस उन अंडों में से कुछ खा लिया करता था। अंडे कम होने लगे और एक दिन एक पक्षी ने उसका वह दुष्कर्म देख लिया। उसने अन्य सभी पक्षियों को सबकुछ बताकर उसका वध करने की सलाह की। अंततः एक दिन सबने मिलकर उसे मार डाला।

"ढोंगी भीष्म, आज हम सब उसी भाँति तुम्हारा वध करना चाहते हैं।"

यह सुन भीम अत्यंत क्रुद्ध होकर शिशुपाल की ओर चला, परंतु भीष्म ने उसे रोक दिया। शिशुपाल बोला, "भीष्म, इसे आने दो, आज मैं अपने मित्र जरासंध की मृत्यु का बदला लूँगा। परंतु भीम क्यों, कृष्ण तुम आओ। आज मैं पहले तुम्हें मारकर फिर पांडवों को मारूँगा।"

यह सुन कृष्ण रोषपूर्ण स्वर में बोले, "अरे दुष्ट, अपने पाप-कर्मों को स्मरण कर! तूने मेरे पिता का भानजा होने पर भी द्वारका में आग लगा दी। जब भोजराज उग्रसेन रैवतक-पर्वत पर क्रीड़ा कर रहे थे, उस समय तूने वहाँ पहुँचकर उनके सेवकों को मारकर उन्हें कैद कर लिया। मेरे पिता के अश्वमेध-यज्ञ के अश्व को तूने चुरा लिया, तपस्वी बभ्रु-पत्नी का सौवीर-देश जाते समय मार्ग में अपहरण कर लिया और करुषराज का भेष बनाकर तूने अपने मामा विशालानरेश की कन्या भद्रा का छल से अपहरण किया। तूने रुक्मिणी की भी याचना की थी, पर वह तुझे प्राप्त नहीं हुई। तुम्हारे पाप-कर्मों का अंत नहीं है। अब तुम यहाँ उपस्थित सभी गुरुजनों का तथा मेरा भी अपमान कर रहे हो।"

यह सुन शिशुपाल हँस पड़ा। उसने कहा, "कृष्ण, इस भरी सभा में रुक्मिणी को मेरी पहले से मनोनीत वाग्दत्ता बताते हुए तुम्हें लाज नहीं आती?"

यह सुनते ही कृष्ण ने सुदर्शन-चक्र का स्मरण किया। स्मरण करते ही चक्र उनकी उँगली पर आकर घूमने लगा। कृष्ण बोले, "पापी, तेरी मृत्यु का क्षण आ पहुँचा।"

यह कहकर उन्होंने चक्र शिशुपाल की ओर छोड़ दिया। शिशुपाल का सिर क्षणमात्र में कटकर भूमि पर आ गिरा। विवाद का दुःखद अंत होकर शांति छा गई।

शिशुपाल-वध के पश्चात् यज्ञ का कार्य फिर आरंभ हुआ। अब किसी ने बाधा नहीं डाली।

महायज्ञ के प्रसादस्वरूप नित्य लाखों ब्राह्मण भोजन करते थे। एक लाख ब्राह्मणों द्वारा भोजन प्राप्त कर लेने पर शंख-ध्वनि की जाती थी। ऋत्विकगण शास्त्रीय विधिपूर्वक महायज्ञ का अनुष्ठान कर अग्नि में आहुतियाँ देते थे। युधिष्ठिर

ने राजाओं से प्राप्त रत्न-धन, उत्तम वस्त्र आदि सब वस्तुएँ ब्राह्मणों को अर्पित कर दीं।

यज्ञपूर्ति के अवसर पर युधिष्ठिर ने व्यास, धौम्य, नारद, सुमंतु, पैल, वैशंपायन, याज्ञवल्क्य, कट, कलाप, कृष्ण, बलदेव, भीष्म आदि सभी का विधिवत् पूजन कर बहुमूल्य दक्षिणा अर्पित की।

यज्ञ पूर्ण हो जाने पर अतिथियों को अनेक बहुमूल्य भेंट अर्पण कर सम्मानपूर्वक विदाई दी गई। धृष्टद्युम्न राजा विराट को, अर्जुन राजा द्रुपद को, भीमसेन भीष्म और धृतराष्ट्र को, सहदेव द्रोणाचार्य और अश्वत्थामा को, नकुल सुबल और उनके पुत्र को तथा द्रौपदी के पाँचों पुत्र और अभिमन्यु पर्वतीय महारथी नरेशों को इंद्रप्रस्थ की राज्य-सीमा तक आदरपूर्वक पहुँचा आए। ब्राह्मण और ब्रह्मर्षि भी सादर पूजित होकर वहाँ से विदा हुए।

अंततः कृष्ण ने भी इंद्रप्रस्थ से चलने की तैयारी की। तब युधिष्ठिर बोले, "गोविंद, आपकी ही कृपा से यह यज्ञ-अनुष्ठान संपूर्ण हुआ है। आपको विदा करते समय मेरी प्रसन्नता नष्ट हो रही है।"

कृष्ण ने उन्हें सांत्वना दिया। वे कुंती, द्रौपदी और सुभद्रा से भी मिले और उनकी शुभकामना की।

पांडवों ने कृष्ण की विधिवत् पूजा की, ब्राह्मणों ने स्वस्तिवाचन कराया। महाबाहु दारुक गरुड़-ध्वज से सुशोभित नीले रंग का सुंदर रथ जोतकर उनकी सेवा में उपस्थित हुआ। कृष्ण रथ की दक्षिणावर्त प्रदक्षिणा कर उस पर आरूढ़ हुए। सात्यकि और कृतवर्मा भी उनके पाश्व में बैठ उन पर चँवर डुलाने लगे। रथ चला। पाँचों पांडव पाँव-प्यादे ही रथ के पीछे चले। कुछ दूर चलने पर कृष्ण ने युधिष्ठिर से कहा, "जैसे सब प्राणी मेघ को, पक्षी महान् वृक्ष को और देवता इंद्र को अपना जीवन-आधार मानकर आश्रय लेते हैं, उसी प्रकार सभी प्रजाजन आपके आश्रित हैं। अब आप राजधर्म की उन्नति कीजिए।"

रथ आगे बढ़ गया। पांडुपुत्र लौट आए।

सब अतिथियों के विदा हो जाने पर भी दुर्योधन और शकुनि इंद्रप्रस्थ की शोभा देखने वहीं रह गए।

अब महर्षि व्यास के चरणों में प्रणाम कर और उनका पूजन कर युधिष्ठिर ने निवेदन किया, "देवर्षि नारद ने स्वर्ग, अंतरिक्ष और पृथ्वी के लिए तीन प्रकार के उत्पाद बताए हैं, क्या शिशुपाल-वध से ये उत्पाद समाप्त हो गए?"

व्यास ने उत्तर दिया, "तुम्हीं को निमित्त बनाकर एक दिन समस्त भूपति परस्पर लड़कर नष्ट हो जाएँगे। क्षत्रियों का यह विनाश दुर्योधन के अपराधों के कारण होगा। पुत्र युधिष्ठिर, तुम रात के अंत में स्वप्न में नीलकंठ, भव, स्थाणु, कपाली, त्रिपुरांतक उग्र, रुद्र, पशुपति, महादेव, उमापति, हर, शर्व, शूली तथा कृति कहलानेवाले वृषभध्वज भगवान् शंकर का दर्शन करोगे, जो वृषभ पर आरूढ़ होकर दक्षिण दिशा की ओर देख रहे होंगे। तुम इस स्वप्न को देखकर चिंता न करना, क्योंकि काल दुर्लंघ्य है। तुम सावधान रहकर शासन करो। अब मैं कैलास पर्वत की ओर जाऊँगा।"

पांडवों ने उन्हें श्रद्धापूर्वक विदा किया और अपने राज-कार्य में संलग्न हो गए। उन्होंने दुर्योधन और शकुनि के सेवा-सत्कार के लिए सेवकों की अच्छी व्यवस्था कर दी।

एक दिन दुर्योधन मय द्वारा निर्मित अद्वितीय मायामय सभा-भवन के अंत:प्रदेश की निर्माणकला का सौंदर्य देखने की इच्छा से वहाँ घूमता हुआ एक स्फटिक मणिमय स्थल पर जा पहुँचा। वहाँ जल का आभास पाकर उसने अपने वस्त्र ऊँचे कर लिये, परंतु शीघ्र ही सत्यबोध हो जाने से वह मन में लज्जित हुआ। आगे चलने पर उसे स्फटिक-मणि के समान स्वच्छ जल से भरी और कमलों से सुशोभित बावली को देखकर भूमि होने का आभास हुआ, जिसमें आगे कदम उठाने पर वह बावली के जल में गिर पड़ा। भीमसेन, जो उस समय वहाँ से महलों में जा रहे थे, दुर्योधन को अपनी अबोधता पर लज्जित होते देख हँस पड़े। भीमसेन को हँसता देखकर वह जल में से शीघ्रतापूर्वक वस्त्र ऊपर उठाकर बाहर निकला और एक द्वार की ओर चला, जो बंद था, परंतु खुला हुआ प्रतीत होता था। उसमें प्रवेश करते ही उसका सिर टकरा गया। वहाँ से हटकर वह दूसरे द्वार की ओर मुड़ा जो खुला हुआ था, परंतु बंद प्रतीत होता था। उसे खोलने के प्रयास में उसने धक्का दिया और गिर पड़ा। सेवकों ने दौड़कर उसे उठाया, वस्त्र बदले और अतिथि-भवन की ओर ले गए। दुर्योधन स्वभाव से अमर्षशील था, अत: भीम के उपहास से वह क्रोधित हो, वहाँ से विदा होने की तैयारी करने लगा। पांडवों की अद्‌भुत समृद्धि से संतप्त-अप्रसन्न होकर वह युधिष्ठिर से आज्ञा लेकर शकुनि सहित हस्तिनापुर लौट चला। मार्गभर दुर्योधन दु:खी और संतप्तमन रथ में बैठा रहा।

□

आत्मज्वाला

हस्तिनापुर पहुँचकर दुर्योधन अपने मामा को एकांत में ले गया और बोला, "आपने देखा, मातुल?"

शकुनि ने ठंडी साँस लेकर उत्तर दिया, "सबकुछ देख लिया पुत्र! युधिष्ठिर का यज्ञ निर्विघ्न संपन्न हो गया। उसका अवभृथ स्नान भी हो गया। अब वही उत्तराखंड का सम्राट् है, तुम नहीं।"

"मातुल, महापराक्रमी अर्जुन के शस्त्रबल से पृथ्वी के सब राजा हार गए और युधिष्ठिर के वशीभूत हो गए। कांबोज के राजा ने काले, नीले और लाल रंग की मृगछालाओं, ऊनी कंबलों और आसनों का ढेर युधिष्ठिर को भेंट किया। हाथी, घोड़े, ऊँट और गायों से तो उसकी पशुशाला ही भर गई। सब राजाओं ने जैसे रत्नों के ढेर लाकर युधिष्ठिर को अर्पित किए हैं, वैसे रत्नों को मैंने कभी देखा-सुना भी न था।"

"तुमने देखा नहीं भागिनेय, हजारों गौ-सेवा करनेवाले ब्राह्मण और शूद्र कृषक तथा गोधन-संपन्न सहस्रों जन घी-दूध से भरे घड़े लिये भीड़ में राह न मिलने से द्वार ही पर खड़े रहे और समुद्र-तीरवासी राजाओं ने, जो सहस्रों षोडशी दासियाँ रूप और स्वर्ण-रत्न से लदी हुई भेंट कीं, उनकी भी कोई उपमा थी?"

"नहीं थी मातुल, परंतु प्राग्ज्योतिषपुर के यवनराज महारथी भगदत्त अपने वायु के समान वेगवान अश्व और बहुमूल्य रत्नों की भेंट लिये राह न मिलने के कारण जब द्वार पर खड़े रहकर क्लांत गए, तब मैंने युधिष्ठिर के प्रताप को समझा।"

"एक भगदत्त ही क्या, सैकड़ों राजा ही द्वार पर खड़े थे। चीन, शक, ओड्र, बर्बर, हारहूण, हिमाचलवासी, नीप, शकतुषार और रोमांतिक नृपति अपने-अपने महामूल्यवान यान, पलंग, पोशाक, मणि-मुक्ता, हाथी दाँत, रथ, अश्व तथा दिव्य

अस्त्र-शस्त्र की भेंट लिये भीड़ में खड़े रहे, भीतर घुसने का उन्हें अवसर ही नहीं मिला।"

"किरात, दरद, शूर, यमक, औदुंबर, पारद वाह्लीक, काश्मीर, दशाण, शिवि, त्रिगर्त, यौधेय, मद्र, केकय, अंबष्ठ, मालव पल्लव आदि के प्रमुख जन अगुरु-चंदन के ढेर, दस हजार दासियाँ और सुनहरी झूलों से सुसज्जित पर्वत के जैसे हजारों हाथी लिये युधिष्ठिर के कृपा-कटाक्ष की याचना कर रहे थे।

"जुंबुर गंधर्व ने जो आम के पत्ते के रंग वाले एक-सौ घोड़े युधिष्ठिर को अर्पित किए और विराटेश्वर ने जो दो हजार अप्रतिम गजराज दिए, उनकी तुलना सारी पृथ्वी में नहीं है।"

"नहीं है मातुल, नहीं है। एक राजा द्रुपद ने ही चौदह हजार दास-दासियाँ और दस हजार सेवक तथा असंख्य स्वर्ण-रत्न के ढेर दिए।"

"चोल और पांड्य नरेशों के चंदन के अर्क भरे स्वर्णघट और दर्दुर-पहाड़ का कृष्णागुरु तथा सुनहरी तारों से बना हुआ वस्त्र और सिंहल के राजा के अप्रतिम मोती और वैदूर्य की तो कोई नाप-तोल ही न थी।"

"फिर भी वे सब द्वार ही पर रोक दिए गए और चिरकाल तक द्वार पर ही खड़े रहे। मुझे तो यह सब देखकर ऐसा प्रतीत होने लगा कि जल सब संसार ही वहाँ इकट्ठा हो रहा है।"

"यज्ञ में अट्ठासी हजार स्नातक ब्राह्मण थे, जिनमें से प्रत्येक की सेवा में युधिष्ठिर ने तीस-तीस दासियाँ नियुक्त कर दी थीं। दस हजार ऊर्ध्वरेता यति नित्य सोने के थालों में भोजन करते थे।"

"क्या कहूँ मातुल, मेरा हृदय जलाने के लिए युधिष्ठिर ने भेंट में आए रत्नों का लेखा-जोखा रखने का काम मुझे सौंपा, वहाँ इतने रत्न आए कि जिनका मैं हिसाब ही नहीं रख सका। उन्हें खजाने में रखते-रखते मैं थक गया।"

"जो राजा पृथ्वी पर यशस्वी और महाप्रतिष्ठित कहलाते हैं, वे सब युधिष्ठिर के सेवक बन गए। वे राजा लोग अपने हाथों में विविध अभिषेक सामग्री से परिपूर्ण पात्रों को लेकर पंक्ति बाँधकर खड़े हो गए। वाह्लीकराज ने सुसज्जित स्वर्ण-रथ ला खड़ा किया, राजा सुदक्षिण ने कांबोज जाति के घोड़े उपस्थित किए, महाबली सुनीथ रथ के नीचे की लकड़ी ले आए, चेदिराज शिशुपाल ने ध्वजा लगा दी, दक्षिक के राजा ने कवच, मगधराज ने पगड़ी और माला, वसुदान ने हाथी, विराटेश्वर ने स्वर्णमंडित जुआ, एकलव्य ने मणिजटित जूता, चेकितान ने देव पूजित

तरकश, काशिराज ने धनुष और शल्य ने खड्ग भेंट में दिया। अवंतिराज सब तीर्थों का जल ले आए। तब धौम्य, व्यास, नारद, देवल और असित मुनि ने अभिषेक का अनुष्ठान प्रारंभ किया।"

"वह सब मैंने इन्हीं आँखों से देखा, मातुल। उस समय जब महाबाहु सात्यकि ने युधिष्ठिर के मस्तक पर श्वेत छत्र लगाया, भीमसेन और अर्जुन व्यजन डुलाने खड़े हुए, नकुल-सहदेव चँवरे लिये आ खड़े हुए और वासुदेव कृष्ण ने जब विश्वकर्मा द्वारा बनाए बहुमूल्य शैक्य से युधिष्ठिर का अभिषेक किया, तब मुझे महाकष्ट हुआ और जब मंगलसूचक सहस्रों शंखों की ध्वनि हुई तो मेरे रोंगटे खड़े हो गए।"

"भागिनेय, ऐसे ऐश्वर्य के अधिकारी तो महाराज रंतिदेव, नाभागम, यौवनाश्व, मनु, वेन और उनके पुत्र पृथु, भगीरथ, ययाति, नहुष आदि भी नहीं थे।"

"हाय, केवल भाइयों की सहायता से ही युधिष्ठिर ने इंद्र की भाँति निर्विघ्न राजसूय-महायज्ञ पूरा कर लिया और वह सम्राट् बन गया।"

"भाइयों की ही सहायता क्यों? कंस के दासपुत्र उस गोपा कृष्ण को क्यों भूल जाते हो?"

"युधिष्ठिर ने द्रोण, भीष्म, द्रुपद, शल्य, द्रुम, भीष्मक, कर्ण आदि महापूज्य पुरुषों, ब्राह्मणों और राजाओं के रहते सबसे पहले इस वृष्णिवंशीय दुरात्मा कृष्ण को अर्घ्य पाद्य दिया और जब महाबली शिशुपाल ने उसका विरोध किया तो इस छली ने अकस्मात् ही सुदर्शन-चक्र से सब ब्राह्मणों और क्षत्रियों के समक्ष उनका सिर काट लिया। सब देखते रह गए। दंतवक्र, जयत्सेन, वृषसेन, कलिंगराज, विराट, भगदत्त आदि सारे महारथी जैसे जड़ हो गए।"

"यही हुआ। पूजा तो कुरुओं के अधिपति तुम्हारी ही होनी चाहिए थी। तुम्हीं से तो आधा राज्य पाकर युधिष्ठिर राजा बना है।"

"परंतु अब तो वह सम्राट् है। आपने उसका वैभव देख तो लिया। पृथ्वी भर के राजाओं ने असंख्य धन, रत्न, स्वर्ण, मणि और रथ, अश्व, गज, दास-दासी भेंट में देकर उसके यज्ञ में दास-कर्म किए। हम भी तो उस नीचकर्म से वंचित न रहे। फिर मय निर्मित उस अद्‌भुत सभा-भवन में मेरा जैसा उपहास और अपमान हुआ, वह तो आप देख ही चुके हैं।"

"सब देख चुका वत्स, सब देख चुका। इन घमंडी पांडवों ने तुम्हारे इस अपमान की योजना तो पहले ही बना रखी थी। वास्तव में यह सब महाराज धृतराष्ट्र के कर्मों का फल तुम भोग रहे हो, भागिनेय।"

"मातुल, मैं यह सब नहीं सह सकूँगा। यह जो युधिष्ठिर ने हमसे ऊजड़ और निकम्मा भूखंड दान में पाकर अपने बाहुबल से पृथ्वी पर एकच्छत्र राज्य की स्थापना की है, उसे मैं खंड-खंड कर दूँगा।"

"और वह दिव्य सभा-भवन? जो पृथ्वी पर तो अपनी समता रखता ही नहीं, इंद्र, यम, कुबेर, वरुण और ब्रह्मलोक के सभा-भवनों की भी स्पर्धा करता है, सो? जहाँ तुम्हारा स्वच्छंद उपहास किया गया?"

"उसे भी इसी गदा से ढहा दूँगा।"

"अरे भागिनेय, यह सरल नहीं है। मय दैत्य के आठ हजार व्योमचारी किंकर रात-दिन उसकी रखवाली करते हैं।"

"तो मातुल, इन नीच कुंती-पुत्रों को ऐसी अखंड राज्यलक्ष्मी का अधिकार देखकर तो जान पड़ता है, जैसे दैव ही सबकुछ हैं, पुरुषार्थ कुछ नहीं। दैव-बल ही से पांडव आज ऐश्वर्य और यश के अधिकारी हो गए तथा मैंने इन्हें नष्ट करने के जो-जो यत्न तथा उद्योग किए, वे सब व्यर्थ हुए। अब ऐसी दशा में मेरा जीना निरी विडंबना है। हाय, सभा-भवन में मुझ गिरते देख पांडव तो हँसे ही, नौकर-चाकर तक हँसे। पांडवों के इस ऐश्वर्य और अपने अपमान को सोच-सोचकर मैं दावानल की भाँति जल रहा हूँ।

"किंतु भागिनेय, तुम्हें इतना संतप्त न होना चाहिए।"

"क्या यह संताप की बात नहीं है मातुल कि हाथ फैलाकर जिन्होंने हमसे धन-धरती पाई, वे ही हमारे सिर पर पैर रखें? द्रौपदी सी दिव्य-अलौकिक सुंदरी स्त्री तो उन्हें मिली ही, द्रुपद की अलौकिक सहायता भी उन्हें प्राप्त हो गई। फिर अर्जुन को गांडीव धनुष, अक्षय तूणीर और दिव्य अस्त्रों की प्राप्ति हुई। मय दैत्य को उन्होंने जलने से बचाकर जो उपकृत किया, सो उसने उन्हें दिव्य सभा-भवन बनाकर ही भेंट नहीं किया, आठ हजार व्योमचारी किंकर भी देकर उन्हें महाबली कर दिया। अब आप ही कहिए, मैं तो सर्वथा असहाय ही रह गया।"

"तुम असहाय कैसे रह गए? तुम्हारे दस पराक्रमी छोटे भाई, दुःशासन, दुस्सह, दुर्मर्षण, विकर्ण, चित्रसेन, विविशंति, जय, सत्यकेतु, पुरुमित्र और युयुत्सु अप्रतिरथ महारथी हैं, जो तुम्हारे वश में हैं। फिर महाप्राण द्रोण, उनके पुत्र अजेय अश्वत्थामा, मृत्युंजय भीष्म, महावीर कर्ण, अतिरथ, कृपाचार्य, सोमदत्त के सब पुत्र और भाइयों सहित मैं भी सदा तुम्हारे साथ हूँ। फिर संताप क्यों? तुम भी अपने पराक्रम से पृथ्वी-विजय करो।"

"तो मातुल, मैं आप और इन सब महारथियों की सहायता से पहले इन पापी पांडवों ही को जय करूँ।"

"यह दुराकांक्षा ठीक नहीं है, भागिनेय! ये पाँचों पांडव महाबली हैं। इन्हें कृष्ण और सब राजाओं का सहयोग प्राप्त है। इनके विरुद्ध हाथ उठाकर आज देवता भी जय प्राप्त नहीं कर सकते।"

"तो फिर मेरे लिए कोई आशा नहीं है?"

"क्यों नहीं! अरे भागिनेय, जब तक मैं तुम्हारा परम शुभचिंतकार तब तक आशा-ही-आशा है।"

"तो मातुल, कहिए कैसे?"

"तुम एक उपाय से युधिष्ठिर को सहज ही जीत सकते हो, उसे चौसर खेलने का बड़ा व्यसन है, पर खेल में वह अनाड़ी है। इधर मैं इस काम में पूरा निपुण हूँ, चौसर खेलने में मेरे समान दूसरा व्यक्ति पृथ्वी पर नहीं है। तुम पाँसे खेलने के लिए युधिष्ठिर को हस्तिनापुर बुलाओ। मैं जानता हूँ कि वह 'न' नहीं करेगा। बस तुम उसे मेरे साथ चौसर खेलने को राजी कर लो, फिर मैं तुमको उसका साम्राज्य, वैभव और वह सभा-भवन आदि सबकुछ जिता दूँगा।"

दुर्योधन ने खुश होकर कहा, "वाह-वाह मातुल, आप धन्य हैं।"

"किंतु इसके लिए तुम्हें अपने पिता से आज्ञा लेनी होगी।"

"मैं यह न कह सकूँगा मातुल, आप ही जाकर उन्हें राजी कीजिए।"

"अच्छा भागिनेय, तुम्हारे प्रिय के लिए यह भी करूँगा।"

शकुनि दुर्योधन को महाराज धृतराष्ट्र के पास ले जाकर बोला, "महाराज, दुर्योधन की कांति श्रीहीन होती जा रही है, वे निरंतर किसी गहन चिंता में लीन रहते हैं। उनका मन राजकाज में भी नहीं लगता।"

यह सुन धृतराष्ट्र ने दुर्योधन से उसके दुःख का कारण पूछा, "कहो पुत्र, तुम्हें संपूर्ण ऐश्वर्य प्राप्त हैं, तुम्हारे भाई भी तुम्हारे प्रतिकूल नहीं हैं। राजा के ज्येष्ठ पुत्र होने के नाते समस्त राजोचित सुखों के तुम भागी हो, फिर भी तुम्हारा मुख म्लान क्यों रहता है, कहो?"

दुर्योधन ने उत्तर दिया—"युधिष्ठिर की वह अत्यंत प्रकाशमान राजलक्ष्मी ही मेरे संताप का कारण है। युधिष्ठिर के घर में अट्ठासी हजार स्नातकों का भरण-पोषण होता है, उनमें से प्रत्येक की सेवा में तीस-तीस दासियाँ नियत हैं। नित्य दस हजार ब्राह्मण स्वर्ण-थालों में भोजन करते हैं। सहस्रों श्रेष्ठ हाथी, घोड़े,

ऊँट, इंद्रप्रस्थ में विचरते रहते हैं। वैश्य और व्यापारी तीन खरब 'कर' भेंट लेकर युधिष्ठिर के द्वार पर आते है। युधिष्ठिर के पास एक हजार स्वर्ण मुद्राओं से निर्मित रत्नजटित कलश हैं। उसी कलश में समुद्र-जल भरकर, उसे शंख में भर कृष्ण ने युधिष्ठिर का अभिषेक किया था। पांडवों ने उत्तर, पश्चिम, दक्षिण और पूर्व चारों दिशा को विजित करके राजाओं से करस्वरूप अतुल धन-रत्न-स्वर्ण आदि प्राप्त किया है। युधिष्ठिर के यहाँ तीन पद्म दस हजार हाथी-सवार, घुड़सवार, दस करोड़ रथारोही तथा अनेक पैदल सैनिक हैं। इतनी लक्ष्मी तो कुबेर के पास भी न होगी। ऐसा वैभव मुझे प्राप्त नहीं, फिर मैं कैसे सुखी रह सकता हूँ?"

दुर्योधन की बात पूरी होने पर शकुनि बोला, "पुत्र, युधिष्ठिर की अनुपम लक्ष्मी को तुम अनायास प्राप्त कर सकते हो। मैं भूमंडल में द्यूतविद्या का दक्ष मर्मज्ञ हूँ। दाँव लगाने और पाँसा फेंकने में मेरे समान दूसरा कोई नहीं है। युधिष्ठिर द्यूतप्रेमी हैं, उन्हें द्यूत खेलने के लिए हस्तिनापुर निमंत्रित करो। मैं उनकी समस्त समृद्धि हस्तिनापुर में खींच लूँगा।"

यह सुन धृतराष्ट्र ने कहा, "इस विषय में मुझे अपने मंत्री विदुर से परामर्श करना होगा।"

दुर्योधन ने उत्तर दिया, "विदुर इसकी आज्ञा क्यों देने लगे?"

तब धृतराष्ट्र ने पुत्र-स्नेह के वशीभूत होकर विदुर से सम्मति लेने का विचार त्याग युधिष्ठिर को द्यूत-निमंत्रण भेजना स्वीकार किया।

गांधारी ने जब यह समाचार सुना तो वह धृतराष्ट्र के पास आकर बोली, "आर्यपुत्र, दुर्योधन के जन्म लेने पर ब्राह्मणों तथा विदुर ने कहा था कि यह बालक कुल का नाश करनेवाला होगा, इसे त्याग देना चाहिए। आपने दुर्योधन की बात स्वीकार कर द्यूत-क्रीड़ा की आज्ञा देकर महा अनर्थ किया है।"

धृतराष्ट्र ने उत्तर दिया, "देवी, मैं दुर्योधन को रोकने में असमर्थ हूँ।"

धृतराष्ट्र ने विदुर को बुलाकर पांडवों के पास जाकर उन्हें द्यूत-क्रीड़ा के लिए निमंत्रण देने की आज्ञा दी।

धृतराष्ट्र का यह प्रस्ताव सुनकर विदुर बहुत दुःखी हुए। उन्होंने उत्तर दिया, "इस द्यूत-क्रीड़ा में मुझे समस्त कुल के नाश का भय है।"

धृतराष्ट्र बोले, "यदि दैव प्रतिकूल न हो तो मुझे कलह होने का कोई कारण नहीं दिखाई देता।"

□

सर्वस्व-हरण

'विनाश काले विपरीत बुद्धिः' को मान विवश होकर विदुर रथ में आरूढ़ हो युधिष्ठिर के पास पहुँचे।

युधिष्ठिर ने उनका स्वागत-सत्कार करके सबका कुशल-मंगल पूछा।

विदुर बोले, "सब कुशल ही हैं। महाराज धृतराष्ट्र ने इच्छा प्रकट की है कि तुम अपने भाइयों और पत्नी सहित हस्तिनापुर आकर दुर्योधन आदि भाइयों के साथ मन बहलाओ और द्यूत-क्रीड़ा करो।"

युधिष्ठिर ने उत्तर दिया, "द्यूत तो विग्रह का कारण है, क्या आप इसकी आज्ञा देते हैं?"

"निश्चय ही द्यूत अनर्थ की जड़ है, परंतु मेरे मना करने पर भी धृतराष्ट्र ने मुझे यह निमंत्रण देने भेजा है।"

"इस द्यूत-क्रीड़ा में कौन-कौन भाग ले रहे हैं?"

"गांधारराज शकुनि, राजा विविशंति, राजा सत्यव्रत, चित्रसेन, पुरुमित्र और जय।"

युधिष्ठिर ने कहा, "मेरे मन में द्यूत-क्रीड़ा की इच्छा नहीं है, परंतु मैं पूज्य धृतराष्ट्र की आज्ञा का अनादर भी नहीं कर सकता। मैं चलूँगा।"

अगले दिन युधिष्ठिर अपने भाइयों सहित हस्तिनापुर चले। उन्होंने ब्राह्मणों का पूजन किया और उनका आशीर्वाद ग्रहण कर रथ पर आरूढ़ हुए। हस्तिनापुर पहुँचकर धृतराष्ट्र एवं गुरुजनों को प्रणाम कर उन्होंने विश्राम किया और प्रातःकाल होने पर संध्योपासनादि नित्यकर्म से निबटकर द्यूत-क्रीड़ास्थल पर आए।

शकुनि ने युधिष्ठिर से कहा, "महाराज युधिष्ठिर, आपने हमारे द्यूत-निमंत्रण को स्वीकार कर हमें चिर बाधित किया। अब इस समय यहाँ द्यूत-क्रीड़ा की सभा में सब गुरुजन पधार चुके हैं। महिलाएँ झरोखों में बैठ गई हैं। विदुर महाराज धृतराष्ट्र

के पास बैठे हैं। सभा में चौसर–वस्त्र भी बिछा दिया गया है। अब आप आसन पर विराजकर द्यूत–क्रीड़ा का शुभ आरंभ कीजिए।"

युधिष्ठिर बोले, "बिना छल के द्यूत नहीं होता। हम न छल–कपट जानते हैं, न म्लेच्छ भाषा में ही बातें कर सकते हैं। फिर हमें द्यूत में धन जीतने की भी इच्छा नहीं है।"

शकुनि ने उत्तर दिया, "महाराज, द्यूत में तो चतुरजन ही जीतते हैं। यदि आपको अपनी चतुराई पर भरोसा नहीं हो और आप हार से भय खाते हों तो जाने दीजिए, अस्वीकार कर दीजिए।"

"किंतु मेरा यह व्रत है कि यदि कोई मुझे चुनौती दे तो मैं उसका सामना करने से विमुख नहीं होता। जो हो, कहो, मुझसे खेलेगा कौन और बाजी कौन लगाएगा?"

यह सुनकर दुर्योधन ने कहा, "राजन्, बाजी मैं लगाऊँगा और मातुल शकुनि मेरी ओर से खेलेंगे।"

युधिष्ठिर ने शंकित होकर उत्तर दिया, "एक आदमी की ओर से दूसरा खेले, यह तो उचित नहीं। परंतु ऐसा ही सही, खेल होने दो।"

भीम ने युधिष्ठिर को परामर्श दिया, "आर्य प्रसन्न हों तो निवेदन करूँ कि यहाँ तो सभी धूर्त जुआरी इकट्‌ठे हैं। यह शकुनि गांधारराज कपट–द्यूत में महाचतुर है। फिर इसके साथ महाजुआरी राजा विविंशति, चित्रसेन, सत्यव्रत, पुरुमित्र और जय जैसे धूर्त राजा भी उपस्थित हैं, इसलिए आप इस दुष्कर्म से विरत ही रहिए।"

युधिष्ठिर बोले, "भाई, मैं इन धूर्त जुआरियों को देख रहा हूँ। परंतु क्या करूँ, मेरा नियम भंग नहीं हो सकता। वस्तुतः तो सारा जगत् दैव–अधीन है।"

फिर उन्होंने शकुनि से कहा, "गांधारराज, यह समुद्र के आवर्त में उत्पन्न उत्तम कांतिमान मणियों का बना हुआ स्वर्णमंडित मूल्यवान हार मैं बाजी पर लगाता हूँ। तुम क्या लगाते हो, बोलो?"

दुर्योधन ने कहा, "यह मेरे मणि–मुक्ता और महामूल्यवान रत्न हैं, मैं इन सभी को दाँव पर लगाता हूँ। मैं धन की हानि को कुछ नहीं समझता।"

"तब फेंको पाँसा।" यह कहकर युधिष्ठिर ने पाँसा फेंका।

शकुनि ने भी पाँसा फेंका और वह जीत गया। बोला, "यह लीजिए, पहला ही दाँव मैं जीत गया हूँ।"

युधिष्ठिर कहने लगे, "गांधारराज, तुम कपट का सहारा लेकर खेल रहे हो। मेरे यहाँ हजारों स्वर्णमुद्राओं से भरे हुए घड़े, अक्षय संपत्ति से भरा खजाना, स्वर्ण

और मणि-रत्न हैं। मैं सभी को दाँव पर लगाता हूँ।"

दुर्योधन बोला, "यही मेरा भी वचन रहा। फेंको पाँसा।"

शकुनि ने पासा फेंककर कहा, "लो, मैं फिर जीत गया।"

युधिष्ठिर अप्रतिम होकर बोले, "अच्छी बात है। जलद-गंभीर घोष वाले वाह्लीकदत्त, बाघ के चर्म और स्वर्णमंडित जैत-राजरथ को मैं इस बार दाँव पर लगाता हूँ, जिस पर चढ़कर हम यहाँ आए हैं।"

दुर्योधन ने कहा, "मैं भी अपने आठ घोड़ों वाले स्वर्णरथ को दाँव लगाता हूँ, फेंको पाँसा।"

शकुनि ने पाँसा फेंककर कहा, "इस बार भी मैं ही जीता।"

युधिष्ठिर अपनी अप्रतिष्ठा देखकर बोले, "तो इस बार मैं विविध रत्नाभरणभूषिता, सुशिक्षिता, नृत्य-गायन और चौंसठ कलाओं में निपुण शरीर में चंदन का लेप करनेवाली अपनी एक लक्ष तरुणी दासियों को दाँव पर लगाता हूँ।"

दुर्योधन बोला, "यवन, कांबोज और गांधार की सब दासियों को मैंने भी दाँव पर लगाया। पाँसा फेंको।"

शकुनि पाँसा फेंककर चिल्ला उठा, "यह लो, मैं जीता, मैं ही जीता।"

युधिष्ठिर बोले, "मैंने कार्य-कुशल, कानों में स्वर्णकुंडल पहने अपने एक लक्ष तरुण दास भी दाँव पर लगाए।"

दुर्योधन ने दाँव लगाकर कहा, "दासों की मेरे पास भी कमी नहीं है। मैं भी उन्हें दाँव पर लगाता हूँ। फेंको पाँसा।"

शकुनि पाँसा फेंककर फिर जीत गया।

युधिष्ठिर ने हतप्रभ होकर फिर दाँव लगाया, "अपने मल्ल, सुशिक्षित और शत्रु के नगरों को तहस-नहस करनेवाले एक हजार मतवाले हाथी, जिनके बाँधने के रस्से स्वर्ण के हैं, स्वर्ण-आभूषणसज्जित उनके कपोल और मस्तक पर कमल के चिह्न हैं, गले में स्वर्णहार पहने हैं, युद्ध में सब प्रकार के शब्द सहन करनेवाले, दाँत हलदंड के समान लंबे, शरीर विशाल और प्रत्येक के साथ आठ-आठ हथिनियाँ, ये सब दाँव पर लगाता हूँ।"

दुर्योधन ने भी अपनी गज-शाला के संपूर्ण हाथी दाँव पर लगाए।

शकुनि पाँसा फेंककर 'जीत गया-जीत गया' कहने लगा।

युधिष्ठिर बोले, "ठीक है, अब मैं अपने एक हजार रथ, जिनकी ध्वजाओं में स्वर्णदंड लगे हैं, प्रत्येक पर फहराती पताका, सधे हुए घोड़े जुते हैं, युद्ध-अनुभवी

रथी सहित, जिनका मासिक वेतन एक सहस्र स्वर्णमुद्राएँ हैं; साथ ही एक हजार छकड़े, जिनमें छोटे-बड़े वाहन जुड़े हुए हैं और साठ योद्धा, जो दूध पीते और शालि के चावल का भात खाते हैं, इतना सब दाँव पर लगाता हूँ।"

दुर्योधन ने कहा, "मैंने भी अपने सब रथ और रथी दाँव पर लगाए!"

शकुनि पाँसा फेंककर हा…हा…हा…कर हँसने लगा।

इस बार भी दाँव खोकर युधिष्ठिर बोले, "तब चित्ररथ गंधर्व के दिए हुए तीतर के रंग के स्वर्णहारों से विभूषित आठ सौ घोड़े मैंने दाँव पर लगाए।"

दुर्योधन ने कहा, "अपनी अश्वशाला के संपूर्ण अश्व मैंने दाँव पर लगाए। फेंको पाँसा!"

शकुनि ने यह दाँव भी जीत लिया।

अब अर्जुन बोले, "आर्य, बस कीजिए, बहुत हुआ!"

"ठहरो अर्जुन, मुझे अपनी राज्यलक्ष्मी लौटा लेने दो!" कहकर युधिष्ठिर शकुनि से बोले, "मेरे यहाँ ताँबे और लोहे की चार सौ पेटियाँ हैं, जिनमें प्रत्येक में पाँच-पाँच द्रोण विशुद्ध स्वर्ण भरा हुआ है। यह सारा स्वर्ण तपाकर शुद्ध किया हुआ है, जो अमूल्य है। वही मैं दाँव पर लगाता हूँ।"

दुर्योधन ने कहा, "मैं भी अपना संपूर्ण कोष दाँव पर लगाता हूँ।"

शकुनि पाँसा फेंककर इस बार भी अट्टहास कर उठा।

उसका अट्टहास सुनकर धृतराष्ट्र ने पूछा, "कौन जीता?"

इस प्रकार सर्वस्व हरण करनेवाली यह द्यूत-क्रीड़ा अविराम चलती देखकर विदुर ने दुःखित होकर धृतराष्ट्र से कहा, "मैं आपसे फिर कहता हूँ कि इस पाप को रोकिए। द्यूत-क्रीड़ा में उन्मत्त दुर्योधन सारे वंश का सर्वनाश कर रहा है। आप आज्ञा दीजिए कि अर्जुन उसे बंदी बना ले! अपनी मंगलकामना के लिए आप दुर्योधन को त्यागकर पांडवों को अपनाइए। सारी कपट-विद्या में पारंगत शकुनि को आप तुरंत हस्तिनापुर से निकाल दीजिए। देखिए, शकुनि के कपट पाँसों द्वारा अपना सर्वस्व हरण होने पर भीम और अर्जुन की भृकुटियाँ चढ़ी हुई हैं।"

विदुर का यह अप्रिय आक्षेप सुनकर दुर्योधन क्रोधित होकर बोला, "विदुर, जो शत्रु का पक्षपाती हो, हमसे द्वेष रख हमारा अहित करता हो, ऐसे मनुष्य का यहाँ कोई काम नहीं है। तुम्हारी जहाँ इच्छा हो, चले जाओ।"

भरी सभा में विदुर का तिरस्कार करके दुर्योधन ने युधिष्ठिर से पूछा, "आप अब तक बहुत धन हार चुके हैं। कुछ और शेष हो तो आगे दाँव खेलिए।"

युधिष्ठिर ने उत्तर दिया, "मेरे पास असंख्य धन है। अयुत, प्रयुत, शंकु, पद्म, महापद्म, अर्बुद, शंख खर्व, निखर्व, कोटि, मध्य, परार्ध और मेरे भाई जिन आभूषणों को पहने हैं, वे कुंडल और गले के स्वर्णाभूषण तथा सभी राजकीय आभूषण मैं दाँव पर लगाता हूँ।"

"मैं भी अपना समस्त धन दाँव पर लगाता हूँ।"

शकुनि पाँसा फेंककर बोला, "यह दाँव भी मैंने जीत लिया। अब आप दाँव पर क्या लगाते हैं?"

युधिष्ठिर ने नया दाँव लगाकर कहा, "ब्राह्मणों को जीविका रूप में जो ग्राम दिए गए हैं, उन्हें छोड़कर सिंधु नदी के पूर्वी तट से लेकर पर्णाशा नदी के किनारे तक जो नगर, जनपद तथा भूमि और बैल, घोड़े, गाय, भेड़, बकरी और पशुधन, जो मेरे अधिकार में हैं तथा जो ब्राह्मणोत्तर मनुष्य मेरे यहाँ रहते हैं, वे सभी।"

दुर्योधन ने कहा, "मैं भी अपना उत्तर कुरु तक का संपूर्ण कुरुजांगल देश दाँव पर लगाता हूँ।"

शकुनि पाँसा फेंककर चिल्ला उठा, "जीत गया मैं, मैं संपूर्ण देश जीत गया।"

युधिष्ठिर बोले, "मैं अपने सिंहविक्रम भाई नकुल और महापंडित तथा प्रियदर्शी सहदेव को दाँव पर लगाता हूँ।"

दुर्योधन ने कहा, "मैं भी अपने दस महारथी भाइयों को दाँव पर लगता हूँ।"

शकुनि पाँसा फेंककर फिर जीत गया। उसने व्यंग्य से पूछा, "अब कहो महाराज, शायद आप भीम और अर्जुन को दाँव पर नहीं लगाना चाहते।"

युधिष्ठिर बोले, "अरे सुबल के पुत्र, तू क्या भाइयों में फूट डलवाना चाहता है? मैं त्रिभुवन के अद्वितीय योद्धा अर्जुन और अतुल विक्रम भीमसेन को भी दाँव पर लगाता हूँ।"

शकुनि यह दाँव भी जीत गया। युधिष्ठिर बोले, "तो अब मैं स्वयं को दाँव पर लगाता हूँ।"

शकुनि पाँसा फेंककर उन्हें भी जीतकर पूछने लगा, "हे कुंतीपुत्र, मैंने तुम्हें भी जीत लिया। कहो, अब क्या दाँव पर लगाते हो? आपका सब राज-वैभव तो चला गया।"

युधिष्ठिर बोले, "जो न नाटी है, न लंबी, न कृष्णवर्ण है, न अधिक रक्तवर्ण, जिसके केश नीले और घुघराले हैं, जिसके शरीर से शारदीय कमल के समान सुगंध फैलती रहती है, शरद-ऋतु के प्रफुल्ल कमलदल के समान सुंदर एवं विशाल

नेत्रोंवाली, रूप में साक्षात् लक्ष्मी, समस्त गुणों से संपन्न तथा मन के अनुकूल प्रिय वचन बोलनेवाली, मुख और ओष्ठ अरुणवर्णी, सर्वांगसुंदरी, सुमध्यमा पांचाल-राजकुमारी द्रौपदी को ही अब मैं दाँव पर लगाता हूँ।"

द्रौपदी को दाँव पर लगाने की बात सुनकर सभा में बैठे सभी वृद्ध लोग दुःख और वेदना से व्यथित होकर 'धिक्कार-धिक्कार' कहने लगे। भीष्म, द्रोण और कृपाचार्य के शरीर से पसीना छूटने लगा। विदुर दोनों हाथों में सिर दबाकर अपनी चेतना खोने लगे। धृतराष्ट्र सिर नीचा कर बैठे रहे।

दुर्योधन बोला, "यदि ऐसा है तो आपके द्वारा यह दाँव जीतने पर मैं आपका हारा हुआ समस्त धन आपको लौटा दूँगा, फेंको पाँसा।"

युधिष्ठिर ने पाँसा फेंका, परंतु शकुनि यह अंतिम दाँव भी जीत गया। वह चिल्ला उठा, "द्रौपदी को भी हम जीत गए।"

यह सुन लोगों ने कहा, "शान्तं पापम्, शान्तं पापम्!"

अब दुर्योधन ने विदुर से कहा, "महलों में जाकर भाग्यहीन द्रौपदी को दासीवेश में यहाँ उपस्थित करो।"

विदुर बोले, "मंदात्मन् दुर्योधन, तू काल-पाश से बँधा हुआ है। देवी द्रौपदी कभी दासी नहीं हो सकती। राजा युधिष्ठिर जब पहले स्वयं को हार गए, तब वे पत्नी को दाँव पर लगाने का अधिकार भी चुके थे।"

दुर्योधन ने विदुर का तिरस्कार कर प्रतिकामी से कहा, "प्रतिकामी, तुम जाकर द्रौपदी को यहाँ लाओ।"

प्रतिकामी अंतःपुर में जाकर कृष्णा से बोला, "द्रुपदकुमारी, धर्मराज युधिष्ठिर अपने सर्वस्व के साथ तुम्हें भी जुए में दाँव पर लगाकर हार गए हैं, अतः विजेता दुर्योधन ने तुम्हें अपनी दासी के रूप में बुलाया है।"

कृष्णा ने कहा, "सभा में बैठे गुरुजनों से जाकर पूछो, क्या धर्म, नीति और श्रेष्ठ बुद्धि अधर्मी दुर्योधन को इस नीच आदेश की आज्ञा देती है!"

प्रतिकामी ने लौटकर द्रौपदी का प्रश्न वहाँ बैठे सभी गुरुजनों से पूछा, परंतु किसी ने कोई उत्तर नहीं दिया।

अब दुर्योधन ने दुःशासन से कहा, "दुःशासन, यह सूतपुत्र प्रतिकामी मूर्ख है। तुम जाकर द्रौपदी को यहाँ पकड़ लाओ।"

कृष्णा के सम्मुख पहुँचकर दुःशासन बोला, "तुम्हें जुए में महाराज दुर्योधन जीत चुके हैं, अपना यह भव्यवेश उतार, दासी रूप में सभा में चलो।"

यह सुन कृष्णा रोती हुई गांधारी तथा अन्य स्त्रियों के पास दौड़ी। परंतु दु:शासन राजसूय-यज्ञ में अवभृथ-स्नान में मंत्रपूत जल से सींचे गए महारानी द्रौपदी के पवित्र केशों को खींचता हुआ, उसे घसीट ले चला। उसके बलपूर्वक खींचने और झकझोरने से कृष्णा के केश बिखर गए, वस्त्र अस्त-व्यस्त हो गए। उसी दशा में रोती-कलपती कृष्णा को दु:शासन दुर्योधन के सम्मुख ले आया और बोला, "दासी को मैं ले आया हूँ।"

द्रौपदी ने सभा में उपस्थित गुरुजनों से कहा, "मेरे पति को जुआ खेलने के लिए विवश क्यों किया गया? वह सभा नहीं है, जहाँ वृद्ध पुरुष न हों; वे वृद्ध नहीं हैं, जो धर्म की बात न बताएँ; वह धर्म नहीं है, जिसमें सत्य न हो; वह सत्य नहीं है, जो छल से युक्त हो।"

द्रौपदी की यह कष्टमय स्थिति देखकर विकर्ण ने वहाँ बैठे लोगों से कहा, "राजाओं के चार व्यसन हैं—शिकार, मदिरापान, द्यूत और विषय-भोगों में आसक्ति। सती-साध्वी कृष्णा समस्त पांडवों की समान रूप से पत्नी है, केवल युधिष्ठिर की ही नहीं है। इसके सिवा युधिष्ठिर पहले स्वयं को हार चुके थे, बाद में उन्होंने द्रौपदी को दाँव पर रखा है, जो सर्वथा अमान्य है।"

विकर्ण के क्रोध और तर्क से आशंकित होकर कर्ण ने कहा, "विकर्ण, द्रोण, भीष्म, कृप, अश्वत्थामा, विदुर, धृतराष्ट्र तथा गांधारी सब तुमसे अधिक बुद्धिमान हैं। इनमें से कोई भी नहीं बोल रहा है। फिर तुम क्यों दुर्योधन के छोटे भाई होते हुए भी अपने पक्ष की हानि कर रहे हो? जैसे अरणि से उत्पन्न अग्नि अरणि को ही जला देती है, उसी प्रकार तुम भी अपने ही कुल की हानि कर रहे हो।"

कर्ण की ऐसी भर्त्सना सुनकर विकर्ण सभा से उठकर चला गया।

अब कर्ण द्रौपदी से बोला, "नकुल हार गए, भीम, युधिष्ठिर, सहदेव, अर्जुन भी परास्त होकर दास बन गए। अब तुम भी दासी बन चुकी हो। ये हारे हुए पांडव अब तुम्हारे स्वामी नहीं हैं?"

कर्ण की यह अपमानजनक बात सुनकर भीम के नेत्र क्रोध से लाल हो गए। यह देखकर दुर्योधन ने युधिष्ठिर से कहा, "राजन्, भीम, अर्जुन, नकुल, सहदेव आपकी आज्ञा के अधीन हैं। आप ही द्रौपदी के प्रश्न का उत्तर दीजिए कि क्या आपने दाँव में उसे भी नहीं हार दिया है और क्या अब वह हमारी दासी नहीं है?"

यह कहकर दुर्योधन ने मुसकराकर अपनी जाँघ का वस्त्र हटाकर नंगी जाँघ द्रौपदी को दिखाई। यह देख भीम क्रोधावेशित हो गरज उठे, "अरे नीच दुर्योधन,

यदि तेरी इसी जाँघ को मैं अपनी गदा से न तोड़ डालूँ तो मुझ भीमसेन को अपने पूर्वजों के साथ उन्हीं के समान पुण्यलोक की प्राप्ति न हो।"

विदुर बोले, "दुर्योधन, तुम्हारे योग और क्षेम दोनों ही पूर्णतया नष्ट हो रहे हैं।"

द्रौपदी दु:खित होकर बोली, "कौरवों की इस पाप-सभा में मैं इस अवस्था में उपस्थित की गई हूँ। आज भरतपुत्र के क्षत्रियों का धर्म-क्षय हो गया। ये भीष्म पितामह, गुरु द्रोण और महात्मा विदुर भी पुरुषार्थहीन हो गए। तभी तो आज यह अनर्थ हो रहा है!"

यह सुन दु:शासन ने उसके बाल खींच डाले और बोला, "अरी दासी, लज्जा न कर, यहाँ महाराज दुर्योधन के सामने आ।"

द्रौपदी ने क्रोधपूर्वक कहा, "अरे नराधम, मैं प्रतिज्ञा करती हूँ कि बहुत शीघ्र मैं तेरे गरम रक्त से ही इन केशों का सिंचन करके इन्हें बाँधूँगी। क्या पितामह अब भी मौन बैठे रहेंगे? महाराज, मैं आपकी सुता इस प्रकार अपमानित हो रही हूँ!"

यह सुन भीष्म नीचा सिर करके बोले, "पांचाली, मैं कुछ कहने में असमर्थ हूँ।"

"हाय, ये वीर पांडव किस प्रकार दीनभाव से बैठे मेरी दुर्दशा देख रहे हैं। वे सब कैसे विचित्र धर्मबंधन में बँधे हैं।"

भीम ने उठकर क्रुद्धवाणी में युधिष्ठिर से कहा, "आर्य, अब मैं सहन नहीं कर सकता। आपने जिन हाथों से जुए में द्रौपदी को हारा है, उन्हें मैं आग से जलाऊँगा। सहदेव, आग लाओ।"

अर्जुन बोले, "भाई भीम, इस विपत्ति में अपने ही अग्रज को हास्यास्पद मत बनाओ।"

दुर्योधन ने युधिष्ठिर से घमंड सहित कहा, "अपने राजकीय वस्त्र उतार डालो, अब तुम राजा नहीं रहे।"

युधिष्ठिर बोले, "हम पाँचों पांडव अपने उत्तरीय उतारे देते हैं। भाइयो, धर्म का पालन करो।"

यह सुन सब पांडव अपने राजसी वस्त्र उतारकर खड़े हो गए।

दु:शासन ने कृष्णा का वस्त्र खींचकर कहा, "अरी दासी, इस पाटंबर को उतार।"

कृष्णा ने कृष्ण का स्मरण कर पुकार की, "हे वासुदेव, अब तुम्हीं मेरी लाज रखो।"

भीमसेन बोले, "अरे पृथ्वी के राजा लोगों और अंतरिक्ष के देवताओ, सुनो, मैं यदि इस पापी दुःशासन के हृदय का रक्त चीरकर न पीऊँ तो पूर्वजों की गति को न प्राप्त होऊँ।"

कर्ण ने कहा, "बहुत हुआ! दु.शासन, इस दासी को तुम अंतःपुर में ले जाओ।"

दुःशासन द्रौपदी को खींचते हुए बोला, "चल री दासी!"

कृष्णा ने क्रोधित होकर कहा, "ठहर रे अधम! मैं कुरुकुल के गुरुजनों को प्रणाम कर लूँ।"

उसने आगे बढ़कर धृतराष्ट्र से कहा, "हे कुरुकुल के महाराज! मैं आपकी पुत्रवधू पांचाली आपको प्रणाम करती हूँ।"

धृतराष्ट्र बोले, "हे पतिव्रता, वर माँगो।"

"हे भरतवंश-विभूषण, मुझे वर दीजिए कि धर्मात्मा युधिष्ठिर दासभाव से छूट जाएँ।"

"ऐसा ही हो। और दूसरा वर माँगो, कल्याणी।"

"तो महाराज, अपने शस्त्रास्त्र सहित शेष पांडव भी दासभाव से मुक्त हो जाएँ।"

"ऐसा ही हो। पर तुम मेरी सब वधुओं में श्रेष्ठ हो, तुम एक और वर माँगो।"

"भगवन्, लोभ से महा अनर्थ होता है, इतना ही यथेष्ट है।"

कर्ण ने बाधा देकर कहा, "यह क्या? इस स्त्री ने पांडवों को स्वतंत्र करा लिया?"

भीम अपने क्रोध और अपमान की विवशता में उठकर खड़े हो गए।

युधिष्ठिर बोले, "भाई शांत हो। आओ, हम महाराज धृतराष्ट्र का अभिवादन करें।"

भाइयों सहित धृतराष्ट्र के निकट आकर युधिष्ठिर बोले, "महाराज, यह पांडुपुत्र, आपका अनुगत युधिष्ठिर आपको अभिनंदन कर यह पूछता है कि हमें आज्ञा दीजिए कि हम क्या करें?"

धृतराष्ट्र ने युधिष्ठिर से कहा, "तुम मेरी आज्ञा से हारे हुए धन के साथ बिना किसी विघ्न-बाधा के कुशलपूर्वक इंद्रप्रस्थ लौटकर राज्य-शासन करो। जहाँ विवेक-बुद्धि है, वहाँ शांति है। जो पुरुष वैर को स्मरण नहीं रखते, अवगुणों को नहीं देखते, किसी से विरोध नहीं रखते, वे ही उत्तम पुरुष हैं। कौरव-पांडवों के

समागम में तुमने श्रेष्ठ पुरुषों के समान ही आचरण किया है। दुर्योधन के कठोर बरताव को हृदय में मत रखना। तुममें धर्म है, अर्जुन में धैर्य है, भीम में पराक्रम है, नकुल–सहदेव में श्रद्धा एवं गुरु–सेवाभाव है, द्रौपदी में अटल पतिभक्ति है। तुम्हारा कल्याण हो, अब तुम अपने राज्य लौट जाओ।"

धृतराष्ट्र की आज्ञा मान युधिष्ठिर भाइयों और द्रौपदी सहित वहाँ से चलने के लिए उद्यत हुए।

यह देख शकुनि सहित दुर्योधन ने धृतराष्ट्र से कहा, "राजन्, आपने यह क्या किया? हमने तो न्यायपूर्वक पांडवों का सर्वस्व जीता है और आपने सब लौटा दिया। हमने जो उनका और द्रौपदी का अपमान किया है, उसे पांडव कभी न भूलेंगे, अवश्य बदला लेंगे। आप यदि हमारा हित और जीवन सुरक्षित चाहते हैं तो पांडवों को रोकिए और एक बार फिर द्यूत–क्रीड़ा का आदेश दीजिए। द्यूत–क्रीड़ा इस बार धन से नहीं, वनवास की शर्त पर होगी। यह प्रतिज्ञा रहेगी कि जो हारे, वह बारह वर्ष वनवास करे और तेरहवें वर्ष गुप्तवास करे। तेरह वर्ष बीत जाने पर उसका राज्य लौटा दिया जाएगा।"

यह सुन द्रोण, सोमदत्त, वाह्लीक, कृपाचार्य, विदुर, अश्वत्थामा, युयुत्सु, भूरिश्रवा, भीष्म, विकर्ण सभी ने इसका विरोध किया कि अब जुआ नहीं होना चाहिए।

दुर्योधन बोला, "महाराज, ये लोग पांडवों के हितैषी हैं, हमारे नहीं। आप इनकी बात पर ध्यान न देकर दोबारा खेलने की शीघ्र आज्ञा दीजिए, युधिष्ठिर प्रतीक्षा कर रहे हैं।"

धृतराष्ट्र ने पूछा, "युधिष्ठिर की क्या इच्छा है?"

युधिष्ठिर बोले, "मैं प्रेरित होने पर अस्वीकार नहीं कर सकता। मैं प्रस्तुत हूँ।"

धृतराष्ट्र ने आज्ञा देकर कहा, "तब ऐसा ही हो।

निदान फिर सब लोग यथासंभव अपने आसनों पर आकर बैठ गए और पाँसा फेंकने का वस्त्र पूर्व स्थान पर फिर बिछा दिया गया।

दुर्योधन ने शकुनि से कहा, "मातुल, पाँसा फेंकिए।"

युधिष्ठिर भी बोले, "फेंकिए पाँसा।"

शकुनि ने पाँसा फेंका, परंतु पाँसा शकुनि के अनुकूल और भाग्य युधिष्ठिर के विपरीत था।

दुर्योधन ने हँसकर कहा, "महाराज युधिष्ठिर, राजसूय–यज्ञ के समय जिस

मृगचर्म को पहनने का अभ्यास किया था, वही अब पहनिए। अरे दासी, इन प्रतापी पांडवों के सब राज-परिच्छद उतार, इन्हें मृगछाला पहना। द्रौपदी को भी मृगछाला दे।"

भीमसेन ने क्रोध में भरकर कहा, "दुर्योधन, इसी गदा से मैं तेरा उरुभंग करूँगा और इस दुःशासन के हृदय का रक्तपान करूँगा।"

विदुर ने कहा, "कुमारो, राजमाता आर्या कुंती वनगमन के योग्य नहीं हैं। वह कोमलांगी और वृद्धा हैं। अतः वे मेरे पास सुखपूर्वक रहेंगी।"

माता से विदुर के पास रहने का आग्रह कर पांडव वहाँ से चल दिए।

हस्तिनापुर के वैभवशाली महलों में रहनेवाली चारों वर्गों की स्त्रियाँ अपने-अपने भवनों की खिड़कियों के परदे हटाकर पांडवों का वनगमन देखने लगीं। सब पांडवों ने मृगचर्म धारण कर रखा था। वे पैदल चल रहे थे। द्रौपदी भी उनके साथ पैदल चल रही थी। उसके शरीर पर एक ही वस्त्र था, केश खुले हुए थे और उनके नेत्रों में आँसू भरे हुए थे। उस कोमलांगी की ऐसी अवस्था देख सभी लोग दुःख-शोक से पीड़ित हो आँसू बहाने लगे। वे दुर्योधन और शकुनि को बार-बार धिक्कारने लगे। उन्होंने कहा, "जहाँ धर्मात्मा पांडव जाएँगे, हम भी उनके साथ वहीं वनगमन करेंगे।" युधिष्ठिर के समझाने पर भी बहुत लोग उनके पीछे हो लिये। पुरोहित धौम्य भी साथ थे।

□

पांचाली का वैकल्य

संध्या हो रही थी, जब वे नगर से बाहर चलकर गंगा-तट पर पहुँचे।

गंगा-तट पर पहुँचकर युधिष्ठिर ने नगरवासियों से कहा, "प्रिय नगर निवासियो, बहुत हुआ। हमारे प्रेम में आप यहाँ तक कष्ट करके आए। अब सब अपने-अपने घर लौट जाओ और धर्मपूर्वक जीवन व्यतीत करो।"

परंतु लोगों ने उत्तर दिया, "महाराज की दुहाई, हम महाराज की सेवा ही में रहना चाहते हैं।"

"किंतु अब हम महाराज कहाँ हैं, बनवासी हैं। हमारे साथ रहने से क्या लाभ?"

"आप में दिव्य गुण हैं, आप धर्मपूर्वक प्रजा-पालन करना जानते हैं। अच्छी और बुरी संगति ही से मनुष्य की प्रकृति में गुण-दोष आते हैं। तिल, जल, भूमि, वस्त्र जैसे फूलों के साथ रहने से सुवासित हो जाते हैं, उसी प्रकार अच्छी संगति से मनुष्य गुणी हो जाता है। आपके साथ रहना से हमें अनेक गुण प्राप्त होंगे।"

इस समय बहुत से ब्राह्मण भी वहाँ आ पहुँचे और कहने लगे, "महाराज की जय हो, हम सब भी आपके साथ ही रहेंगे।"

युधिष्ठिर ने दुःखित भाव से कहा, "हमारा राज्य और धन छिन गया है। फिर हम आपकी सेवा कैसे करेंगे?"

"हम कंद-मूल-फल पर संतोष करेंगे।"

"परंतु शोक-संतप्त मेरे ये वीर भाई तो आपको कंद-मूल-फल से भी संतुष्ट न कर सकेंगे।"

"हम स्वयं अपना आहार ढूँढ़ लाया करेंगे और उत्तम कथा-वार्त्ता सुनाकर आपका चित्त प्रसन्न करेंगे।"

यह सुन युधिष्ठिर निरुत्तर हो दुःखी भाव से पृथ्वी पर बैठ गए।

शौनक ऋषि ने कहा, "महाराज, शोक और भय से मूर्ख ही घबराते हैं, ज्ञानी नहीं।"

युधिष्ठिर ने उत्तर दिया, "मैं अपने लिए दुःखी नहीं हूँ। इन तपस्वी ब्राह्मणों के लिए दुःखी हूँ। इनकी सेवा मैं निर्धन कैसे करूँगा?"

"आप तप से इनकी सेवा कीजिए। मैं ऐसी व्यवस्था करूँगा कि हजार ब्राह्मणों को नित्य भोजन मिलता रहे। अब चलिए, द्वैतवन में हम लोग आराम से रह सकेंगे। वहाँ मीठे जल की नदियाँ और स्वादिष्ट फल-मूल हैं तथा ऋतु सुहावनी है।"

युधिष्ठिर बोले, "तब ऐसा ही सही। भाई अर्जुन, कृष्ण को अपनी इस विपत्ति की सूचना दे दो। वे शाल्व से युद्ध करने गए हैं, वहाँ से लौटते ही द्वैतवन में हमसे मिलें। तब आवश्यक परामर्श करके अपना कर्तव्य निश्चित किया जाए।"

गंगा-तट से चलकर वे सब कुरुक्षेत्र पहुँचे। यमुना, सरस्वती और दृषद्वती नदियों को पार कर पश्चिम दिशा में ही एक वन से दूसरे वन में चलते हुए अनेक वनों को पार कर, सरस्वती-तट पर स्थित मरुस्थली के समीप द्वैतवन में आकर उन्होंने अपना आवास बनाया।

पांडवों को अश्रुपूरित नेत्रों से विदा कर जब पुरवासी ब्राह्मण नगर में लौटे, तब उन्होंने धर्मपरायणा कृष्णा का वस्त्र खींचे जाने के कारण क्रोधित होकर सायंकाल राजभवन में अग्निहोत्र नहीं किया। उन्होंने कहा—

"पांचालकुमारी द्रौपदी तपस्विनी है। वह अग्नि के कुल में उत्पन्न हुई और अनुपम सुंदरी है। वह धर्मात्मा और यशस्विनी है। उसे भरी सभा में खींचकर लानेवाले दुष्टों ने अपनी मृत्यु बुलाई है।"

जिस समय शोकातुर विदुर धृतराष्ट्र से पांडवों के वनगमन की करुणाजनक दशा और नगरवासियों के शोक का वर्णन कर रहे थे, उस समय महर्षि नारद कौरवों के सम्मुख आ उपस्थित हुए और बोले, "आज़ से चौदहवें वर्ष में दुर्योधन के अपराध से भीम और अर्जुन के पराक्रम द्वारा कौरव-कुल नष्ट होगा।"

यह कह वे तुरंत ही वहाँ से चले गए।

उधर द्वारकापुरी में अभी कृष्ण पांडवों का राजसूय-यज्ञ समाप्त कर लौटे नहीं थे, मार्ग में ही थे कि शिशुपाल-वध से क्रोधित होकर सौभनगर के असुर राजा शाल्व ने कृष्ण से बदला लेने का निश्चय किया। इस सुअवसर को पाकर उसने कृष्णविहीन द्वारका पर आक्रमण कर अनेक वृष्णिवंशियों को मार डाला तथा नगर

को आक्रांत किया। उग्रसेन, उद्भव, रुक्मिणी-पुत्र चारुदेष्ण, जांबवती-पुत्र सांब और प्रद्युम्न ने शाल्व का सामना किया। यद्यपि शाल्व बहुत बली था, फिर भी प्रद्युम्न के पैने बाणों से आहत होकर वह मूर्च्छित हो, अपने रथ में गिर पड़ा। मूर्च्छा टूटने पर उसने रथ को अपने देश की ओर मोड़ने की आज्ञा दी।

जब कृष्ण द्वारका लौटे, तब उन्हें शत्रु द्वारा आक्रांत हुई द्वारका की दुर्दशा देखकर बहुत दुःख हुआ। शाल्व के आक्रमण का भयानक वृत्तांत सुनकर उसे दंड देने के लिए वे तत्काल वहाँ से चल दिए। मर्त्तिकावर्त नगर में पहुँचकर उन्हें ज्ञात हुआ कि शाल्व समुद्र-तट की ओर गया है। कृष्ण ने समुद्र-तट पर पहुँचकर शाल्व को रथ में आरूढ़ देखा। उसे देखते ही उन्होंने बाण छोड़े। शीघ्र ही दोनों ओर से घमासान युद्ध होने लगा, परंतु असुरों के मायाजाल से कृष्ण के सभी प्रयास व्यर्थ हुए।

कृष्ण के सारथी दारुक ने कहा, "महाबाहु, इस असुर के प्रति कोमल भाव त्याग इसका वध कीजिए। जब तक यह अपने मायावी रथ सौभविमान पर स्थित है, तब तक इसकी मृत्यु न होगी।"

सारथी की यह बात सुन कृष्ण ने धनुष पर आग्नेय अस्त्र चढ़ाकर छोड़ा। आग्नेय-अस्त्र दानवों का संहार करनेवाला अस्त्र था, परंतु शाल्व अपने सौभ-विमान सहित ऊपर आकाश में उड़कर अदृश्य हो गया। यह देख कृष्ण ने सुदर्शन-चक्र का स्मरण किया। उसके उँगली पर आते ही उसे घुमाकर उन्होंने छोड़ दिया। चक्र ने आकाश में उड़कर सौभ-विमान को टुकड़े-टुकड़े कर पृथ्वी पर गिरा दिया। अब शाल्व पृथ्वी पर आ, गदा लेकर कृष्ण की ओर झपटा, परंतु कृष्ण ने सुदर्शन-चक्र चलाकर उसके शरीर को चार खंडों में काट डाला।

शाल्व को मारकर द्वारकापुरी पहुँचने पर कृष्ण को पांडवों की द्यूत-क्रीड़ा तथा हारने पर वनगमन और युधिष्ठिर द्वारा बुलाए जाने का समाचार मिला, जिसे सुनकर वे बहुत दुःखी हुए। उन्होंने तुरंत पांडवों से भेंट करने के लिए उनके वनवास-स्थल की यात्रा की।

वनवास के कष्टों से द्रौपदी और भीम बहुत पीड़ित थे। क्षुब्ध होकर एक दिन अवसर पाकर द्रौपदी ने युधिष्ठिर से कहा, "महाराज, आपका और मेरा दुर्योधन ने इतना अपमान किया। आप अस्त्र-शस्त्र के महाज्ञाता धनुर्धर हैं। युद्ध में आपके सम्मुख देव, दैत्व, मनुष्य, अमानुष कोई ठहर नहीं सकता, फिर क्या कारण है कि आप चुपचाप कष्ट सह रहे हैं? आप क्षात्र-तेज को भूल गए? आप क्षत्रिय होते

हुए भी क्रोध-शून्य हैं, आश्चर्य की बात है! जो क्षत्रिय अपने शत्रु को सदा क्षमा करता है, वह शीघ्र नष्ट हो जाता है। क्षमा और क्रोध दोनों ही अपने-अपने स्थान पर शोभा देते हैं।"

द्रौपदी की इस क्षोभपूर्ण वेदना को समझकर युधिष्ठिर ने उत्तर दिया, "प्रिये, क्रोध मनुष्य के नाश का कारण है। क्रोध के वशीभूत होकर मनुष्य ऐसे काम कर डालता है कि पीछे उसे पछताना पड़ता है। जो बुद्धि के द्वारा क्रोध को रोक लेता है, वह गुणवान और तेजस्वी हो जाता है। क्रोध को रोकने से ही उन्नति, ऐश्वर्य और सुख प्राप्त हो सकते हैं।"

"परंतु इससे बलहीन व्यक्ति की दशा शोचनीय हो जाती है।"

"यह ठीक है, परंतु जो धर्म में रत हैं, उनका कल्याण ही होता है।"

"परंतु कर्म करना और पुरुषार्थ में लगे रहना ही तो धर्म है। कर्म ही से सिद्धि-प्राप्ति होती है।"

"फल का विचार छोड़ कर्तव्य-भाव से कर्मरत होना ही धर्म है।"

यह सुन भीम ने ठंडी साँस लेकर कहा, "महाराज, आपके धर्म ही के कारण हम यह कष्ट भोग रहे हैं। जिस धर्म से बंधुओं और पत्नी को कष्ट मिले, वह धर्म नहीं, व्यसन है। धर्म से तो काम और अर्थ की प्राप्ति होनी चाहिए। हमारा धर्म तो युद्ध है।"

युधिष्ठिर ने दुःखित होकर उत्तर दिया, "तुम्हारा दुःख तो समझ में आता है, परंतु मैं सत्य को नहीं छोड़ूँगा। हमें तेरह वर्ष प्रतीक्षा करनी ही होगी।"

"कौन जाने हम तेरह वर्ष जीवित भी रहें या नहीं। हमें युद्ध करके अपना राज्य ले लेना चाहिए।"

"भाई भीम, तुम बिना आगा-पीछा सोचे केवल अपने बल पर यह कह रहे हो, परंतु दुर्योधन भी धन-मान-मित्र से संपन्न है, उसके साथ भी बहुतेरे पराक्रमी योद्धा हैं, उन्हें मारे बिना दुर्योधन को मारना संभव नहीं है, इसलिए हमें तैयारी की आवश्यकता है। कृष्ण को आने दो। वे हमारे मित्रों और सहायकों को तैयार करेंगे। अर्जुन को गंधमादन पर्वत लाँघ इंद्र के पास जाकर दिव्यास्त्रों की प्राप्ति करनी चाहिए। इस बीच दुर्मद दुर्योधन ऐश्वर्य से विमोहित हो अप्रिय हो जाएगा। तब हमारा यत्न सफल होगा।"

□

आत्मप्रतारणा

"पांडवों को वन भेजकर दुर्योधन अपनी मित्रमंडली में बैठकर वनवास में पांडवों के कष्टों का आह्लादपूर्वक वर्णन करके अपनी संस्कारहीन द्वेष-भावना को तृप्त करता रहता था। उसके सहायक कर्ण, शकुनी और दु:शासन उसकी दुर्भावनाओं को बढ़ावा ही देते थे। वनवास के कुछ वर्ष बीत जाने पर दुर्योधन ने एक दिन उनसे कहा, "राजसूय में किए हुए अपमान का ठीक बदला चुका दिया गया। मेरा उपहास करनेवाली द्रौपदी को एकवस्त्रा होने पर भी सभा में घसीट लाया गया और नए साम्राज्य का स्वप्न देखनेवाले पांडव दर-दर भीख माँगने वन में चले गए। अब मैं बहुत प्रसन्न हूँ।"

कर्ण बोला, "परंतु महाराज, पांडव पुरुषार्थी जीव हैं, अवधि की समाप्ति पर वे अवश्य उपद्रव करेंगे।"

शकुनि ने कहा, "अरे, क्या अब वे हमारे सम्मुख आने का साहस करेंगे? वे भिखारी हैं, भिखारी ही रहेंगे।"

इसी समय सहसा द्रोण वहाँ आए। सबने उठकर उन्हें प्रणाम किया। वे बोले, "शकुनि, ऐसा क्यों कहते हो? क्या कुरुराज दुर्योधन अपनी प्रतिज्ञा का पालन न करेंगे?"

दुर्योधन ने उत्तर दिया, "आचार्य, कुरुकुल का एकमात्र अधिपति मैं ही हूँ, युधिष्ठिर नहीं।"

"क्यों नहीं? क्या वह तुम्हारा भाई नहीं?"

"नहीं आचार्य, पांडव हमारे भाई नहीं हैं। वे अज्ञात पुरुषों की क्षेत्रज संतान हैं। फिर भाई होने से क्या हुआ? क्या हर भाई को राज्य बाँटा जाता है? फिर तो मेरे राज्य के एक सौ पाँच भाग करने होंगे।"

"पुत्र कुरुराज, परंतप कुरुकुलपति धृतराष्ट्र ने उन्हें खांडवप्रस्थ का राज्य दे दिया था, फिर ऐसी बात कहने से अब क्या लाभ? यदि वे प्रतिज्ञा पूरी करके आ जाएँ···"

"तो देखा जाएगा आचार्य, वीरभोग्या वसुंधरा।"

"पुत्र दुर्योधन, सत्य, धर्म, प्रेम और कर्तव्य को विचारो। तुम प्रतापी कुरुकुल के प्रदीप हो।"

यह कहकर वे रुष्ट होकर वहाँ से चले गए।

दुर्योधन ने कहा, "आचार्य तो रुष्ट हो गए।"

कर्ण बोला, "उन्हें मना लिया जाएगा। वे तो सदैव ही पांडवों के गीत गाते हैं।"

शकुनि ने कहा, "क्यों नहीं गाएँगे? क्या वे भूल जाएँगे कि पांचाल राज को बंदी बनाकर अर्जुन ने उनके मान की रक्षा की थी? अब वे पांडवों का हित सोचें तो इसमें आश्चर्य क्या?"

दुर्योधन तनिक चिंतित होकर बोला, "किंतु हमें आचार्य को मनाना पड़ेगा।"

"ये सब मूर्खता की बातें हैं। अर्थस्य पुरुषो दासः।"

"यह तो ठीक है मामा, परंतु आचार्य हमारे पक्ष के एक तेजवान पुरुष हैं, फिर उनके पुत्र अश्वत्थामा भी त्रिविक्रम पुरुष हैं। उन्हें संतुष्ट रखना ही होगा।"

"ब्राह्मण को संतुष्ट रखना तो कुरुराज स्वयं ही जानते हैं, मिष्टान्न-भोजन और स्वर्ण-दक्षिणा···!"

दुर्योधन ने हँसकर वाक्य पूरा किया, "और विनम्र प्रणाम।"

"बस-बस, सबकुछ हो गया! हाँ, क्यों न एक बार वन में चलकर पांडवों की दुर्दशा को आँखों से देखा जाए और उन्हें चिढ़ाया जाए?"

दुःशासन बोला, "इंद्रप्रस्थ के मय असुर द्वारा निर्मित सभा-भवन में महाराज दुर्योधन का उपहास करनेवाली दासी द्रौपदी अब किस प्रकार वन की पर्णकुटी में विहार कर रही है, जरा देखना चाहिए।"

दुर्योधन ने हँसकर कहा, "तब तो तैयारी करो! मैं महाराज से कोई बहाना बनाकर आज्ञा प्राप्त कर लूँगा।"

धृतराष्ट्र से घोषयात्रा का बहाना बनाकर दुर्योधन की मंडली द्वैतवन पहुँची। अनेक दास-दासियाँ और सैनिक भी साथ थे। उन्होंने सरोवर के निकट उस स्थान पर पड़ाव डाला, जहाँ से थोड़ी दूर पर ही पांडव रहते थे। सरोवर का स्वच्छ जल

और उसकी शोभा देखकर अपनी रानियों सहित जल-क्रीड़ा करने के लिए दुर्योधन ने वहाँ एक जल-विहार बनाने का आदेश दिया। उसी सरोवर-तट पर गंधर्वराज चित्ररथ पहले से ही अपने गंधर्वों सहित आकर आमोद-प्रमोद के लिए ठहरा हुआ था। दुर्योधन के आदमियों ने उनसे वह स्थान खाली करने को कहा, परंतु गंधर्वों ने उनको भयभीत करके भगा दिया। सेवकों ने जब यह समाचार दुर्योधन से कहा, तब उसने कहा, "गंधर्वों को बलपूर्वक वहाँ से हटा दो।"

दुर्योधन के सेनानायक फिर सरोवर-तट पर गए और बोले, "महाबली दुर्योधन के विहार के लिए यह स्थान खाली कर दो, नहीं तो बलपूर्वक तुम्हें भगा दिया जाएगा।"

यह सुनकर गंधर्व जोर से हँसे। उन्होंने कहा, "मालूम होता है, दुर्बुद्धि दुर्योधन महामूर्ख है और अब वह अपनी मृत्यु बुलाना चाहता है।"

सेनानायक ने लौटकर दुर्योधन को यही उत्तर सुना दिया।

गंधर्वों के इस अशिष्ट व्यवहार से क्रोधित होकर दुर्योधन ने अपने भाइयों और वीर सैनिकों को गंधर्वों को दंड देने के लिए भेजा।

पहले तो गंधर्वों ने कौरव-दल को समझा-बुझाकर लौटाना चाहा, पर उनके न मानने पर उन्होंने अपने स्वामी चित्ररथ से जाकर सब हाल कहा।

चित्ररथ ने दुर्योधन के सैन्य को दंड देने की आज्ञा दी। महाबली और अजेय गंधर्वों के भीषण आक्रमण से भयभीत होकर दुःशासन आदि महारथी इधर-उधर भाग गए। परंतु कर्ण ने स्थिर होकर सामना किया। कर्ण ने क्षरप्र, भल्ल, वत्सदंत आदि लोहे के तीक्ष्ण बाणों से सैकड़ों गंधर्व घायल कर दिए, सैकड़ों मार गिराए। अपने सैनिकों का वध देखकर चित्रसेन बहुत क्रोधित हुआ। चित्ररथ विचित्र युद्धकला में निपुण था। वह मायामय अस्त्रों का सहारा लेकर कौरवों पर टूट पड़ा। कौरव-सेना के एक-एक मनुष्य पर दस-दस गंधर्व टूट पड़े। कौरवों की सेना भाग खड़ी हुई। कर्ण, दुर्योधन और शकुनि घायल होने पर भी युद्ध करते रहे। कर्ण को चारों ओर से घेरकर खड्ग, पट्टिस, शूल, गदा से आक्रमण करके गंधर्वों ने उसके रथ का धुरा, ध्वजा, पहिए, छत्र आदि खंड-खंड कर रथ का भी खंड-खंड कर डाला। कर्ण रथ से कूदकर विकर्ण के रथ पर बैठ युद्धभूमि से भाग गया। कर्ण को भागता देखकर दुर्योधन के सभी साथी भाग खड़े हुए। अकेला दुर्योधन लड़ता रहा। गंधर्वों ने उसके रथ को घेरकर रथ के युगदूषा, ध्वजा, त्रिवेणु, बैठक आदि भागों को टुकड़े-टुकड़े कर सारथी समेत घोड़ों को मार डाला। दुर्योधन को रथ से

हीन पृथ्वी पर गिरा देखकर गंधर्वों ने उसे पकड़कर बाँध लिया।

दुर्योधन की सेना के बचे हुए लोग टूटे-फूटे छकड़े, टूटी ध्वजाएँ और बचा हुआ सामान लेकर भागे-भागे पांडवों के पास आए। उन्होंने चिल्लाकर कहा, "पांडवो, रक्षा करो! दुष्ट गंधर्व कौरवों की सेना को परास्त कर महाराज दुर्योधन को बाँधकर लिये जा रहे हैं। स्त्रियों को भी उन्होंने नहीं छोड़ा। आप उन्हें छुड़ाइए।"

यह सुनकर युधिष्ठिर ने अपने भाइयों को दुर्योधन को छुड़ा लाने की आज्ञा दी।

अर्जुन, भीम आदि को अस्त्र-शस्त्र सज्जित हो अपनी ओर आते देख गंधर्वराज के सैनिक उनसे युद्ध करने के लिए खड़े हो गए। अर्जुन ने कहा, "गंधर्वो, तुम मेरे भाई दुर्योधन को छोड़ दो तो युद्ध की आवश्यकता नहीं है।"

गंधर्वों ने उत्तर दिया, "हम केवल अपने स्वामी गंधर्वराज चित्ररथ की आज्ञा मानते हैं।"

अर्जुन ने कहा, "तुम धर्मराज युधिष्ठिर की आज्ञा मानकर दुर्योधन और इन स्त्रियों को तुरंत छोड़ दो, नहीं तो मैं तुम सबको मारकर इन्हें छुड़ा लूँगा।"

अब पांडवों और गंधर्वों का युद्ध छिड़ गया। हजारों गंधर्व चार पांडवों से युद्ध कर रहे थे। गंधर्वों ने कर्ण और दुर्योधन के रथ की भाँति पांडवों के रथ के भी टुकड़े-टुकड़े कर डाले। दोनों ओर से अनगिनत बाण बरस रहे थे। आकाशचारी गंधर्व सैनिक बाण बरसाकर पांडवों से घनघोर युद्ध कर रहे थे, परंतु अर्जुन के तीक्ष्ण बाणों से त्रस्त होकर वे शीघ्र ही परास्त होने लगे। अर्जुन ने स्थूलाकर्ण, इंद्रजाल, सौर, आग्नेय और सौम्य आदि दिव्य-अस्त्र चलाकर गंधर्वों के अस्त्रों को व्यर्थ कर दिया। फिर अर्जुन ने भल्ल अस्त्र चलाकर गंधर्वों की गति रोक दी। अपनी सेना की दुर्गति देखकर स्वयं चित्ररथ ने माया-बल से अदृश्य रहकर अर्जुन पर गदा से प्रहार किया, परंतु अर्जुन ने अपने बाणों से गदा के भी दो टुकड़े कर दिए। गदा और खड्ग व्यर्थ होने पर चित्ररथ दिव्य-अस्त्रों का प्रयोग करने लगा। अर्जुन ने भी प्रतिसंहार अस्त्रों से प्रहार किए।

अर्जुन की प्रतिसंहार शक्ति से व्याकुल होकर चित्ररथ मायाबल त्याग प्रकट रूप से सामने आकर बोला, "अर्जुन, मैं हूँ तुम्हारा प्रिय मित्र, चित्ररथ!"

युद्ध रुक गया।

अर्जुन ने हँसकर अपने पूर्व परिचित मित्र चित्ररथ से पूछा, "हे वीर, तुमने

किसलिए इन कौरवों को इस तरह परास्त किया? स्त्रियों सहित दुर्योधन को पकड़ने और अपमानित करने का क्या अभिप्राय है?"

चित्ररथ ने उत्तर दिया, "इंद्र को अपने लोक में ही दुर्योधन और दुष्ट कर्ण का विचार ज्ञात हो गया था। पापी दुर्योधन, यह जानकर कि तुम लोग वन में क्लेश भोग रहे हो, उस दुर्दशा में तुम्हें देखने आया था। ये सब कौरव यशस्विनी द्रौपदी को दुर्दशा में देखने और हँसने आए थे। इन लोगों की इस बुरी प्रवृत्ति को जानकर इंद्र ने मुझसे कहा, 'जाओ, मंत्रियों और सेवकों सहित दुष्ट दुर्योधन को यहाँ मेरे पास पकड़ लाओ। युद्ध में भाइयों सहित अर्जुन की रक्षा करना, अर्जुन तुम्हारे सखा और शिष्य हैं।'

"मित्र अर्जुन, देवराज इंद्र की इसी आज्ञा से मैं यहाँ आया था। अब मैं इस दुरात्मा दुर्योधन को कैद कर चुका हूँ, इसलिए इंद्र की आज्ञा के अनुसार इसे उनके पास ले जाऊँगा।"

अर्जुन ने कहा, "मित्र चित्ररथ, यदि तुम मेरा प्रिय करना चाहते हो तो धर्मराज की आज्ञा के अनुसार हमारे भाई दुर्योधन को छोड़ दो।

"इस घमंडी पापी को छोड़ देना ठीक नहीं है। इसने धर्मराज का धोखा दिया और द्रौपदी का अपमान किया। इसके बुरे विचारों और दुष्ट चेष्टाओं को वे नहीं जानते, फिर भी तुम्हारी इच्छा हो तो इसे धर्मराज पास ले चलो, वे सब हाल सुनकर जो कुछ कहें, वही करो।"

सब लोग युधिष्ठिर के पास गए। युधिष्ठिर ने चित्ररथ के मुँह से दुर्योधन की करनी का हाल सुनकर भी उसको भाइयों और रानियों सहित छुड़वा दिया। फिर गंधर्वों की बहुत बड़ाई करके धर्मराज ने कहा, "हे गंधर्वराज, तुमने बलवान होकर भी मंत्री और बांधवों सहित दुराचारी दुर्योधन को मार नहीं डाला, यह बड़े ही भाग्य की बात है। तुमने यह मेरा बड़ा उपकार किया। दुर्योधन के मुक्त हो जाने से मेरा कुल, अपमान और कलंक से बच गया।"

युधिष्ठिर की बात मानकर चित्ररथ आदि गंधर्व दुर्योधन को मुक्त कर प्रसन्नतापूर्वक अपने लोक को चले गए।

युधिष्ठिर दुर्योधन से सहज प्रेम से बोले, "भाई दुर्योधन, तुम्हारा स्वागत है, आओ आलिंगन करो।"

दुर्योधन ने लज्जित होकर उत्तर दिया, "हाय, अब मैं उपवास करके अपने प्राण त्यागूँगा!"

युधिष्ठिर ने उसका आलिंगन कर कहा, "इतनी आत्म-प्रतारणा क्यों? आओ, मेरे समीप आकर बैठो। भाई भीम, अर्जुन, सहदेव, नकुल तुम सब इन मान्य-अतिथियों का तन-मन से सत्कार करो।"

परंतु दुर्योधन ने कुछ भी स्वीकार नहीं किया। वह पांडवों से विदा ले तुरंत वहाँ से चल दिया।

□

अर्जुन का तप

वनवास के दिनों में पांडव विशुद्ध बाण से मारे गए मृगों के मांस और फल-मूल आदि खाद्य-वस्तुएँ, पहले अपने आश्रित ब्राह्मण को खिलाकर फिर स्वयं भोजन करते थे। कुछ अग्निहोत्री और निरग्निक ब्राह्मण भी उनके साथ रहते थे। महाराज युधिष्ठिर बाणों से रूरू और कृष्णसार आदि विशुद्ध वन-मृगों और अन्य जंतुओं को मारकर अनेक ब्राह्मणों, महात्मा, स्नातकों और दस मोक्षतत्त्व के ज्ञाता ब्राह्मणों का पालन-पोषण करते थे। जहाँ युधिष्ठिर रहते थे, वहाँ कोई विवर्ण, व्याधिग्रस्त, दुबला, दीन या भय पीड़ित नहीं दिखाई पड़ता था। महाराज युधिष्ठिर अपने भाइयों का पुत्र की भाँति और जातिवालों का सगे भाई की भाँति पालन करते थे। यशस्विनी द्रौपदी भी अपने पतियों और ब्राह्मणों को माता की तरह भोजन कराकर पीछे आप भोजन करती थीं। चारों भाई नित्य शिकार करने जाते थे। धर्मराज पूर्व ओर, भीमसेन दक्षिण ओर, नकुल पश्चिम और सहदेव उत्तर ओर जाकर शिकार करते थे। अर्जुन आवास की रक्षा और द्रौपदी की सहायता के लिए तत्पर रहते थे।

एक दिन महर्षि व्यास ने आकर अर्जुन को प्रतिस्मृति-विद्या दी और कहा, "यह विद्या पाने से तुम अब इंद्र, महादेव आदि देवताओं से अजेय अस्त्रों की प्राप्ति कर सकते हो। तुम उत्तर दिशा की ओर जाकर इंद्र का आह्वान करो। देवताओं ने वृत्रासुर के संकट के समय इंद्र को अनेक दिव्य अस्त्र और शक्तियाँ दी थीं, वे सभी अस्त्र तुम्हें इंद्र से मिल जाएँगे।"

गुरु तुल्य व्यास की आज्ञा मान सबसे विदा और अपने अस्त्र-शस्त्र लेकर अर्जुन उत्तर दिशा की ओर चल दिए। गंधमादन-पर्वत लाँघकर वे इंद्रकील पर्वत पर पहुँचे। वहाँ पहुँचते ही उन्हें 'ठहरो' शब्द सुनाई पड़ा।

उन्होंने देखा, एक वृक्ष के नीचे एक तेजस्वी, परंतु शरीर से दुबला-पतला ब्राह्मण बैठा हुआ है। ब्राह्मण ने पूछा, "वत्स, तुम कौन हो? यहाँ तो तपस्वी लोग

रहते हैं, यहाँ अस्त्र-शस्त्रों का क्या काम? तुम अपने सभी अस्त्र-शस्त्र उतारकर फेंक दो।"

परंतु ब्राह्मण के बार-बार कहने पर भी जब अर्जुन ने ऐसा नहीं किया, तब ब्राह्मण ने हँसते हुए कहा, "अर्जुन, मैं ही इंद्र हूँ, वर माँगो!"

अर्जुन ने उन्हें सादर प्रणाम कर कहा, "मुझे समस्त दिव्य अस्त्र-शस्त्र दीजिए।"

इंद्र ने कहा, "जब मेरे लोक में आ गए हो, तब अस्त्र-शस्त्र लेकर क्या करोगे? अन्य कोई वस्तु माँगो।"

अर्जुन ने उत्तर दिया, "मैं अपने भाइयों को वन में छोड़कर आया है। युद्ध के लिए अस्त्र-शस्त्र लेने और दिव्य अस्त्र-विद्या सीखने आया हूँ।"

"तुम्हें वह सब दिव्य अस्त्र-शस्त्र मैं तब दूँगा, जब तुम यहीं रहकर तपस्या कर महादेव के दर्शन प्राप्त कर लोगे।"

यह कहकर इंद्र वहाँ से चले गए। अर्जुन वहीं रहकर महादेव की उपासना करने लगे। चार महीने घोर तपस्या करने के बाद शिवजी किरात का वेश धारण कर पिनाक धनुष और सर्प-बाण ले पार्वती सहित अर्जुन के पास आए। उस समय मूक दैत्य वाराह का रूप धारण कर अर्जुन को मारने को उद्यत था। यह देख अर्जुन धनुष पर तीर चढ़ाकर छोड़ने ही वाले थे कि शिव ने कहा, "इसे मत मारो, यह मेरा शिकार है।"

अर्जुन ने किरात वेशधारी शिव की बात अमान्य कर ज्यों ही बाण चलाया, किरात ने भी वज्र के समान घोर अग्नि-शिखायुक्त एक बाण चला दिया। दोनों के बाण एक साथ मूक दैत्य के शरीर में लगे और वह तत्क्षण मरकर गिर पड़ा।

अर्जुन ने कहा, "किरात, मेरे लक्ष्य पर तुमने अपना बाण क्यों चलाया? मैं तुम्हें अवश्य दंड दूँगा।"

किरात मुसकराकर बोले, "यहाँ जंगल में अनेक दैत्य और भयानक जीव रहते हैं। हम तो उन्हें मारने के लिए ही विचरते रहते हैं। परंतु तुम क्यों इस दुर्गम पर्वतीय स्थल पर विचरते फिर रहे हो?"

अर्जुन ने कहा, "जब मैं पहले ही शर-संधान कर चुका था, तब तुमने क्यों शर-संधान किया? लो, मैं इस अपराध में तुम्हारा वध करता हूँ, रोको।"

किरात ने बाधा नहीं दी। अर्जुन ने अनेक बाण मारे, परंतु किरात ने बाधा नहीं दी। बाण उसकी देह से टकराकर भूमि पर गिर जाते थे।

किरात को तनिक भी आहत होते न देख अर्जुन बड़े विस्मित हुए। सब बाण चूक जाने पर अर्जुन ने धनुष के अग्रभाग से किरात को पकड़ा और घूँसे मारने आरंभ किए। किरात ने झट उनसे धनुष छीन लिया। तब अर्जुन ने अपना खड्ग निकालकर प्रहार किया। परंतु खड्ग किरात के मस्तक से टकराते ही टूट गया। फिर अर्जुन शिलाओं से युद्ध करने लगे। वह भी व्यर्थ देख फिर घूँसे मारने लगे। अंत में किरात ने उन्हें पकड़ उठाकर पटक दिया, जिससे वे मूर्च्छित हो गए। मूर्च्छा टूटने पर उन्होंने किरात-वेश में साक्षात् महादेव के दर्शन किए, यह देख वे उनके चरणों में गिर पड़े।

किरात वेश त्यागकर महादेव बोले, "अर्जुन, तुम्हारे साहस और शौर्य को देखकर मैं प्रसन्न हूँ। मैं तुम्हें दिव्य-दृष्टि देता हूँ। यह ब्रह्मशिरा नामक पाशुपत-अस्त्र भी देता हूँ, परंतु इसे एकाएक न चलाना, क्योंकि यह सारे जगत् को भस्म कर सकता है।"

महादेव ने संहार-प्रतिसंहार आदि मंत्र भी बता दिए।

महादेव के चले जाने पर वरुण, यम और इंद्र वहाँ आए।

यम ने कहा, "मैं तुम्हें अपना दंड देता हूँ, इसके द्वारा तुम बड़े-बड़े काम कर सकोगे।"

वरुण ने कहा, "मैं संहार और प्रतिसंहार के मंत्रों सहित अपना यह 'अनिवार्य अस्त्रपाश' देता हूँ।"

कुबेर ने कहा, "मैं तुम्हें अपना दिव्य शत्रुनाशक 'प्रस्वापन शास्त्र' देता हूँ।"

इंद्र ने कहा, "पुत्र, तुमने अपने तप से महादेव को प्रसन्न किया है, अब मैं जाकर अपना रथ भेजता हूँ, उस पर बैठकर मेरे धाम में आओ, तब मैं तुम्हें और भी दिव्यास्त्र दूँगा।"

इंद्र के जाने के कुछ देर बाद एक ज्योतिर्मय रथ आया और अर्जुन उसमें बैठकर इंद्रधाम पहुँचे। अर्जुन वहाँ पाँच वर्ष रहे। महेंद्र से वज्र, अशनि, दिव्य-अस्त्र तथा अन्य विद्याएँ भी सीखीं। चित्ररथ गंधर्व से नाचना, गाना और वाद्य भी सीखा। अग्नि, वरुण, चंद्र, वायु, विष्णु, ब्रह्मा, पशुपति, धाता, सविता, त्वष्टा आदि ने अर्जुन को अनेक अस्त्र-शस्त्र चलाने की विद्याएँ सिखाईं और अनेक दुर्धर्ष अस्त्र दिए। इंद्र ने अभेद्य दिव्य कवच, सोने की माला, महाशब्द करनेवाला देवदत्त शंख, दिव्य किरीट तथा गांडीव पर चढ़ाने की दिव्य डोरी भी दी, जो किसी के काटे नहीं कट सकती थी।

□

पूज्य दर्शन

एक गहन वन में अपराह्न के समय एक बूढ़ा ब्राह्मण अपने तीन पुत्रों और ब्राह्मणी के साथ तेजी से जा रहा था। उसने ब्राह्मणी से कहा, "जल्दी-जल्दी चलो।"

"किसलिए आर्यपुत्र?"

"क्या तुम भूल गईं, जलकिन्न मुनि ने कहा था कि यह वन राक्षसों से परिपूर्ण है।"

यह सुन एक पुत्र बोला, "यह पक्षियों और मृगों से परिपूर्ण जनमानव-शून्य अंधकारमय वन, चारों ओर से पर्वत-शृंग से घिरा हुआ अति दुर्गम प्रतीत होता है।"

अकस्मात् दूसरे पुत्र ने धीरे से कहा, "पिता, उधर देखो तो, वह प्रभात के सूर्य के समान तेजवान, लंबी भौंह और बड़ी-बड़ी आँखोंवाला, काले मेघ के समान भीमकाय पुरुष हमारे पीछे आ रहा है।"

तीसरे पुत्र ने उसे देखकर कहा, "अरे, इसके दाँत कैसे चमक रहे हैं। यह हाथी की सूँड़ के समान अपने भुजदंडों को ऊँचा किए धूम्रपूर्ण अग्नि की भाँति क्यों हमारे पीछे आ रहा है?"

ब्राह्मण ने उसे देखकर कहा, "पुत्रो, जल्दी-जल्दी चलो, जल्दी।"

ब्राह्मणी ने पूछा, "आर्यपुत्र क्या भयभीत हैं?"

"प्रिये, मैं मंदभागी हूँ।"

"तो हम सहायता के लिए चिल्लाएँ?"

पुत्र ने कहा, "माता, कौन इस निर्जन-वन में हमारी सहायता करेगा?"

ब्राह्मण बोला, "पुत्रो, जल्दी चलो, जल्दी।"

परंतु उस भीमकाय पुरुष के वज्रस्वर ने उन्हें बाधा दी, "ठहरो ब्राह्मण!"

ब्राह्मण ने साहस कर पूछा, "तुम हमसे क्या चाहते हो?"

"केवल एक पुत्र।"

"किसलिए?"

"माता के भोजन के लिए।"

"किंतु पुरुष, मैं वेदपाठी ब्राह्मण हूँ।"

"इसी से केवल एक पुत्र लेकर सबको अभय!"

"तो मुझे ले जाओ।"

"तुम बूढ़े हो।"

ब्राह्मणी बोली, "नहीं, कुल की रक्षा के लिए मैं अपना शरीर देती हूँ।"

"नहीं, नहीं, स्त्री नहीं चाहिए।"

यह सुन ज्येष्ठ पुत्र बोला, "तब मैं··· ?"

मध्यम पुत्र ने तत्क्षण आपत्ति करके कहा, "कदापि नहीं। ज्येष्ठ भ्राता लोक और वंश में श्रेष्ठ और पितरों का प्रिय होता है, इसलिए मैं जाऊँगा।"

इतने में कनिष्ठ पुत्र बोला, "मैं कनिष्ठ निकृष्ट हूँ। इससे मेरा अधिकार अधिक है।"

ब्राह्मण ने कहा, "मैं भी ज्येष्ठ को नहीं दे सकता।"

ब्राह्मणी बोली, "मैं भी कनिष्ठ को नहीं जाने दूँगी।"

मध्यम ने कहा, "बस, तो ठीक हो गया, मैं तैयार हूँ।"

भीमकाय पुरुष ने कहा, "चलो तब।"

मध्यम पुत्र माता-पिता से विदा होकर बोला, "आज वंश-रक्षा करने से मेरा जीवन धन्य हुआ। तात, अभिवादन करता हूँ।"

ब्राह्मण आँखों में आँसू भरकर बोला, "अरे पुत्र, तुम्हें ब्रह्मलोक प्राप्त हो।"

"अनुगृहीत हुआ! माता, प्रणाम करता हूँ।"

ब्राह्मणी बोली, "हे पुत्र, चिरंजीवी रहो।"

ज्येष्ठ पुत्र बोला, "आओ वत्स, आलिंगन कर लो।"

"अनुगृहीत हुआ।"

कनिष्ठ पुत्र बोला, "आर्य, प्रणाम करता हूँ।"

"तुम्हारा कल्याण हो।"

मध्यम पुत्र ने भीमकाय पुरुष के सम्मुख आकर कहा, "अरे पुरुष! मैं कुछ कहना चाहता हूँ।"

"शीघ्र कहो।"

"यहाँ कोई जलाशय हो तो मैं अपनी पिपासा शांत कर लूँ।"

पुरुष ने स्वीकार कर कहा, "इसमें कोई हानि नहीं है। परंतु विलंब न हो।"

"मैं पानी पीकर अभी आया।"

परंतु पानी पीकर लौटने में उसे विलंब हो गया। पुरुष ने ब्राह्मण से कहा, "बहुत देर हो रही है ब्राह्मण, उसे पुकारो।"

यह सुन ब्राह्मण बोला, "तुम्हारा यह वचन तो राक्षसों से भी अधिक निष्ठुर है।"

"तब मैं पुकारता हूँ, उसका नाम बताओ।"

"वह नाम भी मैं उच्चारण नहीं कर सकता।"

पुरुष ने ज्येष्ठ से कहा, "पुत्र, तुम्हीं बताओ।"

ज्येष्ठ रोकर कहने लगा, "बेचारा मध्यम।"

पुरुष ने पुकार लगाई, "ओ मध्यम, जल्दी करो, विलंब मत करो।"

उधर वन में भीमसेन कहीं जा रहे थे, 'मध्यम' शब्द सुनकर उधर देखने लगे, जिधर से पुकार आई थी।

पुरुष ने फिर पुकारा, "बड़ी देर हो रही है ओ मध्यम, जल्दी आओ।"

अब भीमसेन उधर ही चले और वहाँ पहुँचकर पूछने लगे, "कौन मुझे पुकारता है?"

पुरुष ने उस वेश और अवस्था में उन्हें नहीं पहचाना। भीमसेन भी उस तरुण को नहीं पहचान सके। पुरुष बोला, "मैंने आपको नहीं पुकारा था, आप कौन हैं?"

"मैं शत्रुओं का अवध्य मध्यम पांडव हूँ।"

"आप भी मध्यम हैं?"

"पंचभूतों में वायु का पुत्र होने के कारण मध्यम तो हूँ ही, पृथ्वी के छत्रधारियों में भी मैं मध्यम हूँ।"

ब्राह्मण अपनी पत्नी से कहने लगे, "मालूम होता है, प्रभु ने हमारा दुःख दूर करने के लिए इस वीर-केसरी को यहाँ भेज दिया है।"

इसी समय ब्राह्मण-पुत्र मध्यम भी पानी पीकर वहाँ आ पहुँचा और बोला, "हे पुरुष! मैं आ गया।"

ब्राह्मण ने भीम से कहा, "हे वीर, ब्राह्मण बालक की रक्षा करो।"

भीमसेन ने सगर्व उत्तर दिया, "ब्राह्मण को अभय! आप कौन हैं?"

"मैं धर्मात्मा कुरुराज युधिष्ठिर की प्रजा हूँ। कुरुजांगल के यूपग्राम का निवासी

माठरस गोत्रीय ब्राह्मण हूँ।"

"आपको भय क्या है, ब्राह्मण देवता ?"

"यह मेघखंड के समान विशाल और बली, सिंह के समान पराक्रमी राक्षस पुरुष मेरे पुत्र को खाने की इच्छा से ले जा रहा है।"

भीमसेन ने पुरुष से पूछा, "क्यों पुरुष, ऐसा है ?"

"ऐसा ही है।"

"इसे छोड़ दो।"

"कदापि नहीं।"

"क्यों नहीं ?"

"मैं अपनी माता की आज्ञा के अधीन हूँ।"

"अच्छा, तो तुम भी गुरुजन की प्रतिष्ठा जानते हो ? तुम्हारी माता का क्या नाम है ?"

"देवी हिडिंबा।"

यह सुन भीमसेन हँस पड़े। उन्होंने कहा, "तब ठीक है। तो वीर, इस बालक को छोड़ दो, मैं तुम्हारे साथ चलता हूँ।"

"क्या आप चलेंगे ? यह भी ठीक है।"

मध्यम ब्राह्मण-कुमार बोला, "कदापि नहीं! मैं अपने लिए आपको ऐसा संकट नहीं सहन करने दूँगा।"

भीमसेन ने कहा, "नहीं, नहीं। आप ब्राह्मण हैं और मैं क्षत्रिय हूँ।"

पुरुष बोला, "तो चलिए आप, विलंब न कीजिए।"

"अच्छी बात है! किंतु पुत्र, मुझे बलपूर्वक उठाकर ले चलो।"

"पुत्र कैसे कहा ?"

"क्षत्रिय अपनी सारी प्रजा को पुत्र ही कहते हैं।"

"तब बल से ?"

"निस्संदेह।"

"तो लो शस्त्र।"

"मेरे ये स्वर्णस्तंभ से भुजदंड ही यथेष्ट हैं।"

"ऐसा तो मेरे पिता ही कह सकते हैं।"

"तो उससे मुझे क्या ?"

"क्या गुरुजन निंदा ?"

यह कहकर वह क्रोध में भरकर एक वृक्ष उखाड़कर भीम पर प्रहार करने लगा।

भीम ने हँसकर प्रहार रोकते हुए कहा, "वन का हाथी क्रुद्ध होने पर भी व्याघ्र को नहीं हरा सकता।"

"तब इस शिलाखंड से मैं तुम्हें चकनाचूर करता हूँ।"

परंतु भीम उस शिला का प्रहार भी कौशल से बचा गए।

भीम फिर बोले, "अब कहो ?"

"आप वीर पुरुष हैं। आइए, मैं मल्ल-युद्ध में आपको पछाड़ूँगा।"

परंतु मल्ल-युद्ध में भी वह भीम को न पछाड़ सका।

भीमसेन बोले, "अब ?"

"बहुत हुआ। परंतु आपने वचन दिया था मेरे साथ चलने का।"

"यह ठीक है ! अच्छा चलो।"

वन के भीतर एक पर्वत-कंदरा में अपने स्थान पर पहुँचकर पुरुष ने पुकारकर कहा, "माता, अभिवादन करता हूँ। मैं मनुष्य को ले आया। तुम आहार करो।"

हिडिंबिका ने वहीं से पूछा, "चिरंजीवी रहो पुत्र, परंतु मनुष्य कैसा है ?"

"कहने को मनुष्य है, पर बल में अतिमनुष्य है।"

"क्या ब्राह्मण है ?"

"नहीं, क्षत्रिय।"

"बूढ़ा तो नहीं है ?"

"नहीं।"

"बालक है ?"

"नहीं, नहीं, तुम देखो तो।"

हिडिंबा ने बाहर आकर देखा। भीम को देखकर वह कातर भाव से चिल्ला उठी, "अरे, यह क्या ?"

"क्या हुआ माता ?"

"अरे ये तो पूज्य पुरुष हैं।"

"किसके ?"

"मेरे और तुम्हारे, पुत्र।"

"कैसे ?"

हिडिंबा ने भीम के पास आकर कहा, "आर्यपुत्र की जय हो।" फिर पुत्र से

बोली, "पुत्र घटोत्कच, पिता को अभिवादन करो।"

घटोत्कच ने भीम को अभिवादन कर कहा, "तात, मेरा अपराध क्षमा हो।"

भीमसेन ने हँसकर आशीर्वाद दिया, "तुम्हारा पराक्रम बढ़े, पुत्र।"

हिडिंबा ने पूछा, "इस वन में आर्यपुत्र कैसे?"

"देवी हिडिंबा, विपत्ति-काल में वनवासी बनना पड़ा है, परंतु अब शीघ्र ही सौभाग्य-सूर्य का उदय होनेवाला है। तुम्हारी और तुम्हारे वीर पुत्र की मुझे आवश्यकता होगी। मैं तुम्हें आमंत्रित करता हूँ और पुत्र घटोत्कच को भी निमंत्रित करता हूँ।"

घटोत्कच बोला, "पूज्य पिता, मेरी जब आवश्यकता हो, मुझे स्मरण कीजिए। मैंने मंत्र-तंत्र, आसुरी भाषा और शंबर-प्रयोग सीखे हैं, इनसे आपकी सदा सेवा करूँगा।"

□

वैष्णव यज्ञ

दुर्योधन को गंधर्वों ने युद्ध में परास्त करके कैद कर लिया और अर्जुन ने उसकी मुक्ति कराई, इस आत्मग्लानि और लज्जा से वह बहुत पीड़ित हुआ। वह अपनी सेना के साथ हस्तिनापुर के मार्ग पर शोक-संतृप्त हृदय से जा रहा था कि मार्ग में एक सुआच्छादित जलाशय के निकट विश्राम करने के लिए उसने पड़ाव किया। वहीं कर्ण भी गंधर्वों की मार से बचकर भागता हुआ पहुँच गया। दुर्योधन को सकुशल देखकर उसने कहा, "गांधारी-पुत्र, तुम जीवित और सकुशल हो! क्या तुमने गंधर्वों पर विजय पाई? दुःख है कि गंधर्वों के बाणों से आहत होकर मुझे वहाँ से पलायन करना पड़ा। तुमने अपने भाइयों सहित युद्धभूमि में भारी पराक्रम कर अपने यश में वृद्धि की है।"

कर्ण की यह बात सुन दुर्योधन की आँखों में आँसू आ गए। उसने अवरुद्ध कंठ से उत्तर दिया, "नहीं, ऐसा नहीं है कर्ण! मुझे तो युद्ध में परास्त कर गंधर्वों ने कैद कर लिया था, परंतु वनवासी अर्जुन और भीम उधर आ निकले और उन्होंने गंधर्वों से युद्ध कर मुझे मुक्त कराया। फिर वे हमें युधिष्ठिर के पास ले गए, जहाँ उन्होंने हमारा सत्कार कर हमें विदा किया। गंधर्वराज चित्ररथ ने पांडवों पर यह भी प्रकट कर दिया कि मैं अपने बांधवों सहित पांडवों की दुरवस्था देखकर अपना मनोविनोद करने यहाँ वन में आया था। अपने इस भारी अपमान को मैं सहन नहीं कर सकता। कर्ण, तुम मेरे भाइयों और सेना को हस्तिनापुर ले जाओ, मैं आत्मग्लानि के कारण यहीं प्रायोपवेशन करूँगा। दुःशासन, मैं तुम्हें अपना उत्तराधिकारी बनाता हूँ, कर्ण और शकुनि की सम्मति से राज्य करना। अब तुम सब लोग राजधानी लौट जाओ!"

यह सुन दुःशासन रोने लगा। उसने दुर्योधन से कहा, "राजन्, प्रायोपवेशन का विचार त्याग राजधानी चलो। युद्ध में जय-पराजय होती ही है, इसमें आत्मग्लानि

कैसी? पांडवों ने तुम्हें मुक्त कराकर कोई विचित्र कार्य नहीं किया है, परिजन आपत्ति में एक-दूसरे की सहायता करते ही हैं।"

शकुनि ने भी दुर्योधन को समझाया, "तुम प्रायोपवेशन कर प्राण-त्याग करना चाहते हो, यह उचित नहीं है। मैंने पांडवों से जीतकर जो राज्य लक्ष्मी तुम्हें दी है, उसे भोग करो! तुम इतने असहाय भी नहीं हो, तुम्हारा अपना राज्य है। द्रोणाचार्य, अश्वत्थामा, कर्ण, कृपाचार्य, भूरिश्रवा जैसे महारथी तुम्हारे साथ हैं। तुम भी पृथ्वी जय करो।"

दुर्योधन अत्यंत उदास भाव से बोला, "मेरे धर्म, धन, यश, सुख, भोग, ऐश्वर्य, राज्य, सभी में कलंक लग गया। मुझे मृत्यु का वरण करने दो, तुम लोग जाओ।"

कर्ण ने कहा, "राजन् , वीर ही वसुंधरा का भोग करते हैं। दुःख, शोक, क्षोभ और आत्मग्लानि त्याग आप राजधानी चलें और पांडवों की भाँति राजसूय-यज्ञ करें। सब राजा आपके अधीन हैं। उठिए, शोक त्यागिए।"

इस प्रकार कर्ण, दुःशासन, शकुनि आदि उसे अनेक प्रकार समझाकर और उसके हृदय से निराशा दूर कर उसे अपने साथ हस्तिनापुर ले आए। हस्तिनापुर पहुँचकर कर्ण ने कहा, "राजन्, इस समय सब राजा आपकी आज्ञा में हैं। आप ब्राह्मणों को बुलाकर राजसूय-यज्ञ की तैयारी करो।"

दुर्योधन ने कुल-पुरोहित को बुलाकर कहा, "द्विजवर, आप राजसूय-यज्ञ का विधिपूर्वक अनुष्ठान कीजिए।"

कुल-पुरोहित ने उत्तर दिया, "कुरुकुलश्रेष्ठ, जब तक महान् युधिष्ठिर जीवित हैं, तब तक आपके कुल में अन्य कोई राजसूय-यज्ञ नहीं कर सकता। आपके पिता अभी जीवित हैं, इसलिए भी आप यह यज्ञ करने के अधिकारी नहीं हैं। फिर भी यदि आप कोई श्रेष्ठ यज्ञ करना ही चाहते हैं, तब आप 'वैष्णव-यज्ञ' कर सकते हैं। यह यज्ञ राजसूय के समान ही श्रेष्ठ, समृद्धिशाली और महायज्ञ है। जिन राजाओं ने तुम्हारी अधीनता स्वीकार कर तुम्हें स्वर्ण दिया है, उसी स्वर्ण का एक हल बनवाओ। उस हल से जोतकर यज्ञ-भूमि शुद्ध की जाएगी, उसी जुती भूमि पर यज्ञ होगा। इसे 'वैष्णव-यज्ञ' इसलिए कहते हैं कि इसे विष्णु भगवान् ने किया था।"

कुल-पुरोहित तथा अन्य श्रेष्ठ ब्राह्मणों का भी यही मत जानकर दुर्योधन ने सबकी सहमति ले 'वैष्णव-यज्ञ' की तैयारियाँ आरंभ कीं।

यज्ञ-कार्य आरंभ हो गया। राजाओं, ब्राह्मणों एवं संबंधियों को निमंत्रण-पत्र भेजे गए। पांडवों के पास भी दूत निमंत्रण लेकर आया। परंतु युधिष्ठिर ने दूत को

उत्तर दिया, "हम इस समय नहीं आ सकते, क्योंकि हम अपनी प्रतिज्ञानुसार अभी तेरह वर्ष का वनवास कर रहे हैं।"

यज्ञ धूमधाम से संपन्न हो गया, परंतु इसमें गौरवान्वित कुछ भी न था।

सः हविष्य से अग्निमुख देवताओं को और धन से ब्राह्मणों को, स्वर्ण-दान-मान-सत्कार से आगतों आदि सभी को तृप्त किया गया। यज्ञ में आहुत ईंधन और शाकल्य के समाप्त होने पर यज्ञ-धूम की गंध से दिशाएँ गंधाप्लावित हो गईं। दुर्योधन का सचराचर विश्व धर्मदीक्षा ले इस प्रकार शांत हो गया, जैसे सत्पुरुष का क्रोध।

कर्ण ने कहा, "राजन्, आपका यज्ञ निर्विघ्न समाप्त हो गया। अब युद्ध में पांडवों को मारकर जब तुम राजसूय-यज्ञ करोगे, तब फिर मैं इसी भाँति तुम्हारा अभिनंदन करूँगा।"

यह सुन दुर्योधन ने उत्तर दिया, "परंतु जब तक अर्जुन जीवित है, मैं पांडवों का नाश नहीं कर सकता।"

कर्ण बोला, "सुनो राजेंद्र, मैं प्रतिज्ञा करता हूँ कि जब तक मैं अर्जुन को नहीं मार लूँगा, तब तक दूसरों से अपने पैर नहीं धुलाऊँगा, मद्य-मांस का सेवन भी नहीं करूँगा। किसी याचक को विमुख न करूँगा, जो कुछ भी जो माँगने आएगा, दे दूँगा।"

यह सुन दुर्योधन ने कर्ण को अंक में भर लिया। उसने कहा, "मैं तुम्हें मित्ररूप में पाकर धन्य हूँ। आओ देखें, वहाँ उधर लताकुंज में बैठे वे गुरुजन क्या बातें कर रहे हैं।"

दोनों वहाँ आए, जहाँ द्रोण और भीष्म बातें कर रहे थे।

द्रोण भीष्म से कह रहे थे, "धर्म का आश्रय लेकर दुर्योधन ने मुझे ही यज्ञ में सर्वप्रथम सम्मानित किया, क्योंकि परिजन और मित्रों की अपेक्षा गुरु ही शिष्य के दोष और गुणों का उत्तरदाता है।"

भीष्म ने उत्तर दिया, "ठीक है! द्यूत और कलहप्रिय होने से दुर्योधन का जो अयश हो रहा था, वह सब उसके इस सुकृत से नष्ट हो गया।"

यह सुन दुर्योधन ने श्रद्धावनत कहा, "मैं कृतकृत्य हुआ। गुरुजन संतुष्ट हैं, प्रजा विश्वास करती है। गुणों का प्रकाश हुआ और अयश नष्ट हो गया। मरकर स्वर्ग मिलता है, ऐसा जो लोग कहते हैं, वे असत्य हैं। मुझ मानुष-देहधारी को इस लोक में ही स्वर्ग-सुख प्राप्त हो गया।"

कर्ण इसका अनुमोदन कर बोला, "कुरुराज, न्याय से उपार्जित धन जो आपने सत्कर्म में निश्शेष किया, वह उचित ही किया। क्षत्रियों की समृद्धि तो उनके बाण हैं। इसलिए वह अपना सारा धन ब्राह्मणों को देकर पुत्र को केवल धनुष देता है।"

"खूब कहा अंगराज।"

"यही तो क्षत्रियों की मर्यादा है। राम, मांधाता, अंबरीष आदि पूर्व-पुरुष यज्ञ-धर्म करके ही शरीर नष्ट होने पर भी जीवित हैं।"

द्रोणाचार्य ने प्रसन्न होकर आशीर्वाद दिया, "महाराज, कुरुपति दुर्योधन, आपका राज बढ़े, श्री बढ़े, जय हो।"

"अनुगृहीत हुआ, आचार्य! आपका अभिवादन करता हूँ।"

"किंतु पुत्र, यह ठीक नहीं है।"

"किसलिए आचार्य?"

"पहले इन देवपुरुष पितामह भीष्म का अभिवादन करो, राजन्।"

भीष्म बोले, "नहीं, नहीं आचार्य, अनेक कारणों से आप मुझसे श्रेष्ठ हैं। मैं माता से उत्पन्न हूँ, आप आयोजित हैं। मैं शस्त्रजीवी हूँ, आप राग-द्वेषरहित हैं। आप ब्राह्मण हैं, मैं क्षत्रिय हूँ। आप गुरु हैं, हम सब शिष्य हैं।"

"समझ गया, महात्मा पुरुष आत्मश्लाघा नहीं करते। आओ पुत्र, मुझे ही अभिवादन करो।"

"आचार्य, अभिवादन करता हूँ।"

"पुत्र, सदैव इसी प्रकार यक्षदीक्षा-स्नान करते रहो।"

"अनुगृहीत हुआ! पितामह, अभिवादन करता हूँ।"

"पुत्र, इसी प्रकार तुम्हारी बुद्धि शुद्ध रहे।"

"अनुगृहीत हुआ! मामा, अभिवादन करता हूँ।"

शकुनि ने अभिवादन स्वीकार कर कहा, "वत्स, इसी प्रकार राजाओं को जय करके राजसूय-यज्ञ भी करो।"

दुर्योधन ने कर्ण की ओर बढ़कर कहा, "मित्र कर्ण, अब आओ, तुम्हें प्रेमालिंगन करूँ।"

"कुरुराज, व्रत और उपवास से कृश आपके शरीर को मैं गाढ़ालिंगन से पीड़ित नहीं करना चाहता। मैं आपके प्रति श्रद्धा प्रकट करता हूँ।"

द्रोण ने कहा, "पुत्र दुर्योधन, यह देवराज इंद्र का मित्र भीष्मक तुम्हारा अभिनंदन करता है।"

"स्वागत आर्य, अभिवादन करता हूँ।"

भीष्म बोले, "पौत्र दुर्योधन, यह दक्षिणापथ का निरोधक भूरिश्रवा तुम्हारा अभिनंदन करता है।"

"स्वागत, आर्य!"

"पुत्र दुर्योधन, श्रीकृष्ण का भेजा हुआ यह अर्जुन-पुत्र अभिमन्यु तुम्हे प्रणाम करता है।"

"आओ बेटे, पिता के समान ही पराक्रमी बनो।"

इसी समय अन्य राजाओं ने भी आकर दुर्योधन का अभिनंदन कर कहा, "यह समस्त राजमंडल कुरुराज का अभिनंदन करता है।"

"अनुगृहीत हुआ।"

दुर्योधन ने द्रोण से अनुरोध किया, "आचार्य, धर्म और धनुर्विद्या के गुरु, मुझसे गुरु-दक्षिणा लीजिए।"

द्रोण ने उत्तर दिया, "हुआ, फिर कभी ले लूँगा।"

"यह क्यों, आचार्य?"

भीष्म ने बताया, "सोमपायी क्षमाचार्य जब कुरु-छत्रच्छाया सेवन करते हैं, तब उन्हें किस वस्त्र की कमी है!"

दुर्योधन ने फिर कहा, "आज्ञा दीजिए, आपकी क्या इच्छा है? मैं वही दूँ?"

द्रोण बोले, "पुत्र दुर्योधन, क्या कहूँ?"

"आचार्य, आपकी ही कृपा से मेरी शूरों में गणना है। मैं आप ही के बल पर साहसी हूँ। आप स्वच्छंद होकर कहिए, आप क्या चाहते हैं? मेरे हाथ की यह गदा ही मेरी है, शेष सबकुछ आपका है।"

"पुत्र, कहना तो चाहता हूँ, पर कहा नहीं जाता।"

"अरे आचार्य के नेत्रों में जल आ गया। भट, जल लाओ।"

भीष्म बोले, "पौत्र, तेरा सब पुण्य नष्ट हुआ।"

जल-कलश आने पर दुर्योधन ने कहा, "आचार्य, आँसुओं से भरे अपने मुख को धो डालिए।"

"कष्ट मत करो पुत्र, मेरे हृदय का दुःख दूर होने ही से आँसू धुलेंगे।"

"आप यदि मेरी पूर्व कुटिलता का विचार करते हैं और आप यह समझते हैं कि मैं समर्थ होने पर भी आपको देय न दूँगा तो अपना हाथ फैलाइए, मैं यह दान-जल विसर्जन करता हूँ।"

"बस करो पुत्र, मैं आश्वस्त हुआ। जो पांडव बारह वर्ष से वन में कष्ट सह रहे हैं, तुम अब उनका राज्य-भाग दे दो। यही मेरी दक्षिणा अथवा भिक्षा है।"

यह सुनकर शकुनि क्रोधित हो कहने लगा, "कदापि नहीं, यह धर्म-वंचना है।"

"धर्म-वंचना कैसी? भाइयों का पैतृक राज्य देना वंचना है? याचना करने पर देना अच्छा है या बलात्कार से छिन जाना?"

"बलात्कार कैसा?"

भीष्म बोले, "पौत्र दुर्योधन, यह यज्ञांत का अवभृथ-स्नाना-कला है, द्यूत नहीं। तुम इस समय शकुनि की मीठी, किंतु अहितकारी बातें मत सुनो। यह जो द्रुपद-राजनंदिनी सहित पांडव धूलिधूसरित वन-वन घूमते हैं, तुम उनके और वे तुम्हारे विमुख हैं, यह सब महा अनर्थ का मूल है।"

दुर्योधन बोला, "किंतु आचार्य, एक बात कहूँ?"

"कहो।"

"जब पांडव जुए में सर्वस्व हारकर राज्य और सम्मान से भ्रष्ट हुए थे, जब बलात्कार में समर्थ होते हुए वे किसलिए चुप बैठे रहे?"

"यह बात तो उस द्यूताश्रय-वृत्ति युधिष्ठिर से पूछो, जिसने सभा के खंभे उखाड़ने से भीम को रोक लिया था। उस समय यदि एकाध का नियतन हो जाता तो आज शकुनि का आक्षेप नहीं सहन करना पड़ता।"

भीष्म ने हस्तक्षेप कर कहा, "अरे क्या होना चाहिए और क्या हो रहा है? आचार्य, कलह से क्या लाभ? असल बात करना उचित है।"

द्रोण व्यथित होकर बोले, "कलह ही से मेरी याचना कुत्सित है।"

भीष्म ने द्रोण की व्यथा समझकर कहा, "आचार्य प्रसन्न हों। देखो पौत्र, वे पांडव हीनाश्रय हैं। वे तुम्हारी बराबरी नहीं कर सकते। तुम कुल में बड़े हो। वे तुम्हारे प्यारे कुटुंबी हैं। कहो, तुम उनका भरण करोगे या जीवन भर वे मृगों के साथ वन-वन भटकते फिरें?"

शकुनि बोल उठा, "भटकते फिरें?"

कर्ण ने भी कहा, "आचार्य, क्रोध मत कीजिए। कड़वी बात हितकारी होते हुए भी अच्छी नहीं लगती और श्रेष्ठपुरुष खुशामद पसंद नहीं करते। इन बातों को बंद कीजिए और अपने शिष्य का हित कीजिए। हाथी को नरमी से ही वश में किया जाता है।"

द्रोण बोले, "वत्स कर्ण, शकुनि की बात से मुझे क्रोध आ गया था, परंतु दुर्योधन, मैं तुम्हारे ही लाभ के लिए तुम्हें कष्ट देता हूँ। महान् कुलों के परंपरागत जो मतभेद होते हैं, उनका शमन धर्माधिकार से ही होता है।"

दुर्योधन ने कहा, "आचार्य, इस विषय में मैं मंत्रणा करूँगा।"

"किससे? भीष्म से, कर्ण से, कृप से या सिंधुपति से?"

"नहीं, मामा से।"

"क्या शकुनि से? तब तो हो चुका।"

परंतु दुर्योधन हँसकर शकुनि और कर्ण को एक ओर ले गया और पूछने लगा, "कहिए मामा, क्या किया जाए?"

शकुनि बोला, "पांडवों को कुछ भी नहीं देना चाहिए।"

"मामा, देना तो चाहिए।"

"देते ही हो तो फिर सलाह कैसी?"

"मित्र अंगराज, तुम्हारी क्या राय है?"

कर्ण बोला, "भाईचारे के मामले में मैं क्या कहूँ? देना न देना आपका काम है। मैं तो युद्ध में आपके साथ हूँ।"

दुर्योधन ने शकुनि से ही कहा, "मामा, पांडवों को ऐसा कुदेश दो, जिसकी सीमा पर बलवान शत्रु रहते हों, ऊसर भूमि हो, नगर-जनपद न हों। वहीं जाकर पांडव बसें।"

शकुनि ने उत्तर दिया, "वाह, अर्जुन से अधिक बलवान पृथ्वी पर कौन है? और जहाँ युधिष्ठिर है, वहाँ ऊसर भी शस्य-संपन्न हो जाएगी।"

"मैंने गुरु के करतल पर दान-जल दिया है तो देना तो पड़ेगा ही। छल से या अनीति से जैसे बने मामा, राजा के जल-दान की मर्यादा रखो।"

"तो तुम केवल वचन-पालन ही करना चाहते हो, जिससे झूठे न बनो?"

"यही, केवल यही।"

"अच्छी बात है" कहकर शकुनि ने द्रोणाचार्य के पास आकर कहा, "आचार्य, कुरुराज ने निर्णय कर लिया।"

"कहो?"

"आज से पाँच दिन के भीतर आप पांडवों का पता लगाकर उन्हें ले आइए। उन्हें उनका आधा राज्य दे दिया जाएगा।"

"यह कैसे वत्स! जिन पांडवों का कोई पता-समाचार ही नहीं है, उन्हें मैं पाँच दिन के भीतर कहाँ से ढूँढ़ लाऊँगा? जो कार्य करना है, उसमें छल मत करो।"

भीष्म बोले, "दुर्योधन, छल मत करो, मेरी भी यही सम्मति है। कुरुओं का वचन सदा सत्य होता है। एक वर्ष में, चाहे सौ बार जब भी पांडव आएँ, उनका राज्य दे दो।"

□

मृग-वंश

एक दिन रात में निद्रावस्था में युधिष्ठिर ने स्वप्न देखा कि कुछ मृग आँखों में आँसू भरे खड़े काँप रहे हैं।

युधिष्ठिर ने पूछा, "मृग-वंश, तुम्हें क्या कष्ट है ?"

वृद्ध मृग ने उत्तर दिया, "हम द्वैतवनवासी मृग हैं, आपके भाइयों ने हमारे वंश का शिकार कर हमें समूल नष्ट कर दिया है, अब अपने वंश में हम कुछ ही मृग बचे हैं, इसलिए अब आप हमारे वंश को निर्मूल न कीजिए। अपना निवासस्थान बदलकर आप लोग अन्यत्र चले जाइए।"

मृगों की यह बात सुन युधिष्ठिर दुःखित होकर निद्रा से जाग पड़े। प्रातःकाल होते ही उन्होंने भाइयों से रात के स्वप्न का हाल बताकर कहा, "अब हमें अन्य किसी वन की ओर चल देना चाहिए।"

भीम ने कहा, "तृणबिंदु-सरोवर के पास मरुभूमि का ऊपरी स्थान काम्यक वन बहुत अच्छा स्थान है, वहीं चला जाए।"

अगले दिन पांडव काम्यक वन की ओर चल दिए।

काम्यक वन में रहते हुए एक दिन जब सब पांडव आखेट के लिए वन में गए हुए थे, सिंधु-देश का राजा जयद्रथ अपने मित्र कोटिकास्य तथा सेवकों के साथ वन-भ्रमण करने गए हुए पांडवों की कुटी की ओर आ निकला। कुटी-द्वार पर खड़ी द्रौपदी को देखकर वह उस पर मोहित हो गया। पहले उसने कोटिकास्य को अपना संदेश देकर भेजा। उसके तिरस्कृत होकर लौट आने पर वह स्वयं उसके पास जाकर प्रणय-निवेदन करने लगा।

उसने कहा, "सुंदरी, श्रीहीन, राज्यभ्रष्ट, वनवासी पांडवों का साथ छोड़ तुम मेरे साथ चलकर राजसुख भोगो।"

द्रौपदी ने उत्तर दिया, "मूढ़, यशस्वी पांडवों के लिए ऐसे वचन कहते तुझे

लाज नहीं आती ? जिस समय महाबली भीम और अजेय धनुर्धारी अर्जुन के तेजस्वी रूप को तू देखेगा, तब तुझे अवश्य ही अपनी मृत्यु सम्मुख आती दिखेगी।"

जयद्रथ ने कहा, "मैं आठ कर्म, नौ शक्ति, शौर्य, तेज, धैर्य और दान से भूषित श्रेष्ठ कुल में उत्पन्न हूँ। पांडवों के बल का मुझे कोई भय नहीं है।"

यह कहकर उसने बलपूर्वक द्रौपदी को खींचकर अपने रथ में डाल लिया और रथ हाँक दिया। द्रौपदी चिल्लाकर सहायता की पुकार करती रही।

इसके थोड़ी देर बाद ही पांडव लौटे तो द्रौपदी को कुटी में न पाकर इधर-उधर ढूँढ़ने लगे। एक वृद्धा स्त्री ने उन्हें बताया कि जयद्रथ उसे बलात् रथ में डालकर इस दिशा की ओर गया है, अभी दूर नहीं गया होगा।

यह सुन सभी पांडव उस दिशा में बड़े वेग से चले और कुछ दूर चलने पर रथ को जाते देखा। उन्होंने चिल्लाकर रथ रोकने को कहा, परंतु जयद्रथ ने रथ नहीं रोका। तब पांडवों ने दौड़कर रथ घेर लिया। भीम ने जयद्रथ को रथ से बाहर खींच ऊपर उछालकर पृथ्वी पर पटक दिया। फिर उसकी छाती पर चढ़कर घुटनों और घूँसों से प्रहार करने लगे।

यह देख युधिष्ठिर ने भीम को रोकते हुए कहा, "भीम, इसके प्राण न लेना, इसकी पत्नी दुःशला वैधव्य-कष्ट सहन न कर सकेगी।"

तब भीम ने उसे युधिष्ठिर के चरणों में लाकर डाल दिया। युधिष्ठिर ने क्षमा कर उसे चले जाने की आज्ञा दी। पांडव द्रौपदी को लेकर अपनी कुटी में लौट आए।

काम्यक वन में लोमश महर्षि ने आकर पांडवों से कहा, "अर्जुन जब तक लौटकर आए, तब तक आप यह स्थान छोड़कर तीर्थयात्रा कर पुण्य प्राप्त कीजिए। युधिष्ठिर को भी अर्जुन के बिना यह वन अच्छा नहीं लगता था, वे भी कहीं घूमने-फिरने का विचार कर रहे थे। लोमश का रही परामर्श उन्हें पसंद आया और वे वहाँ से चलने की तैयारी करने लगे। वे धौम्य पुरोहित, भाइयों और कुछ वनवासी ब्राह्मणों को साथ ले पूर्व दिशा की ओर चल दिए।

विभिन्न तीर्थों में घूमते हुए पांडव मही-सागर संगमतीर्थ पहुँचे। वहाँ चंडिका देवी का दर्शन करके थके-माँदे एक स्थान पर बैठकर विश्राम करने लगे। जब वे भोजन करने बैठ, तब भीम सरोवर से जल लाने गए। सरोवर में प्रवेश कर भीम हाथ-पैर धोने लगे। तभी एक ब्राह्मण ने कहा, "तुम देवी के कुंड को दूषित कर रहे हो। जो जल में मल-मूत्र, विष्ठा-श्लेष्म आदि छोड़ते हैं, उन्हें ब्रह्म-हत्या का दोष लगता है। अतः तुम शीघ्र जल से बाहर निकलो।"

यह सुन भीम क्रोधित हो और भी मल-मलकर हाथ-पैर धोने लगे। वहीं संयोगवश बर्बरीक भी आ निकला। उसने भी भीम से कहा, "जल दूषित न करो।" परंतु भीम क्यों सुनने लगे? तब उन्हें दंड देने के लिए बर्बरीक ने उन पर पत्थरों से प्रहार किया, भीम उनको बचाकर जल से बाहर निकले और बर्बरीक को पकड़ लिया। बर्बरीक ने अपने को तुरंत छुड़ा लिया और भीम पर प्रहार करने लगा। दोनों आपस में भिड़कर मुष्टि-प्रहार करने लगे। अचानक बर्बरीक ने भीम को अपने दोनों हाथों में उठा लिया और पृथ्वी पर पटकने ही वाला था कि उसे देवी की वाणी सुनाई दी, "बर्बरीक, ये भरत-कुलश्रेष्ठ तुम्हारे पितामह भीमसेन हैं, इन्हें छोड़ दो और इनका सम्मान करो।"

यह सुनते ही बर्बरीक भीम को नीचे उतार उनके चरणों में गिरकर बारंबार अपने अपराध की क्षमा माँगने लगा।

भीम ने कहा, "वत्स, न तुम ही मुझे पहचानते थे, न मैं ही तुम्हें पहचानता था, इसी से यह भूल हुई।"

बर्बरीक ने कहा, "नहीं पितामह, मुझे आज्ञा दीजिए कि मैं सागर में डूबकर प्राण-त्याग करूँ।"

भीम ने उसे हृदय से लगाकर कहा, "प्रिय, तुम आत्महत्या का विचार त्याग दो। मैं तुम्हें क्षमा करता हूँ।"

देवी की फिर वाणी हुई, "पुत्र बर्बरीक, अभी कुरुक्षेत्र में महासंग्राम होनेवाला है, वहाँ तुम्हारी आवश्यकता है! अभी प्राण-त्याग मत करो।"

यह सुन बर्बरीक भीम के चरणों में प्रणाम कर आँसू बहाता हुआ वहाँ से चला गया।

इसके बाद पांडव नैमिषारण्य, विषप्रस्थ पर्वत, प्रयाग, दुर्जया; हरिद्वार, विशाल बदरीवन, बदरिकाश्रम, श्वेतगिरि, पर्वत होते हुए गंधमादन पर्वत पर पहुँचे। यहीं पर इंद्र से अस्त्र-शस्त्र प्राप्त कर अर्जुन भी भाइयों में आ मिले। अब तक छह वर्ष द्वैतवन में, चार वर्ष काम्यक वन तथा गंधमादन पर्वत पर वनवास के कुल दस वर्ष पूर्ण हो चुके थे। अब वे यहाँ से चलकर एक वर्ष चैत्ररथ-वन में रहे।

□

ब्राह्मण कौन है?

एक दिन चैत्ररथ वन में विचरते हुए भीमसेन को एक पर्वत-कंदरा में पड़े विशाल-मोटे अजगर ने अपने पाश में लपेट लिया। भीम कुछ भी न कर सके। अजगर बोला, "मेरा नियम है कि दिन के छठे भाग में जो प्राणी मिल जाता है, उसी को मैं खा जाता हूँ। आज दैवयोग से तुम जैसा प्रियदर्शी और उच्च वंश का आहार मुझे मिला है, अब मैं तुम्हें खाऊँगा।"

भीम को लौटने में अधिक विलंब देखकर युधिष्ठिर धौम्य के साथ लेकर उन्हें खोजने चले। पद्‌चिह्न देखते-देखते वे वहाँ पहुँच गए, जहाँ अजगर ने भीम को लपेट रखा था।

भीम ने उन्हें देखकर कहा, "इसने मुझे पूरी तरह जकड़ रखा है...।"

युधिष्ठिर ने अजगर से कहा, "मेरे भाई भीम को छोड़ दो, हम तुम्हारे आहार के लिए अन्य जीव-जंतु लाए देते हैं।"

"नहीं, मैं इसे नहीं छोड़ सकता। तुम लौट जाओ, नहीं तो मैं तुम्हें अचेत कर यहीं डाल दूँगा और कल तुम्हारा भी भक्षण कर डालूँगा।"

"क्या पाने से संतुष्ट होकर तुम भीम को छोड़ सकते हो?"

"मैं नहुष हूँ! महर्षि अगस्त्य के शाप से मुझे अजगर-योनि प्राप्त हुई है। यदि तुम मेरे प्रश्नों का उत्तर सही-सही दे दोगे तो मैं तुम्हारे भाई को छोड़ दूँगा।"

युधिष्ठिर ने उत्तर दिया, "ठीक है, तुम प्रश्न करो, मैं उत्तर दूँगा, किंतु पहले यह बताओ कि ब्राह्मण के लिए जिसका ज्ञान आवश्यक है, उस अद्वितीय पुरुष को तुम जानते हो या नहीं? तुम्हारा उत्तर सुनकर मैं तुम्हारे प्रश्नों का उत्तर दूँगा।"

अजगर ने कहा, "बातों से तो तुम अलौकिक बुद्धिमान जान पड़ते हो। इसलिए पहले यह बताओ कि ब्राह्मण कौन है और उसके लिए जानना क्या आवश्यक है?"

युधिष्ठिर ने उत्तर दिया, "सत्य, दान, क्षमा, शील, आनुशंस्य, तप और दया आदि सद्गुण जिसमें दिख पड़ें, वही ब्राह्मण (ब्रह्मविद्) है। और हे सर्प! जिसे जान लेने से मनुष्य शोकशून्य हो जाता है, वह सुख-दुःख रहित परब्रह्म ही जानने की वस्तु है। अब तुम अपने प्रश्न करो।"

सर्प ने कहा, "हे धर्मराज, अभ्रांत वेद चारों वर्गों का हित करता है। वह वेद, जिनका प्रतिपादन करता है, ऐसे सत्य, दान, क्षमा, अहिंसा, दया आदि सद्गुण शूद्र में भी दीख पड़ते हैं तो फिर ब्राह्मण और शूद्र में विशेषता क्या रही? और तुमने कहा है कि सुख-दुःख-रहित पदार्थ जानने की वस्तु है, किंतु सुख-दुःख-रहित तो कोई पदार्थ दीख ही नहीं पड़ता।"

युधिष्ठिर ने उत्तर दिया, "हे सर्प! जिस शूद्र में उक्त वर्णित सत्य आदि गुण हैं, यह शुद्र नहीं है और जिस ब्राह्मण में वे गुण नहीं हैं, वह ब्राह्मण ब्राह्मण ही नहीं है। अर्थ यह कि केवल वंश से जाति का निश्चय नहीं होता। हे सर्प, सत्य आदि वेदोक्त लक्षण जिस ब्राह्मण में नहीं हैं, वह यथार्थ में शूद्र है और जिस शूद्र में वे लक्षण दिख पड़ें, वह यथार्थ में ब्राह्मण है। तुमने यह कहा कि सुख-दुःख से रहित कोई वस्तु नहीं है, क्योंकि सुख और दुःख सर्वत्र दीख पड़ते हैं। किंतु जैसे शीत (जल) के भीतर गरमी और उष्ण (अग्नि) के भीतर ठंडक नहीं होती, वैसे ही सुख और दुःख से हीन वस्तु भी, जिसका अनुभव साधारणतः नहीं होता, कहीं है! तुम चाहे जो समझते हो, पर मेरी समझ तो यही है कि जैसे ठंडक और गरमीरहित, अनुभव से परे किसी पदार्थ की सत्ता स्वीकार की जाती है, वैसे ही सुख-दुःख शून्य ज्ञेय पदार्थ का भी होना स्वीकार करना पड़ेगा।"

"हे आयुष्मान्, यदि वेदोक्त आचार से ही ब्राह्मणत्व सिद्ध होता है तो फिर जब तक मनुष्य में उस आचार के पालन की शक्ति नहीं आती, तब तक जाति-विभाग वृथा है।"

"हे बुद्धिमान सर्प! जन्म, मरण, भाषा और मैथुन आदि में सब मनुष्य समान हैं। सभी सब स्त्रियों में संतान उत्पन्न किया करते हैं। इस कारण मेरे मत में सब वर्गों का इस प्रकार संकर (मिश्रण) होने के कारण जाति की परीक्षा होना अत्यंत कठिन है। ऋषियों का कहना है कि यज्ञ करनेवाले ही ब्राह्मण हैं। इसी कारण तत्त्वदर्शी लोगों ने चरित्र को ही प्रधान यज्ञ माना है। 'नाल' काटने के पहले पुरुष का जातकर्म-संस्कार कर दिया जाता है। उस समय उस बालक की माता सावित्री और पिता आचार्य कहा जाता है। इस जाति-संबंधी संदेह के समय के लिए ही स्वायंभुव

मनु ने व्यवस्था दी है कि पुरुष जब तक वेद नहीं पढ़ता, गायत्री का उपदेश नहीं पाता, तब तक वह शूद्र के समान रहता है। हे सर्प! यदि विधिपूर्वक यज्ञोपवीत आदि संस्कार हो जाने पर भी मनुष्य वेद में कहे गए आचार का पालन नहीं करता तो उसमें वर्णसंकर के भाव को ही प्रबल मानना चाहिए। इसी से मैं पहले ही कह चुका हूँ कि जो वेदोक्त आचार का पालन करता है, जिसका चरित्र पूर्ण रूप से शुद्ध है, वही ब्राह्मण है।"

"हे युधिष्ठिर! मैंने तुम्हारा कथन सुन लिया। मैं जान गया कि जो कुछ जानना चाहिए, उसे तुम अच्छी तरह जानते हो। इसलिए प्रसन्न होकर प्रतिज्ञा के अनुसार मैं तुम्हारे भाई को छोड़ देता हूँ।"

युधिष्ठिर ने कहा, "हे महाज्ञानी सर्प! सब वेदों और वेदांगों को तुम भी बहुत अच्छी तरह जानते हो। इसलिए बताओ, कौन सा कर्म करने से अच्छी गति मिलती है?"

"हे भरतश्रेष्ठ! मेरी समझ से तो जो मनुष्य सुपात्र को दान करता है, सत्य और प्रिय वचन बोलता है और चाहे अपने प्राण चले जाएँ, पर जीव हिंसा नहीं करता; वही स्वर्ग को जाता है।"

"हे सर्प, दान और सत्य इन दोनों में कौन मुख्य है? अहिंसा और प्रिय बोलने में किसको श्रेणी बड़ी है?"

"हे आयुष्मान! प्रसंग के अनुरूप ही दान, सत्य, अहिंसा, प्रिय वचन बोलना आदि तत्त्व-विषयों का गौरव या लाघव बताया जा सकता है। कहीं पर दान की अपेक्षा सत्य की और कहीं सत्य की अपेक्षा दान की महिमा पाई जाती है। कहीं प्रिय वाक्य बोलने की अपेक्षा अहिंसा का और कहीं अहिंसा की अपेक्षा प्रियवादी होने का महत्त्व देखा जाता है। इस प्रकार कार्य के अनुसार ही इन सद्गुणों की प्रधानता निर्दिष्ट की जाती है। राजन्, तुम्हें यदि और कुछ पूछना हो तो पूछो, मैं उत्तर देने के लिए तैयार हूँ।

"हे सर्प, यह देह छूट जाने पर मनुष्य स्वर्ग में जाकर किस तरह अपने कर्म से मिली हुई बुरी या भली योनि में जाता है? शब्द आदि विषयों का उपभोग किस तरह करता है?"

"हे युधिष्ठिर, अपने कर्मों के फल से मनुष्य-योनि, स्वर्गवास अथवा पशु-पक्षी-कीड़े आदि की योनि, तीन गतियाँ मिलती हैं। जो कोई हिंसा और आलस्य छोड़कर दान आदि सत्कार्य करता है, उसे स्वर्गलोक मिलता है। यदि मनुष्य के

पुण्य और पाप बराबर होते हैं तो उसे मनुष्य-योनि मिलती है और पाप अधिक होते हैं तो कीट-पतंग आदि की तिर्यग्योनि। इसमें विशेषता यह है कि जो सदा काम, क्रोध, हिंसा, लोभ आदि बुरी प्रवृत्तियों के वशीभूत रहता है, वह मनुष्यत्व से भ्रष्ट होकर तिर्यग्योनि में जन्म लेता है। बहुत जीव तिर्यग्योनि से छुटकारा पाकर मनुष्य-योनि में भी जन्म लेते हैं। कुछ गाय, घोड़े आदि जीव पशु-योनि से एकदम देवयोनि भी पा जाते हैं। धर्मराज, यह जीव कर्मानुसार अपने को ऊपर पहुँचाता है और नीचे भी ढकेल देता है। देहाभिमानी आत्मा फल की इच्छा सवार बार-बार जन्म लेता है और देह के साथ फल भोगता है। किंतु जो ज्ञानी पुरुष हैं, वे विषय-वासना से बचकर एकमात्र नित्य परमेश्वर में ही आत्मा को स्थापित करते हैं, अर्थात् मुक्ति चाहते हैं।"

"हे सर्प, आत्मा किस तरह शब्द, स्पर्श, रूप, रस और गंध का अलग-अलग भोग करता है? तुम क्या एक साथ सब विषयों का उपभोग नहीं करते?"

"हे युधिष्ठिर! यह आत्मा स्थूल और सूक्ष्म-शरीरों का आश्रय लेने पर इंद्रियों से युक्त होकर, ईश्वरीय-विधान के अनुसार विषय-भोग करने में समर्थ होता है। ज्ञान, बुद्धि, मन, ये ही तीन आत्मा के भोग-साधन का समान 'करण' अर्थात् अंतःकरण हैं। इन्हीं को सूक्ष्म शरीर भी कहते हैं। जीवात्मा अपने आश्रयस्थान 'हृदय' से निकलकर, इंद्रियासक्त मन की सहायता से इन सब विषयों को ग्रहण करता है। विषयों पर ग्रहण करने के लिए मन को नियुक्त करना बुद्धि का काम है। इसी कारण एक साथ सब विषयों का उपभोग किसी तरह संभव नहीं है। बुद्धि भी स्वाधीन नहीं है। जीवात्मा दोनों भौंहों के बीच की जगह में रहकर विविध विषयों में श्रेष्ठ या निकृष्ट बुद्धि को लगाता है, तथापि बुद्धि के साथ जीवात्मा का कोई संबंध नहीं है। दोनों अलग-अलग हैं, क्योंकि युक्ति और अनुभव के द्वारा किसी विषय को समझने के बाद जिस ज्ञान का उदय होता है, उसी से जीवात्मा का अस्तित्व अलग प्रमाणित होता है।"

"हे नागराज! आपकी बातें सुनने से जान पड़ता है कि आप मन और बुद्धि का निरूपण करना अध्यात्म-विद्या के ज्ञाताओं का मुख्य काम समझते हैं। इसलिए बताइए कि मन और बुद्धि क्या हैं?"

"बुद्धि तो आत्मा की नितांत अनुगत और आश्रित है। आत्मचेतना से युक्त होकर बुद्धि, कर्म द्वारा आत्मा के वश में हो जाती है। विषय और इंद्रिय जब परस्पर संयुक्त होते हैं, तब वे अच्छी या बुरी बुद्धि पैदा करते हैं। किंतु इस तरह मन की

सृष्टि करनेवाला कोई नहीं है। बुद्धि में सुख या दुःख पैदा करने का कोई सामर्थ्य नहीं है, यह सामर्थ्य तो मन में ही है। इस प्रकार मन में और बुद्धि में जो अंतर है, वह स्पष्ट समझ में आ जाता है। धर्मराज, तुम भी बुद्धिमान हो। बताओ, इस विषय में तुम्हारी सम्मति क्या है?"

"सर्पराज, तुम्हारा ज्ञान और बुद्धि सब मनुष्यों की अपेक्षा उन्नत है, इसी कारण जानने योग्य सारे विषयों में तुम्हें यथेष्ट जानकारी भी है। फिर मुझसे इस विषय में सम्मति क्यों लेते हो? मुझे यही आश्चर्य है कि सर्वज्ञ और स्वर्गवासी होने पर भी तुमसे यह भूल कैसे हो गई? मुझे विश्वास नहीं होता कि तुमने ब्राह्मणों का अनादर किया होगा। ऐसा कौन अनुचित कर्म तुमसे कैसे बन पड़ा?"

"हे धर्मराज! मैं समझता हूँ कि अत्यंत शूर और बुद्धिमान पुरुष भी ऐश्वर्य के मद में अंधे होते जाते हैं। विशेषतया विषय-सुख के वशीभूत हो जाने पर प्रत्येक व्यक्ति को भले-बुरे का ज्ञान नहीं रहता। इसलिए धन और ऐश्वर्य के मद में उन्मत्त होकर मेरा काम कर बैठना कुछ विचित्र नहीं। इस समय ऐश्वर्य से भ्रष्ट होने पर मुझे ज्ञान हुआ है, इसलिए मैं तुमको भी सावधान किए देता हूँ कि ऐश्वर्य पाकर सदा सावधान रहना। हे युधिष्ठिर! तुम्हारा स्वभाव बहुत अच्छा है। आज मुझे इस दारुण शाप से छुड़ाकर तुमने मेरा बड़ा भारी उपकार किया। मैं राजा नहुष हूँ। पूर्व जन्म में विमान पर चढ़कर स्वर्ग में विचरा करता था। ऐसा ऐश्वर्य पाकर मैं मदांध हो उठा और मैंने किसी की परवाह नहीं की। देवता, गंधर्व, यज्ञ राक्षस, नाग, ब्रह्मर्षि आदि त्रैलोक्य की सब प्रजा मुझे 'कर' देती थी। मैं अपनी असाधारण दृष्टि के प्रभाव से देखते ही सब प्राणियों के तेज को हर लेता था। हजारों ब्रह्मर्षि मेरी पालकी उठाते थे। मगर उसी दुर्नीति के कारण मैं इस भाँति श्री-भ्रष्ट हो गया हूँ।

"एक समय महर्षि अगस्त्य मेरी पालकी में लगे हुए थे। मैंने उनको लात मार दी, तब उन्होंने क्रोध करके मुझे शाप दे दिया। कहा, 'तू शीघ्र श्री से भ्रष्ट होकर अजगर हो जा।' मैं उसी क्षण श्री-भ्रष्ट होकर विमान से नीचे गिर पड़ा। गिरते समय मुझे सर्पयोनि मिली, तब मुझे होश आया। मैं महर्षि से गिड़गिड़ाकर कहने लगा, 'भगवन्, बुद्धि भ्रष्ट हो जाने के कारण मुझसे अपराध हो गया है, इसलिए क्षमा करके मुझे इस शाप से छुड़ा दीजिए।' मुनि ने कहा, 'तुम्हारे घोर अभिमान-पाप का प्रायश्चित्त पूरा हो जाने पर शाप से छुटकारा होगा और तुम फिर स्वर्ग में आ जाओगे।'

"उस समय उनका तपोबल देखकर मुझे बड़ा आश्चर्य मालूम पड़ा था। इसी

कारण मैंने तुमसे ब्रह्म और ब्राह्मण के बारे में पहले प्रश्न था। राजन्, मनुष्य सत्य, इंद्रिय-दमन, तपस्या, दान, अहिंसा और नित्य धर्म का आचरण करने से ही अपने अभीष्ट को सिद्ध कर सकता है, जाति या कुल से कुछ नहीं होता। मेरे अभिमान का ज्ञान कराकर तुमने मेरा प्रायश्चित्त करा दिया। अब मैं स्वर्ग को जाता हूँ। तुम्हारा और भीमसेन का कल्याण हो।"

नहुष ने वह अजगर का शरीर छोड़ दिया और दिव्य शरीर धारण करके स्वर्गलोक को चले गए।

इस घटना के एक महीने बाद पांडव चैत्ररथ-वन से चलकर काम्यक वन में आए।

यहाँ पहुँचने पर कृष्ण अपनी पत्नी सत्यभामा सहित उनसे मिलने आए और सम्मति दी कि अब कौरवों को मारकर अपना राज्य प्राप्त करें। युधिष्ठिर ने उत्तर दिया कि बारह वर्ष तो बीत चुके हैं, अब एक वर्ष अज्ञातवास का और शेष है, उसे भी व्यतीत कर फिर हम अपना राज्य प्राप्त करेंगे।

□

प्रतिदान

इंद्र को कर्ण की प्रतिज्ञा का समाचार मिला। उन्होंने अर्जुन को निष्कंटक करने के लिए यह अवसर उपयुक्त समझा और एक दिन प्रभात-वेला में ब्राह्मण-वेश धारण कर कर्ण के द्वार पर आए।

उस समय कर्ण स्नान कर हाथ जोड़े सूर्य की आराधना कर रहे थे। इंद्र ने ब्राह्मण-वेश में उनके सम्मुख आकर भिक्षा माँगी।

कर्ण ने पूछा, "ब्राह्मण, आपको क्या चाहिए?"

इंद्र ने उत्तर दिया, "अपने शरीर के कुंडल और कवच उतारकर मुझे दे दो।"

"प्रियवर, यह दोनों वस्तुएँ मेरे शरीर का अंग हैं, इन्हें न माँगिए।"

"नहीं, मुझे अन्य कुछ नहीं चाहिए। न देने से आपका सत्यवचन खंडित हो जाएगा।"

"देवराज इंद्र, मैंने आपका ब्राह्मण वेश जान लिया। ये कवच और कुंडल अमृतमय हैं, इन्हीं के कारण मैं मृत्यु-विजयी हूँ। यदि आप इन्हीं को लेना चाहते हैं तो मुझे दूसरी कोई जीवनरक्षक वस्तु दीजिए।"

"मेरे वज्र के सिवा तुम कुछ भी माँग लो।"

"आप अपनी वह अमोघ शक्ति दीजिए, जो शत्रु का नाश कर वापस हाथ में लौट आती है!"

"ठीक है, मैं अपनी यह अमोघ शक्ति तुम्हें दे दूँगा, परंतु तुम्हारे हाथ से छूटी हुई वह शक्ति गर्जन-तर्जन करती हुई तुम्हारे एक ही प्रतापी शत्रु को मारेगी और फिर तुम्हारे हाथ में न आकर वह वापस मेरे हाथ में आ जाएगी।"

"मुझे यह स्वीकार है, मुझे तो अपने केवल एक ही प्रबल शत्रु को मारना है। लीजिए, मेरे कुंडल और कवच।" यह कहकर कर्ण ने कवच और कुंडल अपने

शरीर से काटकर दे दिए। इंद्र के अमृत के प्रभाव से उनका शरीर जरा भी क्षत-विक्षत नहीं हुआ।

इंद्र ने भी अपनी अमोघ शक्ति देते हुए कहा, "याद रखना, यदि तुम और शस्त्रों के रहते, प्राण-संकट उपस्थित हुए बिना, असावधान होकर यह शक्ति चलाओगे तो इससे तुम्हारी ही मृत्यु हो जाएगी।"

यह कहकर इंद्र कर्ण के कुंडल और कवच लेकर चले गए।

□

यक्ष-दर्शन

एक ब्राह्मण ने आकर युधिष्ठिर से कहा, "धर्मराज, एक मृग आकर मेरी अरणी और मथायी से अपने सींगों को रगड़ने लगा, वे दोनों वस्तुएँ उनके सींगों में अटक गईं और मृग वन की ओर भाग गया। मेरी मथानी और अरणी उससे छुड़ाकर ला दीजिए, नहीं तो मैं अग्निहोत्र की अग्नि कैसे प्रज्वलित करूँगा?"

यह सुन युधिष्ठिर अपने भाइयों सहित उस मृग के पीछे भागे, परंतु मृग उनकी पकड़ में नहीं आया, वह भागता-भागता वन में अदृश्य हो गया।

पांडव भूख और प्यास से व्याकुल हो एक वृक्ष के नीचे बैठकर सुस्तान लगे। युधिष्ठिर ने नकुल से कहा, "भाई देखो, कहीं पास में जलाशय है।

नकुल पेड़ पर चढ़कर चारों ओर देखने लगे। एक ओर देखकर उन्होंने कहा, "उस दिशा में जलाशय के निकट वाले जैसे वृक्ष दिख रहे हैं, पक्षी भी हैं। वहाँ अवश्य जलाशय होगा। मैं जाकर जल लाता हूँ।"

यह कह नकुल उस ओर गए, परंतु लौटकर नहीं आए। फिर सहदेव गए, वे भी नहीं आए। भीम और अर्जुन भी गए, वे भी नहीं लौटे। तब स्वयं युधिष्ठिर चिंतातुर हो उस ओर गए। वहाँ पहुँचकर उन्होंने देखा, एक स्वच्छ सरोवर है, परंतु उनके चारों पराक्रमी भाई वहाँ पृथ्वी पर मृतसमान पड़े हैं।

युधिष्ठिर प्यास से व्याकुल हो ज्यों ही सरोवर में उतरकर जल पीने लगे, उन्हें सुनाई दिया, "हे राजपुत्र! मैं सेवार और मछली खानेवाले बगुले के रूप में यक्ष यहाँ उपस्थित हूँ। यदि मेरे प्रश्नों का उत्तर दिए बिना जल पीयोगे तो तुम भी इनके समान मारे जाओगे।"

युधिष्ठिर बोले, "देव यक्ष, आप मुझे अपने प्रकट रूप में दर्शन दीजिए, मैं अवश्य आपके प्रश्नों के उत्तर दूँगा।"

यह सुन सूर्य और अग्नि के तेज के समान दुर्धर्ष यक्ष सामने वृक्ष पर आ बैठा। उसने प्रश्न किया—

"बताओ, सूर्य (जीवात्मा) को ऊपर कौन उठाता है? सूर्य के चारों ओर भ्रमण करनेवाले कौन हैं? कौन सूर्य को अस्त करता है? और वह किसमें स्थित है?"

युधिष्ठिर ने उत्तर दिया, "ब्रह्म सूर्य को ऊपर उठाते हैं, देवता (शम, दम) उनके चारों ओर भ्रमण करते हैं, धर्म से वे अस्तगत होते हैं और सत्य पर स्थित हैं।"

"मनुष्य किससे श्रोत्रिय होता है? काहे से महत् पदार्थ पाता है? किससे सहायकयुक्त और बुद्धिमान होता है?"

"आचार्य के मुँह से वेदार्थ निश्चय करने से मनुष्य श्रोत्रिय होता है। तप (ज्ञान) से महत् पदार्थ को पाता है। धैर्य से सहायकयुक्त और वृद्धों की सेवा से बुद्धिमान होता है।"

"ब्राह्मणों का देवभाव क्या है? उनकी कौन बात सज्जनों की-सी है? उनका मनुष्य-भाव क्या है? उनकी कौन बात असाधुओं की-सी है?"

"स्वाध्याय ब्राह्मणों का देवभाव है। तप उनकी सज्जनों की-सी बात है। मरण उनका मनुष्य भाव है, निंदा उनकी असाधुओं की-सी बात है।"

"क्षत्रियों का देवभाव, मनुष्यभाव, साधुभाव और अब असाधुभाव क्या है?"

"क्षत्रियों का देवभाव अस्त्र-शस्त्रों का व्यवहार है। डरना मनुष्यभाव है। यज्ञ करना साधुभाव है और दुःखियों की रक्षा से विमुख होना असाधुभाव है।"

"यज्ञ का साम क्या है? यज्ञ का यजुः क्या है? यज्ञ का वाला कौन है? यज्ञ किसका अतिक्रमण नहीं करता?"

"प्राण यज्ञ का साम है। मन यज्ञ का यजुः है। ऋक् यज्ञ का वरण करती है और यज्ञ उसी का अतिक्रमण नहीं करता।"

"बोनेवालों के लिए क्या श्रेष्ठ है? काटनेवालों के लिए क्या है? एक स्थान पर रहनेवालों के लिए क्या श्रेष्ठ है? उत्पन्न करनेवालों के लिए क्या श्रेष्ठ है?"

"बोनेवालों के लिए वर्षा श्रेष्ठ है। काटनेवालों के लिए बीज श्रेष्ठ है। एक स्थान पर रहनेवालों के लिए गाय श्रेष्ठ है और उत्पन्न करनेवालों के लिए पुत्र श्रेष्ठ है।"

"कौन मनुष्य इंद्रियों के विषयों का अनुभव करने में समर्थ, बुद्धिमान, लोकपूजित और सब प्राणियों का स्वामी होकर श्वास लेने पर भी मुरदे के बराबर है?"

"जो पुरुष इन सब बातों के होने पर भी देवता, अतिथि, भृत्य, पितर और आत्मा, इन पाँच की पूजा नहीं करता, इन्हें अन्न नहीं देता, वह जीवित भी मुरदे के बराबर है।"

"पृथ्वी से अधिक गौरव किसका है? आकाश से भी अधिक उच्च कौन है? वायु से भी अधिक शीघ्रगामी कौन है? और तिनकों से भी अधिक असंख्य कौन है?"

"माता का गौरव पृथ्वी से भी अधिक है। पिता आकाश से भी उच्च है। मन वायु से भी अधिक शीघ्रगामी है और चिंता तिनकों से भी अधिक असंख्य और अनंत है।"

"सोने पर भी आँखें कौन नहीं मूँदता? उत्पन्न होकर भी कौन हिलता-डुलता नहीं? किसके हृदय नहीं है? कौन वेग से बढ़ता है?"

"मछली सोने पर भी आँखें नहीं मूँदती। अंडा उत्पन्न होकर भी हिलता-डुलता नहीं है। पत्थर के हृदय नहीं होता और नदी वेग से बढ़ती है।"

"प्रवासी का मित्र कौन है? गृहवासी का मित्र कौन है? बीमार का कौन मित्र है? मर रहे आदमी का मित्र कौन है? हे राजेंद्र, सब प्राणियों का अतिथि कौन है? सनातन धर्म क्या है? अमृत क्या है? यह सब जगत् क्या है?"

"प्रवासी का मित्र राह का साथी है। गृहवासी का मित्र भार्या है। बीमार का मित्र वैद्य है। मर रहे आदमी का मित्र दान है। अग्नि सब प्राणियों की अतिथि है। ज्ञानयोग सनातन धर्म है। गाय का दूध अमृत है और वायु वह सब जगत् है।"

"कौन अकेले विचरता है? कौन बारंबार जन्म लेता है? हिम की दवा क्या है? बोने की प्रधान जगह कौन सी है?"

"सूर्य अकेले विचरते हैं। चंद्रमा बारंबार जन्म लेता है। अग्नि हिम की दवा है। बोने की प्रधान जगह पृथ्वी है।"

"धर्म का अंतिम स्थान क्या है? यश की चरम सीमा क्या है? स्वर्ग और सुख का एकमात्र आश्रय क्या है?"

"सबके अनुकूल रहना और किसी की बुराई न करना धर्म का अंतिम स्थान है। दान यश की चरम सीमा है। सत्य स्वर्ग का तथा स्वभाव या चरित्र सुख का एकमात्र आश्रय है।"

"मनुष्य की आत्मा क्या है? दैव-विहित सखा कौन है? उपजीविका और प्रधान आश्रय क्या है?"

"पुत्र मनुष्य की आत्मा है। पत्नी दैव-विहित सखा है। मेघ उपजीविका है और दान प्रधान आश्रय है।"

"जितनी बातें धन्य समझी जाती हैं, उनमें उत्तम क्या है? उत्तम धन क्या है? उत्तम लाभ क्या है? उत्तम सुख क्या है?"

"सबके अनुकूल रहना ही धन्य बातों में सर्वोत्तम है। शास्त्र का ज्ञान उत्तम धन है। आरोग्य उत्तम लाभ है और संतोष ही उत्तम सुख है।"

"प्रधान धर्म क्या है? कौन धर्म सदा फलदायक होता है? किसका संयम करने से शोक नहीं रहता? किसके साथ मेल करने से फिर बिगाड़ नहीं होता?"

"आनृशंस्य (दया) प्रधान धर्म है। वैदिक धर्म (यज्ञ आदि) सदा फलदायक होता है। मन का संयम करने से शोक नहीं करना पड़ता। साधु पुरुषों से मेल करने पर फिर बिगाड़ नहीं होता।"

"क्या छोड़ देने से मनुष्य सबको प्रिय होता है? क्या छोड़ देने से शोक दूर हो जाता है? क्या छोड़ देने से मनुष्य संपन्न और सुखी होता है?"

"अभिमान छोड़ देने से मनुष्य सबको प्यारा होता है। क्रोध का त्याग करने से शोक दूर हो जाता है। कामना का त्याग करने से संपन्न और लोभ छोड़ देने से मनुष्य सुखी होता है।"

"ब्राह्मण, नट, नचैये, सेवक और राजा को धन देने की क्या आवश्यकता है?"

"धर्म के लिए ब्राह्मणों को, यश के लिए नटों और नचैयों को, भरण-पोषण के लिए सेवकों को और भय से बचने के लिए राजा को धन दिया जाता है।"

"सब लोग काहे से आवृत्त और अप्रकाशित रहते हैं? लोग किसलिए मित्रों को छोड़ देते हैं? और किस बात से स्वर्ग को नहीं जा पाते?"

"सब लोग अज्ञान से आवृत्त और तमोगुण से अप्रकाशित रहते हैं। लोग लोभ के कारण मित्रों को छोड़ देते हैं और कुसंग में फँस जाने से स्वर्ग को नहीं जा पाते।"

"मृत पुरुष कौन है? मृत राष्ट्र कौन है? मृत श्राद्ध कौन है? और मृत यज्ञ कौन है?"

"दरिद्र पुरुष मृत है। बिना राजा (नेता) का राष्ट्र मृत है। श्रोत्रिय से हीन श्राद्ध मृत है और दक्षिणा से हीन यज्ञ मृत है।"

"दिशा क्या है? जल क्या है? अन्न क्या है? विष क्या है? श्राद्ध का समय कौन सा है?"

"साधु लोग दिशाएँ हैं। आकाश ही जल है। धन ही अन्न है। प्रार्थना अर्थात् किसी से कुछ माँगना ही विष है। सत्पात्र ब्राह्मण का मिल ही श्राद्ध का समय है।"

"तप, दम, क्षमा और लज्जा का लक्षण क्या है?"

"अपने धर्म का पालन करते रहना ही तप है। मन का दमन ही दम है। जाड़ा-गरमी आदि द्वंद्वों को सहना ही क्षमा है और कुकर्म से बचे रहना ही लज्जा है।"

"ज्ञान, शम, दया और आर्जव के लक्षण क्या हैं?"

"तत्त्वार्थ का बोध ही ज्ञान है। चित्त का शांत रहना ही शम है। सबके सुखी रहने की इच्छा दया है और समचित्त होना ही आर्जव है।"

"मनुष्य का दुर्जय शत्रु कौन है? अनंत व्याधि क्या है? साधु कौन है? असाधु कौन है?"

"क्रोध मनुष्य का दुर्जय शत्रु है। लोभ अनंत व्याधि है। सब प्राणियों का हित करनेवाला साधु है। दशाहीन पुरुष असाधु हैं।"

"राजन्, मोह, मान, आलस्य और शोक क्या है?"

"धर्ममूढ़ता (धर्म के विषय में अनभिज्ञता) ही मोह है। आत्माभिमान ही मान है। धर्माचरण न करना ही आलस्य है। अज्ञान ही शोक है।"

"ऋषियों ने स्थिरता, धैर्य, स्नान और दान किसे कहा है?"

"अपने धर्म में दृढ़ता ही स्थिरता है। इंद्रियनिग्रह ही धैर्य है। मन के मैल को मिटाना ही स्नान है और प्राणियों की रक्षा ही दान है।"

"पंडित कौन है? नास्तिक कौन है? मूर्ख कौन है? काम क्या है? मत्सर क्या है?"

"धार्मिक पुरुष पंडित है। मूर्ख ही नास्तिक है। संसार (जन्म-मरण) का कारण ही काम है और मन में कुढ़ना ही मत्सर है।"

"अहंकार क्या है? दंभ क्या है? सौभाग्य क्या है? पिशुनता क्या है?"

"महा अज्ञान ही अहंकार है। दिखावे के लिए धर्म का ढोंग रचना दंभ है। दान का फल सौभाग्य है। दूसरों को दोष लगाना पिशुनता है।"

"धर्म, अर्थ और काम परस्पर-विरोधी हैं। इन तीनों विरोधियों का एकत्र समावेश कैसे होता है?"

"जब धर्म और भार्या, दोनों परस्पर वशवर्ती और सहायक होते हैं, तभी इन तीनों परस्पर विरुद्ध बातों का एकत्र समावेश होता है।"

"राजन्, कौन सा काम करने से मनुष्य को अनंत नरक में रहना पड़ता है?"

"कुछ माँगनेवाले दरिद्र ब्राहाण को बुलाकर जाकर बाद में 'नहीं' कहकर जो उसे विमख कर देता है, उसे अनंत नरक में रहना पड़ता है। जो पुरुष वेद, शास्त्र, ब्राह्मण, देवता और पिता-परपिता के धर्म को को झूठा सिद्ध करता है, वह अक्षय नरक को जाता है। जो धन के रहने पर भी लोभ के वश होकर न तो दान करता है और न स्वयं भोग करता है और वचन देकर नाही कर देता है, वह अक्षय नरक को जाता है।"

"कुल, चरित्र, स्वाध्याय और श्रधु आदि में कौन सी बात ब्राह्मणत्व का कारण है?"

"कुल, स्वाध्याय या ज्ञान पर ब्राह्मणत्व निर्भर नहीं है, बल्कि ही ब्राह्मणत्व का कारण है। इसलिए ब्राह्मण को विशेष रूप से चरित्र की ही रक्षा करनी चाहिए। चरित्र जब तक नष्ट नहीं होता, तब तक कुछ भी न हो तो भी ब्राह्मण का ब्राह्मणत्व बना रहता है। किंतु चरित्र में दोष लगते ही ब्राह्मणत्व नष्ट हो जाता है। जो ब्राह्मण केवल पढ़ते-पढ़ाते हैं या केवल शास्त्रों को ही देखा करते हैं, वे सब मूर्ख हैं, उनका वैसा करना तो केवल एक व्यसन है। वस्तुतः जो ब्राह्मण क्रियावान है, वही पंडित है। दुराचारी ब्राह्मण चारों वेद पढ़े हों, तो भी वह शूद्र से भी गया-बीता है। जो मन को मारकर अग्निहोत्र आदि अपने नित्यकर्म करता है, वही ब्राह्मण है।"

"प्रिय वचन बोलनेवाला क्या पाता है? विचारकर काम करनेवाला क्या पाता है? बहुत मित्रोंवाले को क्या मिलता है? और धर्मात्मा पुरुष क्या पाता है?"

"प्रियवादी पुरुष सबका प्रेम पाता है। विचारकर काम करनेवाला दिन-दिन अभ्युदय और विजय पाता है। बहुत मित्रोंवाला व्यक्ति सुख से रहता है और धर्मात्मा पुरुष को सद्‌गति प्राप्त होती है।"

"कौन सदा आनंद पाता है? आश्चर्य क्या है? मार्ग क्या है? जानने योग्य वार्त्ता क्या है?"

"जो पुरुष न तो ऋणी है और न परदेश में पड़ा है, वह चाहे अपने घर में पाँचवें या छठे दिन साग-पात भी पकाकर खाता हो, तो भी वही सदा आनंद का अनुभव करता है। प्राणी नित्य मरते हैं, जो बचे हुए हैं, वे यह देखकर भी सदा जीते रहने की इच्छा करते हैं, इससे बढ़कर और आश्चर्य क्या होगा? हे यक्ष, तर्क की कोई स्थिरता नहीं है। प्रत्येक तर्क तर्क से ही कट जाता है। श्रुतियाँ भी पृथक्-पृथक् हैं। मुनि भी एक नहीं हैं, जिनके वचन को प्रमाण माना जाए। धर्म का तत्त्व गुफा में निहित है, अर्थात् अत्यंत गूढ़ है। इसलिए मार्ग वही है, जिस पर बड़े लोग और

महापुरुष चले हैं। काल पृथ्वी–पात्र में आकाश का ढकना बंद करके रात–दिन के ईंधन में सूर्य की आग जलाकर, मास–ऋतु–रूपी डोई चलाकर सब प्राणियों को पकाता है अर्थात् जीर्ण करता है, यही जानने योग्य वार्त्ता है।"

"हे शत्रुदमन! तुमने मेरे सब प्रश्नों का उत्तर दिया। अब यह बताओ कि पुरुष कौन है? और सबसे बढ़कर धनी कौन है?"

"पुण्य–कर्म करने से मनुष्य की कीर्ति स्वर्ग तक पहुँचती है और सारी पृथ्वी पर व्याप्त होती है, वह कीर्ति जब तक बनी रहती है, तब तक वह पुण्यात्मा पुरुष कहलाता है। हे यज्ञ, जो पुरुष भूत और भविष्य को, सुख और दुःख को, प्रिय और अप्रिय को समान समझता है, वही सबसे बढ़कर धनी है।"

युधिष्ठिर से प्रसन्न होकर यक्ष ने कहा, "राजन्, तुमने पुरुष और धनी के लक्षण भी बता दिए, इसलिए तुम इन भाइयों में से जिस एक को चाहो, वह जी सकता है।"

"तो हे यक्ष, ये साँवले, अरुण नेत्रों और चौड़ी छातीवाले, महाबाहु नकुल जीकर शाल–वृक्ष की तरह उठ खड़े हों।"

यक्ष ने पूछा, "राजन्, तुम दस हजार हाथियों के बलवाले, बहुत ही प्यारे भाई भीमसेन या सब पांडवों में श्रेष्ठ और सबके आश्रयदाता अर्जुन को छोड़कर नकुल को जिलाने के लिए क्यों इतने व्यग्र दीख पड़ते हो?"

युधिष्ठिर ने उत्तर दिया, "धर्म का नाश होने से वह नाश करनेवालों को भी नष्ट कर डालता है। ऐसे ही धर्म की रक्षा करने से वह भी रक्षा करनेवालों की रक्षा करता है। इसलिए मैं अपने धर्म को कभी न छोड़ूँगा। हे यक्ष, संकुचित दृष्टि और ओछेपन को छोड़ देना ही परम धर्म और परमार्थ है। मैं यही समझता हूँ, इसलिए मैं उदार भाव धारण करता है। इसलिए नकुल जी उठे। सब मनुष्य मुझे धर्मात्मा जानते हैं। मैं अपने धर्म से नहीं डिगूँगा। नकुल जी उठे। कुंती और माद्री दोनों मेरी माता हैं। मैं चाहता हूँ कि दोनों के पुत्र बने रहें। इसलिए आप नकुल को जिलाकर दोनों को पुत्रवती बनाएँ।"

यक्ष ने कहा, "तुम अर्थ और काम के विषयों में उदार हो, इसलिए हे भरतश्रेष्ठ! तुम्हारे चारों भाई अभी जी उठेंगे।"

यक्ष के यह कहते ही युधिष्ठिर के चारों भाई जीकर उठ खड़े हुए। उनकी भूख और प्यास भी दूर हो गई। युधिष्ठिर ने अपराजित यक्ष को सरोवर में एक पग से खड़े देखकर कहा, "भगवन्, आप कौन हैं? आप तो मुझे यक्ष नहीं जान पड़ते।

इसमें संदेह नहीं कि आप वसु, रुद्र और मरुद्गण में प्रधान अथवा देवराज इंद्र होंगे। नहीं तो आपके द्वारा ऐसी अद्भुत घटना का होना संभव न था। इस पृथ्वी पर ऐसा योद्धा कौन है, जो सैकड़ों-हजारों योद्धाओं से अकेले लड़नेवाले मेरे इन भाइयों को मारकर गिरा सके? मेरे भाई सुख से सोए हुए पुरुष की तरह जाग उठे हैं, इनकी इंद्रियों में किसी प्रकार का विकार नहीं दीख पड़ता।"

यक्ष ने कहा, "मैं तुम्हारा पिता 'धर्म' हूँ। तुम्हें देखने के लिए ही यहाँ आया था। यश, सत्य, दम, शौच, सरलता, लोक-लज्जा, धैर्य, दान, तप और ब्रह्मचर्य मेरा शरीर है। अहिंसा, समता, शांति, तप, शौच और ईर्ष्या का न होना मेरी इंद्रियाँ हैं। युधिष्ठिर, तुम मेरे पुत्र, मुझे बहुत प्रिय हो। प्रसन्नता की बात है कि तुम शम, दम, तितिक्षा, एकाग्रता और उपरति; इन पाँच आत्मज्ञान के पाँच साधनों में अनुरक्त हो। तुमने भूख, प्यास, शोक, मोह, जरा और मृत्यु को जीत लिया है। मैं तुम्हारी परीक्षा लेने आया था और अब तुम्हारे उदार धर्मज्ञान को देखकर मैं बहुत प्रसन्न हुआ। तुम्हारा भला हो, तुम मुझसे वरदान माँगो। जो कोई मेरा भक्त और अनुगत है, उसे कभी दुर्गति नहीं भोगनी पड़ती।"

युधिष्ठिर ने कहा, "एक ब्राह्मण की अरणी और मथानी लेकर कोई मृग भाग गया था। उस ब्राह्मण के अग्निहोत्र की आग न बुझे, यही मैं पहला वर माँगता हूँ।"

धर्म ने कहा, "हे युधिष्ठिर! मैं ही तुम्हारी परीक्षा के लिए मृग का रूप रखकर ब्राह्मण की अरणी और मथानी ले गया था। वह अरणी और मथानी मैं तुमको देता हूँ। अब तुम और वर मुझसे माँगो।"

युधिष्ठिर ने कहा, "मैं बारह वर्ष वन में बिता चुका, अब तेरहवाँ अज्ञातवास का वर्ष आ पहुँचा है। मैं दूसरा वर यह माँगता हूँ कि इस वर्ष में कोई मनुष्य न तो हमें पहचान सके और न किसी तरह हम लोगों का पता लगा सके।"

धर्म ने कहा, "पुत्र, तुम लोग छद्मवेश न रखकर भी चाहे सारी पृथ्वी पर घूमते रहो, किंतु तीनों लोकों में कोई तुमको पहचान नहीं सकेगा। हे पांडवो, मेरी कृपा से तुम लोग राजा विराट की नगरी में अज्ञातवास करते हुए सुख से रहोगे। तुम में से जो जिस वेश को रखना चाहेगा, वह सहज ही उस वेष को रख सकेगा। यह अरणी और मथानी उस ब्राह्मण को दे दो। प्रियदर्शन युधिष्ठिर, और भी वर माँगो।"

युधिष्ठिर ने कहा, "हे देवदेव, आप साक्षात् सनातन देव और मेरे पिता हैं। आपके दर्शन मुझे मिल गए, इसी से मैं कृतार्थ हो गया। अब आप प्रसन्न होकर स्वयं ही जो वर मुझको देंगे, उसे मैं सहर्ष ले लूँगा। मैं आपसे फिर यही माँगता हूँ

कि लोभ, क्रोध और मोह मुझे अपने वश में न कर सकें। तप, दम, दान और सत्य पर सदा मेरा प्रेम बढ़ता ही रहे।"

धर्म ने कहा, "युधिष्ठिर, तुम में स्वभाव से ही ये सब सद्गुण विद्यमान हैं। फिर भी तुम्हारी इच्छा के अनुसार मैं तुमको वर देता हूँ कि तुम विशेष रूप से इन गुणों से भूषित रहोगे।"

□

गुप्तवास

अब पांडव तेरहवें वर्ष का अज्ञातवास करने पर विचार करने लगे। उन्होंने अपने साथ रहनेवाले ब्राह्मणों और तपस्वियों से कहा, "मुनियो, अब हमें तेरहवें वर्ष का अज्ञातवास करने के लिए यह स्थान त्यागकर किसी अज्ञात स्थान की ओर जाना होगा, अत: आप सब हमें आशीर्वाद देकर विदा कीजिए।"

सबने उन्हें प्रेमपूर्वक विदा दी। पांडव वहाँ से चलकर कुछ दूरी पर ठहरे और अज्ञातवास के लिए उपयुक्त स्थान के संबंध में विचार करने लगे।

अर्जुन ने बताया, "कुरुदेश के चारों ओर पांचाल, चेदि, मत्स्य, शूरसेन, पटच्चर, दशार्ण, नवराष्ट्र, मल्ल, शाल्व, युगंधर, अवंति आदि अनेक धनधान्य से पूर्ण रमणीय राज्य हैं। राजा विराट का राज्य अज्ञातवास के सर्वथा योग्य है।"

युधिष्ठिर ने उत्तर दिया, "मत्स्य-देश के राजा विराट धर्मात्मा, वयोवृद्ध और पांडवों पर कृपा रखनेवाले हैं। हम लोगों को उन्हीं के यहाँ चलकर रहना चाहिए। पिता 'धर्म' का भी यही आदेश था।"

यह निश्चय कर उन्होंने विराटनगर के लिए प्रस्थान किया। चलते-चलते मार्ग की थकान, भूख-प्यास और श्रम से द्रौपदी बहुत थक गई। अत: एक स्थान पर ठहरकर विश्राम करने लगी। उसने शोकातुर होकर कहा, "उदय-काल में जिसकी कीर्ति समस्त संसार में फैली थी, जो कुरुकुलपति धर्मराज मणिमय कांचन-प्रासाद में रहते थे। जब वे चलते थे तो उनके पीछे दस हजार योद्धा, हाथी और उत्तम घोड़ों से जुते हुए स्वर्णमंडित तीस हजार रथ चलते थे। जैसे सारे देवता कुबेर की उपासना करते हैं, वैसे ही सब राजा और कौरव, जिनकी उपासना करते थे। जिनके यहाँ अट्ठासी हजार स्नातक ब्राह्मणों की आजीविका चलती थी। हाय, वे ही धर्मराज, कुरुकुल के अधिपति आज महावीर भाइयों सहित भाग्यदोष से धूल-धूसरित, नंगे पैर भटक रहे हैं।"

युधिष्ठिर बोले, "हे कल्याणी! धैर्य धरो। संकट के बारह वर्ष हमने वन में कष्ट सहकर बिता दिए, अब एक वर्ष और है। अरे, प्रात:काल हो रहा है। यह तो श्मशान-भूमि प्रतीत होती है, यह कौन सा देश है।

पुरोहित धौम्य ने बताया, "यही गुप्त राष्ट्र मत्स्य-देश की राजधानी विराटनगरी है। यहाँ का राजा बली, धर्मात्मा और आपका मित्र भी है। अज्ञातवास पूरा करने का यही उपयुक्त स्थान है।"

"तब आओ, उस सघन शमी-वृक्ष की छाया में बैठकर विश्राम करें।"

वहाँ कुछ देर विश्राम के बाद सबने अपने-अपने कार्य निश्चित किए।

युधिष्ठिर ने कहा, "मैं तो केवल पाँसा खेलने की विद्या जानता हूँ। इसलिए मैं 'कंक' ब्राह्मण के नाम से विराटेश्वर का सभासद बन जाऊँगा और राजा को पाँसा खिलाकर प्रसन्न रखूँगा।"

भीमसेन बोले, "मैं रसोई बनाने में चतुर हूँ। मैं 'वल्लभ' नाम से राजा का रसोइया बन जाऊँगा।"

अर्जुन ने कहा, "मैं हाथों में शंख और हाथीदाँत की चूड़ियाँ पहनकर सिर पर चोटी बाँधूँगा और 'बृहन्नला' नाम से नपुंसक बनकर राजा के अंत:पुर में नृत्य-गीत की शिक्षा दूँगा।"

नकुल ने कहा, "मुझे अश्व विद्या की जानकारी है। मैं घोड़ों को चलाना सिखाना, उनकी नस्ल पहचानना तथा चिकित्सा करना भलीभाँति जानता हूँ। अत: मैं तो राजा का ग्रंथिक नाम का अश्वपाल बन जाऊँगा।"

सहदेव बोले, "विराटेश्वर के पास एक लाख गाय हैं। मैं गौओं को दुहने और उनकी परीक्षा करने में चतुर हूँ। गौओं के चरित्र और मंगल-लक्षण भी भलीभाँति जानता हूँ, मैं उन शुभ लक्षण वाले बैलों को भी खूब पहचानता हूँ, जिनके मूत्र को सूँघकर वंध्या भी पुत्रवती हो जाती है। इसी से मैं तंत्रिपाल नाम रखकर राजा का ग्वाला बन जाऊँगा।"

द्रौपदी ने कहा, "और मैं केशशृंगार भलीभाँति जानती हूँ। अत: मैं राजा के अंत:पुर में सैरंध्री दासी बनकर रह जाऊँगी। विराटेश्वर की रानी सुदेष्णा मेरी रक्षा करेंगी।"

सबके विचार सुनकर युधिष्ठिर बोले, "विधि की विडंबना से जो-जो हमें करना है, वह तो निश्चय हो गया। अब पुरोहित धौम्य अन्य सेवकों, रसोइयों और द्रौपदी की दासियों के साथ द्रुपद के यहाँ जाकर रहें और हमारे अग्निहोत्र की रक्षा

करें। इंद्रसेन आदि सारथी तथा अन्य सेवक खाली रथ लेकर द्वारका चले जाएँ। किसी के पूछने पर सब कोई यही कहे कि पांडवों का हमें कुछ पता नहीं। वे हमें द्वैतवन में छोड़कर न जाने कहाँ चले गए। अब हमें सबसे अंत में यह विचारना है कि हम अपने शस्त्रास्त्र कहाँ रखें? शस्त्रास्त्र लेकर यदि हम नगर-प्रवेश करेंगे तो तुरंत ही पहचान लिये जाएँगे और हमें फिर बारह वर्ष वन में रहना पड़ेगा।"

अर्जुन ने सुझाव दिया, "हमें इसी सघन शमी-वृक्ष पर अपने शस्त्रास्त्र छुपा देने चाहिए। इसकी शाखाएँ बड़ी भयानक हैं। इस पर किसी का चढ़ना कठिन है। यह वृक्ष मार्ग से भी हटकर है और यहाँ सर्प आदि जंतु भी बहुत हैं। इसी की कोटर में हम शस्त्रास्त्रों को छिपा दें और एक मुर्दा लाकर इस वृक्ष पर लटका दें, जिससे भयभीत होकर कोई इधर न आए।"

युधिष्ठिर बोले, "यही उत्तम होगा। हम लोगों के एक-एक गुप्तनाम भी होने चाहिए। वे क्रमशः जय, जयंत, विजय, जयत्सेन और जयद्वल होंगे।"

धौम्य ने उनका यह गुप्तवास सफल होने का आशीर्वाद देकर कहा, "धर्मराज, आपने ब्राह्मण, सुहृद्, सेवक, वाहन, अस्त्र-शस्त्र सबका भलीभाँति प्रबंध कर दिया। मैं आशा करता हूँ कि अपनी विनय, धैर्य और बुद्धिबल से देशकाल के धर्माधर्म का विचार कर आप यह गुप्तवास निर्विघ्न पूरा करोगे। अब सब अपने-अपने गंतव्य की ओर प्रस्थान करें। सबका कल्याण हो।"

सब परस्पर प्रेमालिंगन करके अपने-अपने मार्ग पर चलकर विराटेश्वर की सेवा में पहुँचे।

विराट राजा के यहाँ योजनानुसार नियुक्त होकर पांडव अज्ञातवास का समय बिताने लगे। महाराज युधिष्ठिर राजा विराट की सभा के मुख्य सभासद हुए। राजा, राजपुत्र और सब सभासदों को वे परमप्रिय थे। राजा के साथ चौसर खेलकर वे उसे प्रसन्न रखते थे। लोग जैसे डोरी से बँधे हुए पक्षियों को अपनी इच्छा के अनुसार चला-फिराकर खेलते हैं, वैसे ही चौसर के पाँसों पर महाराज युधिष्ठिर का अधिकार हो गया था। भीमसेन विराट के यहाँ रसोईघर के स्वामी थे। वे नित्य अनेक उत्तम भोजन-सामग्रियाँ और स्वादिष्ट मांस आदि अपने भाइयों को खिलाते-पिलाते थे। अर्जुन नपुंसक-वेश में विराटराज के रनिवास में रहकर राजकुमारी उत्तरा को नृत्य की शिक्षा देते थे। गोप-वेशधारी सहदेव दूध, दही, घी तथा गोधन की व्यवस्था करते थे। नकुल घोड़ों की सेवा करते और उन्हें साधते थे। द्रौपदी रानी की सेवा में रहकर उन्हें प्रसन्न रखती थी।

उनके गुप्तवास के चौथे मास में मत्स्यदेश की राजधानी में एक बड़ा भारी ब्रह्मा का मेला हुआ। यह मेला बहुत काल से प्रचलित था। मत्स्यदेश की प्रजा इस मेले को बहुत पसंद करती थी। ब्रह्मा और शंकर की सभा की भाँति यहाँ राजा का दरबार लगता था। मेले में अपना-अपना बल और कौशल दिखाने के लिए बड़े-बड़े बली, महाकाय पहलवान और वीर चारों ओर से आने लगे। उनमें सबसे अधिक बलवान जीमूत नामक पहलवान था। वह अखाड़े में खड़ा होकर बाहर से आए हुए राजा के यहाँ रहनेवाले पहलवानों तथा वीरों को भिड़ने के लिए बार-बार ललकारने लगा, किंतु किसी को उसके सामने जाने का साहस नहीं हुआ। जब कोई पहलवान जीमूत से भिड़ने को तैयार न हुआ, तब राजा विराट ने अपने रसोइए वल्लभ को बुलाकर उस पहलवान से युद्ध करने की आज्ञा दी।

आज्ञा पाकर भीमसेन बड़े असमंजस में पड़े। वे सोचने लगे, 'यदि नहीं लड़ता हूँ तो राजा क्रुद्ध होंगे और जो लड़ता हूँ तो मेरा बल देखकर कोई मुझे पहचान न ले।' परंतु युधिष्ठिर का संकेत पाकर भीमसेन लड़ने के लिए अखाड़े में आए। भीमसेन ने जीमूत को लड़ने के लिए ललकारा। फिर वे दोनों परम पराक्रमी दो मस्त गजराजों की भाँति बड़े उत्साह से भिड़ गए। दोनों वीर पुरुष सिंह के समान गरज-गरजकर लड़ने लगे। दोनों के परस्पर प्रहार करने से वज्रपात सा भयंकर शब्द होने लगा। वे एक-दूसरे पर घातक चोट करते हुए लड़ रहे थे। कभी हाथ मारते, कभी घूँसे की चोट करते, कभी जमीन पर गिराकर रगड़ते थे, कभी ऊपर उठा लेते थे, कभी जाँघ से जाँघ लड़ाते और कभी सिर से सिर भिड़ाकर जोर करते थे। अंत में भीमसेन ने हाथी पर सिंह की भाँति झपटकर जीमूत पर आक्रमण किया और दोनों हाथों में ऊपर उठा, सिर पर घुमाकर पृथ्वी पर पटक दिया। उसके प्राण निकल गए। राजा विराट ने प्रसन्न होकर भीमसेन को बहुत सा धन दिया।

इसी तरह पांडवों ने छिपे रहकर विराट राजा के यहाँ छह महीने और बिता दिए। परंतु द्रौपदी बहुत दुःखी रहती थी, यद्यपि वे सभी रात्रि को अवकाश के समय एकत्र हो मिल-जुल लिया करते थे।

एक दिन द्रौपदी रनिवास में बैठी थी। रानी सुदेष्णा का भाई तथा राजा विराट का सेनापति महाबली कीचक रनिवास के भीतर आया। द्रौपदी को देखते ही वह कामदेव के वश हो गया। उसको पाने की इच्छा से अधीर और काम की आग से तप्त कीचक अपनी बहन सुदेष्णा के पास पहुँचा। उसने मुसकराकर प्रसन्नता प्रकट करते हुए कहा, "बहन, यह परम रूप-लावण्यमयी स्त्री कौन है? किसकी

पत्नी है ? इस स्त्री का रूप अलौकिक है, यह तुम्हारी दासी होने योग्य नहीं है। मैं चाहता कि यह मेरे ऊपर, जो कुछ मेरा है, उसके ऊपर प्रभुत्व करे। अनेक हाथी, रथ, घोड़ों से युक्त, जनपरिपूर्ण, समृद्धि-युक्त, खाने-पीने के अलभ्य पदार्थों से भरा सुवर्ण-रत्न के गहनों से पूर्ण मेरा मनोहर महल इस सुंदरी के रूप से शोभित हो।"

भाई की बात सुनकर सुदेष्णा हँसकर चुप लगा गई। कोई उत्तर नहीं दिया।

एकांत होने पर कीचक द्रौपदी के पास पहुँचा। उसने पूछा, "सुंदरी, तुम कौन हो ? किसकी स्त्री हो ? मुझे आत्मार्पण कर मेरे साथ सुखपूर्वक रहो!"

द्रौपदी ने उत्तर दिया, "पराई स्त्री को प्राप्त करने की इच्छा मत करो। पापी लोग मृत्यु को प्राप्त होते हैं।"

कीचक बोला, "मैं अद्वितीय पराक्रमी और वीर सेनापति हूँ और विराटराज का संबंधी हूँ। तुम स्वामिनी होकर ऐश्वर्य भोगो।"

द्रौपदी ने क्रोधित होकर उत्तर दिया, "पाँच महाबली गंधर्व मेरे स्वामी हैं। वे अदृश्य रूप से मेरी रक्षा करते हैं। तुम यदि मेरे साथ बल प्रयोग करोगे तो पाताल या अंतरिक्ष कहीं भी भागकर प्राण-रक्षा न कर सकोगे, गंधर्व तुम्हें यातना देकर मार डालेंगे।"

यह कहकर द्रौपदी वहाँ से चली गई, परंतु कीचक तो कामांध हो रहा था। वह अपनी बहन रानी सुदेष्णा के पास आकर बोला, "बहन, अपनी इस दासी को समझाकर किसी प्रकार मेरे अंतःपुर में भेजो।"

सुदेष्णा ने उसे इस पापकर्म से रोकना चाहा, परंतु समझाने पर भी उसका दुराग्रह नहीं गया।

तब सुदेष्णा ने कहा, "अच्छा, तुम अपने यहाँ अनेक प्रकार के भोजन बनवाओ, अच्छी-अच्छी मदिरा भी बनवाओ। मैं मदिरा लाने के बहाने उसे तुम्हारे पास भेज दूँगी।"

कीचक प्रसन्न होकर अपने आवास को लौटा। अगले दिन उसने उत्तम भोजन और उत्तम मदिरा तैयार कराकर बहन को सूचना भेजी।

सुदेष्णा ने द्रौपदी से कहा, "सैरंध्री, तुम शीघ्र कीचक के घर जाकर मेरे लिए उत्तम मदिरा ले आओ।"

द्रौपदी ने कहा, "रानी, कीचक की दृष्टि कुत्सित है। मैं वहाँ नहीं जाऊँगी, आप किसी अन्य दासी को आज्ञा दीजिए!"

रानी बोली, "सैरंध्री, यह स्वर्णपात्र लो और तुम्हीं जाकर मदिरा लाओ।

कीचक मेरा भाई है, उससे शंका करना व्यर्थ है।"

यह सुनकर भी द्रौपदी चुप खड़ी रही, उसने पात्र नहीं उठाया।

इस अवज्ञा से आवेशित होकर रानी ने स्वर्णपात्र उसके हाथ में देकर कहा, "जाओ, मदिरा लेकर आओ।"

द्रौपदी की आँखों में आँसू छलक आए, मगर मन को दृढ़ बना वह पात्र लेकर चल दी।

द्रौपदी को अपने कक्ष में आते देखकर कीचक प्रसन्नता में भरकर उठ खड़ा हुआ और बोला, "इस भवन में तुम्हारा स्वागत है! अब इस भवन की स्वामिनी बनकर दुर्लभ सुख-भोग करो और सुवासित मदिरा पीकर अपने कष्टों को भूल जाओ।"

परंतु द्रौपदी ने उसकी बात अनसुनी कर तीखे स्वर में कहा, "रानी सुदेष्णा ने अपने लिए मदिरा मँगाई है, तुम इस स्वर्णपात्र में मदिरा दो तो मैं जाऊँ।"

कीचक बोला, "रानी को मदिरा मेरी अन्य दासियाँ दे आएँगी। तुम मेरे पास बैठो, मदिरा पियो।"

यह कहकर उसने द्रौपदी के हाथ से मदिरा-पात्र लेकर रख दिया और उसकी बाँह पकड़ अपनी ओर खींचा।

द्रौपदी ने क्रोधित होकर कहा, "दुष्ट, मेरा हाथ छोड़!"

कीचक हाथ छोड़ उसका वस्त्र खींचने लगा। द्रौपदी क्रोध सें काँपने लगी, उसने पूरी शक्ति लगाकर उसे धक्का देकर पृथ्वी पर गिरा दिया और राजसभा की ओर भागी। कीचक भी उठकर उसके पीछे भागा और राजसभा में पहुँचकर उसने द्रौपदी को लात मारकर पृथ्वी पर गिरा दिया, परंतु तभी किसी अलक्षित शक्ति का प्रहार पाकर वह कटे वृक्ष की भाँति पृथ्वी पर गिरकर लंबी-लंबी साँसें लेने लगा।

युधिष्ठिर राजा के साथ बैठे चौसर खेल रहे थे। अपनी पत्नी का अपमान देख वे क्रोधित हो हृदय को मथने लगे।

द्रौपदी ने रोते-रोते राजा से कहा, "राजन्, कीचक ने आपके देखते भरी राजसभा में मुझ पर अकारण पद-प्रहार किया है। आप उसे दंड दीजिए।"

युधिष्ठिर ने संकेत कर द्रौपदी से कहा, "हे सैरंध्री! तुम रनिवास में रानी के पास जाओ। राजन् कीचक के अपराध को देखेंगे।"

युधिष्ठिर का आशय समझ द्रौपदी वहाँ से रनिवास की ओर चल दी।

सैरंध्री की आँखों में आँसू, बिखरे बाल और मलिन मुखमुद्रा देखकर रानी ने

पूछा, "यह क्या भद्रे, तुम क्यों रो रही हो ?"

द्रौपदी ने कहा, "आपकी आज्ञा से मैं मदिरा लेने कीचक के पास गई थी, वहाँ उसने मेरा धर्म पतित करना चाहा। मैं भागकर राजसभा में गई, वहाँ भी पहुँचकर उसने मुझ पर लात का प्रहार किया।"

रानी ने उसे सांत्वना देते हुए कहा, "मैं कीचक को अवश्य दंड दूँगी।"

रात्रि को द्रौपदी अपने अपमान की वेदना से सो न सकी। वह उठी और धीरे-धीरे सतर्कता से भीमसेन के आवास की ओर चली। भीमसेन उसकी आहट पाकर अपनी शैया से उठ बैठे। द्रौपदी ने रोकर अपने अपमान की बात उन्हें बता दी। उसने कहा, "कीचक रानी का भाई और सेनापति होने के कारण मेरे पीछे फिर पड़ेगा। मुझे स्वयं राजा की दृष्टि में भी विकार दिखता है। ऐसा न हो, किसी दिन राजा भी मुझे इसी भाँति अपमानित कर बैठे।"

द्रौपदी की बात सुनकर भीम ने कहा, "देवी, कीचक का दुर्व्यवहार मुझे ज्ञात है। मैं आज अर्धरात्रि में ही उसका वध करूँगा, तुम शोक न करो।"

उधर कीचक रात्रि होने पर अपनी नाट्यशाला में जाकर अपनी कामपीड़ा को शांत कर और मद्य पी अर्धरात्रि में द्रौपदी के आवास में बलपूर्वक घुसने के स्वप्न देखने लगा। उसने कहा, "अर्धरात्रि के शून्य क्षणों में कौन उसकी रक्षा करेगा ? तब वह सुंदरी दासी निश्चय ही मेरे अंक में होगी।"

परंतु उसके इस सुख-स्वप्न में बाधा पड़ी। उसने देखा कि वल्लभ नाट्यशाला में पहुँचकर द्वार बंद कर रहा है। उसने पूछा, "तुमने मेरी नाट्यशाला में इस समय प्रवेश क्यों किया ?"

परंतु भीम ने समीप आते ही उसे एक लात मारी और उसके सिर के बाल खींचकर उस पर लात-घूँसों का प्रहार करने लगे। कीचक ने बल लगाकर अपने को मुक्त कर वल्लभ पर प्रहार किया, परंतु वल्लभ ने उसे अनायास ऊपर उठाकर और घुमाकर पृथ्वी पर पटक दिया। उसकी छाती पर दोनों हाथों से प्रहार कर उसे रगड़ने लगे। मुष्टि-प्रहारों से हड्डी-पसली तोड़ डाली और कंठ घोंटकर उसका प्राणांत कर दिया। उसके सब अंग-प्रत्यंग तोड़कर शरीर के पृथक् कर इधर-उधर फेंक दिए।

प्रातःकाल होने पर सेवकों ने नाट्यशाला में अपने स्वामी की यह भयानक मृत्यु देखी तो वे भयभीत होकर कीचक के भाइयों को सूचना देने दौड़े। वे सब आकर कीचक के क्षत-विक्षत शव को देखकर रोने लगे।

एक सेवक ने कहा, "प्रतीत होता है कि कल सैरंध्री का अपमान करने के कारण उसके पति गंधर्वों ने यहाँ मध्यरात्रि में आकर स्वामी को ऐसा भयानक दंड दिया है।"

शोक से विह्वल कीचक के बंधु-बांधव राजा के पास जाकर बोले, "महल की दासी सैरंध्री के कारण ही हमारे भाई की मृत्यु हुई, अतः आज्ञा दीजिए कि हम उस दासी को उसी के साथ चिता पर जलाकर अपना क्रोध शांत करें।"

राजा ने आज्ञा दे दी। कीचक के भाई सैरंध्री को बाँधकर चिता की ओर ले चले। वह रो-रोकर पुकारने लगी, "जय, जयंत, विजय, जयत्सेन और जयद्बल, मेरे पाँचों गंधर्व पति शीघ्र आकर इन पापियों से मेरा उद्धार करो।"

श्मशान में पहुँचकर चिता तैयार की गई, उस पर कीचक का शव अंतिम संस्कार के लिए रख दिया गया, जब वे सैरंध्री को भी चिता पर बैठाने के लिए ले जाने लगे, तभी एक वृक्ष उखड़कर उन बंधु-बांधवों के ऊपर गिर पड़ा। क्रोधित सिंह के समान भयानक केशधारी एक बलिष्ठ गंधर्व के समान व्यक्ति को उस वृक्ष से अपने ऊपर प्रहार करते देख वे भयभीत होकर पृथ्वी पर गिरते-पड़ते भागने लगे, परंतु उस बलिष्ठ व्यक्ति ने उन्हें भागने नहीं दिया। वह पकड़-पकड़कर एक-दूसरे से टकराकर उनका प्राणांत करने लगा, देखते-ही-देखते उस व्यक्ति ने उन्हें उठा-उठाकर पृथ्वी पर पटककर, उनके अंग-प्रत्यंग तोड़ उन्हें मार डाला। सबको मारकर सैरंध्री के बंधन खोल उस व्यक्ति ने उससे कहा, "देवी, अब रनिवास में जाओ, अब तुम्हें कोई दुष्ट कष्ट न दे सकेगा।"

यह कहकर वह रहस्यमय व्यक्ति वेगपूर्ण वहाँ से चला गया।

सैरंध्री भीम को उस वेश में देख और उन सभी कीचक-बंधुओं का उनके बलिष्ठ हाथों में हनन होता देख उस अप्रतिम पांडुपुत्र की मन-ही-मन प्रशंसा कर वहाँ से रनिवास की ओर चल दी।

सैरंध्री जब रनिवास में रानी के पास पहुँची, रानी चिंतित और उदास थी। सैरंध्री के आने पर उन्होंने कहा, "सैरंध्री, तुम्हारे अलौकिक रूप को देखकर मनुष्य की भावना दूषित हो जाती है। तुम्हारे कारण मेरा भाई और उसके बांधव मारे गए। इस घटना से महाराज तुमसे भयभीत हो गए हैं, क्योंकि तुम्हारे पति गंधर्व अजय और महान् पराक्रमी हैं, जो प्रत्येक कुअवसर पर तत्काल तुम्हारी रक्षा करते हैं, अतः महाराज की आज्ञा है कि अब हमारी सेवा से मुक्त होकर तुम अन्यत्र जाकर रहो।"

रानी की बात ने सैरंध्री को उदास और चिंतित कर दिया।

रानी यह देखकर सहानुभूतिपूर्वक बोली, "इसमें चिंता की क्या बात है, तुम्हें अन्यत्र कहीं भी काम मिल सकता है, क्योंकि तुम पूरी निष्ठा से सेवा करती हो।"

सैरंध्री ने कहा, "भद्रे, केवल तेरह दिन और मुझे अपनी सेवा में रहने दीजिए। तेरह दिनों बाद मेरे गंधर्व आकर मुझे ले जाएँगे। वे आपका और महाराज का भला भी करेंगे। आपका कल्याण होगा।"

□

गोधन-हरण

दुर्योधन को दूतों ने आकर समाचार दिया कि विराटनगर में कीचक और उसके बंधु-बांधवों का बिना ही शस्त्र-युद्ध किए गंधर्वों ने वध कर दिया है। यह समाचार सुनकर त्रिगर्त के राजा सुशर्मा ने कहा, "राजन्, इसी महाबली कीचक ने मेरे राज्य पर चढ़ाई कर मुझे कष्ट दिया था। उसके मर जाने से विराटराज का बल क्षीण हो गया। विराटराज वृद्ध भी हैं, युद्ध न कर सकेंगे, उन पर इसी समय चढ़ाई कर उनके समृद्ध गोधन को लूट लाना चाहिए।"

दुर्योधन बोला, "विराटेश्वर हमारा भी शत्रु रहा है। वह मेरे यज्ञ में भी उपस्थित नहीं हुआ। उसे दंडित करने के लिए मैं आपकी यह योजना पसंद करता हूँ।"

कर्ण, दु:शासन आदि भाइयों से सलाह कर और धृतराष्ट्र से आज्ञा लेकर वह विराटनगर जाने की तैयारियाँ करने लगा। अगले ही दिन ब्राह्मणों का आशीर्वाद प्राप्त कर कौरव-सेना नगर से बाहर निकली।

मार्ग में चलते-चलते दुर्योधन ने कर्ण से कहा, "पांडवों का एक वर्ष से कोई समाचार दूतों द्वारा नहीं मिल रहा है। पांडवों का खाली रथ द्वारका की ओर जाते देखा गया था। मालूम होता है, हिंसक जंतुओं ने उन्हें खा डाला।"

कर्ण ने उत्तर दिया, "राजन्, पांडवों का विचार ही मन से निकाल देना चाहिए। अब तो आप ही भूमंडल के एकछत्र राजा हैं।"

यह सुन दुर्योधन बड़ा प्रसन्न हुआ और उत्साह में भर विराटनगर की सीमा में प्रवेश किया।

प्रभात का समय था, विराटेश्वर के राजमहल के बाहरी प्रांगण के एक भाग में सफेद मूँछें, हाथ में लंबी लठियाँ लिये वृद्ध ग्वाला बहुत सी गायें स्वर्णभूषिता पर खड़ी कर रहा था। आनंद में विभोर वह गाता भी जाता था। अपने लोकगीत में वह कह रहा था—

"आज आनंद का दिन है, महाराज विराट का जन्म-नक्षत्र है। हाट-बाट-वीथिकाएँ सजाई गई हैं। विराटनगरी दुलहन की भाँति सज रही है। ये दस सहस्र गायें महाराज की आज्ञा से स्वर्णभूषिता कराकर ब्राह्मणों को दान देने के लिए मँगाई गई हैं। आनंद-ही-आनंद है, महाराज और विराट की जय हो। अरे गोमित्रक! अरे ओ गोमित्रक!"

गोमित्रक ने आकर कहा, "मामाजी, क्या आज्ञा है?"

"अरे मूर्ख, आज्ञा पूछता है। नहीं जानता, आज महाराज का जन्म-नक्षत्र है। ये स्वर्णालंकृता दस सहस्र गाय आज ब्राह्मणों को दान दी जाएँगी, सब गोप बालक-बालिकाओं को नए वस्त्र मिलेंगे। सब नाचें-गाएँ, आनंद करें।"

"बहुत अच्छा मामाजी, मैं अभी सब व्यवस्था करता हूँ।"

ग्वाल-बालों को आनंद-मग्न देखकर ग्वाला बहुत प्रसन्न हो कहने लगा, "भाँति-भाँति के रंगीन वस्त्र पहने हुए ये ग्वाल-बाल नाच-गान में मस्त कैसे भले प्रतीत हो रहे हैं। जी चाहता है कि मैं भी इनके साथ नाचूँ।"

परंतु उसकी प्रसन्नता में बाधा पड़ी, एक काला कौवा सूखे वृक्ष के ठूँठ पर बैठकर डाली के साथ चोंच रगड़-रगड़कर सूर्य की ओर मुँह करके भीषण शब्द करने लगा।

गोमित्रक कौवे की ओर देखकर शंकित होकर बोला, "मामाजी, यह तो महा अपशकुन है। अरे, उधर देखिए, बड़ी धूल उड़ रही है।"

ग्वाले ने भी उधर दृष्टि फेरकर कहा, "अरे धूल ही नहीं, शंख और नगाड़ों का भी शब्द हो रहा है।"

"मामाजी, ये तो कोई चोर प्रतीत होते हैं, जो घोड़ों, रथों और हाथियों पर सफेद छत्र लगाए, शस्त्र चमकाते हुए ग्वालों की बस्ती में घुसे ही चले आ रहे हैं।"

"अरे, बाण छूटने लगे! भागो, झटपट घरों में भाग जाओ! महाराज को तुरंत सूचित करो।"

उत्सव के प्रभात में ही दुर्योधन की सेना ने गोधन पर आक्रमण कर, नगरवासियों और ग्वालों को त्रस्त करना आरंभ कर दिया। उन्होंने वेग से आक्रमण कर सारा गोधन हरण कर ग्वालों तथा अन्य रक्षकों को मार गिराया। नगरवासी प्राण बचाकर भागने लगे।

राजकुमार उत्तर उसी समय अपने महल से निकलकर मृगया के लिए जाने की तैयारी कर रहा था। इस समय उसके हृदय में आखेट करने और अपने लक्ष्यवेध-

कौशल के प्रदर्शन के भाव उमड़ रहे थे। तभी एक दासी ने हाँफते हुए आकर उसे सूचना दी, "कुमार, लोग राजद्वार पर भागे हुएं आकर दुहाई दे रहे हैं कि कौरवों की सेना ने आकर ग्वालों पर आक्रमण कर हमारा सारा गोधन हरण कर लिया है।"

"क्या कहा, हमारा गोधन?"

"हाँ कुमार, गोधन ही हरण कर ले जा रहे हैं।"

"तब महाराज तो अनुष्ठान में लगे हैं, उन्हें बताकर अनुष्ठान में विघ्न डालना उचित नहीं है। सेनापति कीचक भी नहीं रहे। पर चिंता नहीं, मैं ही जाता हूँ। उत्तरा को भेज।"

कुमार का संदेश पाकर उत्तरा ने आकर पूछा, "मुझे बुलाया है, भैया?"

"हाँ, इसी समय समाचार मिला है कि कौरवों के सैनिकों ने आकर हमारा गोधन हरण कर लिया है, इसलिए मैं उनसे गोधन वापस लेने जा रहा हूँ। देख, महाराज के अनुष्ठान-कार्य में कोई बाधा न होने देना। परंतु मेरा कुशल सारथी तो बाहर गया हुआ है। कोई और सारथी मिल जाता तो मुझे युद्ध-जय करने में सुविधा रहती।"

बृहन्नला अपनी शिष्या उत्तरा के पीछे-पीछे वहाँ चला आया था, बोला—

"कुमार, मैं बहुत अच्छा सारथी भी हूँ। खांडववन-दाह के समय मैं ही अर्जुन का सारथी था। धनुर्विद्या में भी निपुण हूँ। मेरे रथ चलाने से आप अवश्य विजयी होंगे।"

कुमार यह सुनकर हँसने लगे।

उत्तरा बोली, "बृहन्नला कभी असत्य और अप्रिय बात नहीं करता। तुम इस पर विश्वास करो, भैया।"

"तुम कहती हो, मैं अवश्य इसकी परीक्षा लूँगा। तब आओ बृहन्नला, मैं तुम्हें सारथी वस्त्र और कवच धारण कर दूँ। मैं भी युद्ध साज धारण करता हूँ।"

थोड़ी देर में कुमार युद्ध वेश में सज्जित होकर चलने लगा। उत्तरा ने आकर उसकी आरती उतारी, ब्राह्मणों ने उसे आशीर्वाद दिया।

उत्तरा विदा करते समय बृहन्नला से बोली, "बृहन्नला, युद्ध में पराजित कौरव-वीरों के उत्तरीय उतारकर मेरे लिए लेते आना।"

युद्ध में विजय प्राप्त करने की उमंग और अपना पराक्रम प्रदर्शित करने के सुअवसर से गर्वित होकर राजकुमार उत्तर सैनिकों को लेकर रथ में आरूढ़ हुआ। उसने सारथी बृहन्नला को आज्ञा दी, "शीघ्रता से चलो, शत्रु दूर न निकल जाए।"

कौरव-दल के पड़ाव के मार्ग में बृहन्नला ने रथ उसी वृक्ष के समीप पहुँचकर रोक दिया। वहाँ से कौरव-सेना को दोनों ने देखा। हाथी, घोड़े, रथ, कर्ण, दुर्योधन, कृपाचार्य, द्रोणाचार्य, अश्वत्थामा, भीष्म आदि महारथी वीरों से रक्षित उस विशाल कौरव-सेना को देखते ही नवयुवक राजकुमार उत्तर का हृदय भय से धड़कने लगा। उसके रोंगटे खड़े हो गए। क्षण भर में ही उसका वह वीरभाव नष्ट हो गया। उसने घबराकर कहा, "बृहन्नला, कौरवों की इतनी विशाल सेना से अकेले युद्ध करने का साहस मुझमें नहीं है, इन महारथियों के बीच मैं नहीं जा सकता। तुम रथ लौटाकर नगर में चलो।"

बृहन्नला ने उत्तर का यह भय देख उसे साहस बँधाते हुए कहा, "आप युद्ध से पहले ही क्यों साहस खो रहे हैं? आपका पलायन देखकर कौरव दल हँसी उड़ाएगा। भयभीत होकर लौटने पर नगर में ही कौन आपका स्वागत करेगा? और यदि आप इनसे अपना गोधन छुड़ाकर साथ में ले चलेंगे तो आपकी जय-जयकार होगी।"

उत्तर बोला, "ले जाएँ गोधन, उड़ाएँ हँसी, नगरवासी भले ही मेरा तिरस्कार करें, किंतु मैं इन महारथियों के आगे जाकर अपने प्राण नहीं खो सकता। सारथी, जीवन है तो सुख-भोग हैं, जीवन नहीं तो कुछ भी नहीं। अभी मुझे मृत्यु नहीं चाहिए। तुम रथ लौटा लो।"

यह कहकर वह रथ से कूदकर भाग खड़ा हुआ।

बृहन्नला भी रथ से कूद पड़ा और उत्तर को पकड़ने दौड़ा। इस समय उसकी चोटी खुल गई और वस्त्र हवा में उड़ने लगे। यह देखकर कौरव-दल हँसने लगा।

बृहन्नला ने उत्तर को पकड़ लिया। अब उत्तर दीनता से कहने लगा, "बृहन्नला, रथ लौटा लो, मैं तुम्हें सौ निष्क, स्वर्णजटित आठ वैदूर्य मणियाँ, अच्छे-अच्छे घोड़े और हाथी इनाम में दूँगा। मुझे छोड़ दो, मैं मरना नहीं चाहता।"

बृहन्नला ने मुसकराकर उससे कहा, "भय मत करो कुमार, यदि तुम युद्ध करने से भयभीत हो तो युद्ध मत करो। तुम मेरे सारथी बनकर रथ हाँको, मैं स्वयं युद्ध करूँगा। युद्ध में सबको परास्त कर गोधन छुड़ा लूँगा, तुम्हें तनिक भी आहत न होने दूँगा। साहस करो, अपना राजधर्म पालन करो।"

यह सुनकर उत्तर का भय कुछ कम हुआ, धीरे-धीरे उसमें साहस का उदय हुआ। परंतु अकेले बृहन्नला द्वारा इन महारथियों पर विजय पा लेने की बात पर उसे विश्वास नहीं हुआ।

उसने पूछा, "क्या तुममें इतनी शक्ति है?"

"निश्चय, तुम चुपचाप देखते रहो।"

"अच्छी बात है, परंतु मेरे जीवन की रक्षा करना।"

बृहन्नला रथ को उस भयानक शमीवृक्ष के नीचे ले गया। रथ से उतरकर वह वृक्ष पर चढ़ गए और उस मुरदे के समान बँधी हुई गठरी को उतारने लगे। उस समय अकस्मात् कौरव-सेना की दिशा में धूल और आँधी से अँधेरा छा गया।

उत्तर ने कहा, "बृहन्नला, उस अपवित्र और भयानक मुरदे को मत छुओ, इसका तुम क्या करोगे?"

"तुम देखते रहो कुमार, भय और आशंका न करो।" यह कहकर अर्जुन उस गठरी को नीचे उतार लाए और उसका बेठन खोलकर उसमें से अस्त्र-शस्त्र निकालने लगे।

स्वर्ण-बिंदुओं से शोभित धनुष, रत्नमंडित धनुष-पीठ पर सोने के बने इंद्रगोप कीटवाला गांडीव धनुष, अनेक पक्षियों की मूर्तियों से अंकित धनुष, पीठ पर उज्ज्वल प्रभा वाले तीन सूर्य चमकनेवाला धनुष, एक हजार नाराच-बाण भरा सुवर्णमय तरकस। उसमें भरे हुए बाणों की चाँदी से मढ़ी हुई चमक रही थी और ये बाण रोमयुक्त थे। गिद्ध के पैरों से सोभित, लोहे के बने, हल्दी के रंग से रँगे, चिकने और चौड़े बाण। पाँच शेरों के चिह्न का काला धनुष, जिसके द्वारा सुअर के कान के आकार के दस अद्भुत बाण चलाए जाते थे। चौड़े, लंबे, अर्ध-चंद्राकार सात सौ नाराच बाण, जिनका आगे का हिस्सा तोते की चोंच की तरह था, पिछला हिस्सा लोहे का था और अत्यंत तीक्ष्ण 'फल' था। सुवर्णपंख बाण, भारी बोझ को सहनेवाले, शत्रुओं के छक्के छुड़ानेवाले लंबे शिलीमुख-बाण। बाघ के चमड़े की म्यान में रखा हुआ, सोने की मूठवाला, बहुत से घुँघरुओं से शोभित दिव्य खड्ग। गोचर्म की म्यान में रखी हुई, निर्मल, सोने की मूठ शोभित निषध-देश की बनी तलवार। सुवर्ण से अलंकृत, धारदार, लंबी, देखने में सुंदर, निर्मल, बकरे की खाल की म्यान में रखी हुए नीले रंग की चमकदार तलवार, भारी भार सहन करने योग्य आग की ज्वाला के समान, तपे हुए कुंदन की-सी चमकीली, चिकनी, भारी तलवार। सोने की बूँदों से शोभित, छूने में साँप की खाल के समान चिकनी और ठंडी, शत्रुओं के शरीर को पल भर में काट डालनेवाली तलवार।

उस मुर्दाकार गठरी में सुरक्षित रखे इन अप्रतिम, दिव्य और बहुमूल्य अस्त्र-शस्त्रों को देखकर राजकुमार उत्तर आश्चर्य में डूब गया।

परमश्रेष्ठ गांडीव धनुष की देवताओं, दैत्यों और गंधर्वों ने हजारों वर्ष तक आराधना की थी। इस धनुष को पहले ब्रह्मा ने हजार वर्ष तक धारण किया, उसके बाद प्रजापति ने डेढ़ हजार वर्ष तक, फिर इंद्र ने पचासी हजार वर्ष तक, फिर चंद्रमा ने पाँच सौ वर्षों तक इसे धारण किया। चंद्रमा से यह धनुष वरुणदेव को मिला। उन्होंने अपने पास सौ वर्ष तक रखकर यह अग्नि को दिया। अग्निदेव ने यह दिव्य धनुष अर्जुन को दिया।

राजकुमार को आश्चर्य में देख बृहन्नला ने कहा, "कुमार, मैं बृहन्नला रूप में अर्जुन हूँ। हम पाँचों पांडव द्रौपदी सहित तुम्हारे राजभवन में अपने वनवास का अंतिम वर्ष गुप्तवास कर रहे हैं, जो अब समाप्त हो गया है। द्रौपदी सैरंध्री, युधिष्ठिर कंक, भीम वल्लभ, नकुल ग्रंथिक और सहदेव तंत्रिपाल नाम से रह रहे हैं। राजमहल में जाने से पहले हमने अस्त्र-शस्त्र यहाँ छिपा दिए थे और एक मुरदा बनाकर टाँग दिया था, जिससे लोग भयभीत होकर यहाँ न चढ़ें। अब तुम थोड़ा ठहरो, मैं अपना युद्ध-साज धारण कर लूँ।"

यह कहकर अर्जुन ने अपने हाथों से चूड़ियाँ उतारकर सोने का कवच पहन लिया। केशों के जूड़े को समेटकर ऊपर से कपड़ा बाँधा। उँगलियों में गोह के चमड़े के उँगलित्राण पहने। रथ पर से सिंह चिह्न की ध्वजा हटाकर शमी-वृक्ष में छिपा दी और भयंकर पूँछ वाले वानर की मूर्तियुक्त ध्वजा लगाई। इस प्रकार पूर्ण रण-साज धारण कर अर्जुन ने शमी-वृक्ष की परिक्रमा की, फिर रथ की भी परिक्रमा की और गांडीव हाथों में पकड़ रथ पर आरूढ़ हुए। आरूढ़ होते ही उन्होंने गांडीव धनुष की डोरी चढ़ाकर टंकार कर दी और शंख-ध्वनि की, जिसमें दिशाएँ गूँज उठीं। कौरव दल दहल उठा।

गांडीव धनुष की टंकार होते ही आँधी-तूफान रुक गया, अंधकार छँट गया। अर्जुन और उत्तर ने देखा कि उस आँधी-तूफान और अंधकार में कौरवों की सेना अस्त-व्यस्त हो चुकी है और सारे महारथी अपनी आँखों से धूल-गर्द साफ कर रहे हैं। परंतु यह दैव चमत्कार ही था कि शमी-वृक्ष की ओर नगर की दिशा में और तूफान का कुछ भी अंश न था। अर्जुन और कुमार को उसने स्पर्श नहीं किया।

गांडीव की टंकार सुनकर कौरव-दल में हलचल मच गई।

भीष्म ने कहा, "यह निश्चय ही गांडीव की टंकार है। वीर और पराक्रमी अर्जुन ही युद्ध के लिए आ रहे हैं।"

यह सुनकर दुर्योधन ने कहा, "वनगमन के समय यह तय हुआ था कि पांडवों

को बारह वर्ष तक वनवास और तेरहवाँ वर्ष अज्ञातवास करना पड़ेगा। अभी पांडवों का वह समय पूरा नहीं हुआ, अज्ञातवास के अभी कुछ दिन शेष हैं। इसलिए अज्ञातवास बीच में ही तोड़कर यदि अर्जुन आए हैं तो फिर दोबारा उन्हें बारह वर्ष वन में बिताने पड़ेंगे।"

भीष्म बोले, "दुर्योधन, पांडव कभी ऐसी भूल नहीं करते। वनवास समाप्ति-काल की गणना मैं करता रहा हूँ। काष्ठा, कला, मुहूर्त दिन, पक्ष, महीना, ग्रह-नक्षत्र, ऋतु और वर्ष, ये सब कालचक्र के छोटे-बड़े अंश हैं। समय के घटने-बढ़ने से और नक्षत्र-मंडल की गति के कुछ व्यतिक्रम से हर पाँचवें वर्ष दो महीने अधिमास के बढ़ते हैं, उन अधिमासों को भी जोड़कर आज तेरह वर्ष पूरे होकर पाँच महीने छह दिन अधिक हो गए हैं। पांडवों ने जो प्रतिज्ञा की थी, वह पूरी हो चुकी, इसी से अर्जुन हमारे सामने आए हैं। वे धर्म-भंग के अपराधी नहीं हैं।"

शंख की वेग गर्जनों और गांडीव का टंकार-घोष सुनते ही रथ के घोड़े भयभीत होकर बिदक गए थे, जिनके कारण कुमार उत्तर मुँह के बल पृथ्वी पर गिर पड़ा और भय करने लगा। अर्जुन ने उसे उठा गले लगाया और दिलासा देकर बोले, "राजकुमार होकर युद्ध में इन ध्वनियों से भयभीत क्यों होते हो? ये ध्वनियाँ शत्रु को दहलाती और वीरों को उल्लसित करती हैं। मन में उल्लास भरो और दृढ़ता से घोड़ों की रास ठीक रखो।"

कौरव-दल के समीप जब रथ पहुँच गया, तब अर्जुन ने दो बाण गुरु द्रोण के चरणों में फेंककर प्रणाम किया, फिर दो बाण उनके कानों के पास फेंककर युद्ध आरंभ करने की आज्ञा माँगी।

द्रोण ने कहा, "अर्जुन का गुरु-पूजन धन्य है। दुर्योधन, अब शस्त्र आरंभ करो। अर्जुन ने इंद्र से दृढ़ मुट्ठी से धनुष को पकड़ना, ब्रह्मा से शस्त्र चलाने की फुर्ती सीखी है। पाशुपत अस्त्र, वारुण अस्त्र, आग्नेय अस्त्र, वायव्य अस्त्र, वज्र आदि सभी महास्त्र अर्जुन के पास हैं। वह अकेला ही युद्ध-जय करने की क्षमता रखता है। सावधान होकर युद्ध करो। मैं अर्जुन को आशीर्वाद और युद्ध करने की अनुमति देता हूँ।"

यह कहकर उन्होंने धनुष पर बाण चढ़ाकर छोड़ दिए।

फिर तो विकट युद्ध आरंभ हो गया। भीष्म, कर्ण, द्रोण, कृपाचार्य, अश्वत्थामा, दुर्योधन आदि सभी वीर धनंजय के प्रहारों से त्रास पाने लगे।

रथ चलाने में कुमार उत्तर की निपुणता, घोड़ों की चाल, अस्त्र-शस्त्रों के

प्रयोग का कौशल और अर्जुन की अपराजेय शक्ति देखकर कौरव-सैन्य रणभूमि छोड़कर भागने लगी। अर्जुन ने अपने पैने बाणों की धुआँधार वर्षा करके हाथियों और घोड़ों के अंग-प्रत्यंग छिन्न-भिन्न कर डाले। उन्होंने द्रोणाचार्य को तिहत्तर क्षुरप्र बाण, दुस्सह को दस, अश्वत्थामा को आठ, दुःशासन को बारह, कृपाचार्य को तीन, भीष्म को साठ और दुर्योधन को सौ बाण मारकर विचलित कर दिया। फिर कर्णी नामक बाण कर्ण के कान में मारा तथा उसके सारथी और घोड़ों को मारकर रथ काट डाला। फिर अग्नि के समान तीक्ष्ण एक बाण कर्ण की छाती में मारा, जिसके आघात से वह मूर्च्छित होकर भूमि पर गिर पड़ा।

रणभूमि में योद्धाओं के रक्त की नदी बहती देख तथा चर्बी, रक्त और मेदा की दुर्गंध से घबराकर उत्तर फिर व्याकुल हो उठा। वह अर्जुन से कहने लगा, "मैंने युद्धभूमि में वीरों का ऐसा जमघट कभी नहीं देखा। गदाओं के शब्द, शंखनाद, सिंहनाद, हाथी-घोड़ों के दारुण शब्द, चीत्कार और गांडीव की वज्रपात तुल्य ध्वनि से मेरे कान बहरे हो रहे हैं। आपके अमोघ अस्त्र-संचालन से मुझे सारी पृथ्वी काँपती सी लगती है। मुझमें इतनी शक्ति नहीं कि घोड़ों की रास सँभालूँ और चाबुक मारकर उन्हें हाँकूँ।"

अर्जुन ने उसे फिर धीरज बँधाया, "बस, कुछ देर और। युद्ध अब समाप्ति पर है। साहस करके घोड़ों की रास पकड़े रहो।"

अर्जुन ने युद्धभूमि के मध्य भाग में पहुँचकर भयानक बाण-वर्षा आरंभ कर दी। तेरह वर्षों के वनवास के कष्ट तथा कौरवों के अत्याचारों को स्मरण कर वे धृतराष्ट्र के पुत्रों से भयानक युद्ध करने लगे। युद्धभूमि में रक्त की दुस्तर नदी बहने लगी। कुंडल, पगड़ी आदि से अलंकृत योद्धाओं के सिर उस नदी में इधर-उधर लुढ़कने लगे।

अर्जुन का ऐसा अद्‌भुत पराक्रम देखकर दुर्योधन, दुःशासन, विविशंति, द्रोणाचार्य, अश्वत्थामा, कृपाचार्य आदि सभी श्रेष्ठ योद्धा मिलकर अर्जुन को घेरने आए। यह देख पराक्रमी अर्जुन ने असंख्य बाण मारकर उनकी गति रोक दी, फिर सम्मोहन अस्त्र प्रकट किया। इस अस्त्र का प्रयोग होते ही चारों दिशाओं से बाण-ही-बाण बरसते दिख पड़ने लगे। अब अर्जुन ने गांडीव की प्रचंड टंकार की, फिर भयानक महाशंख बजाया, जिससे दिशाएँ गूँज उठीं। इनके प्रभाव से सभी कौरव वीर बेहोश हो गए।

अर्जुन ने उत्तर से कहा, "अब युद्ध ससाप्त हो गया। ये सब महावीर अचेत

पड़े हैं, अब तुम रथ से उतरकर द्रोणाचार्य और कृपाचार्य के श्वेत उत्तरीय, भीष्म का पीत उत्तरीय, अश्वत्थामा और दुर्योधन का नीला उत्तरीय उतारकर ले आओ।"

युद्ध आरंभ होते ही कौरवों-सैनिकों के भयभीत होकर भाग खड़े होने से गौएँ स्वयं ही नगर की ओर अपने स्थान को भाग गई थीं। उत्तरीय लेकर और शत्रु-सेना को परास्त कर विजय प्राप्त कर अर्जुन ने रथ नगर की ओर मोड़ने की आज्ञा दी।

शमी-वृक्ष के नीचे आकर अर्जुन ने पांडवों के शेष सभी अस्त्र रथ में रख लिये। अर्जुन ने कहा, "राजपुत्र, अब मैं प्रकट तो हो ही चुका, रथ सीधा महल में ले चलो और मुझे मेरे कक्ष में पहुँचा दो। मैं अभी राजसभा में नहीं जाऊँगा, तुम्हीं अकेले जाना। वहाँ महाराज तुम्हारी प्रतीक्षा में होंगे।"

□

सौभाग्य

उधर गोपालों के मुखिया ने भागकर सीधे राजभवन के भीतर प्रांगण में आकर पुकार लगाई थी, "चोरों के समान आक्रमण करके कौरव हमारी गायें हरण करके ले जा रहे हैं। वह देखो, बछड़े रस्से तुड़ाकर भाग रहे हैं। गायें व्यथा से सींग हिला-हिलाकर चिल्ला रही हैं, गोकुल में हाहाकार मच गया है।"

द्वारपालों ने घबराकर प्रश्न किया, "क्या कहा, कौरव?"

"हाँ, आर्य!"

"परंतु महाराज विराटेश्वर तो जन्म-नक्षत्र-संबंधी अनुष्ठान में लगे हैं, इसलिए इस अवसर पर सूचना देने से वे क्रुद्ध होंगे। पुण्यकार्य की समाप्ति में अभी विलंब है।"

"द्वारपालो, यह आपत्ति-काल है, विलंब का अवसर नहीं है, जल्दी महाराज को सूचित कीजिए।"

"तो अभी निवेदन करता हूँ।"

दूत के साथ आकर द्वारपाल ने महाराज से कहा, "महाराज, अनर्थ हो गया, कौरव हमारा धेनुकुल हरण कर ले गए।"

राजा ने आश्चर्य से पूछा, "हरण कर ले गए? रक्षकों ने रोका नहीं?"

"नहीं रोक सके, महाराज। उनका वेग दुस्तर था।"

"तो मुझे महाराज मत कहो, मेरा क्षत्रियत्व दूषित हो गया। तुरंत मेरा रथ लाओ, मेरे शस्त्र लाओ। मैं दुर्धर्ष कौरव चोरों को देखूँ तो, उनमें कितना शौर्य है।"

"महाराज, शत्रु अकेला नहीं है। उसके साथ महाप्राण भीष्म हैं, अतिरथ जयद्रथ, महारथी कर्ण और दुर्धर्ष द्रोण भी हैं। शकुनि और कृप भी हैं। उनकी फहराती हुई ध्वजा देखकर ही हमारे वीर मूर्च्छित हो गए।"

"अच्छा, गांगेय भी हैं? मेरे पूज्य अतिथि भीष्म आए हैं, उन्हें मैं आज बाणों से तृप्त करूँगा।"

सूत ने आकर समाचार दिया कि राजरथ तो राजकुमार उत्तर लेकर युद्धभूमि में चले गए।

"क्या उत्तर गया है?"

कंक ने चिंतातुर होकर कहा, "महाराज, कुमार को रोकिए। रणाग्नि विवेक नहीं रखती तथा धार्तराष्ट्र किसी की उपेक्षा नहीं करते।"

"तब दूसरा रथ लाओ। परंतु यह कहो, उत्तर का सारथी कौन है?"

"बृहन्नला, महाराज।"

"बृहन्नला क्यों? सूत, तुम क्यों नहीं गए?"

सूत ने उत्तर दिया, "महाराज प्रसन्न हों, मैं रथ लाया था, परंतु कुमार ने रोककर बृहन्नला को ही साथ लिया।"

अब कंक ने आश्वस्त होकर कहा, "यदि बृहन्नला सारथी है, तब तो चिंता की कोई बात नहीं। बिना ही बाण चलाए केवल उनके रथघोष से ही शत्रु पराजित हो जाएँगे।"

इसी समय एक दूत ने आकर समाचार दिया, "महाराज, शत्रुओं के अनगिनत वीरों ने रथ का मार्ग रोक लिया, इससे बृहन्नला रथ श्मशान की ओर दौड़ा ले गए।"

कंक ने मन में कहा, 'गांडीव वहीं रखा है।'

फिर महाराज से बोले, "इसका कुछ कारण होगा। महाराज चिंता न करें, जहाँ धार्तराष्ट्र हैं, वहीं श्मशान होगा।"

राजा ने आवेशित होकर कहा, "ब्राह्मण, यह विनोद का काल नहीं। अरे, यह उमड़ती हुई नदी की वेगवती धारा के समान पृथ्वी को कंपित करनेवाला कैसा शब्द सुनाई दे रहा है?"

एक दूसरे दूत ने आकर समाचार दिया, "महाराज, श्मशान-भूमि में कुछ देर रुककर कुमार ने युद्धभूमि में पहुँच, अपने शत-शत बाणों से काले हाथियों को लहू से लाल बना दिया। योद्धा और अश्व कोई भी अछूता नहीं बचा। महारथियों के रथ बाणों से छिप गए और अब भी कुमार के धनुष से बाणों की वेगवती धारा बह रही है।"

कंक ने मन में कहा, "यह सब गांडीव का चमत्कार है।"

राजा ने दूत से कहा, "और भी कहो।"

"मैं तो देख नहीं पाया, परंतु देखनेवाले कहते हैं कि राजकुमार उत्तर के रथ का वज्रघोष सुनकर वीरों ने धनुष रख दिए। भीष्म चुप बैठ गए। सबके छत्र कुमार के बाणों से भंग हो गए।"

"वाह! भीष्म, द्रोण और कर्ण जैसे दिव्यास्त्रधारी अतिथियों को विमुख करनेवाला मेरा पुत्र क्या नहीं कर सकता?"

"महाराज, कुमार का रथ द्रुतगति से युद्ध-क्षेत्र के चारों ओर चक्कर लगा रहा है, बृहन्नला सारथी अद्‌भुत है।"

"जाओ और भी समाचार प्राप्त करो।"

दोपहर बाद तीसरे दूत ने आकर समाचार दिया, "महाराज की जय हो! धार्तराष्ट्र पराजित हुए, गायें छीन ली गईं।"

कंक ने कहा, "अभिनंदन, महाराज।"

राजा ने उत्सुक होकर दूत से पूछा, "कुमार उत्तर अब कहाँ है?"

"महाराज; युद्धभूमि से लौटकर वे अपने आवास में चले गए हैं।"

राजा ने प्रसन्न होकर कंक से कहा, "उत्तर ने अभूतपूर्व कार्य किया। भीष्म जैसे महारथियों को भी पराजित किया। मानो उसने पृथ्वी जय कर ली।"

कंक ने उत्तर दिया, "बृहन्नला जिसका सारथी है, उसे जीतना ही चाहिए।"

राजा विराट ने मंत्रियों से कहा, "नगर में पताकाएँ फहराने की आज्ञा दो। सर्वत्र मंगल वाद्य बजें, फूल-मालाओं से गृहद्वार सजाए जाएँ। रात्रि को दीप-मालिका हो। आज मैं बहुत प्रसन्न हूँ। अब अनुष्ठान की सांध्य-वेला शुभ होगी और गोदान भी निर्विघ्न पूर्ण होगा। देखो कंक, मेरे पुत्र ने ऐसे बड़े कौरव वीरों को युद्ध में सहज ही हरा दिया।"

कंक ने फिर वही बात दोहरा दी, "महाराज, बृहन्नला जिसका सारथी है, वह अवश्य युद्ध में जय प्राप्त करेगा।"

कंक के मुँह से बार-बार बृहन्नला की प्रशंसा सुनकर राजा को क्रोध आ गया, उसने कहा, "अधम ब्राह्मण, तुम एक नपुंसक की तुलना मेरे विजयी वीर पुत्र के साथ कर रहे हो, तुम्हें यह ज्ञान नहीं कि क्या कहना चाहिए और क्या नहीं कहना चाहिए?"

कंक ने उत्तर दिया, "द्रोण, भीष्म, अश्वत्थामा, कृपाचार्य, कर्ण, दुर्योधन और अन्य महारथियों का सामना अकेला बृहन्नला कर सकता है। बृहन्नला के समान

कोई वीर नहीं है। घोर युद्ध में तो बृहन्नला का पराक्रम और भी अधिक बढ़ जाता है। इसलिए मैं बारंबार कहता हूँ कि बृहन्नला की सहायता पाकर कोई भी जीत सकता है।"

यह सुनकर राजा और भी क्रोधित हो गया। उसने डाँटकर कंक से कहा, "मालूम होता है, तुम्हें अभी तक कभी दंड की यातना नहीं दी गई है।"

यह कहकर उसने थाल में से कुछ स्वर्णमुद्राएँ मुट्ठी में भरकर कंक के मुँह पर फेंक मारीं। कंक की नाक से रक्त बहने लगा।

इसी समय राजकुमार उत्तर ने सभा-भवन में आकर पिता की चरण-वंदना करके कंक की भी चरण-वंदना की। उत्तर ने देखा—वे खून से तर और पीड़ित होकर बैठे हैं। उसने घबराकर पिता से पूछा, "राजन्, किसने इन्हें मारा है ? यह पाप किसने किया ?"

राजा ने उत्तर दिया, "तुमने युद्ध में इतने बड़े महारथियों को परास्त किया, इसकी मैं प्रशंसा कर रहा था, परंतु यह ब्राह्मण कंक इस पर ध्यान न देकर बार-बार बृहन्नला की बड़ाई करने लगा। इससे क्रोधित हो मैंने इसे मारा।"

यह सुन उत्तर दुःखित होकर बोला, "राजन्, आपने भारी अपराध कर डाला। कंक रूप में यह पांडुनंदन धर्मराज युधिष्ठिर हैं। बृहन्नला वेश में साक्षात् इंद्र के समान तेजस्वी वीर अर्जुन हैं। वल्लभ के रूप में भीम, ग्रंथिक के रूप में नकुल, तंत्रिपाल के रूप में सहदेव और सैरंध्री के रूप में भगवती द्रौपदी हैं। वीर पांडवों ने वनवास के अंत में गुप्तवास इस प्रकार यहाँ रहकर व्यतीत किया है। उत्तरा के कहने से मैं बृहन्नला को सारथी बनाकर जब युद्ध-क्षेत्र में पहुँचा, तब कौरवों की विशाल सेना और भीष्म द्रोण, कृपाचार्य, कर्ण, दुर्योधन, दुःशासन जैसे महारथियों को देखकर मेरा साहस, वीरता और धैर्य सब जाता रहा। मैं भयभीत हो रथ से उतरकर नगर की ओर भाग खड़ा हुआ, परंतु मुझे बृहन्नला ने पकड़ लिया और साहस देकर कहा, 'भय न करो, युद्ध मैं करूँगा, तुम केवल रथ हाँको'।"

यह कहकर कुमार भावुक हो उठे, कुछ रुककर उन्होंने बाद की सब घटना सुनाकर कहा, "यदि वीर अर्जुन युद्ध न करते तो हमारा गोधन-हरण तो होता ही, विराट राज्य भी नष्ट हो जाता। विराट राज्य की रक्षा और गोधन की रक्षा का समस्त श्रेय अकेले अर्जुन को है। आप उन्हें बुलाकर सम्मानित कीजिए और धर्मराज युधिष्ठिर से क्षमा माँगिए। झूठी प्रशंसा भी कष्ट का कारण होती है, अपनी प्रशंसा सुनकर मैं कष्ट और लज्जा से पीड़ित होने लगा हूँ।"

पुत्र के मुँह से यह सब सुनकर राजा के नेत्रों से आँसू टपकने लगे। उसने युधिष्ठिर को बाँहों में भरकर कहा, "धर्मात्मा धर्मराज, मेरा अपराध क्षमा करो, मुझसे बड़ी भारी भूल हुई।"

युधिष्ठिर बोले, "राजन्, आप दुःखी न हों। आप सत्य से अनभिज्ञ थे, भ्रमवश जो कुछ हुआ, उसका कोई दोष नहीं है। आपके यहाँ सुरक्षित और अज्ञात रहकर हमारा गुप्तवास सकुशल समाप्त हो गया।"

राजा ने अर्जुन को आदरपूर्वक सभाभवन में लाने के लिए उत्तर को भेजा। उनके आने पर राजा ने अर्जुन का आलिंगन करते हुए कहा, "वीर धनंजय, युद्ध-विजय करके आपने मुझे सबकुछ दे दिया। मेरी सबसे बहुमूल्य वस्तु मुझसे माँगो।"

अर्जुन ने कहा, "युद्ध-जय करना तो मेरा धर्म है। इसमें मैंने कुछ भी अप्रतिम नहीं किया।"

राजा ने जल-कलश हाथ में लेकर कहा, "वीर धनंजय, गोग्रहण-विजय के पुरस्कार में राजकन्या उत्तरा को ग्रहण करो।"

अर्जुन बोले, "महाराज, मैंने आपके अंतःपुर में सब स्त्रियों को मातृवत् देखा है। अब आप यदि उत्तरा को देते ही हैं तो मैं अपने पुत्र अभिमन्यु के लिए उसे ग्रहण करता हूँ।"

राजा ने कहा, "यह तो अति उत्तम है। आपकी निष्ठा का मैं अभिनंदन करता हूँ। उत्तम नक्षत्र निकट आनेवाला है। अतः शीघ्र ही अभिमन्यु को बुलाइए तथा सबको निमंत्रण भी भेजिए।"

शीघ्र ही यह समाचार सर्वत्र फैल गया कि अज्ञातवास का तेरहवाँ वर्ष बिताकर इस समय पाँचों पांडव राजा विराट के नगर में हैं। राजा विराट और पांडवों के इष्ट-मित्रों-संबंधियों के पास ब्याह का न्योता लेकर दूत रवाना हुए। धर्मराज युधिष्ठिर ने उसी समय एक दूत के द्वारा यह समाचार कृष्ण के पास भी भेजा।

अर्जुन ने अभिमन्यु, कृष्ण और बलभद्र आदि सब यादवों को ले आने के लिए दूत भेज दिए। काशिराज और महाराज शैव्य; दोनों ही महाराज युधिष्ठिर के प्रित्र मित्र थे। वे यह समाचार और निमंत्रण पाकर तुरंत विराट की राजधानी में आ गए। महाबली राजा द्रुपद भी आए। उनके साथ द्रौपदी के पाँचों पुत्र, शिखंडी और धृष्टद्युम्न भी आए। परम धार्मिक राजा विराट ने इन आए हुए सब राजाओं का यथोचित स्वागत-सत्कार किया। राजाओं के साथ उनके असंख्य सेवक, सेना और वाहन भी आए। अभिमन्यु को कन्या देने के आनंद में राजा विराट मग्न हो रहे थे।

द्वारका से कृष्ण, बलराम, कृतवर्मा, हार्दिक्य, युयुधान, सात्यकि, अनाधृष्टि, अक्रूर, सांब, बलराम के पुत्र निशठ आदि यादव सुभद्रा को साथ लेकर आए। पांडवों का सारथी इंद्रसेन भी एक वर्ष के बाद पांडवों का दिव्य रथ लेकर विराट की राजधानी में आया।

शुभ लग्न में विधिपूर्वक विवाह हुआ। शंख, नगाड़े, तुरही आदि की मंगल-ध्वनि आकाश में लहरा उठी। मृगों और पशुओं के मांस पकाए गए। गानेवाले, प्राचीन आख्यान सुनानेवाले, नट आदि आकर अपनी-अपनी कलाएँ दिखाने लगे। सब लोग पांडवों की, कृष्ण की और राजा विराट की प्रशंसा और स्तुति करने लगे। कुंडल आदि गहनों से सजी हुई मत्स्य-नरेश के परिवार की स्त्रियाँ इंद्र कन्या के समान शोभित कुमारी उत्तरा के साथ हास्य-विनोद करने लगीं। राजा विराट ने दहेज में वायु के समान शीघ्रगामी सात हजार घोड़े, दो सौ उत्तम हाथी और बहुत सा धन-रत्न देकर राज्य, सेना और कोष सहित अपना सर्वस्व देने की घोषणा की।

कृष्ण ने भी एक हजार गायें, धन-रत्न, आभूषण, वस्त्र, वाहन, पलंग तथा स्वादिष्ट भोजन ब्राह्मणों को दान किया।

इस समय विराट की राजधानी राजसी पुरुषों से परिपूर्ण होने के कारण इस महान् उत्सव से अत्यंत शोभायमान हो रही थी।

□

न्यायानुमोदित

विवाह के अगले दिन विराट के सभा-भवन में पांडव, कृष्ण, बलराम, सात्यकि, द्रुपद, विराट नरेश तथा अन्य राजागण एकत्र होकर वनवास-अवधि समाप्त होने और भविष्य के कार्य पर विचार करने लगे।

सात्यकि बोले, "किसी चतुर व्यक्ति को दूत बनाकर हस्तिनापुर कौरवों के पास भेजा जाए, जो उन्हें समझा-बुझाकर पांडवों को आधा राज्य वापस करने को राजी कर सके। यदि दुर्योधन द्यूत के समय के वचन का उल्लंघन करते हैं तो यह अन्याय है।"

बलराम ने पूछा, "अन्याय क्यों?"

विराटराज बोले, "आप यह कैसा प्रश्न कर रहे हैं?"

"मैं न्याय की बात कह रहा हूँ।"

सात्यकि ने कहा, "कृष्ण इसमें प्रमाण हैं।"

कृष्ण बोले, "मैं केवल आर्य से एक निवेदन कर सकता हूँ।"

बलराम ने कहा, "तुम पांडवों के मित्र हो कृष्ण, फिर भी न्याय की बात कहो।"

युधिष्ठिर ने पूछा, "क्या आर्य हमें नीतिहीन समझते हैं?"

बलराम ने उत्तर दिया, "तब राज्य के खंड-खंड मत करो।"

"क्या हम अपना आधा राज्य छोड़ दें?"

"राज्य का न्यायपूर्वक बँटवारा नहीं हो सकता।"

"किंतु वह तो प्रथम ही बँट चुका था।"

"किसने बाँटा?"

"महाराज धृतराष्ट्र ने।"

"उन्हें इसका अधिकार नहीं था। महाराज धृतराष्ट्र को राज्य बाँटने का कोई

अधिकार नहीं था। राज्य का वास्तविक उत्तराधिकारी दुर्योधन है और वह बाँटना नहीं चाहता था। पीछे जब दुर्योधन ने उसे जुए में जीत लिया, तब भी उसे वापस करने का धृतराष्ट्र को अधिकार न था। इसके बाद दूसरी बार द्यूत में जो चौदहवें वर्ष में राज्य लौटा देने का वचन दिया गया था, वह अनावश्यक था, क्योंकि राज्य लौटाने का कोई प्रश्न ही नहीं उठता था।"

द्रुपद ने कहा, "किंतु जब दुर्योधन ने महाराज धृतराष्ट्र द्वारा राज्य लौटा देने के वचन को प्रमाणित करके दोबारा द्यूत खेला था, उस समय वे राजा न थे। ऐसी दशा में यदि वे राज्य हार जाते तो धृतराष्ट्र का राज्य ही हारते। इस प्रकार दुर्योधन के प्रतिनिधित्व से महाराज धृतराष्ट्र ही का द्यूत में हारना-जीतना प्रमाणित होता है। इसलिए उनका राज्य लौटा देने का वचन प्रमाणित है और उसका पालन होना चाहिए।"

"नहीं, नहीं, दुर्योधन का पूरे राज्य पर प्रथम से ही उत्तराधिकार है।"

"यह कैसे?"

"धृतराष्ट्र ज्येष्ठ होने से कुरुकुल के वैध राजा हैं। परंतु उनके अंधे होने के कारण महाराज पांडु राजकाज चलाते थे। पीछे जब वे स्वेच्छा से राज्य-परित्याग कर वनवास को चले, तब उनके कोई पुत्र न था। उस समय पितामह भीष्म ही राज्य के एकमात्र उत्तराधिकारी थे। किंतु उन्होंने प्रथम ही राज्याधिकार छोड़ा हुआ था, अतः धृतराष्ट्र ही राजा रहे। पांडवों का जन्म उसके बाद हुआ। इसलिए राज्य का जन्मसिद्ध उत्तराधिकार दुर्योधन का ही है।"

"परंतु ज्येष्ठ होने पर भी महाराज धृतराष्ट्र नेत्रदोष से राज्य से वंचित किए जा चुके थे और उनके समक्ष ही पांडु को राज्य दिया गया था। पीछे पांडु के वन जाने पर वे राज्य के स्वामी नहीं, राज्य-प्रबंधक कहे जा सकते हैं। ऐसी अवस्था में दुर्योधन से ज्येष्ठ होने के कारण युधिष्ठिर ही राज्य के उत्तराधिकारी थे। इसी से महाराज धृतराष्ट्र ने उन्हें ही प्रथम युवराज बनाया था। युवराज ही राज्य का भावी उत्तराधिकारी होता है, परंतु महाराज धृतराष्ट्र ने अपने पुत्रों के पक्षपात के कारण युधिष्ठिर के अधिकार का हरण कर उन्हें केवल आधा राज्य दिया। वह कौरवों ने छल से द्यूत में जीत लिया। आप जानते ही हैं कि द्यूत में राज्य का हारना न्यायानुमोदित नहीं था। फिर भी युधिष्ठिर ने अपना वचन-पालन किया। अब उन्हें उनका राज्य मिलना चाहिए।"

"जैसे द्यूत में राज्य हारना न्यायानुमोदित नहीं, उसी प्रकार जीतना भी नहीं।

धृतराष्ट्र को राजा न कहकर प्रबंधक तब तक कहा जा सकता था, जब राज्य का कोई दूसरा राजा होता। कोई राज्य राजा के बिना नहीं रह सकता, इसलिए धृतराष्ट्र ही राजा हुए और उनके पुत्र दुर्योधन राज्य के उत्तराधिकारी।"

यह सुन कृष्ण ने कहा, "जब धृतराष्ट्र राजा थे तो उनके द्वारा किया हुआ राज्य का बँटवारा भी न्यायानुमोदित होना चाहिए और आर्य ने द्यूत के प्रति जो नीति कही, उसके आधार पर युधिष्ठिर यदि द्यूत के वचन का पालन न करते तो भी अन्याय न था। परंतु अब अपना राज्य माँगना अन्याय तो नहीं है।"

"कृष्ण, मैं तुम्हें अपने मित्रों का भला करने से नहीं रोकूँगा। परंतु मैं तुम्हारे इस कार्य में सहायक भी नहीं हो सकता।"

"चिरकाल तो आर्य…"

"संकोच की आवश्यकता नहीं, मैं तीर्थयात्रा को जाना चाहता हूँ। मुझे अब तुम विदा दो और अपना कर्तव्य निश्चय स्वयं करो।"

युधिष्ठिर बोले, "यद्यपि आपके बिना हम अपंग हैं। परंतु आपका तीर्थानुष्ठान एक पुण्यकर्म है। इसमें बाधा देना भी ठीक नहीं, आज्ञा दीजिए, आपका यह दास युधिष्ठिर आपका क्या प्रिय करे?"

"धर्मराज, तुम्हारी विनय से मैं संतुष्ट हूँ। तुम्हारा कल्याण हो। अब मैं जाता हूँ।"

यह कह वे सभा-भवन से उठकर चले गए।

उनके जाने के बाद कृष्ण ने कहा, "धर्मराज, अब आप सबसे प्रथम किसी सुयोग्य दूत के द्वारा संधि-संदेश कौरवों के पास भिजवाइए।"

सात्यकि ने उत्तर दिया, "इसके लिए सब शास्त्रों में पारंगत राजसभा के नियमों तथा नीति-विनय में चतुर आप ही हैं। आप ही दुर्योधन के पास जाइए। मैं भी आपके साथ चलता हूँ।"

युधिष्ठिर ने कहा, "वासुदेव, यदि दुर्योधन हमें सारा राज्य वापस देना स्वीकार न करे तो केवल पाँच गाँव देने का प्रस्ताव कीजिए।"

यह सुन भीम को बहुत क्षोभ हुआ, उसने कहा, "महाराज का तेज नष्ट हो गया प्रतीत होता है।"

सहदेव बोले, "ऐसा मत कहिए आर्य, महाराज धर्मनीति के स्तंभ हैं।"

"अरे, मेरे पैरों के नीचे से धरती धसकती सी दिख पड़ती है, छिह-छिह केवल पाँच गाँव? जान पड़ता है कि महाराज जुए में राजपाट, पत्नी और भाइयों के साथ

अपना क्षात्रतेज भी हार बैठे हैं। देवी यज्ञसेनी के नेत्र अश्रु-प्रवाह से धूमिल देखकर तो मैं प्रतिहिंसा से जल उठता हूँ। मैं दुःशासन की छाती चीरकर उसका तीन चुल्लू रक्त पीऊँगा और दुरात्मा दुर्योधन की जाँघ इसी गदा से तोड़कर रक्त भरे हाथों से यज्ञसेनी के केश सींचूँगा। क्या वारणावर्त का लाक्षागृह-दाह हम भूल जाएँगे? विषमय मिष्टान्न, जुए का छल, प्राण और धन-हरण करने के प्रयत्न, पांचाली के केशों और वस्त्रों का भरी सभा में खींचा जाना—अरे, ये सब क्या भूल जाने की बातें हैं? हम क्या इस अपमान को भूलकर शत्रु से संधि करेंगे? अरे, सौ कौरवों को जो इसी गदा से हनन न करूँ, तो मेरा नाम भीम नहीं। यह जगमद-मर्दनकारी गदा मेरे हाथों में है। मेरे क्रोध को न महाराज दूर कर सकते हैं, न अर्जुन, न अन्य कोई।"

सहदेव ने कहा, "आर्य, आप यदि क्रोध करेंगे तो महाराज को रोष होगा।"

"महाराज को रोष! क्या महाराज भी रोष करना जानते हैं? अरे, यदि ऐसा ही होता तो मैं काहे को क्रोध करता? काहे को पांचाली को भरी सभा में लाज खोनी पड़ती, काहे को व्याधों के समान वन-वन हमें घूमना पड़ता, अर्जुन को नर्तक और पांचाली को दासी बनना पड़ता?"

"आर्य, यदि महाराज संधि करें…"

"तो मैं विद्रोह करूँगा, मैं संधि स्वीकार नहीं करूँगा। मैं न महाराज का अनुशासन मानूँगा, न वासुदेव का अनुरोध।"

"आर्य, संधि में गूढ़ार्थ है।"

"कैसा गूढ़ार्थ?"

"महाराज ने केवल पाँच गाँव माँगे हैं।"

"गूढ़ार्थ कहो।"

"इंद्रप्रस्थ, वारणावर्त, जयंत, बृकप्रस्थ तथा और एक ग्राम।"

"तो फिर?"

"इसमें उन स्थानों का संकेत है, जहाँ हमारे साथ अपकार हुआ है।"

"इससे क्या हुआ?"

"दुर्योधन कभी इन गाँवों को न देगा और संधि न होगी तथा कुल नाश के कलंक से भी हम बचे रहेंगे।"

"कुलनाश का कलंक? अरे, यह कलंक तो उन्हें लगना चाहिए, जिन्होंने कुल का अपमान किया था, छल किया था। अरे, द्रौपदी के इन रूखे केशों को तो देखो, पाँचों पांडवों के रहते उसकी यह दशा?"

युधिष्ठिर बोले, "भाई भीम, मैं वचनों से बँधा हूँ, तुम उचित समय की प्रतीक्षा करो।"

"महाराज, आत्माभिमानी जन या तो सिंहासन पर बैठते हैं या चिता की राख पर।"

"भाई, क्रोध को जीतना ही सच्ची वीरता है। पांडव न निर्लज्ज हैं, न कायर, परंतु हमें धीरज धारण करना चाहिए।"

"महाराज, अपना राज्य और अपनी स्त्री जीते जी कायर ही दूसरों को सौंपते हैं।"

"भाई, शत्रु की भाँति बंधु के प्रहार सहने में मैं समर्थ हूँ, परंतु तुम्हें यह नहीं भूलना चाहिए कि कालचक्र अप्रतिहत गति से चलता ही रहता है, भविष्य के काले बादलों में जो वज्र छिपा है, उसे मैं देख रहा हूँ, तुम नहीं।"

द्रौपदी ने कहा, "महाराज, जिनके अंग पर चंदन, कुंकुम और अगुरु का लेप होता था, वे धूल से भरे, पाँव-प्यादे वन-कंदरा में घूमते फिरे, बिना बिछौना सोय और कंदमूल खाय। आप कहते हैं, धैर्य! पर धैर्य तो मेरे आँसुओं के साथ बह गया।"

युधिष्ठिर ने उत्तर दिया, "ऐसा नहीं पांचाली, विचारो तो कि कालचक्र किस भाँति अपना कार्य कर रहा है। दुर्योधन मदांध है, वह भविष्य को नहीं देखता। यादव एक-एक कर रुष्ट होकर उसे छोड़ रहे हैं और हमारे सद्व्यवहार से हमारे प्रिय बन रहे हैं। यादवों के मित्र और सहायक भी कम नहीं हैं। वे सब अंत में हमारी सहायता करेंगे। बुद्धिमान लोग प्रबल शत्रु को देखकर विचलित नहीं होते, अवसर की प्रतीक्षा करते हैं। यह धैर्य का ही काल है, पराक्रम का अभी आएगा। कोई यह न कहे कि सत्य-प्रतिज्ञ युधिष्ठिर ने प्रतिज्ञा भंग की। तेरह बरस तो अब बीत ही गए।"

भीम ने व्यंग्य किया, "आप संधि-संदेश भेज रहे हैं, वहाँ से युद्ध-संदेश आएगा।"

"तब तो भाई भीम के लिए वह आनंद का समाचार होगा। भीम के भुजबल का शत्रु को आस्वाद मिलेगा।"

"और मेरी चिर आकांक्षा पूर्ण होगी।"

भीम के क्रोध और पांचाली की मनोव्यथा को कृष्ण ने भली प्रकार समझा। अधिक विवाद में न पड़कर उन्होंने भीम से कहा, "वीर भीम, हमें एक बार दुर्योधन के पास अवश्य जाना चाहिए। तुम अपने क्षोभ और क्रोध को दूर करो। मैं शीघ्र ही

वहाँ से लौटकर आता हूँ। तब तक हमें अपने बलाबल का निरीक्षण करना चाहिए।"

कृष्ण की यह बात सुनकर भीम शांत हो गए। उन्होंने कहा, "पार्थ, हमारे मित्र काशिराज और शैव्य एक-एक अक्षौहिणी सेना लेकर आने की इच्छा रखते हैं।"

द्रुपद बोले, "मेरी भी एक अक्षौहिणी सेना उपस्थित है। मेरे वीर पुत्र धृतद्युम्न और शिखंडी उसका नेतृत्व करेंगे।"

कृष्ण ने कहा, "धर्मराज, आपके सारथी इंद्रसेन और अन्य सभी सारथी, दास-दासी द्वारका से हमारे साथ आए हैं, जो यहाँ उपस्थित हैं और इसके सिवा कृतवर्मा, सात्यकि, अक्रूर और सांब आदि यादव योद्धा भी उपस्थित हैं। हमारे साथ दस हजार हाथी, इतने ही अश्व और निखर्व पैदल सेना भी है। वृष्णि, अंधक और भोजवंश के बलवान राजपुत्र उनका नेतृत्व करेंगे। अब हमें शीघ्र ही अपने सब संबंधी और मित्र राजाओं के पास योग्य दूत भेजकर उनकी सहायता भी जान लेनी चाहिए।"

सात्यकि ने कहा, "यह कार्य मैं करूँगा।"

"तब ठीक है, 'उपलव्य' नामक सुरक्षित स्थान में सैन्य-शिविर दिए जाएँ।"

"ऐसा ही होगा, वासुदेव।"

"तब मैं हस्तिनापुर कौरवों के पास जाता हूँ।"

पांडवों का संदेश लेकर कृष्ण हस्तिनापुर गए। उन्हें आशा थी कि भीष्म, द्रोण, धृतराष्ट्र तथा महात्मा विदुर की सहायता से वे दुर्योधन के दुराग्रह का शमन कर सकेंगे। दुर्योधन की पुत्री लक्ष्मणा उन्हीं के पुत्र सांब को ब्याही थी, अतः दुर्योधन इस संबंध की गरिमा को नष्ट न होने देगा, यह भी उन्हें आशा थी। महात्मा विदुर ने उनका स्वागत किया और अपने भवन में ठहराया। कुछ देर विश्राम के बाद विदुर उन्हें कौरवों की राजसभा में लेकर आए। वहाँ महाराज धृतराष्ट्र सहित सब लोग बैठे हुए थे।

कृष्ण ने अपने आने का प्रयोजन बताते हुए कहा, "गांधार राजकुमार शकुनि ने जिस प्रकार कपट-द्यूत में हराकर महाराज युधिष्ठिर का राज्य छीनकर उन्हें वनवास के नियम में बाँध दिया था, वह सब आप लोगों को विदित है। पांडवों ने तेरह वर्ष तक उस कठोर नियम का पालन किया है। अब आप लोग ऐसा उपाय सोचें, जो कौरवों और पांडवों के लिए धर्मानुकूल और कीर्तियुक्त हो। पांडवों और कौरवों में मेल हो जाए तथा वंशनाश और जनसंहार टल जाए, यही मेरे यहाँ आने का उद्देश्य है।"

दुर्योधन ने अवज्ञा से उत्तर दिया, "कृष्ण, तुम ही सारे अनर्थों की जड़ हो। हमने पांडवों का कोई अनिष्ट नहीं किया। जुआरी और व्यसनी युधिष्ठिर स्वयं जुए में राजपाट, स्त्री, भाई सबको हार गए। दूसरी बार हारकर शर्त के अनुसार ही उन्हें वनवास करना पड़ा, इसमें हमारा क्या दोष? रहा युद्ध, सो हमारे सहायकों के सामने देव-दानव भी नहीं ठहर सकते, पांडवों की तो बात ही क्या है।"

"तो तुम पांडवों को उनका राज्य-भाग देना अस्वीकार करते हो?"

"मैं न्याय से प्राप्त अपने राज्य का स्वामी हूँ। उसमें किसी को हिस्सा बँटाने का अधिकार नहीं है।"

"महाराज दुर्योधन, तुम्हें आधे के स्थान पर पूरा राज्य गँवाना पड़ेगा।"

यह सुनते ही दुःशासन ने क्रोध से चिल्लाकर कहा, "कृष्ण, इस अपमान का उत्तर समय पर हम बाणों से देंगे।"

"कुरुराज दुर्योधन, आपकी प्रीति से मैं कहता हूँ कि आप पांडवों को केवल पाँच गाँव ही दे दीजिए।"

"मैं बिना युद्ध के एक सुई की नोंक के बराबर भी पृथ्वी नहीं दूँगा।"

"तब परंतप भीष्म, द्रोण और महाराज धृतराष्ट्र सुनें! वे कुल की रक्षा के लिए कर्ण, शकुनि और दुर्योधन जैसे दुरात्माओं को बंदी कर लें तथा पांडवों से संधि कर लें।"

दुर्योधन ने खड़े होकर क्रोधपूर्वक कहा, "अरे दुःशासन, इस कटुभाषी कृष्ण को बंदी कर लो।"

सात्यकि ने तलवार खींच ली। बोले, "क्या मेरे रहते? अरे दुष्ट, तेरा काल ही तेरे मुँह से ऐसा कहला रहा है। महाराज धृतराष्ट्र, आपने इस हठी, अभिमानी और दुष्ट दुर्योधन को राज्य का अधिकारी बनाकर वंशनाश की समस्या उपस्थित कर दी है।"

धृतराष्ट्र ने दुःखी होकर गांधारी से कहा, "देवी गांधारी, दुर्योधन को समझाओ।"

गांधारी बोली, "पुत्र दुर्योधन, मेरी सुनो, पांडवों को उनका देय दे दो।"

"मैं इस सभा में नहीं बैठूँगा, जहाँ इस प्रकार मेरा अपमान होता है।" यह कह क्रोध और आवेश में भरकर दुर्योधन, कर्ण, शकुनि और दुःशासन के साथ उठकर वहाँ से चला गया।

कृष्ण ने पूछा, "तो महाराज धृतराष्ट्र, मैं विफल मनोरथ लौट जाऊँ?"

धृतराष्ट्र निराश होकर बोले, "मैं विवश हूँ वासुदेव, यह दुष्ट पुत्र मेरे वश में नहीं है।"

"तो अब कुलनाश का दोष दुर्योधन ही पर है। अब वह अपने ही कुल का रक्त बहाकर उसमें आचूड़ स्नान कर प्राण-विसर्जन करेगा।"

यह कहकर कृष्ण दुःखी भाव से वहाँ से उठकर चल दिए। उन्होंने धृतराष्ट्र के आतिथ्य और भोजन के निमंत्रण को भी स्वीकार नहीं किया। वे चलकर सीधे विदुर के घर पहुँचे और विदुर-पत्नी से भोजन माँगा। विदुर यद्यपि महल में रहते थे, परंतु उसमें राजसी वैभव नहीं था। दास-दासियों की भीड़ भी नहीं थी। विदुर अपनी पत्नी और संतान के साथ बहुत सादगी से सादा भोजन कर जीवन व्यतीत करते थे। विदुर-पत्नी ने बहुत संकोच के साथ उनके सामने भोजन की थाली रखी।

थाली का भोजन देखकर विदुर ने पत्नी से कहा, "यह क्या देवी, कृष्ण को यही सादा भोजन दोगी? अरे, कुछ पकवान बनाओ, मिष्ठान्न बनाओ।"

कृष्ण ने रोटी का ग्रास मुँह में रखते हुए कहा, "यह स्वादिष्ट भोजन मुझे खाने दो विदुर, रोको मत। इतने प्रेम, ममत्व और आदर का भोजन मुझे भला वहाँ दुष्ट दुर्योधन के स्वर्ण-थालों में कहाँ मिलता? मुझे भूख लगी है, तृप्त होकर खाने दो।"

कृष्ण की इस महानता से विदुर का मस्तक झुक गया। उनकी आँखों में प्रेमाश्रु छलक आए। श्रद्धा और सेवा-भाव में डूब विदुर-दंपती कृष्ण को पंखा झलने लगे। कृष्ण खाते जाते थे और भोजन की प्रशंसा करते जाते थे।

□

धर्मक्षेत्र

महायुद्ध अनिवार्य समझकर कौरव और पांडवों ने अपने-अपने सहायक राजाओं को सैन्य सहित आकर युद्ध में सम्मिलित होने के लिए निमंत्रण भेज दिए। अनुमान लगाया गया कि दोनों पक्षों की सेना की संख्या अठारह-उन्नीस अक्षौहिणी तक होगी, तब युद्ध के लिए इतनी विशाल और उपयुक्त भूमि पर विचार हुआ। हस्तिनापुर और इंद्रप्रस्थ की उत्तर-पश्चिम दिशा में वर्तमान धर्मक्षेत्र को—सोनीपत से लेकर होशियारपुर तक—जल, वायु, स्वास्थ्य-रक्षा, धान्य और विस्तृत खुली भूमि की दृष्टि से सर्वथा उपयुक्त समझा गया। वर्तमान कुरुक्षेत्र से तनिक आगे स्थित विस्तृत मैदान को संग्राम के लिए छोड़कर शेष सारे क्षेत्र में दूर-दूर तक शिविर लगाए गए। समंतपंचक क्षेत्र से बाहर सहस्रों शिविर पांडवों के थे। ग्यारह अक्षौहिणी सेना कौरवों की तथा सात अक्षौहिणी सेना पांडवों की वहाँ एकत्र हुई।

समंतपंचक क्षेत्र प्रजापति की उत्तरवेदी थी, जहाँ प्राचीन काल में देवताओं ने एक बहुत बड़े यज्ञ का अनुष्ठान किया था। इस क्षेत्र को राजा कुरु ने बहुत वर्षों तक जोता था। एक बार इंद्र ने आकर राजा से पूछा, "राजन्, आप इस क्षेत्र को किस इच्छा से जोत रहे हैं?"

कुरु ने उत्तर दिया, "इसलिए कि जो मनुष्य इस क्षेत्र में प्राण त्यागे, वे पुण्यात्माओं के पवित्र लोकों में जाएँ।"

इंद्र उनका उपहास करके स्वर्गलोक को चले गए। कुछ समय तक वे कुरु के पास बार-बार आते और प्रश्न करने पर वही उत्तर पाकर उपहास कर लौट जाते। तब एक बार इंद्र ने देवताओं की सम्मति मान कुरु के पास आकर कहा, "राजन्, अब आप कष्ट न करें। मैं वर देता हूँ कि जो मनुष्य और पशु-पक्षी यहाँ निराहार रहकर देह-त्याग करेंगे अथवा युद्ध में मारे जाएँगे, वे स्वर्गलोक में जाएँगे।"

इंद्र से इच्छित वर प्राप्त करने के बाद कुरु ने अपना कार्य बंद कर दिया।

कौरव-सेना का शिविर पूर्व दिशा में था और पांडवों का पश्चिम दिशा में। दोनों सेनाओं के मध्य में थोड़ी भूमि खाली रखी गई, जिसके मध्य में एक बहुत ऊँचा स्वर्णमंडित विजय-स्तंभ खड़ा किया गया, इस पर बहुमूल्य रेशमी पताका फहरा रही थी। युद्ध के दिनों में पालन करने के लिए नियम बनाए गए—संध्याकाल युद्ध बंद होने पर शत्रु-भाव भुलाकर परस्पर में प्रेमभावना बरती जाए। रथी को रथी से, हाथी-सवार को हाथी-सवार से, अश्वारोही को अश्वारोही से, पैदल को पैदल से ही युद्ध करना होगा, अन्य से नहीं। अश्व-सेवकों, भेरी, शंख आदि बजानेवालों और भार ढोनेवालों पर प्रहार न किया जाए। युद्ध-क्षेत्र से बचकर भाग निकलनेवालों का वध न किया जाए।

धृतराष्ट्र को युद्ध के समाचार बताने के लिए गवल्गण ऋषि के पुत्र संजय को नियत किया गया। संजय मेधावी और सुंदर तो थे ही, अर्थ-गांभीर्य और शब्द-चयन की उनमें अद्भुत क्षमता थी। वे धृतराष्ट्र की सभा में परामर्शदाता थे। उन्हें अवध्य-पुरुष घोषित किया गया।

पूर्णिमा पर चंद्रग्रहण के बाद त्रयोदशी के दिन सूर्योदय होने पर कौरव और पांडवों की सेनाएँ अस्त्र-शस्त्रों से सज्जित होकर युद्ध-क्षेत्र में आकर व्यूहबद्ध खड़ी होने लगीं। शंख और दुंदुभियों की ध्वनि, वीरों के सिंहनाद, घोड़ों की हिनहिनाहट, रथ के पहियों की घरघराहट, हाथियों की गर्जना तथा योद्धाओं की हुंकार, ताल ठोकने और आवेशित स्वरों की तुमुलध्वनि वायुमंडल में व्याप्त हो गई। कौरव-पक्ष में शकुनि, शल्य, जयद्रथ, विंद-अनुविंद, केकयराज-कुमार, कांबोजराज सुदक्षिण, कलिंगराज श्रुतायुध, राजा जयत्सेन, बृहद्‌बल और कृतवर्मा; यह दस महारथी एक-एक अक्षौहिणी सेना के अधिनायक थे। ग्यारहवीं विशाल वाहिनी दुर्योधन की थी, इसके अधिनायक भीष्म थे। श्वेत अश्व जुते, रजत-मंडित श्वेत रथ पर आरूढ़ पितामह भीष्म की गरिमा आज बहुत बढ़ गई थी। श्वेत परिधान, श्वेत पगड़ी, श्वेत कवच और धवल दाढ़ी के कारण वे एक अलौकिक श्वेत कांति से दीप्तिमान थे। उनकी ताल-चिह्नित स्वर्णमयी ध्वजा आकाश में फहरा रही थी। दुर्योधन गजराज पर बैठकर कौरव-सेना के मध्य भाग में खड़ा था। गजराज पर सोने का हौदा कसा था और उसकी पीठ पर सोने की जाली बिछी हुई थी।

कौरव-सेना पक्षी-व्यूह तथा पांडव-सेना दुर्जय वज्र-व्यूह बनाकर युद्धभूमि में आमने-सामने खड़ी हो गईं। महारथी तथा सेनापति अपने-अपने रथों पर आरूढ़ हो, शत्रु-पक्ष के बल को परखने लगे। दुर्योधन ने पांडवा का व्यूह-रचना देखकर

द्रोणाचार्य से कहा, "आचार्य, देखिए, पांडवों की विशाल सैन्य की व्यूह-रचना धृष्टद्युम्न ने बड़ी बुद्धिमानी से का है। इसमें भीम, अर्जुन, सात्यकि, विराट, द्रुपद, धृष्टकेतु, चेकितान, काशिराज, पुरुजित, कुंतिभोज, शैव्य, युधामन्यु, उत्तमौजा, अभिमन्यु, पाँचों द्रौपदी पुत्र जैसे पराक्रमी योद्धा हैं। अर्जुन के सारथी रूप में कृष्ण रथ पर आरूढ़ हैं। उसकी सुदृढ़ व्यूह-रचना में छिद्र करना और कौरव-सेना के सभी योद्धाओं का संरक्षण अब आपके ऊपर है।"

भीष्म ने गरजकर शंख बजाया और युद्धनाद किया। भीष्म की शंखध्वनि होते ही कौरव-सैन्य में अनेक शंख, मृदंग और नृसिंहादि और रणवाद्य एक साथ ही बज उठे।

कौरवों की रणभेरी बजते ही पांडव-पक्ष से कृष्ण ने पांचजन्य शंख, अर्जुन ने देवदत्त शंख, भीमसेन ने पौंड्र शंख, युधिष्ठिर ने अनंतविजय शंख, नकुल ने सुघोष और सहदेव ने मणिपुष्पक शंख बजाए। काशिराज, शिखंडी, धृष्टद्युम्न, विराट, सात्यकि, द्रुपद, अभिमन्यु और द्रौपदी-पुत्रों ने भी अपने अलग-अलग भयंकर घोषकारी शंख बजाए। उनके तुमुल घोषों से दिशाएँ गुंजित हो उठीं। वीरों के हृदय उत्साह से भर उठे।

अर्जुन ने कहा, "हे अच्युत! मेरे रथ को दोनों सेनाओं के मध्य में ले चलिए, जिससे युद्ध आरंभ होने से पहले मैं यह देख लूँ कि मुझे किन-किन से युद्ध करना है।"

यह सुनकर कृष्ण ने दोनों सेनाओं के मध्य में विजय-स्तंभ के निकट रथ ले जाकर खड़ा कर दिया। अर्जुन ने कौरव-सेना पर दृष्टि डाली। उन्होंने देखा कि कौरव-सेना में उनके पितृभ्राता, पितामह, आचार्य, मामा, पुत्र-पौत्र, मित्र, श्वसुर, सुहृद् आदि पूज्य और स्वजन युद्ध करने के लिए प्रस्तुत खड़े हैं।

इन सबको देखकर अर्जुन को मोह उत्पन्न हुआ कि युद्ध जय करने के लिए मुझे इन सभी का रक्त बहाना पड़ेगा। इनमें से एक भी प्राणी को जीवन-दान नहीं दिया जा सकेगा। उन्होंने कृष्ण से कहा, "हे पार्थ! युद्ध जय करने के लिए अपने इन सभी पूज्यों और स्वजनों का वध करने की मेरी इच्छा नहीं है। मेरे मन में यह मोह उत्पन्न हो रहा है कि अपने कुल को मारकर मेरा अकल्याण होगा। उस राज्य, भोग, जीवन और सुख का क्या महत्त्व है, जो मुझे इनका वध करने से प्राप्त होगा? इन सबकी मृत्यु हो जाने से इनकी विधवाएँ निराश्रित होकर दूषित मार्ग पर चलेंगी, जिससे वर्णसंकर संतति फैलेगी, जो कुल-घातक होती है। हम

जैसे धर्मात्मा और बुद्धिमान लोगों को राज्य और सुख-लोभ से इन सबका हनन करना शोभा नहीं देता।"

यह कहकर अर्जुन मोह और शोक से पीड़ित हो गांडीव को रथ में रखकर रथ के पिछले भाग में बैठ गए।

अर्जुन का यह मानसिक उद्विग्नता कृष्ण ने समझी। उन्होंने इस समय जो उपदेश उन्हें दिया, वह संसार में 'मनुष्य-कर्तव्य' का सर्वश्रेष्ठ उपदेश प्रमाणित हुआ। कृष्ण ने कहा, "प्रिय सखा अर्जुन! प्रत्येक मनुष्य को यज्ञ, दान और तप, उनके परिणाम तथा आसक्ति को त्यागकर करना चाहिए। तुम्हारा अधिकार कर्म करने का है, फल का नहीं। फल की इच्छा किए बिना दृढ़चित्त हो कर्म करना चाहिए, तभी सफलता प्राप्त होती है।

"सखे, युद्धक्षेत्र में शत्रु के सम्मुख आकर इस समय तुम्हें कहाँ से इन बंधु-बांधवों का मोह उत्पन्न हो गया? जिनके लिए तुम्हें शोक करने की कोई आवश्यकता नहीं है, उनके लिए तुम शोक करते हो? सर्दी-गरमी और सुख-दुःख को देनेवाले इंद्रिय और विषयों के संयोग तो क्षण-भंगुर और अनित्य हैं, इसलिए उनको सहन करना चाहिए। असत् का अस्तित्व नहीं है और सत् का अभाव नहीं है, इन दोनों का ही तत्त्व ज्ञानी पुरुष देखते हैं। नाशरहित तो उसे समझना चाहिए, जिससे यह संपूर्ण जगत् व्याप्त है, क्योंकि उस अविनाशी का विनाश करने में कोई भी समर्थ नहीं है। आत्मा किसी काल में न जनमता है, न मरता है। आत्मा अजनमा, नित्य, शाश्वत और पुरातन है, शरीर के नाश होने पर भी यह नाश नहीं होता। जिस प्रकार मनुष्य पुराने वस्त्र त्यागकर नए वस्त्र धारण करता है, उसी प्रकार जीवात्मा पुराने शरीर को त्यागकर नया शरीर धारण करता है। आत्मा को न शस्त्र काट सकता है, न अग्नि जला सकती है, न जल गाला कर सकता है, न वायु सुखा सकती है। यह आत्मा अच्छेद है, अदाह्य, अक्लेद्य और अशोष्य है। नित्य, सर्वव्यापक, अचल और सनातन है। आत्मा का अव्यक्त, अचिंत्य और विकाररहित कहा जाता है। यह आत्मा प्रत्येक शरीर में सदा ही अवध्य है।

"तुम्हारे लिए यह युद्ध धर्मयुक्त है, इससे बढ़कर कल्याणकारी कर्तव्य नहीं है। यदि तुम युद्ध नहीं करोगे तो अपयश प्राप्त करोगे, जिनका मोह तुम कर रहे हो, वे ही तुम्हें युद्ध से भयभीत होकर भागनेवाला कहकर तुम्हारा अपयश बखानेंगे। सुख-दुःख, लाभ-हानि, जय-पराजय के सत्य ज्ञान को समझकर युद्ध करो, इससे तुम्हें कोई पाप नहीं लगेगा, बल्कि पुण्य होगा, मोक्ष की प्राप्ति होगी। कल्याणकारी

मार्ग में निश्चयात्मक बुद्धि ही सर्वोपरि और सर्वश्रेष्ठ मानी गई है। असंसारी, सुख-दुःखादि द्वंद्वों से रहित वस्तु में स्थित योगक्षेम को न चाहनेवाला और आत्म-परायण मनुष्य ही श्रेष्ठ होता है।

"शूरता, तेजस्विता, धैर्य, दक्षता, रणभूमि में स्थिरता, उदारता एवं प्रभुता, ये सब क्षत्रियों के स्वाभाविक कर्म हैं।

"तुम विवेक-बुद्धि के द्वारा समस्त कर्मों को एकाग्रचित्त होकर करो। तुम मोहवश जिस काम को करना नहीं चाहते, उस काम को भी स्वभाव सिद्ध कर्मों से आबद्ध होने के कारण तुम्हें अवश्य करना चाहिए।

"जो पुरुष सब प्रकार की मन की कामनाओं को त्याग अपनी आत्मा ही में संतुष्ट रहे, वही स्थितप्रज्ञ है। जो अशुभ और शुभ वस्तुओं से द्वेष न करे, न अनुराग करे, वही प्रज्ञावान है। जैसे कछुआ अपने अब अंगों को सिकोड़ लेता है, उसी प्रकार प्राज्ञ पुरुष अपने-अपने विषयों में से इंद्रियों को संकुचित कर ले। यत्न करने पर भी इंद्रियाँ मन को विचलित कर देती हैं। उन सबको यत्न से वश में करके मनुष्य को ब्रह्मनिष्ठ होना चाहिए। विषयों के ध्यान से उनमें आसक्ति होती है और आसक्ति से काम, काम से क्रोध, क्रोध से मोह, मोह से बुद्धिनाश और बुद्धिनाश से सर्वनाश होता है।

"रागद्वेष को त्यागकर इंद्रियों के विषयों में विचरण करे और आत्मा को संयमशील बनाए, तब सच्चा आनंद प्राप्त होगा, जिससे सब दुःखों का अंत होगा और बुद्धि निर्मल होगी। जो मनुष्य इंद्रियों के पीछे दौड़ते हुए मन के पीछे दौड़ता है, उसकी बुद्धि नष्ट हो जाती है और उसका स्वयं भी नाश हो जाता है, जैसे वायु नाव को नष्ट कर देती है। इसलिए इंद्रियों को उनके विषयों से हटाकर केंद्रीभूत करना और स्थितप्रज्ञ बनना चाहिए।

"इसलिए हे अर्जुन, अपने ही अज्ञान से उत्पन्न इस संशय को ज्ञानरूप खड्ग से काटकर कर्मयोग का अवलंबन करो और खड़े होकर युद्ध के लिए तैयार हो जाओ।"

अपने प्रिय सखा कृष्ण की इस दिव्य वाणी से कर्तव्य-बोध प्राप्त कर अर्जुन का मोह नष्ट हो गया, उनकी मानसिक उद्विग्नता जाती रही। उन्होंने दृढ़ निश्चय से ओतप्रोत होकर गांडीव पुनः अपने हाथों में दृढ़ता से पकड़ उसकी वज्र टंकार की।

□

युद्ध-हविष्य

रणक्षेत्र में खड़ी दोनों ओर की सेनाओं की गणना करके दुर्योधन ने अपने महारथियों से पूछा, "कौन वीर कितने समय में पांडवों का सेना सहित नाश कर सकता है?"

भीष्म और कृपाचार्य ने बताया, "एक मास में।"

द्रोणाचार्य बोले, "पंद्रह दिन में।"

अश्वत्थामा ने कहा, "दस दिन में।"

कर्ण ने कहा, "छह दिन में।"

यह समाचार दूत ने आकर जब युधिष्ठिर को बताया, तब युधिष्ठिर ने भी अपने भाइयों से यही प्रश्न किया।

अर्जुन ने उत्तर दिया, "कौरव-पक्ष हमारी शक्ति से भयभीत है, इसी से वे ऐसे असंगत प्रश्न पर विचार कर रहे हैं। हमारी ओर से तो अकेले कृष्ण ही सारे कौरव-दल का संहार कर सकते हैं। मैं भी अकेला ही कौरवों का नाश कर सकता हूँ।"

अर्जुन की बात सुनकर घटोत्कच का पुत्र बर्बरीक बोला, "गुरुजन ने जो बात कही, वह मेरे ऊपर आक्षेप है। मेरा निवेदन है कि श्रीकृष्ण और अर्जुन चुप खड़े रहें, मैं अकेला ही कौरव-दल को यमलोक पहुँचाने में सक्षम हूँ। मेरे इस भयंकर धनुष को, इन दोनों अक्षय तूणीरों को तथा भगवती सिद्धांबिका के दिए हुए इस खड्ग को आप देखें। इन दिव्य वस्तुओं से मैं एक घड़ी में ही सबका संहार कर सकता हूँ।

यह सुनकर कृष्ण ने पूछा, "वत्स, भीष्म, द्रोण, कृप, अश्वत्थामा, कर्ण और दुर्योधन आदि महारथियों द्वारा रक्षित कौरव-सेना को तुम किस प्रकार मार सकते हो?"

सिंह के समान वक्षस्थल, सुदृढ़ शरीर तथा अतुल बलसंपन्न बर्बरीक ने तुरंत

ही धनुष चढ़ाया और उस पर बाण-संधान किया। फिर उसने उस बाण को रक्तवर्णी भस्म से भर दिया और कान तक खींचकर छोड़ दिया। उस बाण के मुख से जो भस्म उड़ी, वह कौरव-सेना में सैनिकों और महारथियों के मर्मस्थलों पर गिरी। केवल भीष्म, द्रोण, कृपाचार्य और अश्वत्थामा के शरीर से उसका स्पर्श नहीं हुआ।

बर्बरीक बोला, "पूज्य केशव, आपने देखा? इस क्रिया द्वारा मैंने मरनेवाले वीरों के मर्मस्थान का निरीक्षण किया है। अब उन्हीं मर्मस्थानों में देवी के दिए हुए तीक्ष्ण और अमोघ बाण मारूँगा, जिनसे सभी योद्धा क्षण भर में मृत्यु को प्राप्त होंगे।"

बर्बरीक के मुख से यह बात सुनते ही कृष्ण ने तुरंत सुदर्शन-चक्र चलाकर उसका सिर काट डाला। पुत्र-वध देखकर घटोत्कच 'हा पुत्र! हा पुत्र!' कहकर कृष्ण के चरणों में गिर पड़ा। युधिष्ठिर ने स्तंभित होकर पूछा, "मधुसूदन, आपने यह क्या किया?"

कृष्ण बोले, "शोक न करो, राजन्। सिद्धांबिका देवियों से वरदान पाकर बर्बरीक ने जो दोनों सेनाओं का संहार केवल अपने ही द्वारा संभव बताया, उसमें हम सभी नष्ट होनेवाले थे। नीतिपूर्वक युद्ध-जय अर्जुन करेंगे।"

अब युद्ध आरंभ होने की वेला निकट देखकर युधिष्ठिर अपने आयुधों को रथ में रख, पाँव-प्यादे पितामह भीष्म की ओर चल दिए। अर्जुन ने उन्हें अस्त्र-शस्त्र विहीन शत्रुपक्ष की ओर जाते देखा तो वे भी रथ से उतरकर उनके पीछे चले। भीम, नकुल, सहदेव भी चल दिए। सभी को जाते देख कृष्ण भी उधर ही चल दिए। सहदेव ने युधिष्ठिर से पूछा, "आप कहाँ जा रहे हैं?"

परंतु युधिष्ठिर कुछ भी उत्तर न देकर चुपचाप चलते ही गए। शत्रुओं की सेना में घुसकर युधिष्ठिर भीष्म के पास जा पहुँचे और दोनों हाथों से उनके चरणों में प्रणाम कर कहा, "पितामह, मुझे युद्ध करने की आज्ञा दीजिए, साथ ही विजयी होने का आशीर्वाद भी।"

भीष्म ने प्रसन्न होकर कहा, "पांडुनंदन, मैं तुम्हें आशीष देता हूँ कि युद्ध करो और विजय पाओ। मुझसे और भी कुछ माँगो।"

युधिष्ठिर ने उत्तर दिया, "महाबाहु, आप सदैव मेरी हित-कामना करते रहें।"

भीष्म बोले, "एवमस्तु!"

वहाँ से चलकर पांडव-पुत्र द्रोण के पास पहुँचे और उनके चरणों में भी प्रणाम कर आशीर्वाद प्राप्त किया।

इसी प्रकार उन सबने गुरुदेव कृपाचार्य और मामा शल्य के चरणों में भी प्रणाम कर उनसे आशीर्वाद प्राप्त किया और शत्रु-सेना से बाहर आकर अपने रथों की ओर बढ़े।

कृष्ण ने कर्ण के पास जाकर कहा, "कर्ण, भीष्म से द्वेष होने के कारण तुम उनके जीते-जी कौरव-पक्ष की ओर से युद्ध में नहीं लड़ रहे हो, ऐसी दशा में जब तक भीष्म नहीं मारे जाते, तुम अपने भाई पांडवों की ओर से युद्ध करो। भीष्म के मरने पर फिर दुर्योधन की सहायता के लिए आ जाना।"

कर्ण ने उत्तर दिया, "मैं दुर्योधन का हितैषी हूँ, उसका अप्रिय कभी नहीं करूँगा।"

यह सुन कृष्ण लौट आए। तब युद्ध करने की घोषणा शंख-ध्वनि द्वारा की गई।

पूर्व दिशा से कौरव भीष्म को आगे करके बढ़े, पश्चिम दिशा से पांडव भीम को आगे करके बढ़े। सिंहनाद, क्रकच, नरसिंहा, भेरी, मृदंग और ढोल आदि वाद्य एक साथ ही बज उठे। प्रलय के मेघ-गर्जन की भाँति रणदुंदुभि गूँज उठी। उसे सुनकर महाबली भीम की भुजाएँ फड़क उठीं। उसने कहा, "सुनो! अंधक, वृष्णि, विराट, पांचाल आदि हमारे अक्षौहिणीपतियो और महारथियो, सुनो! सत्यव्रत युधिष्ठिर आज धर्मयुद्ध की घोषणा करते हैं। आओ, इस कुरुक्षेत्र धर्मक्षेत्र में कौरव-सेना को सूखे ईंधन की भाँति भस्म करें। अब कुलनाश का पातक उन पर है, जो धूर्त, स्वार्थी और झूठे हैं, धर्मपुत्र महाराज युधिष्ठिर पर नहीं। यह युद्ध नहीं, यज्ञ समारोह है। हम चारों भीम, अर्जुन, नकुल, सहदेव इस यज्ञ के ब्रह्मा, उद्गाता, होता और अध्वर्यु हैं। सखा कृष्ण इस समर-यज्ञ के पुरोहित और महाराज युधिष्ठिर यजमान हैं। पाप-शांति इस यज्ञ का सुफल होगा। जहाँ हाथी हाथी से, रथी रथी से टकराकर गिरते हैं, जहाँ वसा, मज्जा, रक्त और मांस के कीचड़ में रथियों के रथ के पहिए धँस जाते हैं, जहाँ श्रृगाल हाऊ-हाऊ करके रक्तपान को आ जुटते हैं, जहाँ भूत-वेतालों के स्वामी खप्पर ले रक्तपान करते हैं, उस रणभूमि में विचरण करना पांडव खूब जानते हैं।"

पांडव-पक्ष ने कौरव-पक्ष पर पहले प्रहार किया और युद्ध आरंभ हो गया। शीघ्र ही भीषण मार-काट होने लगी। धनुष से छूटे हुए बाण आकाश में छाने लगे। शंख और मृदंग की गरज वायु को कंपित करने लगी। सभी महारथी रोष में भर एक-दूसरे के प्रति स्पर्धा रखने के कारण अथक विक्रम प्रकट करने लगे। प्रथम

दिन के युद्ध में पांडव-पक्ष में विराट राजकुमार उत्तर शल्य के हाथ से मारा गया। अपने बड़े भाई का वध देखकर कुमार श्वेत ने अत्यंत क्रोधित होकर शल्य पर आक्रमण किया। शल्य उसकी भीषण बाण-वर्षा से त्रस्त होने लगे, यह देख भीष्म उनकी सहायता के लिए आए। भयानक युद्ध हुआ, उसमें भीष्म के हाथ से श्वेत भी मारा गया।

दूसरे दिन पांडवों ने क्रोंचारुण-व्यूह का निर्माण किया। पितामह भीष्म ने आज भी प्रारंभ से ही भीषण बाण-वर्षा करके पांडव-सेना को त्रस्त करना आरंभ किया।

भीष्म का पराक्रम देख युधिष्ठिर संतप्त हो कृष्ण के पास आकर कहने लगे, "आज पितामह प्रज्वलित अग्निदेव की भाँति हविष्य की आहुति ग्रहण कर रहे हैं।"

यह सुन कृष्ण ने हँसते हुए कहा, "भरतश्रेष्ठ, युद्धक्षेत्र में यह दुर्बलता कैसी? आपके सभी भाई यशस्वी-पराक्रमी योद्धा हैं। अकेले अर्जुन में सारी कौरव-सेना को परास्त करने का सामर्थ्य है। इस समय आप धर्म-अधर्म का विचार त्याग, कर्म की ओर बढ़िए और दृढ़चित्त होकर पराक्रम दिखाइए।"

उन्होंने अर्जुन से कहा, "भीष्म के प्रहारों से धर्मराज त्रस्त हो रहे हैं, अतः आज तुम भीष्म का मान-मर्दन करो।"

यह कह वे अर्जुन का रथ भीष्म के सामने ले गए। शीघ्र ही अर्जुन और भीष्म का युद्ध अत्यंत भीषण हो उठा। दोनों ओर के वीर इन दो पराक्रमी महारथियों की अद्भुत युद्ध-क्षमता देख विस्मित रह गए। अर्जुन भीष्म के सभी प्रहारों को व्यर्थ कर उन पर भीषण आक्रमण करते रहे। आज के युद्ध में धृष्टद्युम्न ने द्रोण के साथ विकट युद्ध कर उन्हें आहत कर दिया। आज के दिन कौरव-पक्ष के तीन योद्धा कलिंगराज, कुमार केतृभान और शक्रदेव भीम के हाथों मारे गए।

तीसरे दिन के युद्ध में कौरवों ने गरुड़-व्यूह तथा पांडवों ने भयंकर अर्धचंद्राकार-व्यूह बनाया। आज के युद्ध में भीम ने दुर्योधन की छाती पर आघात करके उसे मूर्च्छित कर दिया। उसे संज्ञा-शून्य देखकर उसका सारथी रथ को रणभूमि से बाहर ले गया, परंतु शीघ्र ही संज्ञा लौटने पर वह फिर युद्धभूमि में लौट आया।

दोपहर ढलते-ढलते कौरव-सेना के अनेक सैनिक मारे गए। तब कुपित होकर भीष्म ने प्रबल वेग से पांडव सेना का संहार करना आरंभ कर दिया। युधिष्ठिर फिर चिंतित होकर कृष्ण की ओर देखने लगे। तब कृष्ण ने कहा, "आज मैं ही अकेला कौरव-दल का संहार करूँगा।"

उन्होंने सुदर्शन-चक्र का स्मरण किया और क्षण भर में चक्र उनकी उँगलियों पर आकर नाचने लगा। वे भीष्म को लक्ष्य करके चक्र छोड़ने ही वाले थे कि भीष्म अपना धनुष त्याग, हाथ जोड़ कृष्ण की स्तुति कर कहने लगे, "आओ माधव, आओ! आज मुझे अपने हाथ से मुक्ति दो।"

अर्जुन ने उन्हें रोकते हुए कहा, "केशव, आप अपना क्रोध रोकिए, मैं प्रतिज्ञा करता हूँ कि मैं शीघ्र ही समस्त कौरवों का अंत करूँगा।

अर्जुन का अनुनय स्वीकार कर कृष्ण ने चक्र रोक लिया। अब अर्जुन ने अत्यंत भयंकर महेंद्र-अस्त्र को गांडीव पर चढ़ाकर छोड़ा, जिसके छूटते ही अंतरिक्ष चमक उठा। महेंद्र-अस्त्र से सैकड़ों कौरव महारथी धराशायी हुए, सैकड़ों ही प्राण बचाने को भागने लगे। अर्जुन ने निरंतर भीषण बाण-वर्षा करके कौरव-दल में आतंक फैला दिया।

उन्होंने उन दो घड़ियों में दस हजार रथियों और सात सौ हाथियों को मार गिराया। श्रुतायुध अंबष्ठपति, दुर्मर्षण, चित्रसेन, द्रोण, कृप, जयद्रथ, वाह्लीक, भूरिश्रवा, शल्य, शल और भीष्म सहित सभी महारथियों को उन्होंने परास्त किया। ऐसा प्रतीत होने लगा कि अर्जुन आज ही समस्त कौरव-दल का नाश कर अपनी प्रतिज्ञा पूरी करेंगे। परंतु सूर्य अस्त हो चुका था, रात्रि का अंधकार आरंभ होते देख युद्ध बंद हुआ। कौरव-सेना हताश होकर तथा पांडव-सेना विजय-गर्व से हर्षित हो अपने-अपने शिविरों को लौटी।

चौथे दिन कौरवों ने व्याल-व्यूह तथा पांडवों ने कल वाले व्यूह की ही रचना की। आज भीष्म ने कल की पराजय से क्रोधित हो प्रबल वेग से अर्जुन पर आक्रमण किया। आरंभ में ही अर्जुन और भीष्म का युद्ध भीषण रूप धारण करने लगा। अभिमन्यु और धृष्टद्युम्न भी कौरव-सेना का संहार करते हुए भीष्म की ओर बढ़ने लगे। शल्य पुत्र ने धृष्टद्युम्न का मार्ग रोककर आक्रमण किया। धृष्टद्युम्न ने भारी गदा का प्रहार कर शल्य पुत्र को मार गिराया। पौरव के पुत्र दमन को भी उन्होंने मार गिराया। दुर्योधन ने मगधदेशीय दस हजार हाथियों की वेगवती सेना लेकर भीमसेन पर आक्रमण किया। भीम ने अपनी गदा के वज्र-प्रहारों से हाथियों का नाश करना आरंभ कर दिया। अभिमन्यु और धृष्टद्युम्न भी भीम की रक्षा के लिए आ पहुँचे। अभिमन्यु ने मगध-नरेश को एक ही बाण से मार गिराया। भयंकर दंतार हाथी भी भीम की मार से मरने लगे। उन गजराजों का समूह नाश करते-करते भीम उनके रक्त और मज्जा से लथपथ होकर इतने भयानक दिखने लगे, मानो साक्षात् काल हों।

उनसे भयभीत होकर कौरव-सेना भागने लगी। यह देख भीष्म आगे बढ़े। भीम यह देख अमर्ष में भरकर भीष्म के सामने आकर नर-संहार करने लगे। घटोत्कच राजा भगदत्त से जूझ पड़ा। भगदत्त की कौरव-सैन्य में बहुत प्रतिष्ठा थी, परंतु घटोत्कच ने उसके साथ इतना भीषण युद्ध किया कि भगदत्त के लिए अपने प्राण बचाना कठिन हो गया। दुर्योधन ने यह देखकर भीष्म, द्रोण आदि महारथियों को भगदत्त की रक्षा करने के लिए कहा। परंतु द्रोण और भीष्म घटोत्कच के मायाजाल से परिचित थे, अतः उन्होंने युद्ध बंद कर देने का निर्णय किया।

भीम ने दुर्योधन को देखकर सारथी से कहा, "यह वैरी आज मरे, तुम रथ को दुर्योधन के सामने ले चलो।" सारथी ने घोड़ों की बाग मोड़ी, परंतु इसी समय भीष्म ने युद्ध-विराम की घोषणा कर दी। दुर्योधन और भगदत्त के प्राण बच गए।

आज के युद्ध की विजय का श्रेय भीम और घटोत्कच को मिला।

रात्रि की सभा में भीष्म ने दुर्योधन से कहा, "दुर्योधन, अब तुम पांडवों के साथ संधि कर लो। मुझे ऐसा कोई नहीं दिखता, जो कृष्ण द्वारा सुरक्षित इन पांडवों पर विजय पा सके। पांडव तुम्हारे बलवान भाई हैं, तुम अपने मन को वश में करके उनके साथ मिलकर राज्य भोगो। कृष्ण और अर्जुन की अवहेलना करने पर तुम्हारा नाश होगा।"

दुर्योधन उन्हें कुछ भी उत्तर न दे, दुःखी मन वहाँ से चला गया।

पाँचवें दिन कौरवों ने मकर-व्यूह और पांडवों ने श्येन-व्यूह की रचना की। आज के युद्ध में द्रोणाचार्य ने जब सात्यकि को घेर लिया, तब भीम उनकी रक्षा के लिए आगे बढ़े और द्रोणाचार्य पर बाणों की वर्षा कर दी। भीम के वेग और क्रोध को देखकर भीष्म और शल्य भी द्रोण की रक्षा के लिए आ गए। यह देख शिखंडी भीष्म के सम्मुख पहुँचे, परंतु शिखंडी के नपुंसकत्व को ध्यान कर भीष्म ने उससे युद्ध नहीं किया, विमुख होकर बैठ गए। तब द्रोण भीष्म के रक्षार्थ शिखंडी पर बाण-वर्षा करने लगे। द्रोण से भयभीत हो शिखंडी अपना रथ वापस मोड़ वहाँ से चला गया। इसी समय युधिष्ठिर और अर्जुन भीष्म के सामने पहुँचकर युद्ध करने लगे। भीम की गदा की भारी चोट से आज भी बहुत हाथी मारे गए तथा उन पर सवार योद्धा भी पृथ्वी पर गिरकर नष्ट हुए। भीष्म ने यद्यपि अर्जुन को परास्त करने का बहुत यत्न किया, परंतु वे अर्जुन के प्रहारों को रोकने में असमर्थ रहे। घात पाकर भीष्म ने सात्यकि के सारथी को तीक्ष्ण बाण से मार गिराया। सारथी के मरते ही घोड़े रथ को लेकर भाग चले। सात्यकि के रथ को भागते देखकर पांडव-सेना क्रोध में

भरकर प्रबल वेग से कौरवों से भिड़ गई। भयंकर युद्ध होने लगा। विराट-नरेश भीष्म से, अश्वत्थामा अर्जुन से, दुर्योधन भीम से तथा अभिमन्यु लक्ष्मण से भिड़ गए। इस दिन युद्ध में सात्यकि के दस पुत्र मारे गए।

छठे दिन कौरवों ने क्रौंच-व्यूह और पांडवों ने मकर-व्यूह की रचना की। भीमसेन और धृष्टद्युम्न ने द्रोणाचार्य से युद्ध कर भारी पराक्रम दिखाया। जब दुर्योधन द्रोण की सहायता के लिए आया, तब महाबली भीम ने उसे अपने तीक्ष्ण बाणों से घायल कर दिया। वह व्यथा से व्याकुल होकर रथ के पिछले भाग में जा बैठा। तब कृपाचार्य ने आकर उसे अपने रथ में चढ़ाकर उसकी रक्षा की। सूर्य अस्त होने पर युद्ध बंद हो गया।

दुर्योधन को भीम के बाणों की पीड़ा अधिक हो रही थी। भीष्म ने उसे विशल्यीकरण औषधि दी, जिससे बाणों की पीड़ा जाती रही और वह स्वस्थ हो गया।

सातवें दिन कौरवों ने मंडल-व्यूह और पांडवों ने वज्र-व्यूह बनाकर भीषण संघर्ष किया। अर्जुन ने अत्यंत कुपित होकर बाणों की वर्षा कर कौरवों के दल का व्यूह भंग कर दिया, योद्धा भागकर भीष्म की शरण में जाने लगे। तब भीष्म ने अर्जुन को ललकारकर उसका सामना किया। भीष्म और अर्जुन में युद्ध होने लगा। उधर धृष्टद्युम्न ने दुर्योधन पर आक्रमण कर उसे त्रस्त कर दिया। नकुल और सहदेव ने शल्य से विकट युद्ध कर शल्य को वायु-बाण मारकर मूर्च्छित कर दिया। कृपाचार्य को चेकितान ने त्रस्त कर भीषण गदायुद्ध किया। परस्पर आघात से दोनों वीर मूर्च्छित होकर पृथ्वी पर गिर पड़े। करकर्ष चेकितान को और शकुनि कृपाचार्य को अपने-अपने रथों में डालकर ले गए। अर्जुन ने सुशर्मा के सभी बंधुओं को मार गिराया।

आठवें दिन कौरवों ने महाव्यूह और पांडवों ने शृंगाटक-व्यूह बनाया। आज के युद्ध में भीम ने धृतराष्ट्र के आठ पुत्रों का वध किया। अपने भाइयों का वध देखकर दुःखी दुर्योधन भीष्म के पास जाकर कहने लगा, "आपके रहते भीम ने मेरे आठ भाइयों को क्षण भर में मार डाला है, कैसा अन्याय है ?"

भीष्म ने उत्तर दिया, "मैं तुमसे फिर कहता हूँ कि पांडव चुन-चुनकर तुम्हारे सभी भाइयों को यमलोक पहुँचा देंगे। तुम अब भी पांडवों से संधि कर लो।"

परंतु दुर्योधन कुछ भी उत्तर न देकर क्रोधित हो वहाँ से रणभूमि की ओर चला गया। नागराज कौरव्य की पुत्री के गर्भ से अर्जुन द्वारा उत्पन्न पुत्र इरावान ने शकुनि

के छह भाइयों को मार डाला। अपने बलवान छह महारथियों का यह संहार देख दुर्योधन ने ऋष्यश्रृंग पुत्र अलंबुष से कहा, "वीर देखो, इस अर्जुन-पुत्र इरावान ने मेरे छह महारथियों को एक साथ ही तलवार से काट गिराया है, इसका हनन करने में तुम्हीं समर्थ हो। शीघ्र जाकर वैरी का सिर काट डालो।"

'बहुत अच्छा' कहकर हुंकार भरता हुआ अलंबुष इरावान की ओर दौड़ा। दोनों में भयंकर युद्ध छिड़ गया। घात-प्रतिघात होने लगे। अलंबुष ने घात पाकर इरावान का सिर काट लिया। यह देख कौरव-सेना हर्षनाद कर उठी।

इरावान का वध देखकर घटोत्कच ने क्रोधित होकर प्रबल वेग से दुर्योधन पर आक्रमण किया। घटोत्कच ने अपने विशाल धनुष से उस पर पैने बाणों की वर्षा कर दी, उसे रोकने में असमर्थ दुर्योधन अपनी जीवन-रक्षा का उपाय सोचने लगा। घटोत्कच ने प्रज्वलित उल्का के समान प्रकाशमान महाशक्ति हाथ में लेकर दुर्योधन को मारना चाहा। यह देख बंगनरेश ने दुर्योधन की रक्षा करने के लिए अपना विशाल हाथी आगे बढ़ाकर उसका मार्ग अवरुद्ध कर दिया। घटोत्कच ने वह महाशक्ति हाथी पर ही चला दी। महाशक्ति लगते ही हाथी खंड-खंड होकर पृथ्वी पर गिर पड़ा। हाथी को मारकर भयंकर गर्जना करके घटोत्कच फिर दुर्योधन की ओर बढ़ा। प्रलयंकारी भयंकर गर्जना सुनकर भीष्म ने द्रोण से कहा, "आचार्य, यह प्रलयंकारी गर्जना घटोत्कच की है, आज वह अवश्य दुर्योधन का वध करेगा, आप जाकर उसे बचाइए।"

द्रोण अपने साथ छह महारथियों को लेकर तुरंत दुर्योधन की रक्षा के लिए आए और घटोत्कच से भारी संग्राम करने लगे। इस समय घटोत्कच महाकाल की भाँति प्रतीत हो रहा था। उसने क्रोधित हो द्रोण के धनुष को काट डाला, वाह्लीक की छाती में चोट मारी, कृपाचार्य और चित्ररथ को बाणों से बींध डाला, अश्वत्थामा के सारथी को मार डाला, जयद्रथ का धनुष खंड-खंड कर दिया। घटोत्कच बार-बार भैरवनाद कर दुर्योधन और उसके रक्षकों पर भीषण प्रहार कर रहा था। उसका भैरवनाद दूर युद्ध करते हुए भीम ने सुना। वह तुरंत घटोत्कच की ओर चले। भीम और घटोत्कच के आक्रमणों से दुर्योधन के रक्षकों में शंका व्याप गई। उन्होंने सामूहिक रूप से घटोत्कच पर घातक आक्रमण करने आरंभ किए। अश्वत्थामा ने तीक्ष्ण बाणों से उस पर प्रहार कर उसे पीछे हटाना चाहा, इस पर अत्यंत भयंकर गर्जन करके घटोत्कच ने घोर माया प्रकट की, जिसके कारण कौरव-दल के सभी सैनिकों ने द्रोण, दुर्योधन, शल्य और अश्वत्थामा को छिन्न-भिन्न होकर पृथ्वी पर

गिर छटपटाते और रक्त में लथपथ देखा। यह देख सब सैनिक रण छोड़कर भागने लगे। भीष्म के रोकने पर भी वे नहीं रुके। अंत में भगदत्त अपने विशाल सुप्रतीक हाथी पर आरूढ़ हो घटोत्कच और भीम के सम्मुख आया। उस विशाल रणोन्मद हाथी को मार डालने की इच्छा से घटोत्कच ने एक निर्मल त्रिशूल हाथ में ले वेगपूर्वक चला दिया। उस त्रिशूल के चारों ओर से आग की चिनगारियाँ निकल रही थीं। भगदत्त ने त्रिशूल को बीच में ही काट गिराकर एक महाशक्ति घटोत्कच पर फेंकी, जिसे उसने लपककर पैर के नीचे दाबकर तोड़ डाला। इस युद्ध में भीम ने धृतराष्ट्र के नौ पुत्रों का वध किया।

रात्रि को दुर्योधन ने अगले दिन के युद्ध पर विचार करने के लिए कर्ण, कृपाचार्य, द्रोण आदि को बुलाकर कहा, "आज भी भीम ने देखते-देखते मेरे नौ भाइयों को मार डाला। क्या कारण है कि हमारा कोई महारथी कुंतीपुत्रों को नहीं मार सकता?"

यह सुन कर्ण बोला, "राजन्, मैं तुम्हारी इच्छानुसार कार्य करूँगा, यदि भीष्म युद्ध से हट जाएँ। भीष्म सदा ही पांडवों पर दयाभाव रखते हैं।"

कर्ण की बात स्वीकार कर दुर्योधन भीष्म के शिविर में पहुँचा और कहने लगा, "पितामह, आप भयानक युद्ध करके पांडवों का शीघ्र वध कीजिए।"

यह सुन भीष्म को दुःख हुआ, फिर भी उन्होंने अगले दिन अधिक पराक्रम करने का वचन दिया।

नवें दिन कौरवों ने सर्वतोभद्र-व्यूह और पांडवों ने महाव्यूह की रचना की। आज के युद्ध में द्रौपदी के पाँचों पुत्रों और अभिमन्यु ने अलंबुष के साथ घनघोर युद्ध किया। जब अलंबुष अभिमन्यु के प्रहारों से बचने के लिए तामसी माया प्रकट करता था, तब अभिमन्यु उग्र भास्करास्त्र प्रकट कर उस माया को नष्ट कर देते थे। अंत में अभिमन्यु से भयभीत होकर अलंबुष रणभूमि से भाग गया। अर्जुन ने द्रोणाचार्य को पीड़ित किया, भीम ने गज सेना का संहार किया। गज सेना के संहार से रणभूमि में रक्त ही बहने लगा। जब सूर्य अस्ताचल को जा रहे थे, तब भीष्म ने कौरव-सेना के संहार से क्रोधित होकर विकट युद्ध छेड़ दिया। उन्होंने प्रलयंकारी बाण-वर्षा करके चेदि, काशी और करुष देश के विख्यात महारथियों को मार डाला, इससे पांडव-सेना में हाहाकार मच गया। यह देखकर कृष्ण ने अर्जुन से कहा, "पार्थ, तुम्हें जिस अवसर की प्रतीक्षा थी, वह आ पहुँचा। यदि तुम मोह से मोहित नहीं हो रहे हो, तो भीष्म पर प्रहार करो"

"आज भीष्म का वध मेरे ही हाथों होगा। मेरा रथ उनके सामने ले चलो।" यह कहकर अर्जुन बार-बार गांडीव की वज्र टंकार करते उधर चले। कृष्ण बड़े वेग से रथ दौड़ाकर भीष्म के सामने पहुँच गए। अर्जुन ने तत्काल ही बाणों की वर्षा कर भीष्म को विचलित कर दिया और उनका धनुष काट डाला। उनके दूसरा धनुष लेने पर उसे भी काट डाला। तब भीष्म ने अत्यंत क्रुद्ध होकर बाण मारकर अर्जुन के मस्तक पर आघात किया। यह देख कृष्ण कुपित हो रथ से कूद पड़े और हाथों में चाबुक उठाए भीष्म को मारने दौड़े। यह देख भीष्म अपने शस्त्र त्याग रथ में बैठ, हाथ जोड़ कृष्ण की स्तुति करने लगे, "आओ, माधव आओ! मेरी मुक्ति आपके हाथों होगी।"

अर्जुन उन्हें पकड़ने के लिए रथ से कूद पड़े और कुछ दूर दौड़कर उन्हें पकड़ लिया। वे बोले, "महाबाहो, लौटिए। आपकी प्रतिज्ञा है कि आप युद्ध न करेंगे। मैं निश्चय ही आज भीष्म का वध करूँगा, आप रथ पर आइए।"

अर्जुन के कहने पर कृष्ण लौट पड़े। परंतु सूर्य अस्त होकर अंधकार बढ़ रहा था, अतः युद्ध बंद करने की घोषणा कर दी गई।

रात्रि को शिविरों में थोड़ा विश्राम कर लेने के बाद पांडवों ने अगले दिन भीष्म को मारने पर विचार किया। युधिष्ठिर बोले, "पितामह को इच्छा-मृत्यु का वर प्राप्त है, अतः उन्हीं के पास चलकर उनकी मृत्यु का उपाय पूछा जाए।"

कृष्ण ने भी इस पर सहमति दी। अतः पाँचों पांडव भीष्म के शिविर की ओर चले। वहाँ पहुँचकर उन्होंने भीष्म के चरणों में प्रणाम किया।

भीष्म ने कहा, "पुत्रो, युद्ध के अतिरिक्त जो चाहो माँग लो।"

युधिष्ठिर बोले, "हे सर्वज्ञ, युद्ध में हम लोग आपको कैसे जीतें, इसका उपाय बताइए।"

"यदि तुम युद्ध में विजय चाहते हो तो मुझ पर घातक प्रहार करो।"

युधिष्ठिर ने फिर पूछा, "घातक प्रहार किस प्रकार करें, यह भी आप ही बताइए।"

"जब तक मेरे हाथ में शस्त्र होगा, तब तक मुझे कोई नहीं मार सकता। इसलिए जब मैं अस्त्र-शस्त्र रख दूँ, तब मुझ पर प्रहार करो। जो स्त्री हो, स्त्रियों जैसा नाम रखता हो, इकलौता पुत्र हो, नीच जाति का हो, उसके साथ मैं युद्ध नहीं करता। उसे देख मैं अस्त्र-शस्त्र रख देता हूँ। तुम्हारी सेना में द्रुपद-पुत्र शिखंडी पहले स्त्री था, फिर पुरुष भाव को प्राप्त हुआ है। उसी को आगे करके अर्जुन मुझ

पर तीक्ष्ण बाणों से आक्रमण करे। मैं हाथ में बाण लिये रहने पर भी शिखंडी पर प्रहार नहीं करूँगा, उसके प्रहारों को निरस्त्र नहीं करूँगा। इससे तुम्हारी विजय निश्चय होगी।"

अपनी मृत्यु का उपाय बताकर भीष्म ने उन्हें आशीर्वाद देकर विदा किया। दुःख से संतप्त अर्जुन चुपचाप लौट चले।

दसवें दिन का प्रभात हुआ। पांडव भीष्म की मृत्यु का क्षण निकट जान शिखंडी को चारों ओर से रक्षित कर रणभूमि की ओर चले। उधर भीष्म भी आज स्वेच्छा से मृत्यु का आलिंगन करने के लिए कौरव-सेना का व्यूह बनाकर युद्ध-स्थल में आए। उन्होंने तीक्ष्ण नाराच, वत्सदंत और अंजकिल आदि बाणों की वर्षा कर पांडवों को भीषण युद्ध करने की ओर प्रेरित किया।

अर्जुन ने कहा, "वीर शिखंडी, मैं आज दिन भर तुम्हारे पास रहकर मारण-अस्त्रों द्वारा द्रोणाचार्य, अश्वत्थामा, कृपाचार्य, दुर्योधन, चित्रसेन, विकर्ण, जयद्रथ, विंद-अनुविंद, सुदक्षिण, भगदत्त, भूरिश्रवा, अलंबुष, सुशर्मा आदि समस्त महाबली कौरवों को युद्ध-स्थल में आगे बढ़ने से रोकूँगा। अतः तुम निर्भय होकर भीष्म पर रोषपूर्ण आक्रमण करो। भीष्म तुम्हें पीड़ा भी नहीं दे सकेंगे। आज निश्चय ही तुम्हारे हाथों उनका वध होगा।"

पांडवों ने सामूहिक रूप से कौरव-सेना पर भीषण प्रहार आरंभ कर दिया। शीघ्र ही युद्ध ने भयानक रूप धारण कर लिया सेना को त्रस्त देखकर दुर्योधन ने भीष्म से कहा, "पितामह, हमारी सेना में उत्साह भरने के लिए आपके सिवा दूसरा कोई नहीं है। आप ही भारी पराक्रम कीजिए।"

भीष्म ने उत्तर दिया, "दुर्योधन, मैंने प्रतिज्ञा की थी कि प्रतिदिन हजार क्षत्रियों का वध करके ही संग्राम-भूमि से हटूँगा। ऐसा मैं अब तक करता आया हूँ। आज भी मैं भयंकर संग्राम करूँगा। आज या तो मैं ही मारा जाऊँगा या पांडवों का संहार करूँगा।"

भीष्म के बाणों से पीड़ित होकर पांडव उनका वध करने के लिए उन पर चारों ओर से टूट पड़े। दुर्योधन के कहने से भगदत्त, कृपाचार्य, शल्य, कृतवर्मा, विंद-अनुविंद, जयद्रथ, चित्ररथ, विकर्ण और दुर्मर्षण, यह दस योद्धा एक साथ ही भीम के साथ युद्ध करने लगे, परंतु रोषावेशित भीम ने सभी को आहत कर परास्त किया।

शिखंडी ने भीष्म के सामने पहुँचकर उनकी छाती में दस तीक्ष्ण बाण मारे। भीष्म ने प्रज्वलित नेत्रों से उसे देखा, परंतु उस पर आघात नहीं किया।

अर्जुन ने धीरे से कहा, "वीर, तीव्र वेग से बाण-वर्षा करो, जो भीष्म के शरीर में घुस जाएँ।"

अर्जुन तथा अन्य पांडवों ने भी भीष्म पर भारी बाण-वर्षा आरंभ कर दी। दुःशासन भीष्म की रक्षा के लिए आगे बढ़ा, परंतु अर्जुन ने उस पर आघात कर उसे रोक दिया। अर्जुन तथा अन्य पांडवों के बाणों को तो भीष्म रोक रहे थे, परंतु शिखंडी के बाणों के आघात हँस-हँसकर सहन कर रहे थे। गांडीव से जब बाणों की अविराम वर्षा हो रही थी, उसकी प्रत्यंचा अग्नि के समान प्रज्वलित हो उठी। गांडीव के तेज के सामने कौरवों का कोई वीर ठहरने का साहस नहीं कर सका। भीष्म ने अर्जुन पर दिव्यास्त्र का संधान किया, किंतु शिखंडी ने इससे पहले ही उनके हृदय को लक्ष्य करके बाण छोड़े। भीष्म ने दिव्यास्त्र समेट लिया।

तब अर्जुन ने बाण-वर्षा कर भीष्म का धनुष काट डाला। शिखंडी ने दस बाणों से भीष्म को और दस बाणों से उनके सारथी को घायल कर दिया। भीष्म ने दूसरा धनुष लिया, उसे भी अर्जुन ने काट डाला। भीष्म जो भी धनुष लेते, अर्जुन उसी को काट डालते। इस बीच में शिखंडी ने भीष्म की छाती में नौ बाण और अर्जुन ने पच्चीस बाण मारे। अर्जुन के बाण भीष्म के सुदृढ़ कवच को छेदकर, वज्र और यमदंड के समान उनके मर्मस्थलों पर आघात कर पीड़ा देने लगे। अंत में अर्जुन के तीक्ष्ण बाणों से अत्यंत विद्ध हो भीष्म का शरीर छिदकर छलनी हो गया।

जब दिन थोड़ा शेष था, पूर्व दिशा की ओर मस्तक किए भीष्म रथ से नीचे गिर पड़े। उनके सारे अंगों में सब ओर बाण बिंधे हुए थे, इसलिए गिरने पर भी उनका शरीर धरती से स्पर्श नहीं हुआ। वे बाण-शैया पर लेटे हुए प्रतीत होते थे। उनके सारे शरीर से रक्त बह रहा था।

भीष्म के गिरते ही युद्ध बंद हो गया। कौरवों के महारथी हाहाकार कर रोने लगे। विषाद और भय की भावना कौरव-सैन्य में छा गई। दोनों ओर के वीर अपने-अपने अस्त्र त्याग भीष्म के पास पहुँच, उन्हें प्रणाम कर खड़े हो गए।

भीष्म ने उन्हें देखकर कहा, "मेरा सिर लटक रहा है, मुझे तकिया दो।"

यह सुन राजा लोग तत्काल बढ़िया कोमल और महीन वस्त्रों के बने हुए बहुत से तकिए ले आए, परंतु भीष्म ने उन्हें अस्वीकार कर कहा, "ये तकिए वीर-शैया के अनुरूप नहीं हैं।"

उन्होंने अर्जुन की ओर देखकर कहा, "पुत्र, वीर-शैया के अनुरूप तकिया लगाओ।"

अर्जुन ने उन्हें प्रणाम कर गांडीव ले उसे अभिमंत्रित करके झुकी हुई गाँठ वाले तीन बाणों को धनुष पर रखा और भीष्म के मस्तक के नीचे भूमि पर मारकर उनका सिर ऊँचा कर दिया।

भीष्म ने पास खड़े राजाओं से कहा, "अर्जुन ने मेरे सिर के नीचे जो बाणों का तकिया लगाया है, यही मेरी शर-शैया के अनुरूप और सुखकर है। अब मैं इस शैया पर तब तक शयन करूँगा, जब तक सूर्य उत्तरायण में नहीं लौट आते हैं। मेरे इस स्थान के चारों ओर खाई खोद दो। मैं यहाँ इसी प्रकार सैकड़ों बाणों से व्याप्त शरीर से सूर्य की उपासना करूँगा। आप लोग आपस का वैर-भाव छोड़कर युद्ध से विरत हो जाएँ।"

इसी समय शरीर से बाण को निकाल फेंकने की कला में कुशल वैद्य आवश्यक उपकरण और औषधि लेकर भीष्म की सेवा में उपस्थित हुए। उन्हें देखकर भीष्म ने दुर्योधन से कहा, "इन चिकित्सकों को पारिश्रमिक देकर विदा करो, मुझे अब इनसे क्या काम है ? मैंने उत्तम क्षत्रिय की गति प्राप्त कर ली है। अब तुम लोग जाकर विश्राम करो, मैं भी विश्राम करूँ।"

सब महारथी उनकी शर-शैया की तीन बार परिक्रमा कर उनके चरणों में प्रणाम कर और उनकी रक्षा की व्यवस्था कर दु:खी हृदय ले वहाँ से अपने-अपने शिविर की ओर लौटे।

आज के महाभीषण संग्राम में भीष्म ने मत्स्य और पांचाल-देश की सेनाओं के एक हजार हाथी और दस हजार अश्वों को मारकर सात महारथियों तथा चौदह हजार पैदल सैनिकों का संहार किया था। इसके अतिरिक्त द्रुपद की सेना के सात रथियों को भी मारा था, जिनमें वसु-देवताओं के समान प्रभाव था। उनके अभाव में धन, पुत्र, वसुंधरा और कुरुदेश की प्रजा शून्य हो गई।

अगले दिन प्रात:काल होने पर कौरव-पांडव बैर-भाव भुलाकर फिर भीष्म की शर-शैया के समीप आकर उनको प्रणाम कर खड़े हो गए। उस समय भीष्म बाणों की वेदना से संतप्त होकर श्वास खींच रहे थे और अर्ध-मूर्च्छित थे। उन सबके आने की आहट सुन उन्होंने नेत्र खोलकर उन्हें देखा। वे केवल यही कह सके—पानी।

राजा लोग दौड़कर स्वर्णपात्रों में जल और भोजन-सामग्री ले आए। यह देख भीष्म ने कहा, "शर-शैया पर सोता हुआ मैं मनुष्य-लोक से ऊपर उठ चुका हूँ, केवल सूर्य, चंद्रमा के उत्तर-पथ पर आने की प्रतीक्षा में रुका हुआ हूँ। अर्जुन कहाँ है ?"

अर्जुन सम्मुख आ प्रणाम कर हाथ जोड़ खड़े हो गए और बोले, "क्या आज्ञा है, पितामह?"

"मुझे पानी पिलाओ।"

यह सुन अर्जुन रथ पर आरूढ़ हुए और गांडीव पर प्रत्यंचा चढ़ाकर उसे खींचने लगे। उन्होंने रथ द्वारा ही भीष्म की परिक्रमा कर धनुष पर एक तेजस्वी बाण का संधान किया और उसे पर्जन्यास्त्र से संयुक्त कर भीष्म के दाहिने पार्श्व में पृथ्वी पर चलाया। पृथ्वी से शीतल अमृत के समान मधुर और दिव्य सुगंधमय जल की स्वच्छ धारा निकलकर भीष्म के मुँह में पड़ने लगी। उसे पीकर भीष्म तृप्त हो गए।

जल पीकर भीष्म बोले, "पार्थ, तुम भूतल पर मनुष्यों में श्रेष्ठ और धनुर्धरों में प्रधान हो।"

फिर उन्होंने दुर्योधन से कहा, "तात, अब भी मेरी बात मानो, पांडवों से संधि कर अपने जीवन की रक्षा करो।"

□

अमित तेज

महायुद्ध आरंभ होने से पूर्व रथियों और महारथियों को सैन्य-संचालन का दायित्व देते समय जब बल और पराक्रम से शोभित रथियों का गणना की जा रही थी, उस समय राजाओं के सम्मुख भीष्म ने कर्ण को अर्धरथी की श्रेणी में रखा था, जबकि वह अकेला ही दो रथियों के समान पराक्रमी था।

भीष्म से यह अपमानजनक बात सुनकर कर्ण ने कहा, "कुरुनंदन, आपके जीते-जी मैं कदापि युद्ध नहीं करूँगा, युद्ध में आपके मारे जाने पर ही मैं युद्ध करूँगा।"

कौरव-पक्ष में आयु, बल, पराक्रम और विद्या में सबसे श्रेष्ठ होने के कारण पितामह भीष्म ही प्रधान सेनापति बनाए गए थे और वे ही अब तक युद्ध-संचालन कर रहे थे। उनके शर-शैयागत होने पर दुर्योधन ने कर्ण से कहा, "प्रिय, अब तो तुम्हें युद्ध करने में कोई बाधा नहीं है। अब तुम कौरव-सैन्य का संचालन करो।"

कर्ण ने उत्तर दिया, "राजन्, अब मैं अवश्य पांडवों के विरुद्ध युद्ध करूँगा। परंतु प्रधान सेनापति का पद द्रोणाचार्य को दो, वे मुझसे वरिष्ठ और पूज्य हैं।"

दुर्योधन ने सहमत होकर गुरु द्रोण को भीष्म के बाद प्रधान सेनापति पद पर अभिषिक्त किया। द्रोणाचार्य पाँच दिन तक जीवित रहकर युद्ध-संचालन करते रहे। दुर्योधन ने उनसे कहा, "आचार्य, आप भयानक युद्ध करके मुझे युधिष्ठिर को जीवित पकड़कर ला दीजिए। मैं उसे फिर द्यूत-क्रीड़ा के लिए सहमत कर पांडवों को वनवासी बनाना चाहता हूँ।"

अतः द्रोणाचार्य नित्य ही भयानक पराक्रम से युद्ध करते, किंतु अर्जुन उनको परास्त करते रहे। दो दिनों के युद्ध में कौरव-सेना में सुधन्वा, भगवान् और उनकी विशाल गज-सेना, वृषक, अचल, कर्ण के भाई आदि का संहार हुआ तथा पांडव-सेना में सत्यजित्, शतानीक, दृढ़सेन, क्षेम, वसुदान पांचालकुमार, राजा नील आदि

मारे गए। तीसरे दिन आचार्य द्रोण ने सेना को भयानक चक्रव्यूह में खड़ी करके पांडवों के एक वीर का अवश्य वध करने की प्रतिज्ञा की। आज अर्जुन संशप्तकों से युद्ध करते हुए युद्धक्षेत्र के दूसरी ओर निकल गए थे, अतः उनकी अनुपस्थिति में युधिष्ठिर चक्रव्यूह में प्रवेश करने की चिंता करने लगे।

उस समय अर्जुन के किशोर पुत्र वीर अभिमन्यु ने उनसे कहा, "पार्थ, चिंता न कीजिए, चक्रव्यूह में प्रवेश करने का विधि मैंने अपने पिता से सीखी है, परंतु उसमें से बाहर आने की नहीं सीख पाया। फिर मैं आज चक्रव्यूह का भेदन अवश्य करूँगा।"

युधिष्ठिर, भीम आदि योद्धाओं ने कहा, "हम सब तुम्हारे पीछे चलेंगे और द्वार पर तुम्हारे निकलने का मार्ग सुरक्षित रखेंगे।"

अभिमन्यु रथ पर बैठकर कालसर्प की भाँति आक्रमण कर चक्रव्यूह का भेदन कर कौरव महारथियों पर टूट पड़ा। उसने अतुल पराक्रम कर अश्मक के पुत्र, शल्य के भाई, वसातीय, सत्यश्रवा, रुक्मरथ, लक्ष्मण, क्रथ-पुत्र, बृंदारक, बृहद्बल, कालिकेय, वसाति और केकय का वध कर शल्य, दुःशासन और कर्ण को मूर्च्छित कर डाला।

युधिष्ठिर, भीमसेन, शिखंडी, सात्यकि, नकुल-सहदेव, धृष्टद्युम्न, विराट, द्रुपद, केकय-राजकुमार, धृष्टकेतु, मत्स्यदेशीय योद्धा आदि अभिमन्यु के साथ-साथ चक्रव्यूह में आगे बढ़े थे, परंतु जयद्रथ ने दिव्यास्त्रों का प्रयोग कर उनके आगे बढ़ने की गति रोक दी। अभिमन्यु ने द्वार पर गजारोहियों सहित बहुत से गजराजों को मारकर जो पांडवों को व्यूह में प्रवेश करने के लिए मार्ग बना दिया था, उसे भी जयद्रथ ने दिव्यास्त्रों का प्रयोग करके रोक दिया। इस प्रकार चक्रव्यूह के मध्य में चारों ओर महारथियों से घिरा हुआ अभिमन्यु अकेला ही निर्भय होकर युद्ध कर रहा था।

अभिमन्यु का ऐसा भारी पराक्रम देख दुर्योधन ने अपने महारथियों को ललकारकर कहा कि चारों ओर से आक्रमण कर अभिमन्यु का शीघ्र वध करो।

यह सुन कौरव-दल प्रबल वेग से अभिमन्यु पर घातक प्रहार करने लगा। अभिमन्यु के रक्षक और सहायक पांडव वीर उससे पृथक् पड़ गए। चारों ओर से घिरा हुआ अकेला अभिमन्यु अत्यंत साहस के साथ कौरव-योद्धाओं से युद्ध करने लगा। युद्ध करते-करते उसका धनुष टूट गया। धनुष टूटने पर तलवार से, तलवार टूटने पर चक्र से और चक्र टूटने पर वह गदा से युद्ध करने लगा। दुःशासन ने एक

भारी गदा उठाकर अभिमन्यु के मस्तक पर घातक प्रहार किया, जिसके लगते ही वह वीर पृथ्वी पर गिरकर मर गया। अभिमन्यु के मरते ही पांडव-सेना में हाहाकार मच गया।

सूर्य अस्त हो चला था, अतः तेरहवें दिन का यह अप्रतिम युद्ध बंद कर दिया गया।

रणक्षेत्र की दूसरी दिशा से अर्जुन संशप्तकों का वध करके जब शिविर में लौटे, तब उन्होंने अपने शिविर को आनंद-शून्य, श्रीहीन और शोक में डूबा हुआ देखा। मांगलिक वाद्य दुंदुभि, तुरही आदि की ध्वनि भी नहीं हो रही थी, यह देख उनके हृदय में शंका व्याप गई।

आगे बढ़ने पर उन्हें रुदन भी सुनाई पड़ा। वे द्रुत वेग से युधिष्ठिर के शिविर में आए। देखा, वे सिर नीचा किए शोकपूर्ण अवस्था में चुपचाप बैठे हैं। अन्य बंधु-बांधव भी शोकपूर्ण और अश्रुपूर्ण हैं। वहाँ उन्होंने अपने प्रिय पुत्र अभिमन्यु को नहीं देखा।

उन्होंने चिंतित होकर युधिष्ठिर से पूछा, "आज आप लोगों के मुख की कांति मलिन और शोकपूर्ण है, क्या कारण है?"

युधिष्ठिर शोकपूर्ण वाणी में बोले, "आज हमारा पुत्र अभिमन्यु..."

"अभिमन्यु कहाँ है? मेरे प्रिय पुत्र को क्या हुआ?"

"चक्रव्यूह में घुसकर अकेला लड़ता हुआ वह वीरगति को प्राप्त हुआ।"

"हाय, मेरा पुत्र! अपनी भुजाओं से शोभित होनेवाला तरुण पुत्र! जिसकी नासिका, ललाट प्रांत, नेत्र, भौंह तथा ओष्ठ ये सभी सुंदर थे, जिसके रूप की कहीं तुलना न थी, जिसकी वाणी वीरोचित और सुखद थी, वह सुभद्राकुमार अभिमन्यु संयमनीपुरी के पुण्यवान आश्रम को अपनी प्रभा से प्रकाशित और उद्भासित करने इतनी शीघ्र चला गया!"

अर्जुन को इस प्रकार शोकपीड़ित और आँसू बहाते देख कृष्ण ने उन्हें पकड़कर सँभाला। उन्होंने कहा, "वीर मित्र, ऐसे व्याकुल न होओ। युद्ध परायण शूरवीरों के लिए संपूर्ण शास्त्रज्ञों ने यही गति निश्चित की है। अभिमन्यु पुण्यात्मा पुरुष-लोक में गया है।"

युधिष्ठिर ने उसकी वीरगति का वर्णन किया, "महाबाहो, जब तुम संशप्तक सेना के साथ युद्ध के लिए चले गए, तब द्रोण ने मुझे पकड़ने के लिए चक्रव्यूह का निर्माण कर पांडव-सैन्य पर घातक प्रहार किए। तब मैंने ही उस पराक्रमी पुत्र से

कहा, 'तात, तुम ही इसका भेदन करो, क्योंकि अर्जुन के अतिरिक्त तुम ही इसका भेदन जानते हो। मेरी आज्ञा मान उस वीर ने व्यूह में प्रवेश किया। उसके पीछे-पीछे हम सब भी व्यूह में प्रवेश करने चले, परंतु नीच जयद्रथ ने सामने आकर दिव्यास्त्रों का प्रयोग कर हम सबका मार्ग रोक दिया। हमारा वीर पुत्र कौरव महारथियों का विध्वंस करता हुआ आगे बढ़ता गया और मध्य में पहुँचकर शत्रुओं पर चारों ओर से घातक प्रहार कर स्वयं भी दु:शासन की गदा के आघात से वीरगति को प्राप्त हुआ। हाय, मैं बहुत अपराधी हूँ, अर्जुन तुम मुझे धिक्कार दो।'"

"पापी जयद्रथ ने आपको जाने से रोका?" संतप्त अर्जुन शोकपूर्ण वाणी से इतना ही बोल सके।

कृष्ण ने उन्हें सांत्वना देते हुए कहा, "पार्थ, इतना शोक न करो।"

"कल सूर्यास्त होते-होते जयद्रथ का वध मेरे हाथों होगा।" संतप्त-वेशित हो अर्जुन इतना कह मुँह ढाँपकर अपने नेत्रों से आँसू बहाने लगे।

अगले दिन प्रभात होने पर युद्ध के लिए तैयार होते-होते कौरवों ने अर्जुन की जयद्रथ वध की प्रतिज्ञा सुनी। अर्जुन की प्रतिज्ञा सुनते ही जयद्रथ भयभीत और उदास हो गया। उसने दुर्योधन से कहा, "अर्जुन अपनी प्रतिज्ञा अवश्य पूरी करेगा। आज यदि आप सब लोग मिलकर मेरी रक्षा न करेंगे तो मैं अवश्य मारा जाऊँगा। यदि आप रक्षा न कर सकें तो मैं अपने घर अभी लौट जाता हूँ। आप मुझे घर लौटने की अनुमति दीजिए।"

यह सुन द्रोणाचार्य बोले, "आज युद्ध में कर्ण, भूरिश्रवा, अश्वत्थामा, वृषसेन, कृपाचार्य और शल्य, ये छह महारथी आपको बीच में सुरक्षित रखकर युद्ध करेंगे। आपकी पूरी रक्षा की जाएगी।"

द्रोण ने चक्रगर्भ शकट-व्यूह का निर्माण किया, जिसका अगला आधा भाग शकट के आकार का तथा पिछला आधा भाग कमल के आकार का था और जिसकी लंबाई चौबीस कोस और पिछले भाग की चौड़ाई दस कोस थी। व्यूह के पिछले भाग में अत्यंत दुर्भेद्य पद्मगर्भ-व्यूह बनाया गया, जिसके मध्य भाग में गूढ़तम सूची-व्यूह और बनाया। सूची-व्यूह के प्रमुख भाग में कृतकर्मा, उनके पीछे कांबोजराज और जरासंध तथा उनके पीछे दुर्योधन और कर्ण स्थित हुए। इन सबके पीछे जयद्रथ सूची-व्यूह के मध्य भाग में खड़ा था। इन सबके साथ एक लाख घुड़सवार, साठ हजार मदस्रावी गजराज तथा इक्कीस हजार कवचधारी पैदल सैनिक थे। शकट-व्यूह के अग्रभाग के मुहाने पर जो जयद्रथ के स्थान से

छह कोस दूर था, द्रोणाचार्य और भोज डटे थे।

अर्जुन ने अपने रथ पर आरूढ़ होकर कृष्ण से कहा, "केशव, इन छह महारथियों की तो क्या सामर्थ्य है, यदि साध्य, रुद्र, वसु, अश्विनीकुमार, मरुद्गण विश्वदेव आदि सभी आ जाएँ तो भी वे आज जयद्रथ की रक्षा नहीं कर सकते। आप मेरा रथ पहले द्रोणाचार्य के सामने ले चलिए, पहले उन्हीं पर आक्रमण कर सेना का अग्रभाग भेदन कर मैं जयद्रथ के पास जाऊँगा।"

सात्यकि को युधिष्ठिर की रक्षा का भार देकर अर्जुन तीव्र गति से द्रोण के सम्मुख पहुँचकर भीषण बाण-वर्षा करने लगे। जो भी उनके सामने आया, उनके बाणों से आहत हो पराजित होने लगा। उस असंख्य, अपार, दुर्लंघ्य एवं अक्षोभ्य रणक्षेत्र को उन्होंने अपने तीक्ष्ण बाणों से भर दिया। घात-प्रतिघाती बाणों की रगड़ तथा टकराहट से अग्नि की लपटें प्रकट होने लगीं। दोपहर होते-होते कौरवों के पराक्रमी योद्धा श्रुतायुध, सुदक्षिण, श्रुतायु, अच्युतायु, नियतायु, दीर्घायु, अंबष्ठ विंद-अनुविंद, क्षेमधूर्ति, वीर सुधंवा निर्मित्र, व्याघ्रदत्त, शल, अलंबुष, जरासंध, सुदर्शन, भूरिश्रवा, धृतराष्ट्र के तीस पुत्र तथा आसुरी-माया को जाननेवाले म्लेच्छ सैनिक भी अर्जुन की क्रोधाग्नि से बच न सके, प्राणहीन हो युद्धभूमि में सो गए।

अमित तेजस्वी अर्जुन दिन छिपते-छिपते युद्धक्षेत्र की उस छह कोस की दूरी को असंख्य वीरों से मृत शरीरों से पाटकर पद्मव्यूह की कर्णिका बीच के पार्श्व भाग में स्थित जयद्रथ के समीप पहुँचने लगे। यह देखकर दुर्योधन, कर्ण, वृषसेन, शल्य, अश्वत्थामा, कृपाचार्य और स्वयं जयद्रथ अर्जुन का सामना करने लगे। दुर्योधन ने कर्ण से कहा, "वीर मित्र, तुम्हारे पराक्रम दिखाने का क्षण आ पहुँचा, अब तुम अर्जुन से युद्ध कर जयद्रथ की प्राणरक्षा करो। दिन का थोड़ा ही भाग शेष है। सूर्यास्त होने तक यदि जयद्रथ सुरक्षित रहे, तब प्रतिज्ञा के अनुसार अर्जुन स्वयं ही अग्नि में प्रवेश कर जाएगा।"

कर्ण को अपने सम्मुख देख अर्जुन क्रोध में बाण-वर्षा करने लगे। उन्होंने बाणों से कर्ण के मर्म स्थानों पर आघात कर उनका धनुष काट डाला। दूसरा धनुष लेने पर अर्जुन से सूर्य बाण चलाया, परंतु कर्ण ने उसे मार्ग में ही खंडित कर दिया। तब अर्जुन ने कर्ण के घोड़ों को मारकर उसके सारथी को भी मार गिराया। यह देखकर अश्वत्थामा ने कर्ण को अपने रथ पर बैठा लिया।

इस समय कृष्ण और अर्जुन ने अपने-अपने महाशंखों की वज्र ध्वनि की। गांडीव की प्रलयंकारी टंकार ने उनमें वीभत्स रस उत्पन्न किया, इसमें छहों कौरव

महारथियों के हृदय दहल उठे। इसके बाद अर्जुन के बड़े-बड़े अस्त्रों की ऐसी वेगवती भयंकर बाढ़ आई कि वे अपनी रक्षा करने की चिंता करने लगे। जयद्रथ के बिल्कुल सामने पहुँचकर अर्जुन ने चौंसठ बाण एक साथ मारे। आघात खाकर जयद्रथ ने भी अर्जुन पर बाण-वर्षा प्रारंभ कर दी। निर्णायक घड़ी निकट आ पहुँची थी, अतः दोनों ओर से भयानक युद्ध छिड़ गया।

अब सूर्य के अस्त होने में अधिक विलंब नहीं था। कृष्ण ने अर्जुन से कहा, "अर्जुन, मैं थोड़ी देर के लिए सूर्य को माया से ढककर अस्त कर रहा हूँ, जिसे केवल जयद्रथ ही देख सकेगा। सूर्य को अस्त हुआ जान वह दुराचारी भयरहित और प्रसन्न होकर तुम्हारे सामने प्रकट होकर तुम्हें अग्नि प्रवेश की आज्ञा देगा। उस समय तुम तत्क्षण ही उसका वध कर डालना।"

यह कहकर कृष्ण ने सूर्य को छिपाने के लिए अंधकार की सृष्टि की। जयद्रथ ने सूर्य को अस्त होते देखा। जिस समय वह सूर्य की ओर मुँह करके उसे देख रहा था, अर्जुन ने अग्नि के समान एक दिव्य बाण वज्रास्त्र से संयोजित करके गांडीव पर रखा और जयद्रथ के सिर को लक्ष्य कर छोड़ दिया। वज्र के समान भीषण गर्जन करता हुआ वह शीघ्रगामी बाण जयद्रथ के सिर को काटकर आकाश में ले उड़ा। अर्जुन ने मंत्राभिषिक्त अनेक दिव्य बाण छोड़कर जयद्रथ के सिर को आकाश में ही उड़ाकर समंतपंचक क्षेत्र से बाहर वृद्ध पिता के अंक में डाल दिया।

जयद्रथ के मारे जाने पर कृष्ण ने अपने मायावी अंधकार को समेट लिया। सूर्य फिर निकल आए। सभी ने देखा, सूर्यास्त में अभी देर है।

जयद्रथ-वध की प्रतिज्ञा पूरी कर अर्जुन वहाँ से युधिष्ठिर के पास लौटे। दुर्योधन ने द्रोण के पास जाकर कहा, "आचार्य, आपने आश्वासन देकर भी जयद्रथ के प्राणों की रक्षा नहीं की।"

अनेक बार दुर्योधन से इस प्रकार के आक्षेप-वचन सुनकर आचार्य द्रोण दुःख और मानसिक पीड़ा से व्यथित हो उठे। उन्होंने अत्यंत आर्तभाव से कहा, "दुर्योधन, तुम सदा ही इस प्रकार मेरा अपमान करते हो। अर्जुन युद्ध में अजेय हैं, यह मैं अनेक बार तुम्हें बता चुका हूँ। तुम्हारे वाग्बाणों से पीड़ित हो, मैं आज रात्रि में भी पांडवों से युद्ध करूँगा।"

सूर्य अस्त होने पर भी द्रोण सेना लेकर युद्ध करने आए हैं, यह देखकर पांडवों ने भी अस्त्र-शस्त्र उतारने की इच्छा त्याग दी और क्रोधावेशित होकर कौरव-सैन्य से भयानक युद्ध करने लगे। इस रात्रि-युद्ध में कौरव-सेना में एक-एक रथ के पास

पाँच-पाँच मसालें जल रही थीं। प्रत्येक घोड़े के साथ एक महाप्रदीप की व्यवस्था की गई थी। पांडव सेना में एक-एक हाथी के लिए सात-सात और एक-एक रथ के लिए दस-दस प्रदीप थे। घोड़ों के पृष्ठभाग में दो प्रदीप थे। अगल-बगल में ध्वजाओं के समीप और रथ के पिछले भागों में भी दीपों की व्यवस्था थी। युद्ध आरंभ होते ही जब द्रोणाचार्य ने शिवि का वध कर डाला, तब भीम ने क्रुद्ध हो थप्पड़ों से ही कलिंग-राजकुमार का तथा बाणों द्वारा ध्रुव, जयराज तथा धृतराष्ट्र के दो पुत्रों दुष्कर्ण और दुर्मद का वध कर डाला।

अश्वत्थामा और घटोत्कच का युद्ध बहुत देर तक होता रहा। इसी बीच अश्वत्थामा ने घटोत्कच के पुत्र अंजनपर्वा को मार डाला। पुत्र का वध देखकर घटोत्कच दावानल के समान अश्वत्थामा से भिड़ गया।

कौरव-सेना में जब भीमसेन ने भयानक संग्राम मचा दिया, तब अलायुध भीम को मारने के लिए दौड़ा। घटोत्कच ने दूर से उसे देखा और अश्वत्थामा को छोड़ वह अलायुध की ओर दौड़ा। उसे रथ से नीचे खींच उसके केश पकड़ चारों ओर घुमाकर पृथ्वी पर दे पटका। फिर उसका मस्तक काट लिया। उस कटे हुए मस्तक को दुर्योधन पर फेंककर वह कर्ण की ओर बढ़ा।

उसने कर्ण की प्रबल अस्त्र-शक्ति को क्षीण कर उसे अत्यंत त्रस्त किया। घटोत्कच ने आकाश में लाल बादल, अग्नि की लपटें और उल्काएँ प्रकट कर कर्ण को भयभीत कर दिया। घटोत्कच ने एक शतघ्नी छोड़कर कर्ण के रथ के चारों घोड़े मार दिए। अब कर्ण उसके प्रतिघातों को न सह सका।

दुर्योधन ने कहा, "कर्ण, तुम घटोत्कच का शीघ्र वध करो, नहीं तो यह अकेला ही रात्रि में कौरव-सेना का संहार कर देगा।"

यह सुनकर कर्ण ने इंद्र द्वारा प्रदत्त वैजयंती-शक्ति को हाथ में लिया, जिसे उसने यत्नपूर्वक अर्जुन का वध करने के लिए रख छोड़ा था। उस दिव्य-शक्ति को उसने घटोत्कच पर चला दिया। वह प्रज्वलित शक्ति उसके वक्षस्थल को चीरकर आकाश में चली गई। घटोत्कच मृत होकर गिर पड़ा।

घटोत्कच के मरते ही पांडवों में शोक छा गया, परंतु कृष्ण बहुत हर्षित हुए। ऐसे विषाद के क्षण में कृष्ण का हर्षित होना अर्जुन को विचित्र लगा। उसने पूछा, "शत्रुदमन, कोई गोपनीय बात न हो तो अपने हर्ष का कारण बताइए।"

कृष्ण बोले, "इंद्र ने कर्ण से कुंडल-कवच माँगकर बदले में उसे यह वैजयंती-शक्ति दी थी, जिसे बड़े यत्न से कर्ण तुम्हारे वध के लिए रखा था।

सौभाग्य से वह शक्ति घटोत्कच के कारण उसके हाथ से निकल गई। उसके रक्षा-कवच और कुंडल पहले ही इंद्र ले गए थे। अब कर्ण तुम्हारा वध करने में समर्थ नहीं है, तुम ही उसका वध बड़ी सरलता से कर सकते हो। तुम्हारी मारण-शक्ति कर्ण से छिन गई, यही मेरे हर्ष का कारण है।"

आधी रात बीच चुकी थी। निद्रांध सैनिक क्षत-विक्षत अवस्था में भलीभाँति युद्ध नहीं कर पाते थे। यह देखकर कृष्ण ने संपूर्ण दिशाओं को प्रतिध्वनित करते हुए उच्च स्वर में कहा, "सैनिको, तुम सब लोग अपने वाहनों सहित थक गए हो और नींद से आक्रांत हो रहे हो। दो घड़ी विश्राम के लिए युद्ध बंद कर दो और यहीं रणभूमि में ही सो लो। चंद्रोदय होने पर तुम फिर युद्ध कर सकते हो।"

कृष्ण की बात सबने स्वीकार की। युद्ध बंद हुआ और सैनिक वहीं शयन करने लगे। परंतु दो घड़ी व्यतीत होने पर जब चंद्रमा का उदय हुआ और उसका प्रकाश फैलने लगा, तब फिर सैन्यदल में हलचल मच गई। युद्ध पुनः आरंभ हो गया।

युद्ध क्या था, प्रलयंकारी आँधी थी, जो महासंहार से व्याप्त थी। द्रुपद और विराट इन दो पराक्रमी महारथियों का वध द्रोणाचार्य ने कर डाला। अपने पिता द्रुपद का वध देखकर धृष्टद्युम्न ने भयानक वेग से द्रोणाचार्य पर प्रहार करने आरंभ किए। अत्यंत भयंकर घमासान युद्ध हो ही रहा था कि प्रभात का उदय हुआ। पूरे दिन और पूरी रात युद्ध करते हुए सभी योद्धा थक गए थे, उनके अंग-अंग में भूख-प्यास व्याप्त हो गई थी, परंतु दुर्योधन के हठ के कारण युद्ध बंद नहीं हो रहा था। अंत में द्रोणाचार्य ने अर्जुन को जीतने की इच्छा से ऐंद्र, पाशुपत, त्याष्ट्र, वायव्य तथा वारुण अस्त्र प्रकट किए, परंतु अर्जुन ने उन्हें नष्ट कर डाला।

द्रोणाचार्य का भीषण क्रोध देखकर भीमसेन ने कौरव-सेना का संहार करते हुए मालवा के राजा इंद्रवर्मा के एक विशाल हाथी 'अश्वत्थामा' को मार डाला और गरजकर चिल्लाया, "अश्वत्थामा मारा गया।"

'अश्वत्थामा' शब्द सुनकर अपने ही पुत्र की मृत्यु समझ द्रोणाचार्य शोक से व्याकुल हो शिथिल पड़ गए। उन्होंने सत्य बात जानने के लिए युधिष्ठिर से पूछा।

कृष्ण ने युधिष्ठिर से कहा, "द्रोण को पराजित करने के लिए इस समय इस असत्य-भाषण का महत्त्व सत्य से बढ़कर है।"

कृष्ण का भाव जानकर युधिष्ठिर ने उच्च स्वर में कहा, "अश्वत्थामा मारा गया!" फिर धीरे से कहा, "परंतु वह हाथी था।"

सत्यवादी युधिष्ठिर के मुख से यह सुनते ही द्रोणाचार्य शोक-संतप्त हो गए। उनकी चेतना लुप्त हो गई। वे अस्त्र-शस्त्र त्याग, 'हाय पुत्र! हाय वीर पुत्र।' कह रथ के पिछले भाग में जा बैठे। फिर उन्होंने संपूर्ण भूतों को अभय-दान दिया और 'ओ३म्-ओ३म्' जपते हुए समाधि लगा ली।

धृष्टद्युम्न तलवार ले द्रुतगति से उछलकर उनके रथ पर चढ़ गया और उनके केश खींचकर सिर काट लिया। द्रोणाचार्य के मारे जाने पर कौरवों में शोक छा गया। कौरव-सेना भयभीत होकर भागने लगी।

अश्वत्थामा उस समय रणक्षेत्र के दूसरी ओर पांचाल, चेदि और केकय की सेनाओं से युद्ध कर रहा था। उन सब पर विजय पाकर लौटते समय युद्धक्षेत्र में उठती भयंकर चीखें सुनकर मन-ही-मन वह कहने लगा, 'यह संग्राम-सागर का महारव है। कानों के परदे फट रहे हैं। घायल हाथियों की चिंघाड़, मरते हुए भटों का चीत्कार, अश्वों की हिनहिनाहट और योद्धाओं की हुंकार, सब मिलकर कैसा भयानक दृश्य उपस्थित कर रहे हैं। वे मरते हुए हाथी निरुपाय सूँड़ उठा-उठाकर चिंघाड़ रहे हैं। टूटे हुए रथों के चक्र, ध्वज, धुरे जहाँ-तहाँ पड़े हैं। बड़े-बड़े धनुर्धर भूमि में लोट रहे हैं। उनके रत्नजटित मुकुट इधर-उधर लुढ़क रहे हैं। परंतु यह तो असाधारण कोलाहल है। आज परंतप पिता समर में असह्य तेज प्रदर्शित कर रहे हैं। प्रतीत होता है कि अर्जुन, सात्यकि अथवा दुर्मद भीम ने उन्हें क्रुद्ध कर दिया है। अरे, कुपित होने पर पिताजी के बाणों से त्रिलोकी में कोई बच सकता है। पर ये लोग भागे क्यों आ रहे हैं? अवश्य पिताजी ने भैरव-संहार प्रारंभ कर दिया है। देखें, आगे चलूँ, पिताजी का पराक्रम देखूँ। पर क्या बात है? महारथी कर्ण, शकुनि आदि भी रण से भागे आ रहे हैं। पिताजी के सेनापति होने पर भी सेना की यह दशा?'

सब लोग 'भागो-भागो' चिल्लाते अश्वत्थामा के पास से निकल गए। कुछ क्षण बाद द्रोणाचार्य का सारथी अश्वसेन घायल अवस्था में उनके पास आकर बोला, "कुमार, रक्षा करो, रक्षा करो।"

"किसकी?"

"मेरी, कुमार, मेरी!"

"तुम त्रैलोक्य-रक्षक मेरे पिता के सारथी हो, तुम्हें किसी से रक्षा की याचना करने से क्या काम?"

"हाय कुमार, आचार्य अब कहाँ?"

"क्या कहा, क्या पूज्य पिता⋯"

"देवलोक गए, हा तात!" यह कहकर सारथी पृथ्वी पर गिर पड़ा।

अश्वत्थामा रथ से उतरकर उसके पास आए और शोकपूर्ण वाणी से बोले, "हाय पिता, तुम त्रैलोक्य में एकमात्र धनुर्धर थे। किसने तुम्हारा हनन किया?"

सारथी ने कहा, "कुमार, आचार्य ने वीरगति पाई।"

अश्वत्थामा ने अत्यंत व्यथित होकर पूछा, "उन्हें मारा किसने, क्या भीम ने, जिसे वे बहुत प्यार करते थे?"

"नहीं, नहीं!"

"क्या अर्जुन ने, जिन पर वे मेरे समान ही वात्सल्य-भाव रखते थे?"

"हाय, नहीं!"

"तब कृष्ण ने?"

"नहीं, कुमार नहीं!"

"और तो त्रिलोकी में ऐसा कोई नहीं, जो शस्त्र हाथ में रहते उन्हें मार सके।"

इसी समय कृपाचार्य भी वहाँ आ पहुँचे। वे बोले, "कुरुराज दुर्योधन को धिक्कार है! उसके सब महारथियों को धिक्कार! सत्य की डींग हाँकनेवाले युधिष्ठिर को धिक्कार है! मेरी इन आँखों ने उस दिन चुपचाप निष्क्रिय बैठकर द्रौपदी का केश-कर्षण देखा था, आज महात्मा द्रोण का केश-कर्षण देखा।"

यह कहकर वे दोनों हाथों से मुँह ढाँपकर रोने लगे।

अश्वत्थामा ने उन्मत्त की भाँति पूछा, "क्या कहा, केश-कर्षण?"

"सारा संसार कहता था कि युधिष्ठिर ने जीवन भर कभी झूठ नहीं बोला। पर आज गुरु-वध के लिए उसने झूठ बोला। उसकी जन्म-जन्म की तपस्या भ्रष्ट हो गई।"

"युधिष्ठिर ने झूठ बोला?"

"उसने कहा, अश्वत्थामा मर गया, पर मरा था इस नाम का हाथी। युधिष्ठिर ने 'हाथी' शब्द स्पष्ट नहीं कहा। आचार्य ने वह नहीं सुना, अपने पुत्र अश्वत्थामा को ही मरा समझ शोक से अधीर हो उन्होंने तत्क्षण शस्त्र रख दिए।"

"हाय, मेरे मरने का असत्य समाचार सुनकर?"

"हाँ पुत्र, वे अस्त्र त्याग वहीं रणभूमि में दोनों हाथों से सिर पकड़कर और 'हाय पुत्र अश्वत्थामा' कहकर विलाप करने लगे।"

"हाय, हाय, मुझ अधम के मरने का असत्य समाचार सुनकर?"

"अश्रुधारा से उनका सारा मुँह धुल गया, इसी समय नीच धृष्टद्युम्न ने आकर

उनके केश पकड़कर खींचे और 'यह मैं अपने पिता के अपमान का बदला ले रहा हूँ' कहकर उनका सिर काट लिया।"

"हाय, मेरे लिए पिताजी ने प्राण और बाण दोनों त्यागे।"

"वही धृष्टद्युम्न, वह देखो, जीवित शिविर को लौट रहा है।"

"क्या सारे धनुर्धारियों के सम्मुख शोक-संतप्त, विरत-शस्त्र मेरे पिता का उस पापी ने वध किया? मेरे पिता का सिर छू लिया।"

"नहीं तो क्या?"

"हाय, जब पिता ने शस्त्र ही त्याग दिया तो धृष्टद्युम्न तो क्या एक कुत्ता भी उनका सिर छू सकता था। परंतु मैं उनका पुत्र दिव्यास्त्रों से सज्जित रथियों के मस्तक पर चरण रख सकता हूँ। अरे, दुरात्मा पांचाल कुल-कलंक, अरे निर्लज्ज, क्या तू अश्वत्थामा को भूल गया, जो पांडवों और पांचालों की सेना के धुर्रे उड़ा देने का अकेला ही सामर्थ्य रखता है? अरे पाखंडी युधिष्ठिर, यही तेरा सत्यव्रत था? अरे अर्जुन, सात्यकि, भीम, कृष्ण, तुम्हें धिक्कार है। जो सुर, असुर और मर्त्यों में पूज्य थे, उन वृद्ध आचार्य का सिर इस नीच द्रुपद-पुत्र ने छुआ और तुम सब देखते रहे। अच्छा-अच्छा, अरे पांडवो, मत्स्यो, सीमको, मागधो, क्षत्रिय-कुलकलंको, ठहरो, पिता के सिर छूने का दंड भोगने को तैयार रहो।"

तब तक कर्ण और दुर्योधन भी वहाँ आ पहुँचे। दुर्योधन अश्वत्थामा को दुःखी देख रथ से उतरकर उसके पास आकर बोला, "आचार्य-पुत्र, आओ अपने दग्ध हृदय को मेरे हृदय से लगाओ। तुम्हारी भुजा का स्पर्श तुम्हारे पिता के तुल्य ही सुखद है।"

यह सुन अश्वत्थामा रोने लगा।

कर्ण बोला, "गुरुपुत्र, शोक न करो! धीर-वीर शोक नहीं करते।"

"राजन्, जब आपका मुझ पर इतना स्नेह है तो फिर शोक कैसा? परंतु कुरुराज, यदि पुत्र के जीते-जी पिता का केश-कर्षण हो तो लोग क्यों पुत्र की कामना करें?"

"द्रोणपुत्र, सबके रक्षक आचार्य ने ही जब शस्त्र त्याग दिया, तब हम क्या करते?"

"सत्य है, परंतु मैं द्रोणपुत्र अश्वत्थामा हाथ उठाकर कहता हूँ कि पांडवों की सेना में जिसे शस्त्र उठाने का गर्व है, पांचाल-कुल में जो उत्पन्न है और जो उत्पन्न होनेवाले हैं, मैं उनका बीज-नाश करूँगा। जामदग्नेय परशुराम ने शत्रुओं के रक्त से

सरोवर भरकर अपने पिता का वैर चुकाया था, वही मैं द्रोणपुत्र करूँगा।"

दुर्योधन ने कहा, "धन्य आचार्य पुत्र, आप ही इस योग्य हैं। अब मुझे भीष्म और गुरु द्रोण के निधन का परिताप नहीं रहा।"

कृपाचार्य बोले, "तो राजन्, योग्य को योग्य स्थान पर नियुक्त कीजिए। द्रोणपुत्र को कौरव-दल का सेनापति बनाकर अभी अभिषेक कीजिए।"

"यह तो उचित ही होता, परंतु मैं यह पद अंगराज कर्ण को दे चुका हूँ।"

कृपाचार्य ने कहा, "राजन्, शोकदग्ध अश्वत्थामा की उपेक्षा ठीक नहीं।"

अश्वत्थामा बोले, "राजन्, इस वितंडा से क्या लाभ? कल सूर्योदय के साथ आप सुनेंगे कि पृथ्वी पांडवों और सोमकों से शून्य हो गई।"

कर्ण ने हँसकर कहा, "गुरुपुत्र, यह कहना जितना सहज है, उतना करना कहीं।"

"अंगराज, यह मेरे शोकोद्गार हैं! मैंने किसी वीर के अपमान के लिए नहीं कहे।"

"तो फिर प्रलाप से क्या लाभ? जब होगा तो हम भी देखेंगे।"

"अरे सूतपुत्र, तू मेरा—दु:खित अश्रुपूर्ण गुरुपुत्र का अपमान करता है। क्या तू मेरे बाहुबल से परिचित नहीं?"

"अरे गुरुपुत्र, अभी तुम बालक हो और नहीं जानते कि मैं कर्ण तुम्हारे पिता के समान रणक्षेत्र में शस्त्र-त्याग नहीं करूँगा।"

"तू विश्वपूजित मेरे पिता पर आक्षेप करता है, उन्होंने शोकमग्न हो द्रुपद-सुत का हाथ नहीं रोका। अब यह मैं अपना बायाँ चरण तेरे सिर पर रखता हूँ, रोक।"

यह कहकर उसने अपना पैर उठाया। उसे रोककर दुर्योधन बोला, "गुरुपुत्र, यह क्या, क्रोध को रोकिए।"

कर्ण ने कहा, "अरे आत्मश्लाघी ब्राह्मण, तू ब्राह्मण होने के कारण अवध्य है, नहीं तो जो पैर तूने उठाया था, उसे मैं अभी काट डालता।"

"अरे अधम, यदि मैं जाति से अवध्य हूँ, तो ले, मैं अपनी जाति को त्यागता हूँ। तू अस्त्र ले।" यह कहकर उसने अपना यज्ञोपवीत तोड़ डाला और शस्त्र लेकर कर्ण से भिड़ गया।

दुर्योधन बोला, "आचार्यपुत्र, क्षमा करो! शस्त्र मत पकड़ो!"

कृपाचार्य ने भी उन्हें रोका, "अंगराज, शांत हो, शस्त्र रख दो।"

अश्वत्थामा बोला, "कुरुराज, मैं अभी इसे पीसकर रख दूँगा।"

कर्ण ने कृपाचार्य से कहा, "आचार्य, अब मुझे मत रोकिए।"

यह सुन दुर्योधन बोला, "अरे, यह तो जो करणीय था, उससे विपरीत ही हो रहा है। इससे तो राजकुल पर विपत्ति आएगी।"

कृपाचार्य ने फिर कहा, "पुत्र, अभी तुम शांत रहो। कर्ण कुरुसेना का अधिपति है, इस समय सेना में फूट डालना ठीक नहीं।"

अश्वत्थामा ने शस्त्र रोककर कहा, "तो अब तू पापात्मा अर्जुन के बाणों से हतप्राण होकर युद्धभूमि में गिरेगा, तब मैं तेरी रक्षा नहीं करूँगा।"

यह झगड़ा हो ही रहा था कि उन्हें दूर से भीम के शब्द सुनाई दिए—"आह, दुरात्मा कौरव-कुलकलंक, आज तू मेरे भुजपाश से निकलकर नहीं जा सकता, अरे कर्ण, दुर्योधन, सूबल, शकुनि आदि अभिमानी धुनर्धारियो! जिस नीच ने द्रौपदी के केश खींचे थे और भरी सभा में वस्त्र खींचे थे, मैं भीम उसी दुःशासन की छाती फाड़कर तीन चुल्ल रक्त पीता हूँ, जिसे साहस हो रोके।"

यह सुन अश्वत्थामा ने कहा, "अरे सूतपुत्र, जा-जा वह वृकोदर भीम कुरुराज दुर्योधन के भाई दुःशासन का हृदय फाड़कर रक्तपान कर रहा है, उसके प्राणों की रक्षा कर।"

यह सुनते ही कर्ण, "अरे दुरात्मा भीम, मैं अभी आया।" कहकर रथ पर आरूढ़ हो तेजी से उधर को चला।

दुर्योधन ने भी रथ पर चढ़कर दुःख और क्रोध से चिल्लाकर कहा, "भाई दुःशासन, मेरे रहते तुझे कौन छू सकता है?"

"मेरे पास पिता का दिया हुआ दिव्य नारायणास्त्र है, जिसके प्रयोग से शत्रु का वध निश्चय होता है तथा उसकी संपूर्ण शस्त्र-वर्षा नष्ट होती है।" यह सोचता हुआ अश्वत्थामा भी रथ पर बैठकर पांडवों की सेना की ओर तीव्रगति से चला।

उधर भीम और दुःशासन का युद्ध भयंकर हो उठा। भीमसेन को अपनी प्रतिज्ञा स्मरण थी, अतः जब दुःशासन ने उनका छाती में एक बाण मारकर पीड़ा पहुँचाई, तब उन्होंने गदा घुमाकर और चिल्लाकर कहा, "पापी, आज तुझे मारकर मैं तेरा रक्तपान करूँगा।" उन्होंने वेगपूर्वक गदा का प्रहार किया, जिससे दुःशासन का कवच टूट गया, वस्त्र बिखर गए और रथ चूर-चूर हो गया। भीम शीघ्रता से रथ से उतरकर दुःशासन की ओर दौड़े और उसे रथ से खींच, उसकी छाती पर चढ़कर दोनों हाथों से उसकी वह बाँह उखाड़ डाली, जिससे उसने द्रौपदी का वस्त्र खींचा था। वे उसी बाँह से उसे पीटने लगे, फिर तलवार लेकर उसका सिर काट लिया

और उसका रक्त तीन बार चुल्लू में लेकर पान किया। इसी समय उन्होंने वे शब्द कहे थे, जिसे दुर्योधन, कर्ण आदि ने सुना था।

भीम का यह वीभत्स पराक्रम देख सैनिक भय से भागने लगे।

भीम ने कहा, "डरो नहीं, मैं दुःशासन को मारकर उसकी छाती का तीन चुल्लू रक्त पीकर तृप्त हूँ। घमंडी कर्ण और महाबली शल्य के देखते-ही-देखते मैंने दुरात्मा दुःशासन का हृदय चीर डाला। अब इन रक्त भरे हाथों से द्रौपदी के केशों का श्रृंगार करूँगा?"

"कृष्णा, मेरी अंजिल में दुःशासन का रक्त भरा है। इसी से मैं तुम्हारे केशों को सींचकर उनका श्रृंगार करूँगा। आज प्रतिज्ञा महोत्सव है! आज मैं आनंदित हूँ।"

अश्वत्थामा ने आकर भीम के भय से भागती कौरव-सेना को देखा, तब उसने क्रोधित हो दिव्य नारायण अस्त्र को धनुष पर चढ़ाकर प्रकट कर दिया। उसके प्रकट होते ही जल की बूँदों के साथ प्रचंड वायु चलने लगी, मेघ-गर्जन होने लगा, संपूर्ण दिशाओं में अंधकार छा गया। उस एक ही बाण से आकाश में सहस्रों बाण प्रकट हुए, जिनके अग्रभाग प्रज्वलित हो रहे थे। वे बाण जा-जाकर पांडव-सेना का संहार करने लगे। उस दिव्यास्त्र से अनेक चक्र भी प्रकट हो-होकर पांडव-सेना पर आघात करने लगे। यह देख पांडव उद्विग्न हो उठे। युधिष्ठिर ने धृष्टद्युम्न से कहा, "तुम पांचालों की सेना के साथ भाग जाओ।"

युधिष्ठिर का यह संताप देख कृष्ण ने दोनों हाथ ऊपर उठा अपनी सेना को रोककर कहा, "योद्धाओ, अपने अस्त्र-शस्त्र नीचे डांल दो और सवारियों से नीचे उतर जाओ। तुम सब लोग हाथी-घोड़े और रथों से उतरकर पृथ्वी पर आ जाओ; और इस दिव्यास्त्र के सामने हाथ जोड़कर प्रणाम करो। इस प्रकार भूमि पर निहत्थे खड़े हुए तुम लोगों को यह अस्त्र नहीं मारेगा। इस दिव्यास्त्र के निवारण का यही उपाय है।"

यह सुनते ही सबने ऐसा ही किया। दिव्यास्त्र के प्रभाव का निवारण हो गया।

दुर्योधन ने कहा, "गुरुपुत्र, तुम फिर उसी नारायणास्त्र को प्रकट करो।"

"नहीं राजन्, न तो यह अस्त्र फिर लौटता है और न इसका दोबारा प्रयोग ही हो सकता है। यदि इसका पुनः प्रयोग किया जाएगा तो यह प्रयोग करनेवाले को ही समाप्त कर देगा। कृष्ण ने इसके निवारण का उपाय पांडवों को बता दिया, अन्यथा आज संपूर्ण शत्रुओं का वध हो जाता।"

यह कहकर अश्वत्थामा धृष्टद्युम्न की ओर चला, परंतु वह उसे न मार सका

पांडव महारथी अश्वत्थामा को चारों ओर से घेरकर आक्रमण करते रहे। धृष्टद्युम्न ने अवसर देख दुर्योधन की छाती को लक्ष्य कर त्रिशूल फेंका, जिसके आघात से वह मूर्च्छित हो रथ में गिर पड़ा। यह देख उसका सारथी रथ को भगाकर युद्धक्षेत्र से बाहर ले गया।

अश्वत्थामा ने बहुत पराक्रम किया, परंतु वह धृष्टद्युम्न को न पा सका। अब सूर्य पूर्णरूप से अस्त हो चुका था, अतः युद्ध बंद कर दिया गया।

□

सूर्यपुत्र

सारथी दुर्योधन को सघन वृक्षों में ले गया। वहाँ शीतल पवन के स्पर्श से मूर्च्छित दुर्योधन ने आँखें खोलीं और क्षीण स्वर में बोला, "दुःशासन, मैं आ रहा हूँ।"

यह देख सारथी ने कहा, "महाराज, यह विश्राम का काल है। घोड़े थक गए हैं, रथ खींच नहीं सकते।"

"तो रथ का क्या काम है? मैं पैदल ही गदा लेकर रणस्थल में जाता हूँ, वहाँ दुरात्मा भीम मेरे भाई दुःशासन की हत्या कर रहा है।"

"महाराज, कैसे कहूँ…"

"कहो, न कहने योग्य हो तो भी कहो।"

"दुरात्मा भीम अपनी प्रतिज्ञा पूरी कर चुका।"

"हाय भाई दुःशासन, अब तुम बोलोगे भी नहीं?"

"महाराज, यही समय धीर-वीर जनों की स्थिरता का है।"

"हाय, मैं ही अधम तुम्हारी दुर्दशा का कारण बना।"

"महाराज धीरज!"

"धिक्कार है। सूत, तुमने भाई को बलि होने दिया और मुझे बचा लाए?"

"महाराज, महारथियों के बाणों से विद्ध होकर आप अचेत हो गए थे।"

"हाय, दुःशासन के रक्त से गीली भूमि पर मैं भी क्यों न सोया, अब मुझे राज्य से क्या, जीवन से भी क्या!"

घायल सुंदरक उधर आ निकला। दुर्योधन की यह दशा देखकर वह कहने लगा, "हाय, ग्यारह अक्षौहिणी के अधिपति, सौ भाइयों में ज्येष्ठ, भीष्म, द्रोण, कृप, अश्वत्थामा, शल्य, कर्ण आदि अप्रतिम महारथियों के नेता संपूर्ण पृथ्वी के एकच्छत्र स्वामी महाराज आज इस प्रकार रक्त और धूल में सने पड़े हैं?"

दुर्योधन ने पूछा, "अरे सुंदरक, यह क्या समाचार है?"

"महाराज, कुमार अश्वसेन की मृत्यु से विदीर्ण हृदय मैं, क्या कहूँ?"

"तो प्रियदर्शन कर्णपुत्र अश्वसेन भी काम आया?"

"राजन्, अब शोक से क्या?"

"अरे शोक भी पुण्यशाली ही पाते हैं। मुझ पाषाणहृदय के लिए शोक-संताप ही क्या है? इस बली भीम ने मदमत्त हाथी की भाँति कौरव-उपवन को एक-एक कर सभी सुरभित वृक्ष काट डाले। इस बली ने एक प्रतिज्ञा पूरी कर ली, क्या दूसरी भयानक प्रतिज्ञा भी पूरी होगी? उस दुर्दम्य की जब तक गदा उसके हाथ में है, कौन रोकेगा।"

"महाराज, धीरज धरिए और करणीय कीजिए।"

"ठीक कहते हो, करणीय करूँगा। पर आज नहीं, कल सूर्योदय होने पर। मैं घायल और थकित हूँ। युद्ध करने की शक्ति मुझमें नहीं है, मैं आज रात विश्राम करूँगा। हाय, ग्यारह अक्षौहिणी सेना का सेनापति आज इस दशा को प्राप्त हुआ? यह भाग्य की विडंबना ही है। नहीं तो भीष्म, द्रोण के रहते यों कुरुकुल ध्वस्त होता?"

युद्ध के पंद्रह दिन पूरे हो चुके थे। सोलहवें दिन कर्ण को कौरव-सेनापति पद पर अभिषिक्त किया गया। उसका सेनापतित्व दो दिन का ही रहा। युद्ध प्रारंभ होते ही भीम ने अपनी बाण-वर्षा से कौरव-सेना का संहार आरंभ कर दिया। कौरव-सेना के क्षेमति ने भीम का सामना किया और उसके हाथी को मार डाला, तब भीम ने भी क्रोधित होकर उसके हाथी को मार दिया। अब दोनों योद्धा धनुष छोड़कर गदायुद्ध करने लगे। भीम की गदा के भयंकर प्रहार से क्षेमधूति मारा गया। सात्यकि ने विंद और अनुविंद का वध किया। अर्जुन ने दंडधार, श्रुतंजय, सौश्रुति, चंद्रदेव, सत्यसेन, मित्रसेन आदि महारथियों को मार डाला।

सत्रहवें दिन कर्ण ने दुर्योधन से कहा, "अर्जुन की विजय उसके निपुण सारथी के कारण है, यदि मुझे भी वैसा ही अजेय, श्रेष्ठ, अप्रतिम सारथी मिल जाए तो मैं आज ही पांडव दल को नष्ट कर दूँ। राजा शल्य कृष्ण के समान हैं, यदि वे मेरे सारथी का कार्य कर सकें तो तुम्हारी विजय निश्चित है। अश्व-विज्ञान में शल्य के समान कोई नहीं। शल्य के सारथी होने से मेरा रथ अर्जुन के रथ से बढ़ जाएगा।"

दुर्योधन ने उत्तर दिया, "जैसा तुम कहते हो, मैं जाकर शल्य से प्रार्थना करता हूँ कि वे केवल आज के लिए तुम्हारे सारथी बन जाएँ।"

परंतु जब शल्य से सारथी बनने को कहा गया, तब वे क्रोधित होकर दुर्योधन से कहने लगे, "गांधारी-पुत्र, तुम मेरा अपमान कर रहे हो। तुम मुझे कर्ण से हीन समझ रहे हो? अरे, मैं अकेला ही सारी पृथ्वी को जीत सकता हूँ, तुम मुझे उस नीच सूतपुत्र के सारथी के काम पर कैसे नियुक्त कर रहे हो? अब मैं युद्ध नहीं करूँगा, अपने घर लौट जाऊँगा।"

दुर्योधन ने बहुत प्रेम, आदर और मधुर स्वर में उन्हें समझाते हुए कहा, "महाराज, न तो कर्ण आपसे श्रेष्ठ है, न मैं आपके प्रति संदेह ही करता हूँ। कृष्ण जिस प्रकार अश्वविद्या जानते हैं, उससे भी अधिक आप जानते हैं। आप कृष्ण से बढ़कर और पूजनीय हैं। मैं तो केवल अपनी विजय की अभिलाषा रखकर आपसे ऐसा करने की प्रार्थना करने आया हूँ।"

यह सुन शल्य का क्रोध शांत हो गया और उन्होंने कर्ण का सारथी बनना स्वीकार कर लिया।

कर्ण ने रथ की विधिवत् पूजा और प्रदक्षिणा की और सूर्यदेव का ध्यान करके रथ पर आरूढ़ हुआ, शल्य ने घोड़ों की बागडोर हाथ में ले ली।

कर्ण ने शल्य से कहा, "हे महाबाहु, घोड़ों को बढ़ाइए, आज मैं पांडवों के विनाश और दुर्योधन की विजय के लिए अत्यंत तीखे बाण चलाऊँगा।"

शल्य बोले, "सूतपुत्र, तुम पांडवों की अवहेलना कैसे करते हो? वे संपूर्ण अस्त्रों के ज्ञाता, महाधनुर्धर, महाबलवान, युद्ध से पीछे न हटनेवाले, अजेय तथा सत्य-पराक्रमी योद्धा हैं। जब तुम गांडीव का गंभीर घोष सुनोगे, तब ऐसी बात नहीं कहोगे।"

कर्ण ने इन सब बातों की उपेक्षा करके कहा, "चलिए, चलिए!"

मार्ग में जब कर्ण फिर अपने शौर्य का वर्णन करने लगा, तब शल्य ने उसे एक कथा सुनाई—

"समुद्र के तट पर एक संपन्न वैश्य रहता था। उसके बहुत से अल्पवयस्क यशस्वी पुत्र थे, उन सबकी जूठन खानेवाला एक कौआ भी वहाँ रहता था। वैश्य के पुत्र उस कौए को खीर, दही, दूध, मधु, घी, भात और मांस आदि दिया करते थे। उनकी जूठन खा-खाकर पोषित वह कौआ अत्यंत घमंड में आकर अपने से श्रेष्ठ पक्षियों का भी अपमान करने लगा। एक दिन उस समुद्र-तट पर गरुड़ के समान ही लंबी उड़ान भरनेवाले मानसरोवर-निवासी, चक्र-चिह्नित कुछ राजहंस आए। उन हंसों को देखकर वैश्य-पुत्रों ने कौए से कहा, 'कामराज, तुम समस्त पक्षियों में श्रेष्ठ

हो, क्या तुम दूर से उड़कर आए इन राजहंसों की भाँति लंबी और श्रमरहित उड़ान भर सकते हो?'

"यह सुनकर कौआ उन राजहंसों के पास जाकर कहने लगा, 'तुम में से जो श्रेष्ठ हो, वह मेरे साथ उड़ने का साहस करे।'

"राजहंसों ने उत्तर दिया, 'काक, हम मानसरोवर निवासी हंस हैं, जो सदा इस पृथ्वी पर विचरते रहते हैं। दूर तक उड़ने की क्षमता होने के कारण हम सदा सभी पक्षियों से सम्मानित होते आए हैं। तुम काक होकर हमसे उड़ने की स्पर्धा क्यों करना चाहते हो?'

"कौआ बोला, 'मैं एक सौ एक उड़ानें उड़ सकता हूँ, उनमें से प्रत्येक उड़ान सौ-सौ योजन की होती है और वे सभी विभिन्न प्रकार की एवं विचित्र हैं। उड्डीन, अंवडीन, प्रडीन, संडीन, तिर्यग्डीन, परिडीन, डीन-डीन, संडीनोड्डीन डीन और डीन-विहीन उड़ानों में मैं कुशल हूँ। सुडीन, महाडीन, निर्डीन, अतिडीन उड़ानों में तो मेरी विशेष रुचि है। डीन, निडीन, विडीन, पराडीन, संपात और समुदीप उड़ानें मुझे अप्रिय हैं। गत, आगत, प्रतिगत ये तीन भेद भी मुझे ज्ञात हैं। उड़ानों के निपातों से भी मैं अज्ञात नहीं हूँ। हंसो, कहो, मैं किस उड़ान से उड़कर तुम्हें परास्त करूँ?'

"श्रेष्ठ हंस ने हँसकर कहा, 'तुम निश्चय ही सौ उड़ानों में पारंगत हो, परंतु मैं तो केवल एक ही उड़ान जानता हूँ, जिसे सारे पक्षी जानते हैं। अतः तुम मेरे साथ अपनी प्रिय उड़ान उड़ो।'

"मकरालय सागर के ऊपर-ऊपर पश्चिम दिशा की ओर राजहंस और कौआ उड़ चले। चक्रांग हंस एक ही गति से उड़ता रहा। जब कौआ विभिन्न उड़ानों का प्रदर्शन करता हुआ उड़ने लगा, दो घड़ी तक उड़ते-उड़ते कौआ हंस से आगे बढ़ गया, परंतु वह शीघ्र ही थककर मंद पड़ने लगा। उसे आश्रय लेने के लिए कहीं भी द्वीप या वृक्ष दिखाई नहीं दे रहा था। वह घबराकर अचेत सा हो उठा, उसे अपने नीचे फैले अथाह जल-राशि में गिरकर मृत्यु भयभीत करने लगी। हंस अब उड़कर आगे पहुँच गया था, अपने पीछे कौए को न देख, वह रुककर उसकी प्रतीक्षा करने लगा। कुछ देर बाद कौआ उसके समीप आया। उसने देखा, कौए की दशा बड़ी शोचनीय हो गई है, वह अथाह जल-राशि में डूबने ही वाला है। उसने पूछा, 'हे काक, तुम यह कौन सी उड़ान भर रहे हो, जो तुम्हें जल राशि में लिये जा रही है, कहीं तुम निडीन उड़ान तो नहीं कर रहे, जो तुम्हें अप्रिय थी?'

"कौए ने हंस की ओर असहाय दृष्टि से देखा, इस समय उसके दोनों पंख

और चोंच जल से स्पर्श करने लगे थे।

"हंस ने उसका मृत्यु-क्षण उपस्थित देखकर कहा, 'काकराज, शीघ्रतापूर्वक तुम उड्डीन उड़ान भरो, नहीं तो डूब जाओगे।'

"कौआ बोला, 'भाई हंस, हम तो कौए हैं, व्यर्थ काँव-काँव किया करते हैं, हम उड़ना क्या जानें? मैं अब तुम्हारी शरण हूँ, मुझे शीघ्र जल के किनारे पहुँचा दो। मैं जूठन खा-खाकर घमंड से भर गया था और स्वयं को गरुड़ के समान शक्तिशाली समझने लगा था। मुझ पराश्रित और अज्ञानी को तुम इस विपत्ति से बचा लो।'

"तब हंस ने कृपापूर्वक उसे अपने पंजों से उठाकर बड़े वेग से ऊपर को उछाला और अपनी पीठ पर चढ़ाकर फिर उसी द्वीप में आ पहुँचा, जहाँ से वे दोनों उड़े थे।"

कथा सुनाकर शल्य बोले, "कर्ण, धृतराष्ट्र के पुत्रों की जूठन खा-खाकर तुम भी उसी कौए के समान अभिमानी हो गए हो। तुम्हारी प्राणरक्षा अथवा प्राणनाश अब अर्जुन के द्वारा ही होना है।"

यह सुन कर्ण ने क्रोधित होकर कहा, "मेरे पास मेरे गुरु परशुराम द्वारा प्रदत्त ब्रह्मास्त्र, दिव्यास्त्र और मानुषाशास्त्र हैं, जो आज अवश्य ही पांडवों का विनाश करेंगे। महाराज शल्य, अब आप मुझ पर आक्षेप मत कीजिए, चुप होकर बैठे रहिए।"

परंतु शल्य कर्ण की बात सहन नहीं कर सके, वे उसकी अहंकारता पर आक्षेप करते रहे। कर्ण ने भी शल्य और मद्रवासियों की घोर निंदा की। उनका विवाद बढ़ता ही गया।

मद्रपति शल्य महारथी योद्धा थे। कर्ण ने मद्रों की निंदा करते हुए कहा, "अरे, तुम मद्रलोग, स्त्री-पुरुष का विवेक नहीं रखते, सब के सब मिलते हो। तुम सत्तू के साथ मछली खाते हो, गोमांस-भक्षण करते हो, मधु पीते तथा निर्लज्ज की भाँति हँसते-नाचते हो। स्त्रियाँ नंगी होकर तथा मधु पीकर नाचती हैं। मद्रों के साथ रहने से ही अधोगति होती है, तुम उसी देश के वासी मद्र, नाच-निर्बुद्धि, मुझसे शत्रु की बड़ाई करके मुझे डराना चाहते हो? अरे, तुम्हारे यहाँ तो वर्ण-व्यवस्था भी नहीं है! वहाँ कभी ब्राह्मण क्षत्रिय हो जाता है, कभी वैश्य अर्थात् नापित हो जाता है और नापित फिर ब्राह्मण हो जाता है। द्विज का दास और दास का द्विज हो जाता है। इसी तरह गांधार-मुद्रक और वाह्लीक लोगों ने धर्म को संकर बना डाला है।"

शल्य ने पूछा, "कर्ण, दुर्योधन ने अपना हितसाधन करने के लिए तुम्हें जिस

देश का राजा बनाया है, उस अंग-देश में क्या होता है, जानते हो? वहाँ अपने सगे-संबंधी जब रोग से पीड़ित हो जाते हैं, तब उनका परित्याग कर उन्हें हाट में विक्रय कर देते हैं। पितामह भीष्म ने युद्ध आरंभ होने पर रथी और अधिरथियों की गणना करते समय जो दोष तुम्हें गिनाए थे, उन्हें स्मरण कर शांत होकर बैठ जाओ।"

यह सुन अति क्रोधित होकर कर्ण बोला, "आप अब कोई भी प्रतिकूल बात मुँह से न निकालें, अन्यथा मैं पहले आप ही को मारकर बाद में अर्जुन का वध करूँगा।"

विवाद भीषण होता देखकर दुर्योधन ने आकर उन्हें शांत किया और शल्य को हाथ जोड़कर रोका।

शीघ्र ही कर्ण का रथ, जहाँ अर्जुन अपने कपिध्वज रथ पर आरूढ़ थे, उस ओर बढ़ने लगा। अर्जुन के रथ की पताका को लक्ष्य करके शल्य बोले, "देखो सूतपुत्र, अर्जुन के रथ की पताका देखो। ऐसा कौन वीर है, जो जल से वरुण को, ईंधन से अग्नि को मार सके? वायु को कैद कर सके? महासागर को पी सके? मैं युद्ध में अर्जुन के स्वरूप को ऐसा ही समझता हूँ।"

परंतु कर्ण ने कुछ नहीं कहा, वह भयानक वेग से बाण-वर्षा करने लगा। दोनों सेनाएँ युद्धरत हो उठीं। अर्जुन को देखते ही कर्ण ने घातक अस्त्र छोड़े, परंतु अर्जुन ने उन्हें बीच में ही काट डाला। फिर उन्होंने चौदह भल्ल-बाण मारकर कर्ण के धनुष को काट वत्सदंत बाण से उसे मूर्च्छित कर दिया।

रणक्षेत्र के दूसरी ओर भीम ने गज-सेना का भारी संहार कर कौरव-सेना में भय उत्पन्न कर दिया था। जब कर्ण की मूर्च्छा दूर हुई, तो वह फिर युद्धभूमि में वहाँ आया, जहाँ युधिष्ठिर कौरव-सेना का संहार कर रहे थे। भयंकर अमर्षशील कर्ण ने पैने बाण मारकर युधिष्ठिर को घायल कर दिया, फिर उनकी छाती में गहरी चोट पहुँचाई।

सारथी युधिष्ठिर पर प्राण-संकट जान वहाँ से रथ ले चला। यह देख कर्ण ने युधिष्ठिर की रक्षा में चल रहे नकुल-सहदेव को भी घायल कर डाला और युधिष्ठिर को दुर्वचन कहता हुआ उनके रथ के पीछे चला। शल्य बोले, "सूतपुत्र, आज तो तुम्हें अर्जुन के साथ युद्ध करना है, फिर अत्यंत रोष में भरकर युधिष्ठिर के साथ क्यों जूझ रहे हो? दुर्योधन ने तुम्हें आज अर्जुन के वध करने का भार सौंपा है, युधिष्ठिर का वध करने से क्या होगा? उधर देखो, दुर्योधन भीमसेन से कितने त्रस्त हो रहे हैं।"

यह सुन कर्ण दुर्योधन की ओर चल दिया। युधिष्ठिर अपने शिविर में पहुँचकर विश्राम करने लगे।

अर्जुन ने युद्धक्षेत्र में युधिष्ठिर का रथ कहीं नहीं देखकर भीमसेन के पास आकर पूछा, "धर्मराज कहाँ हैं?"

भीम ने बताया कि कर्ण से घायल होकर वे शिविर की ओर चले गए हैं। यह सुन अर्जुन तुरंत शिविर में आए और युधिष्ठिर को विश्राम करते देख प्रसन्न हुए। युधिष्ठिर ने कहा, "अर्जुन, आज कर्ण ने मुझ पर बड़े घातक प्रहार किए हैं। छाती में गहरी चोट लग जाने के कारण मैं युद्धभूमि से आकर विश्राम कर रहा हूँ।"

यह सुन अर्जुन बोले, "आप विश्राम कीजिए, मैं युद्धक्षेत्र में लौटकर आज निश्चय ही कर्ण का वध करूँगा।"

यह कहकर अर्जुन कर्ण के वध का दृढ़ संकल्प कर वहाँ से युद्धभूमि में लौट पड़े। उन्होंने दूर पर कर्ण का रथ देखा। अपने रथ को उधर ही दौड़ाते हुए उन्होंने गांडीव की टंकार की, जिसे सुन सैनिकों के हृदय भय से दहल उठे।

यह देख कर्ण भी क्रोध से भरा हुआ, अर्जुन को ललकारता हुआ उसके रथ के पास पहुँचा। दोनों रथों को एक-दूसरे से सटा देख वीर योद्धा सिंहनाद करने लगे। कौरव योद्धा कर्ण की रक्षा के लिए आ गए तथा पांडव योद्धा अर्जुन की रक्षा के लिए। शीघ्र ही दोनों पक्षों में संघर्षमय युद्ध आरंभ हो गया।

कर्ण ने दस बाण अर्जुन के हृदय पर लक्ष्य करके मारे, जिन्हें अर्जुन ने बीच में ही काट गिराया और दस बाण कर्ण की काँख में मारे। दोनों ही योद्धा एक-दूसरे के अस्त्रों को काटने लगे। अर्जुन ने नाराच, नारीच नालीक, वराहकर्ण, क्षुर, अंजलिक तथा अर्धचंद्र बाणों का प्रहार आरंभ किया। इन सभी बाणों को कर्ण ने बीच में ही नष्ट कर डाला, तब अर्जुन ने आग्नेयास्त्र का प्रयोग किया। भयंकर अग्नि-ज्वालाएँ रणक्षेत्र में प्रकट होने लगीं। तब कर्ण ने वारुणास्त्र का प्रयोग कर उसे विफल कर दिया। अर्जुन ने वायव्यास्त्र से वारुणास्त्र का प्रभाव समाप्त कर वज्रास्त्र का प्रयोग किया। कर्ण के सारे अंग बाणों से भर गए। क्रोधावेशित होकर कर्ण ने भार्गवास्त्र को प्रकट किया, जिससे अनेक बाण निकलकर पांडव-सैन्य को मारने लगे। अर्जुन ने महेंद्रास्त्र प्रकट किया, उसे भी कर्ण ने विफल कर दिया। तब अर्जुन ने कर्ण का वध करने के लिए ब्रह्मा को नमस्कार कर ब्रह्मास्त्र प्रकट किया। इसे भी कर्ण ने नष्ट कर डाला। तब अर्जुन ने एक अमोघ दिव्यास्त्र प्रकट किया, जिससे अग्नि-किरण के समान प्रकाशित दस हजार बाणों ने कर्ण के रथ

को ढक दिया। उस दिव्यास्त्र से अनेक शूल, फरसे और चक्र निकलकर शत्रु का विनाश करने लगे। कर्ण ने परशुराम-प्रदत्त आथर्वण-अस्त्र का प्रयोग कर अर्जुन के उस प्रयोग को व्यर्थ कर पाँच-पाँच तीक्ष्ण बाण मारकर कृष्ण, अर्जुन और भीम को घायल कर दिया।

अर्जुन सहित सभी पांडवों का नाश करने के लिए अब कर्ण ने सोने के तरकस में चंदन के चूर्ण में पूजित और अमोघ भयानक सर्पमुख बाण को धनुष पर चढ़ा अर्जुन के कंठ को लक्ष्य बनाकर छोड़ दिया। उसके छूटते ही दिशाएँ प्रज्वलित हो उठीं। यह देख कृष्ण ने घोड़ों को संकेत दिया, जिससे वे पृथ्वी में घुटने टेककर झुक गए। सर्पमुख-बाण अर्जुन के किरीट में लगा। उनका मस्तक बच गया, किरीट नीचे गिर गया। तब अर्जुन सिर पर वस्त्र बाँधकर युद्ध करने लगे।

अर्जुन ने सौ बाण मारकर कर्ण का मुकुट, कवच और कान के कुंडल छिन्न-भिन्न कर पृथ्वी पर गिरा दिए। फिर भयंकर तीक्ष्णधार वाले बाण मारकर उसकी छाती को विदीर्ण डाला। अत्यंत आहत होकर कर्ण मूर्च्छित हो रथ पर ही गिर पड़ा। यह देख कृष्ण ने उसे तत्काल मार डालने का आदेश अर्जुन को दिया। परंतु इसी समय कर्ण की मूर्च्छा दूर हो गई और वह फिर उठकर अर्जुन पर बाण-वर्षा करने लगा। अकस्मात् ही जहाँ कर्ण का रथ था, वहाँ की भूमि नीचे को धँसने लगी। कर्ण का रथ डगमगाया और उसका पहिया भी पृथ्वी में धँसने लगा। घोड़े और सारथी लड़खड़ाकर गिरने लगे। फिर भी कर्ण ने धैर्य रखकर ब्रह्मास्त्र प्रकट किया। तब अर्जुन ने भी ऐंद्रास्त्र प्रकट कर उसे व्यर्थ कर दिया।

श्रीकृष्ण बोले, "अर्जुन, लगातार अस्त्र छोड़ो, कर्ण का शीघ्र वध करो।"

तब अर्जुन ने भयंकर लोहमय दिव्य-अस्त्र रौद्रास्त्र का आधान किया। इतने में ही कर्ण के रथ का पूरा पहिया पृथ्वी में धँस गया। यह देख कर्ण शीघ्र ही रथ से उतर पड़ा और दोनों भुजाओं से पहिए को थामकर ऊपर उठाने लगा।

उसने अर्जुन से कहा, "अर्जुन, दो घड़ी प्रताक्षा करो, पृथ्वी में फँसे पहिए को निकाल लूँ। युद्ध के धर्म को तुम भलीभाँति जानते हो और उनका पालन भी करते हो।"

यह सुन कृष्ण बोले, "कर्ण, इस समय धर्म कैसे याद आ गया? भरी सभा में द्रौपदी का वस्त्र और उसके केश खींचते समय धर्म कहाँ चला गया था? कपट-द्यूत के समय तुम्हारा धर्म कहाँ था? तेरह वर्ष व्यतीत होने पर भी पांडवों को राज्य नहीं दिया, तब धर्म कहाँ भूल गए थे? तुम सबने चारों ओर से घेरकर बालक

अभिमन्यु को मार डाला, उस समय धर्म तुम्हें नहीं दिखा? अब धर्म की दुहाई क्यों देते हो?"

कृष्ण ने अर्जुन से कहा, "दिव्यास्त्र चलाकर कर्ण का तुरंत शिरच्छेद करो।"

यह सुन अर्जुन ने अंजलिक बाण गांडीव पर रख कर्ण के कंठ को लक्ष्य कर वेगपूर्वक छोड़ दिया। वह प्रचंड और पूजित दिव्यास्त्र गांडीव से छूटकर दसों दिशाओं को प्रकाशित कर क्षण भर में ही कर्ण के कंठ में जा घुसा और एक ज्योति प्रकट कर उसके सिर को लेकर सूर्यमंडल में विलीन हो गया।

जब कर्ण और अर्जुन का युद्ध आरंभ हुआ था, तब धृष्टद्युम्न दुर्योधन को ललकारकर उससे युद्ध करने लगे। दोनों वीर युद्ध करते-करते युद्ध-क्षेत्र की दूसरी दिशा में निकल गए थे। जब कर्ण का शीश अपना तेज प्रकट कर सूर्यमंडल में उड़ चला, तब दुर्योधन उस प्रकाश को देख चकित रह गया। इस समय वह बहुत थक चुका था। राजा की यह अवस्था देख सारथी उनके रथ को सघन वृक्षों की ओर ले जाने लगा।

इसी समय एक चर ने आकर समाचार दिया, "महाराज, महावीर अंगराज ने ऐसा युद्ध किया कि क्षण भर को सूर्यदेव भी थमकर युद्ध देखने लगे। यदि भीम, नकुल, कृष्ण और पांचाल-योद्धा अर्जुन के रथ को अपने रथों से न ढक लेते तो आज अर्जुन का काल आ ही गया था।"

"तो अर्जुन मरा नहीं?"

"नहीं महाराज, जब ऐसा घनघोर युद्ध हो रहा था, तभी शल्य ने कहा—कर्ण, रथ के घोड़े मर चुके हैं, चक्रनाभि और युगंधर टूट चुके हैं। अब यह रथ भीम-अर्जुन से युद्ध करने योग्य नहीं रहा।"

"हाय रे दुर्भाग्य, फिर, फिर?"

"फिर महाराज, कर्ण ने रथ को त्याग दिया। उन पर पांडव बाण-वर्षा करते रहे। इसी समय दूसरा रथ आ गया।"

"बड़ी बात हुई, फिर?"

"फिर महाराज, अंगराज ने रथारूढ़ हो प्राणों का मोह छोड़ ऐसा युद्ध प्रारंभ किया कि लोग त्राहिमाम् करने लगे।"

"वाह अंगराज, वाह!"

"महाराज, घोर संग्राम छिड़ गया। मैं कैसे वर्णन करूँ? पृथ्वी रुंड-मुंड तथा मरे हुए वीरों से पट गई। युधिष्ठिर ने कर्ण को पाँच अभिमंत्रित बाण मारे। कर्ण ने

उन्हें काटकर ब्रह्मबाण का प्रयोग किया और युधिष्ठिर के कवच काट, उनके अश्व रथ सबको टुकड़े-टुकड़े कर दिए। इस पर युधिष्ठिर अन्य रथ पर चढ़कर एक ओर भाग निकले। उनके रक्षक योद्धाओं को मारकर कर्ण ने उनका कंधा पकड़ लिया। परंतु कुंती को दिए हुए अपने वचनों को याद करके उन्हें मारा नहीं, केवल दुर्वचन कहकर छोड़ दिया।"

"वाह मित्र कर्ण, फिर?"

"फिर महाराज, भीम ने भीषण युद्ध करके अंगराज को मूर्च्छित कर दिया और आपके भाइयों को, जो उनकी रक्षा कर रहे थे, मार गिराया। इसके बाद अंगराज ने सचेत होकर विकट संग्राम किया। वीरवर अंगराज ने उसके कंठ में धनुष डालकर खींच लिया तथा ताड़ना करके छोड़ दिया।"

"हाय, हाय, केवल ताड़ना करके?"

"हाँ महाराज, सत्यव्रती अंगराज पांडवों का वध न करने का प्रण कर चुके थे। तभी अर्जुन ने दिव्य बाणों की मेघ-वर्षा कर अंगराज को फिर व्याकुल कर दिया।"

"हाय…दुर्जय अर्जुन…फिर?"

"इसी समय महाराज के रथ का चक्र भूमि में धँस गया और रथी उतरकर चक्र निकालने लगे। उधर अर्जुन ने बाणों से उनके अंग-अंग को वेध डाला। उनके शरीर से रक्त की धारा बह निकली, वे भूमि पर गिरकर छटपटाने और लंबी-लंबी साँस लेने लगे। तभी अर्जुन ने दिव्यास्त्र चला उनका शीश काट डाला।"

"हाय मित्र अंगराज! मेरे कारण तुम्हें भूमि-लुंठित होना पड़ा। अरे कह, क्या मेरे प्रियदर्शन मित्र ने कुछ संदेश कहा?"

"हाँ महाराज, उन्होंने बाण की नोंक अपने लहू में भिगोकर मेरे वस्त्र पर ये शब्द लिख दिए, 'मैं दुःशासन के बधिक को न मार सका, अब तुम बाहुबल से या आँसुओं से बदला लेना।'"

"अरे, प्रिय कर्ण।"

"महाराज, एक चमत्कार हुआ। अंगराज का कटा शीश तेज बिखेरता हुआ आकाश में उड़कर सूर्यमंडल में विलीन हो गया।"

"अरे, तो जो तेजपुंज मैंने आकाश में जाता देखा, वह मेरे इसी पुण्यात्मा मित्र का था? आह, मैं कैसा भाग्यहीन हूँ।"

"धीरज धरिए महाराज, महारथी शल्य का शरीर भी बाणों से बींध रहा था और रक्त की धारा बह रही थी।"

"अरे हृदय फट जा! भीष्म और द्रोण के मरने पर जो मेरा सबसे बड़ा आधार था, वह कर्ण भी अब न रहा। अब तो मेरा कोई गुरु, मित्र या बंधु बचा ही नहीं। महाराज शल्य भी बाणों से आहत हुए।"

"महाराज, धीरज।"

"अरे, आज मैं पृथ्वी को पांडवों से विहीन करूँगा।"

अब सूर्य अस्त हो गया था। कर्ण के मारे जाने से कौरव-सेना भाग खड़ी हुई थी। अपने सबसे अधिक विश्वस्त-प्रिय मित्र के वध के समाचार ने दुर्योधन को दुःख, निराशा ओर संताप से भर दिया। उसने सूर्यास्त देखकर भी अपने सैनिकों से कहा, "अब भयभीत होकर भागने से क्या लाभ! अब कौन तुम्हारी रक्षा करने में समर्थ है? पांडव तुम्हारा पीछा कर तुम्हारा हनन करेंगे। इसलिए साहस कर इस समय भयंकर और निर्णायक युद्ध करो, शत्रुओं पर टूट पड़ो। हमारा भयंकर शत्रु भीमसेन मेरे भाई का रक्तपान कर युद्धोन्मत्त हो उठा है, अर्जुन भी स्वयं को दिग्विजयी मानने लगा है। इन दोनों से बचकर कहाँ भागोगे?"

परंतु अत्यंत घायल हुए और भयभीत सैनिक उसकी बात पर ध्यान दिए बिना ही अपने-अपने शिविरों में भाग गए। तब शल्य ने आकर दुर्योधन को समझाकर और सब प्रकार सांत्वना देकर रात्रि में युद्ध करने से रोका और उसे साथ लेकर शिविर की ओर लौटे। पांडव विजयोल्लास करते हुए अपने-अपने शिविरों में गए।

अगले प्रभात में अश्वत्थामा और दुर्योधन ने शल्य के पास जाकर उनसे सेनापति बनने की प्रार्थना की। शल्य के स्वीकार करने पर दुर्योधन ने उन्हें सेनापति पद पर अभिषिक्त किया और पांडवों का समूल नाश करने का संकल्प लेकर रणक्षेत्र की ओर बढ़े। आज अठारहवें दिन अठारह अक्षौहिणी सेना में से कौरवों के पास ग्यारह हजार रथ, दस हजार सात सौ हाथी, दो लाख घोड़े तथा तीन करोड़ पैदल सैनिक शेष थे। पांडवों के पास छह हजार रथ, छह हजार हाथी, दस हजार घोड़े और दो करोड़ पैदल सैनिक शेष थे।

आज के युद्ध में कौरव मरने-मारने का दृढ़ संकल्प लेकर और पांडव युद्ध-जय करने का संकल्प लेकर रणभूमि में आते ही भीषण संग्राम करने लगे। भीम और अर्जुन ने कौरव-सेना में भय उत्पन्न कर उनका भारी संहार करना आरंभ किया। शल्य पांडवों के मामा थे, अतः युधिष्ठिर ने ही शल्य का सामना किया। दोनों में भयानक युद्ध हुआ। जब भीम ने शल्य के सारथी और घोड़ों को मार शल्य के कवच को भी काट डाला, तब शल्य ढाल और तलवार लेकर रथ से कूद पड़े।

उन्होंने नकुल के रथ का हरसा काटकर युधिष्ठिर पर आक्रमण किया। भीम ने नौ बाण मारकर शल्य की ढाल काट दी, फिर अनेक भल्लों द्वारा उनकी तलवार की मुट्ठी भी काट डाली। फिर भी शल्य युधिष्ठिर की ओर दौड़े। युधिष्ठिर का सारथी मारा जा चुका था, उन्होंने शल्य को अपनी ओर वेगपूर्वक आते देखकर भयंकर शक्ति हाथ में ली और शल्य के ऊपर बड़े वेग से चला दी। काल के समान वह अमोघ-शक्ति शल्य के मर्म स्थलों को विदीर्ण कर उनके वक्ष को चीरती हुई पृथ्वी में समा गई। शल्य मृत होकर पृथ्वी पर गिर पड़े।

शल्य के मरने पर उनके छोटे भाई ने युधिष्ठिर पर आक्रमण किया, परंतु वह तुरंत ही मारा गया। शल्य की विशाल सेना भी नष्ट हो गई, कौरव सेनापति के मार दिए जाने पर उत्साहित होकर पांडव-सैन्य कौरव-दल पर काल की भाँति टूट पड़ा। भीमसेन ने अनगिनत पैदल सैना का संहार कर डाला। धृष्टद्युम्न ने शाल्वराज के भीमकाय हाथी को तथा सात्यकि ने शाल्वराज को मार दिया। दुर्योधन पर चारों ओर से प्रहार होतें रहे, उसके सैनिक और रक्षक क्षण-क्षण पर मर रहे थे। धृष्टद्युम्न, अर्जुन, भीम आदि सभी पांडव वीर आज काल बन गए थे। अंत में दुर्योधन की सारी सेना नष्ट कर दी गई, जो बचे, वे प्राणरक्षा के लिए रणभूमि से भाग गए। दुर्योधन अकेला खड़ा रह गया। उसके पास न कोई सैनिक था, न कोई सवारी। अपनी ग्यारह अक्षौहिणी सेना को नष्ट कराकर पांडवों से भयभीत होकर गदा को कंधे पर रख वह सरोवर की ओर भागा।

इस समय पांडवों के पास दो हजार रथ, सात सौ हाथी, पाँच हजार घोड़े और दस हजार पैदल सैनिक बचे थे।

युद्ध-समाप्ति पर जब संजय लौटकर धृतराष्ट्र के पास युद्ध-वृत्तांत बताने जा रहे थे, तब उन्होंने दुर्योधन को युद्धक्षेत्र से एक कोस दूर सरोवर के किनारे खड़े हुए देखा। उसके शरीर पर अनेक घाव थे, जिनसे रक्त बह रहा था।

दुर्योधन ने पूछा, "मेरी सेना में कोई शेष है ?"

"तुम्हारे सब भाई मार डाले गए, समस्त सेना का संहार हो गया, केवल तीन महारथी कृतवर्मा, कृपाचार्य और अश्वत्थामा बचे हैं।"

यह सुन दुर्योधन ने गहरी साँस ली और विषाद भरी वाणी में कहा, "संजय, इस समय एकमात्र तुम्हीं मेरे अपने हो, मेरे पिताजी से कहना, पापी और वंश-संहारक दुर्योधन युद्ध में घायल होकर यहाँ अंतिम विश्राम कर रहा है।"

□

अभिमानी

दुर्योधन के दुर्भाग्य और पराजय के समाचार जब धृतराष्ट्र ने सुने तो वे दुःख और शोक से अत्यंत विह्वल हो उठे। उन्होंने संजय से कहा, "संजय, मुझे शीघ्र वहाँ ले चलो, जहाँ मेरा असहाय पुत्र अकेला धूलि-धूसरित बैठा हुआ है। मैं उसे समझा-बुझाकर राजमहलों में लाऊँगा।"

रथ में बैठकर वे शीघ्र सरोवर के उस स्थान पर पहुँचे, जहाँ दुर्योधन एक वृक्ष के नीचे अति खिन्न अवस्था में अधोमुख बैठा हुआ अपने जीवन के दुर्भाग्य पर विचार कर रहा था।

धृतराष्ट्र ने संजय से पूछा, "मेरा पुत्र दुर्योधन कहाँ है? हाय कौरव-वंश का अब वही एक अंकुर रह गया है।"

गांधारी बोली, "सौ पुत्रों में अकेला!"

संजय ने बताया, "महाराज, वे वटवृक्ष के नीचे अकेले बैठे हैं।"

"अकेले, राज-परिच्छद नहीं है? ग्यारह अक्षौहिणी सेना के अधिपति अकेले? यह कैसी भाग्य-विडंबना है? यदि वह मेरा पुत्र जीवित है तो मुझसे बोलता क्यों नहीं?"

संजय ने धृतराष्ट्र और गांधारी को सहारा देकर रथ से उतारा और दुर्योधन के पास लाकर कहा, "महाराज की जय हो! बड़े महाराज और महारानी आए हैं, आप क्या उन्हें देखते नहीं?"

परंतु दुर्योधन चुपचाप भूमि ताकता बैठा रहा।

धृतराष्ट्र और गांधारी ने उसे टटोलते हुए कहा, "कहाँ, कहीं भी तो पुत्र नहीं है।"

यह सुन दुर्योधन रोता हुआ उनके पैरों पर गिर पड़ा।

गांधारी बोली, "अरे वत्स! क्या तुम घावों की व्यथा से बहुत पीड़ित हो?"

धृतराष्ट्र ने पूछा, "पुत्र दुर्योधन, तुम क्या मुझसे बोलोगे भी नहीं?"

दुर्योधन ने उत्तर दिया, "मैं पापात्मा, क्या कहूँ, अपनी आँखों से मैंने अपने भाइयों और परिजनों का विनाश देखा, भीष्म और द्रोण का हनन भी मेरे सम्मुख हुआ। मैं कुलघाती, आपका पुत्र नहीं, कुलघातक हूँ। माता, मुझे शाप दो, भस्म कर दो।"

"अरे पुत्र, तुम वीर होकर विपत्ति में कातर होते हो? अरे, अब तुम्हीं अकेले हम अंधों के जीवन-धन हो। तुम्हें पाकर हमें राज्य और विजय नहीं चाहिए।"

"माता, ऐसे दीन वचन मत कहिए। सौ पुत्रों के मरने का आपको संताप नहीं हुआ तो फिर मुझ कुलघाती पर इतना मोह क्यों?"

धृतराष्ट्र ने पुत्र को छाती से लगा लिया और कहा, "पुत्र, धीरज धरो और हम अधीरों को धीरज बँधाओ।"

"पिताजी, धीरज बँधाने को आपके सौ पुत्र कहाँ से लाऊँ? नव-वैधव्य से दग्ध उनकी वधुओं का रुदन कैसे शांत करूँ? अब तो प्रतिहिंसा ही एक आधार है।"

गांधारी बोली, "बहुत हुआ पुत्र, अब युद्ध मत करो। हमारी अंतिम आशा भंग न करो।"

धृतराष्ट्र ने भी कहा, "मान जाओ पुत्र, अब अंधे माता-पिता के पालन के लिए जीते रहो।"

"पिता, अब युद्ध के सिवा अन्य उपाय ही नहीं है।"

"पुत्र, युधिष्ठिर से उसी की शर्तों पर संधि कर लो।"

"पिता, कुलनाश होने पर केवल अपने शरीर के मोह से अब संधि कैसी? दुःशासन के हृदय का रक्त पीनेवाले से संधि कैसी? उस दुरात्मा भीम को गदा से चूर-चूर न करूँ, तो फिर जीवन से क्या लाभ!"

गांधारी कातर होकर बोली, "हाय मेरे सौ पुत्र नहीं जनमे, सो दुःख जनमे।"

धृतराष्ट्र ने कहा, "पुत्र, भाग्य हमारे विपरीत है और तुम्हीं पुत्रशोक-दग्धा गांधारी के जीवनाधार हो।"

"पिताजी, आपके पुत्रों ने पृथ्वी का अकंटक राज्य भोगा, छत्रधारियों के मुकुटों को अपने चरणों में झुकाया। अब वे धर्मयुद्ध में मारे गए। पिता, राजा सगर की भाँति आप पुत्र-शोक वहन कीजिए।"

गांधारी ने कहा, "अरे पुत्र, मुझ भाग्यहीन माता को कुछ तो धीरज दे।"

"माता, अब तो प्रत्येक श्वास लज्जा और ग्लानि से परिपूर्ण है। माता-पिता विदा!"

"हे आत्माभिमानी, मैं तेरा क्या प्रिय करूँ?"

"पिता, सदा स्नेह से इस पुत्र का स्मरण रखना।"

"प्रिय पुत्र!"

"माता, इस पुत्र-हंता को क्षमा करना।"

"अरे प्रियदर्शन, मैंने तुझे अपना दूध पिलाया है।"

"पुत्र, किसे सेनापति नियुक्त करोगे, अश्वत्थामा को?"

"नहीं पिता, इन नेत्रों की अश्रुधारा को!"

यह सुन वृद्ध राजा-रानी दुःखी मन से लौट गए।

पांडव अपने शिविर में बैठे युद्ध-स्थिति पर विचार करने लगे। युधिष्ठिर बोले, "अब विजय तो हो ही चुकी, केवल भीम की प्रतिज्ञा ही शेष है।"

भीम ने उत्तर दिया, "वह भी पूरी होगी, महाराज!"

युधिष्ठिर ने सहदेव से कहा, "दृढ़प्रतिज्ञ भीम की प्रतिज्ञा से डरकर दुर्योधन कहीं छिप गया है। अतः उसे ढूँढ़ने को चर भेजे जाएँ और घोषणा कर दो कि जो राजा दुर्योधन का पता देगा, उसे पुष्कल स्वर्ण-पुरस्कार मिलेगा। धीवर जलाशयों के तट पर, ग्वाले वन में और ब्रह्मचारी का वेश धारण करनेवाले ऋषियों के आश्रम में उन्हें ढूँढ़ें।"

यह मंत्रणा हो ही रही थी कि एक चर ने आकर सूचना दी कि दुर्योधन व्यास-सरोवर के जल में छिपा बैठा है।

युधिष्ठिर बोले, "हाँ, वह जल-स्तंभनी विद्या जानता है। अवश्य छिपा होगा! चलो, वहीं चलकर उसे पकड़ा जाए।"

सब अस्त्र-शस्त्र से सज्जित होकर सरोवर की ओर चल दिए।

उधर कौरव-शिविरों में जब कृतवर्मा, कृपाचार्य और अश्वत्थामा ने यह सुना कि दुर्योधन गदा कंधे पर रखकर एकाकी कहीं चला गया है, तब वे चिंतित होकर उसकी खोज में घोड़े पर बैठकर चले। सरोवर के निकट पहुँचकर उन्होंने संजय को वहाँ खड़े देखकर घोड़े रोक लिये और कहा, "सौभाग्य है कि तुम यहाँ हो। क्या दुर्योधन जीवित है?"

संजय ने उन्हें दुर्योधन और महाराजा धृतराष्ट्र के आने का हाल बताकर एक वृक्ष की ओर संकेत किया, जहाँ वह बैठा हुआ था।

दुर्योधन को देखते ही वे घोड़ों से उतर पड़े और उन्हें पेड़ों से बाँधकर उसके पास पहुँचे। अभी वे उसके पास पहुँचकर उसका कुशल पूछ ही रहे थे कि उन्हें कुछ लोगों के उधर आने का आभास हुआ।

अश्वत्थामा ने शस्त्रों का शब्द सुनकर कहा, "यह शस्त्रों की झनझनाहट कैसी? ऐसा प्रतीत होता है कि विजय-मदमत्त पांडव इधर ही आ रहे हैं, आप लोग सावधान हो जाइए।"

दुर्योधन बोला, "मैं जल-स्तंभ करके सरोवर में बैठता हूँ, आप भी चले जाइए, यहाँ मत ठहरिए।" यह कहकर वह सरोवर में छिप गया। वे तीनों भी घोड़ों पर बैठ द्रुतगति से चल दिए।

युधिष्ठिर ने सरोवर के तट पर पहुँचकर आवाज दी, "हे वीर दुर्योधन, यदि तुम यहाँ छिपे बैठे हो तो बाहर निकल जाओ, अनगिनत छत्रधारियों और वंश का नाश कराकर अब छिपने से क्या लाभ? यह तुम्हारे गर्व, बल, तेज और धर्म को शोभा नहीं देता है। अब या तो हमें मारकर पृथ्वी पर राज्य भोगो या स्वयं मरकर वीरगति प्राप्त करो।"

यह सुनकर दुर्योधन ने उत्तर दिया, "अरे पांडव! मैं भय से यहाँ नहीं छिपा हूँ, मैं घायल और थकित हूँ, मैं विश्राम कर रहा हूँ। मेरा रथ टूट गया, सारथी आहत हो गया, संगी-साथी कोई न रहा, फिर मुझे जीवन का क्या मोह? बंधु-बांधव हीन, इष्ट-मित्रों से रहित इस पृथ्वी का राज्य मैं नहीं लेना चाहता। मैं तुम्हें खुशी से अपना राज्य देता हूँ, तुम निष्कंटक भोगो।"

"दुर्योधन, इस समय राज्य देने-लेने की बात व्यर्थ प्रलाप है। अब तुम पृथ्वी के स्वामी नहीं हो। जब थे, तब तो एक सुई की नोंक के बराबर भी धरती देने को राजी न थे। अब मैं तुमसे दान में पृथ्वी क्या, तीनों लोकों का राज्य भी लेने को तैयार नहीं हूँ। अब तुम युद्ध करो, जो जीतेगा, वही राज्य भोगेगा।"

"मुझे भी अपने भाइयों और गुरुजनों के हत्यारों को बिना मारे चैन नहीं है, परंतु तुम धर्मयुद्ध करो, मैं तुममें से किसी एक से गदायुद्ध करूँगा।"

"अब तुम धर्मयुद्ध की बातें करते हो? पर जब अकेले बालक अभिमन्यु का तुम सात महारथियों ने मिलकर वध किया था, तब धर्मयुद्ध कहाँ गया था? तो भी हम धर्मयुद्ध को तैयार हैं, तुम हममें से जिससे चाहो युद्ध करो, यदि तुम जीते तो राज्य तुम्हारा है।"

कृष्ण ने युधिष्ठिर से कहा, "यह क्या कह दिया, धर्मराज? क्या तुम नहीं

जानते कि दुर्योधन ने भीम की लोहे की मूर्ति बनाकर उस पर बारह वर्ष तक गदायुद्ध का अभ्यास किया है। उससे गदायुद्ध में भीम भी नहीं जीत सकता और की तो बात ही क्या?"

भीम बोले, "अरे आत्मभोगी, झूठे, कृष्णा के केश खींचनेवाले पातकी, धृतराष्ट्र के कुलांगार, यह तेरे प्रिय भाई दुःशासन के हृदय का गरम रक्तपान करने से प्रहर्षित भीम यहाँ उपस्थित है। कृष्णा के केश बँध चुके और कौरवों की स्त्रियों के खुल रहे हैं। आ बाहर, यह भीम तेरे भू-लुंठित सिर पर पदाघात करने को उत्सुक है।"

भीम की यह चुनौती दुर्योधन से सहन नहीं हुई। वह गदा लेकर जल से बाहर निकल आया।

उसे देखकर भीम ने कहा, "याद कर ले, वारणावर्त के पाप को, द्रौपदी के अपमान को, जुए के छल को, अपनी गर्वोक्ति को। अरे कुलघाती! अब तू ही बचा है, मैं अभी तेरा अभिमान चूर्ण करता हूँ।"

"अरे अधम! जलशून्य मेघ के समान न गरज, अभी गदा मेरे हाथ में है। आ सम्मुख!"

दोनों योद्धा सहसा गदा लेकर आगे बढ़े, इसी समय बलरामजी ने आकर उन्हें रोककर कहा—

"शान्तं पापं, अरे कुलहंताओ, कुलनाश को रोको!"

युधिष्ठिर ने कहा, "आर्य, अभिवादन करता हूँ!"

"यशस्वी होओ!"

कृष्ण ने भी अभिवादन कर कहा, "आर्य, अभिवादन करता हूँ!"

"सुखी रहो, कृष्ण!"

दुर्योधन ने भी कहा, "आर्य, अभिवादन करता हूँ!"

"शांति पाओ, वीर!"

भीम ने भी कहा, "आर्य, अभिवादन करता हूँ।"

"चिरंजीवी रहो, यह क्या हो रहा है?"

कृष्ण बोले, "यह धर्मयुद्ध है दाऊ, भीम और दुर्योधन दोनों में जो जीतेगा, उसी पक्ष की विजय मानी जाएगी।"

बलराम ने दुःखित भाव से कहा, "कृष्ण, तेरे रहते कुरुओं का कुल नष्ट हुआ, यह अब उसकी पूर्णाहुति है?"

युधिष्ठिर ने कहा, "महाराज, आप दुर्योधन और भीम दोनों के गदायुद्ध के गुरु हैं, इस युद्ध का निर्णय भी आप ही करें।"

"तो ऐसा ही हो! समंतपंचक पर चलो, वहीं गदायुद्ध होगा।"

"बहुत अच्छा!" कहकर सब वहाँ से चले।

समंतपंचक तीर्थ पर आकर दोनों वीर गदायुद्ध में भिड़ गए।

भीम ने प्रहार करके कहा, "ले रे पापी, यह तेरे गर्व का उपहार!"

दुर्योधन ने भी प्रहार करके कहा, "अरे पेटू, आज तेरे शोणित से अपने भाइयों का तर्पण करूँगा।"

भीम ने व्यंग्य किया, "अथवा मरकर यमलोक को जाएगा! ले मर!"

कृष्ण ने युधिष्ठिर से फुसफुसाकर कहा, "धर्मराज, भीम बली है, परंतु दुर्योधन फुर्तीला है। युद्ध निर्णायक होना चाहिए।"

"किस प्रकार, माधव?"

"धर्मयुद्ध में भीम नहीं जीतेगा।"

"तब?"

"स्मरण कीजिए धर्मराज, जब इस अधम दुर्योधन ने द्रौपदी का अपमान करके जाँघ दिखाकर कहा था, यहाँ बैठो।"

"स्मरण है, तब भीम ने प्रतिज्ञा की थी कि मैं गदा से तेरी जाँघ तोड़ूँगा।"

"तो भीम को इस प्रतिज्ञा का संकेत कर देना चाहिए।"

"अभी संकेत करता हूँ।"

यह कहकर उन्होंने अपनी जाँघ पर हाथ मारकर भीम को संकेत दिया।

भीम संकेत को समझ गदा प्रहार कर गरजा, "मर रे अधम!"

दुर्योधन ने भी हुंकार भरी, "मर रे राक्षस!"

परंतु भीम ने उछलकर घात पा दुर्योधन की जाँघ पर गदा मारी, "मर कौरव-कलंक!"

जाँघ टूट जाने से दुर्योधन चीत्कार करके गिर पड़ा। उसका मुकुट उछलकर दूर जा गिरा।

बलराम क्रुद्ध होकर बोले, "अरे, दुरात्मा भीम, यह मेरे रहते पापयुद्ध? कैसे तूने उसकी जाँघ में गदा मारी? अरे अधर्मी, मैं अभी तुझे दंड दूँगा।"

कृष्ण ने उन्हें शांत करते हुए कहा, "दाऊ, उसकी यही प्रतिज्ञा थी। प्रतिज्ञा-पूर्ति क्षत्रियों का धर्म है। फिर ये पांडव हमारे संबंधी हैं। कौरवों ने छल करके इनका

सब धन अपहरण कर लिया। भीम ने द्रौपदी का अपमान होते देख भरी सभा में दुर्योधन की जाँघ गदा से तोड़ने की प्रतिज्ञा की थी। आज वही प्रतिज्ञा उसने पूर्ण की है। शास्त्रों में अपनी वृद्धि, अपने मित्र की वृद्धि, अपने शत्रु का क्षय, अपने मित्र के शत्रु का क्षय; ये सभी कार्य समान उन्नतिदायक माने गए हैं। बुद्धिमान जब अपनी या अपने मित्र की अवनति अथवा हानि देखते हैं तो उसे अपने लिए अहितकर और दुःख का कारण जान शीघ्र ही उसके प्रतिकार का यत्न करते हैं। पांडव हमारे संबंधी, शुभचिंतक, मित्र और अनुगत हैं, दुर्योधन ने सदा उनके साथ अन्याय किया। आज पाँसा पलट गया। पांडवों का अभ्युदय है। आप क्रोध मत कीजिए। इस थोड़े से अन्याय को क्षमा कीजिए।"

बलराम ने क्रोधपूर्वक कहा, "परंतु मैं अपनी आँखों से यह अनर्थ नहीं देख सकता, मैं जाता हूँ।" यह कहकर वे चले गए।

भीम ने हर्षित होकर दुर्योधन के सिर में लात मारकर कहा, "ले रे अभिमानी, कपटी, आज हमारे सब वैरों का बदला चुकता हो गया। अब देख, इस प्रकार हम शत्रु के सिर पर पैर रखकर राज्य जय करते हैं।"

युधिष्ठिर ने रोते हुए कहा, "नहीं भीम, यह उचित नहीं! मृतप्राय शत्रु को कठोर वचन कहकर दुःखी करना उचित नहीं। यह कुरुराज, ग्यारह अक्षौहिणी सेना का स्वामी और संपूर्ण भरतखंड का एकच्छत्र राजा था।"

यह कहकर वे दुर्योधन से लिपटकर दुःखी स्वर में बोले, "भाई, भाग्यदोष से ही तुम्हें कुबुद्धि सूझी और इस प्रकार कुलनाश हुआ। हाय, कैसी शोचनीय तुम्हारी दशा हो गई!"

दुर्योधन ने कोहनी के सहारे ऊपर उठने की चेष्टा करते हुए कहा, "युधिष्ठिर, शोचनीय दशा मेरी नहीं, तुम्हारी है। मैं जब तक जिया, शत्रु के सिर पर पैर रखकर। मेरे भय से मेरे शत्रु वन-वन मारे-मारे फिरे, उनकी बड़ी दुर्दशा रही। वे दास बने, उनकी स्त्री दासी बनी। शत्रु ने छल-बल से कुलनाश किया और अधर्म-युद्ध में मुझे मारा। अब मैं वीरगति को प्राप्त होकर स्वर्ग जा रहा हूँ दिव्यसुख भोगने और तुम अब पुत्र परिजनों से हीन, विधवा-वधुओं के आँसुओं से भीगे हुए, हाहाकार से भरे हुए इस कलंकित खूनी राज्य का भोग करो।"

यह सुन कृष्ण बोले, "दुर्योधन, बृहस्पति और शुक्र का मत है कि शठ से शठता करना अनुचित नहीं, अपितु कर्तव्य है। छल-कौशल से शत्रु को मारने में कोई दोष नहीं। पूर्व समय में देवगण और धर्मात्मा राजाओं ने भी कौशल और

कूटनीति से ही शत्रुओं का नाश किया था।"

"हे कंस के दासपुत्र, तुझे धिक्कार है। यह सब तेरी ही कूटनीति का फल है। अरे अभागे, तू कैसे भगवती गांधारी के शाप से अपनी रक्षा करेगा?"

भीम ने कहा, "अब तेरे इन प्रलापी दुर्वचनों से क्या होनेवाला है? चलूँ, द्रौपदी को प्रण-यज्ञ पूर्ण होने का शुभ संदेश दूँ।"

□

अविवेक

दुर्योधन को वहाँ सिसकता छोड़कर पांडव शिविरों में लौटे। शिविर में राजकुल की महिलाएँ फूट-फूटकर रो रही थीं, उन सबको साथ लेकर वृद्ध पुरुष नगर की ओर प्रस्थान करने की तैयारी कर रहे थे। सब ओर भगदड़ मची हुई थी।

शिविर के समीप रथ खड़ा करके कृष्ण ने अर्जुन से कहा, "रथ से नीचे उतर पड़ो, गांडीव और अक्षय तरकस को भी उतार लो।"

कृष्ण की आज्ञा मान अर्जुन उतर पड़े। कृष्ण भी उतरे, उनके उतरते ही पूरा रथ प्रज्वलित हो शीघ्र ही भस्म हो गया।

यह देख अर्जुन आश्चर्य में बोले, "पार्थ, यह क्या हुआ ?"

"अब इस रथ की क्या आवश्यकता रही ? तुमने युद्ध जय कर लिया, तुम्हारा रथ अग्नि-रथ था, अग्नि देव में लीन हो गया।"

सभी पांडव चकित हो कृष्ण की प्रशंसा करने लगे। फिर वे कौरवों के कोष-शिविर में गए। वहाँ चाँदी-सोना, मोती-मणि, अच्छे-अच्छे आभूषण, कालीन, मृगचर्म तथा अन्य राज्य-सामग्री उनको प्राप्त हुई।

उन्होंने पूरे सम्मान के साथ सुरक्षा में कौरव महिलाओं को नगर में भेजने की व्यवस्था की।

दुर्योधन युद्ध के बाद युद्ध की समाप्ति हो गई। सब राजा अपनी अपनी छावनी में लौट जाने की तैयारी करने लगे। धृष्टद्युम्न, शिखंडी आदि समस्त सृंजयवंशी क्षत्रिय तथा अन्य राजा लोग भी अपने-अपने शिविर को लौट गए। कृष्ण और सात्यकि के साथ पांडव भी अपने शिविर में चले गए।

कृष्ण ने पांडवों से कहा, "हम लोगों को मंगल-उत्सव के लिए आज की रात में शिविर से बाहर निवास करना चाहिए।" तब कृष्ण और सात्यकि के साथ

सब पांडवों ने बाहर निकलकर ओघवती नदी के किनारे जाकर सुखपूर्वक रात्रि व्यतीत की।

इधर कृतवर्मा, कृपाचार्य और अश्वत्थामा सूर्यास्त होने से पहले दुर्योधन के पास फिर गए। दुर्योधन रणभूमि में धूल-धूसरित होकर पड़ा था। उसका सारा बदन रक्त से नहा गया था और वह धरती पर पड़ा-पड़ा छटपटा रहा था। उसे उस अवस्था में देखकर तीनों को बड़ा शोक हुआ। दुर्योधन उन्हें पांडवों के आने और गदायुद्ध में भीम द्वारा जाँघ तोड़ डालने की घटना सुनाकर शोकमग्न हो गया।

अश्वत्थामा क्रोध से बोला, "राजन्, इन नीच शत्रुओं ने छल से मेरे पिता को रणभूमि में गिरा दिया था, परंतु उसके कारण मुझे वैसा शोक नहीं हुआ, जितना कि आज तुम्हारे गिराए जाने पर हो रहा है। मैं शपथ खाकर कहता हूँ, आज रात मैं सृंजयों सहित सारे पांडवों को कृष्ण के देखते-देखते वध कर डालूँगा, मुझे आज्ञा दो।"

अश्वत्थामा के ऐसा कहने पर राजा दुर्योधन ने उसे स्वीकृति दी और कृपाचार्य से कहा, "आप द्रोणपुत्र को कलश के जल से सेनापति के पद पर अभिषिक्त कीजिए।" कृपाचार्य ने ऐसा ही किया। सेनापति के रूप में अभिषिक्त होने पर अश्वत्थामा ने दुर्योधन को हृदय से लगाया और कृपाचार्य तथा कृतवर्मा के साथ तुरंत वहाँ से चल दिया।

वे तीनों दक्षिण की ओर गए और सूर्यास्त से पहले ही शिविर के समीप पहुँच गए। वहाँ पांडवों की भयंकर गर्जना सुनकर वे तीनों वहाँ से भाग चले। एक स्थान पर उन्होंने अपने घोड़ों को पानी पिलाया। पास ही अनेक शाखाओं से युक्त वट का सघन वृक्ष था। वहाँ जाकर तीनों रथ से उतर गए और घोड़ों को वहाँ छोड़कर वट के समीप बैठ गए और अर्धरात्रि होने की प्रतीक्षा करने लगे।

अंधकार से व्याप्त भयानक रात्रि सब ओर फैल गई। कृतवर्मा और कृपाचार्य को तो नींद आ गई, किंतु क्रोध से कलुषित चित्त होने के कारण अश्वत्थामा को निद्रा नहीं आई। वह रह-रहकर लंबी साँस खींचता रहा। उसने देखा, इस बरगद पर बहुत से कौए रहते हैं और सब-के-सब भिन्न-भिन्न शाखाओं पर सो गए हैं। इतने में ही वहाँ मास नामक पक्षी आया। वह बड़ा भयंकर था। मास भयंकर शब्द करके उस वृक्ष में घुस गया और सोए हुए कौओं को उछल-उछलकर मारने लगा। थोड़ी ही देर में कौओं के कटे हुए अंग उस वृक्ष के सब ओर गिर-गिरकर फैल गए। कौओं का इस प्रकार अंत करके वह पक्षी बहुत प्रसन्न हुआ।

अश्वत्थामा ने मास पक्षी की वह सारी करतूत रात में देखी। फिर उसने भी मन में यह निश्चय किया कि मैं भी इसी प्रकार रात्रि में सोते हुए शत्रुओं का संहार करूँ। उसने पक्षी के उस कुकृत्य को अपने लिए उपदेश माना और सोचा, सीधे मार्ग से युद्ध करके मैं पांडवों को जीत नहीं सकूँगा, अतः छल से ही उन्हें मारना चाहिए। ऐसा विचार करके अश्वत्थामा ने सोते हुए कृपाचार्य और कृतवर्मा को जगाया और कहा, "निर्दयी भीम ने राजा दुर्योधन के सिर पर लात मारी है, अतः अभी इसी अर्धरात्रि में पांडवों के शिविरों में घुसकर हम लोग उन्हें सोते में ही मार डालेंगे।"

यह सुनकर कृपाचार्य ने कहा, "सोते हुओं को मारना इस लोक में कहीं भी धर्म नहीं है। इस कुकर्म का कहीं भी आदर नहीं होता। इसी प्रकार जो लोग शस्त्र, रथ और घोड़ों को त्याग चुके हैं, उनको भी मारना धर्म नहीं है। हम लोग धृतराष्ट्र, पतिव्रता गांधारी तथा विदुरजी से पूछ लें तो वे लोग जैसा कहें, वैसा करें।"

तब अश्वत्थामा बोला, "मामाजी, पांडवों ने छल से युद्ध में मेरे पिता को मारा है, उसी प्रकार मैं भी रात में सोते हुए पांडवों का वध करूँगा।"

यह कहकर अश्वत्थामा क्रोध में भर पांडव-शिविर की ओर चल दिया। उसके पीछे-पीछे कृतवर्मा और कृपाचार्य भी चले। शिविर के द्वार पर पहुँचकर अश्वत्थामा खड़ा हो गया। कृतवर्मा और कृपाचार्य को शिविर के द्वार पर ही खड़ा करके वह स्वयं भीतर घुस गया। पहले वह धृष्टद्युम्न के शिविर में गया। वहाँ महायुद्ध से थके हुए धृष्टद्युम्न आदि वीर अपनी सेना के साथ निश्चिंत होकर सो रहे थे। अश्वत्थामा ने पलंग पर सोते हुए महाबली धृष्टद्युम्न को क्रोधपूर्वक लात मारी। उस आघात से जागकर धृष्टद्युम्न पलंग से उठने लगा। उसी समय द्रोणपुत्र ने उसके बाल खींचकर उसे पृथ्वी पर गिरा दिया और उसकी छाती पर चढ़कर धनुष की डोरी से उसके गले को कसकर बाँध दिया, जिससे वह विवश होकर छटपटाता रहा। अश्वत्थामा ने उसे पशु की भाँति गला दबाकर मार डाला। उसने सब सैनिकों को भी सोते में ही मार डाला। युधामन्यु और महापराक्रमी उत्तमौजा को, द्रौपदी के पाँचों पुत्रों—प्रतिविंध्य, सुतसोम, शतानीक, श्रुतकर्मा, श्रुतकीर्ति को तथा युद्ध से बचे हुए सोमक क्षत्रिय वीरों को भी उसने मौत के घाट उतार दिया। शिखंडी आदि बहुत से क्षत्रिय वीरों को अश्वत्थामा ने तलवार से काट डाला। उसके भय से भागकर जो लोग द्वार से निकले, उन सबको कृतकर्मा और कृपाचार्य ने मृत्यु का ग्रास बना दिया। इस प्रकार सबका वध कर तीनों व्यक्ति पांडवों से भयभीत होकर शीघ्र गति से निकलकर भाग गए।

अश्वत्थामा के मृत्यु-प्रहार से बचकर भागे लोगों ने आकर युधिष्ठिर को सब समाचार दिया। विजयश्री की प्रभात वेला में यह भयानक समाचार सुनकर पांडवों में दुःख, शोक और क्रोध फूट पड़ा। अपने सभी पुत्रों की मृत्यु से आहत होकर द्रौपदी चीत्कार करके रो उठी। रोते-रोते उसकी आँखें फूल गईं। कृष्ण सबको धैर्य बँधा रहे थे, परंतु अपने पुत्रों के वध से पांडव अत्यंत दुःखी हो उठे थे।

अकस्मात् भीम उठ खड़े हुए और गदा लेकर चल पड़े। युधिष्ठिर ने पूछा, "कहाँ चले, भीम?"

परंतु भीम ने कुछ भी उत्तर नहीं दिया, वे आगे बढ़ते गए। अर्जुन ने दौड़कर उन्हें रोका और पूछा, "बताओ, कहाँ जा रहे हो? हम भी तुम्हारे साथ चल रहे हैं।"

"मैं अश्वत्थामा को जब तक इस गदा से चूर्ण न कर डालूँगा, तब तक मुझे शांति नहीं मिलेगी, मैं उसी की खोज़ में जा रहा हूँ, जहाँ भी वह छिपा होगा, खोजकर उसका वध करूँगा।"

कृष्ण के रोकने पर भी वे नहीं रुके। बढ़ते ही गए। यह देख सभी पांडव उनके पीछे-पीछे चल पड़े। यद्यपि अश्वत्थामा ने उत्तेजना, क्रोध और आवेश में आकर सोते हुए व्यक्तियों की क्रूरतापूर्वक हत्या कर दी थी, परंतु शिविर से बाहर निकलते ही उसे अपने अधर्म और कुकृत्य का ज्ञान हुआ।

वह विचारने लगा कि मैंने ब्राह्मण होकर भी निश्चय ही महापाप कर धर्म की हत्या की है। इस पाप का कोई प्रायश्चित्त नहीं हो सकता। इस समय उसे व्यास का स्मरण आया कि वे ही मुझे इसका प्रायश्चित्त बता सकते हैं। वह तीव्र गति से चल दिया।

अश्वत्थामा के पदचिह्नों को देखते हुए पांडव वन की दिशा में मुड़े। वहाँ उन्हें मार्ग में मिले कुछ व्यक्तियों से ज्ञात हुआ कि अश्वत्थामा हरिद्वार गंगा-तट पर व्यास-आश्रम में गया है।

पांडव जब व्यास के आश्रम में पहुँचे तो देखा कि भागीरथी गंगा के तट पर व्यास तथा अन्य महर्षियों के साथ अश्वत्थामा बैठा हुआ है। उसने शरीर में घी लगाकर कुश का चीर पहन रखा था और वह नीची दृष्टि किए महर्षि व्यास से उपदेश सुन रहा था।

भीम ने पहुँचते ही उसे युद्ध के लिए ललकारा। अश्वत्थामा ने दृष्टि उठाकर भीम को देखा, पांडवों और कृष्ण को देखा, फिर बोला, "अब युद्ध का क्या काम? मैं विरक्त हो महर्षि व्यास के चरणों में आया हूँ।"

भीम ने गरजकर कहा, "अरे अधर्मी, पापी, सोते हुए हमारे पुत्रों को मारकर अब यह ढोंग रचाकर प्राण बचाना चाहता है? आ, मेरी गदा का प्रहार सह!"

यह सुन अश्वत्थामा ने एक कुशतृण उठाकर रोषपूर्ण दृष्टि से उसमें दिव्यास्त्र का आह्वान कर भीम की ओर बाएँ हाथ से छोड़ दिया, जिसमें से तत्क्षण अग्नि निकलने लगी। यह देख अर्जुन ने ब्रह्मास्त्र चलाया। तब अश्वत्थामा और भीम के बीच में व्यास आकर खड़े हो गए और भी दो-चार ऋषिगण व्यास के समीप आ खड़े हुए।

व्यास तथा ब्रह्मषियों को कोई आघात न पहुँचे, यह विचार कर अर्जुन ने अपने ब्रह्मास्त्र का उपसंहार आरंभ किया, परंतु अश्वत्थामा अपना अस्त्र लौटाने में समर्थ न हो सका।

व्यास बोले, "भीम, अपना क्रोध शांत कर अश्वत्थामा से वैर-भावना त्याग दो।"

कृष्ण ने कहा, "यदि अश्वत्थामा अपने मस्तक की मणि निकालकर भीम को दे दे, तो भीम युद्ध न कर मणि लेकर ही लौट जाएँगे।"

व्यास ने अश्वत्थामा से कहा, "अपने पाँचों पुत्रों के वध से द्रौपदी अत्यंत शोकातुर हो विह्वल है, तुम्हारी मणि पाकर वह कुछ सांत्वना पा सकेगी।"

अश्वत्थामा बोले, "महर्षि, इस मणि के रहते मुझे शस्त्र, व्याधि, क्षुधा देवता, दानव, नाग, किसी से भय नहीं रहता। मैं इसे नहीं दे सकता।"

व्यास ने उसे अपने अधर्म कर्म के प्रायश्चित्त का यही उचित मार्ग बताकर कहा, "मणि दे देने से ही तुम्हें भी शांति मिलेगी, दे दो।"

तब अश्वत्थामा ने वह मणि मस्तक से निकालकर युधिष्ठिर को दे दी।

व्यास बोले, "अब अपने दिव्यास्त्र का भी उपसंहार कर दो।"

अश्वत्थामा ने उत्तर दिया, "इस दिव्यास्त्र का उपसंहार संभव नहीं है। हाँ, मैं इसे पांडवों पर से हटाकर पांडव-गर्भ पर मोड़ सकता हूँ।"

कृष्ण बोले, "उत्तरा गर्भवती है, उसका पुत्र इससे प्रभावित होगा, परंतु मैं उसकी रक्षा करूँगा।"

अश्वत्थामा ने अपने दिव्यास्त्र को पांडवों से हटाकर पांडव-गर्भ पर मोड़ दिया। कालांतर में कृष्ण ने उस गर्भ की रक्षा की, जिससे परीक्षित का जन्म हुआ।

हस्तिनापुर के अंत:पुर में करुण क्रंदन समाप्त ही नहीं होता था। गांधारी तथा कौरवों की अन्य महिलाएँ तो थीं ही, द्रौपदी, उत्तरा आदि पांडव-महिलाएँ भी

रो-रोकर क्रंदन कर रही थीं। उनके आँसू थमते ही नहीं थे। व्यास, धृतराष्ट्र तथा मंत्रीगण सभी शोकग्रस्त हो, मौन हो श्वासोच्छ्वास छोड़ रहे थे।

कृष्ण ने उन्हें सांत्वना देते हुए समझाया, "महाराज, आप यदि अब धैर्य धारण न करेंगे तो कौन करेगा ? आप समुद्र के समान गंभीर और मर्यादा-सिंधु हैं।"

धृतराष्ट्र बोले, "वासुदेव, हमारा एक भी पुत्र जीवित न रहा।"

गांधारी बोली, "अरे, अब इन बूढ़े-अंधे जनों को दीर्घ जीवन का फल मिलेगा।"

कृष्ण ने उत्तर दिया, "माता, अब पांडवों को ही अपना पुत्र समझिए। वे सब आप पर श्रद्धा रखते हैं, आपके अधीन हैं। जैसा होगा, आपका संतुष्ट रखेंगे। वे दुर्योधन से युद्ध करके पछता रहे हैं और लज्जा तथा ग्लानि के मारे आपके सामने नहीं आ रहे।"

गांधारी ने विलाप करते हुए कहा, "अरे कृष्ण, मुझ माता का हृदय फटता भी नहीं।"

"माता, आपके समान तपस्विनी, गुणवती स्त्री त्रिलोक में नहीं है। आपकी बात न मानकर ही दुर्योधन की यह दुर्दशा हुई। अब आप समय को देख पांडवों पर कृपा-दृष्टि रखिए। इन्हें अपनाइए।"

गांधारी ने भरे कंठ से कहा, "कृष्ण, दारुण पुत्र-शोक से मेरी बुद्धि विचलित हो गई है। अच्छा हुआ, तुम आ गए, नहीं तो पांडवों का अनिष्ट होता। अब हम लोगों का भार वीर पांडवों पर ही तो है।"

यह कहकर वह बिलख-बिलखकर रोने लगी। धृतराष्ट्र ने पूछा, "कृष्ण, अब हमारा क्या होगा ?"

"यह महर्षि व्यास विराजमान हैं, इनसे बढ़कर मार्गदर्शक कौन हो सकता है ?"

व्यास बोले, "राजन्, पांडवों का पुत्रवत् पालन करके धर्म की मर्यादा लोक में स्थापित करो।"

धृतराष्ट्र ने नेत्रों से बहते आँसुओं को पोंछकर कहा, "जैसी आज्ञा हो ऋषिवर, अब तो अंधा और आश्रयहीन भी हूँ।"

□

ब्रह्मलीन

युद्ध जय हुआ। पांडव हस्तिनापुर और इंद्रप्रस्थ के अधिपति बन राजेश्वर बने। युद्ध में मृत शत्रु-मित्र सभी वीरों का धार्मिक अनुष्ठानपूर्वक दाह-संस्कार कर उनकी आत्मा के लिए सद्गति की प्रार्थना की गई। संबंधियों ने पवित्र नदियों और तीर्थों में जाकर उनके श्राद्धकर्म पूरे किए।

कृष्ण ने युधिष्ठिर से कहा, "अब पितामह भीष्म का मृत्यु-समय आ पहुँचा, सूर्य उत्तरायण हैं। चलो, उनका आशीर्वाद ले उन्हें चिर-विश्राम दें।"

पांडव अपने साथ धृतराष्ट्र, गांधारी, विदुर आदि सभी को लेकर युद्धभूमि में पितामह भीष्म की शर-शैया के पास आए। इस समय वे समाधिस्थ योगी की भाँति शांति से ओतप्रोत थे। सबने श्रद्धावनत हो उन्हें प्रणाम कर चरण स्पर्श किए। युधिष्ठिर बोले, "पितामह, हम पांडव संग्राम में भीषण नरमेध कर सुखी नहीं हैं।"

पितामह ने कहा—

यदा मानं लभते मानर्हस्तदा स वै जीवति जीव-लोके।
यदाऽवमानं लभते महान्तं, तदा जीवन्मृत इत्युच्यते सः॥

"इस जीव-जगत् में माननीय पुरुष जब तक सम्मान पाता है, तभी तक वह वास्तव में जीवित है। जब वह महान् अपमान पाने लगता है, तब वह जीते-जी मरा हुआ कहलाता है। अतः तुम अपने मन में से दुःख निकाल बाहर दो। तुमने उचित किया।"

युधिष्ठिर ने फिर प्रश्न किया, "पितामह, क्या भाग्य बहुत प्रबल होता है?"

पितामह बोले—

नह्युत्थानमृति दैवं, राज्ञामर्थ प्रसाधयेत्।
पौरुषं हि परं मन्ये दैवं निश्चित्यमुद्यते॥

"उद्यम के बिना दैव राजाओं को भी सिद्धि प्रदान नहीं करता। मैं पौरुष को

महान् मानता हूँ। दैव में विश्वास करनेवाला मनुष्य उलझन में फँस जाता है।"

युधिष्ठिर ने फिर जिज्ञासा की, "उद्योग की श्रेष्ठता क्या है?"

पितामह बोले—

सर्व कालं मनुष्येण व्यवसायवता सदा।
पीडाकरममित्राणां यत् स्यात् कर्तव्यमेव तत्॥

"उद्योगी मनुष्य के लिए सदा सब समय वह कार्य करने योग्य ही माना जाता है, जो शत्रुओं को पीड़ा देनेवाला हो।"

गांधारी ने रोते-रोते कहा, "पितामह, आप तो कुरुकुल के पूज्यपुरुष हैं। आपने मेरे पुत्रों के साथ रहकर उनके पक्ष में पांडवों से युद्ध किया, फिर भी मेरे सभी पुत्र मारे गए और पांडव विजयी हुए, यह कैसी अघट घटना हुई? मेरी पुत्रवधुएँ, द्रौपदी और उत्तरा सभी का रुदन देखकर मुझे भारी संताप होता है।"

पितामह ने उत्तर दिया, "मुझे विश्वास था कि पांडव धर्म पथ पर हैं और कौरव अत्याचारी हैं, पांडव उन्हें अत्याचार का दंड दे रहे हैं। मैं सदा अत्याचारी के साथ रहा, उसका अन्न खाया, पर दुःख की बात है कि उसे सन्मार्ग पर न ला सका। तब मैं भी न्याय से अत्याचारी और दंडनीय हूँ। अब यदि दंड के समय मैं इनका साथ छोड़कर दंड देनेवालों में मिल जाता, तो अतिघृणित कार्य होता। मुझे जब दंड देने का अधिकार और बल था, तब तो मैंने चुपचाप अत्याचार होने दिया। तुम भी उसे न रोक सकीं। सत्य की सदा विजय होती है, इसलिए पांडव विजयी हुए। अपनी पुत्र-वधुओं के वैधव्य का सारा दोष तुम्हारे ऊपर है, क्योंकि माता होकर तुम अपने पुत्रों को अधर्म की ओर जाने से नहीं रोक सकीं। उनके रुदन से तुम्हें जीवन भर संताप भोगना होगा। द्रौपदी तुमसे श्रेष्ठ है, क्योंकि उसने अपना स्त्री-धर्म और पत्नीत्व-धर्म दोनों को निष्ठापूर्वक निभाया है। उसके पुत्र दुर्मति होकर युद्ध में नष्ट नहीं हुए, उन्हें सोते हुए निर्दोष मारा गया है, फिर भी उसके हृदय में तुम्हारे लिए कोई कलुष नहीं है, न वह किसी को शाप देने का ही विचार करती है।"

यह कहकर पितामह नेत्र मूँदकर मौन हो गए। नेत्र मूँदे हुए ही उन्होंने पूछा, "हे कृष्ण! मृत्यु के बाद हम किस लोक में जाते हैं?"

कृष्ण ने उत्तर दिया, "दिव्यात्मा भीष्म; लोक सात हैं—भूलोक (पृथ्वी), भुवर्लोक (पृथ्वी और सूर्य का मध्यवर्ती), स्वर्लोक (ध्रुव तथा सूर्यलोक का मध्यवर्ती), महर्लोक (ध्रुव से ऊपर एक करोड़ योजन तक), जनःलोक (महर्लोक से ऊपर दो करोड़ योजन तक), तपोलोक (जनःलोक से ऊपर), सत्यलोक

(तपोलोक से ऊपर) अथवा ब्रह्मलोक (सत्यलोक को ही माना गया है)। भूलोक, भुवर्लोक और स्वर्लोक इन तीनों को त्रैलोक्य कहते हैं। जन:लोक, तपोलोक और सत्यलोक ये तीनों नित्य हैं।"

"केशव, इनमें से मुझे कौन सा लोक प्राप्त होगा ?"

"ब्रह्मलोक में वे तपस्वीजन पहुँचते हैं, जिनकी पुनर्मृत्यु नहीं होती। वे वहीं आत्मज्ञान प्राप्त करते हैं। आपने ब्रह्मचर्य और तप से मृत्यु को जीता है, आपका त्याग महान् है, अत: आप इसी लोक में जा रहे हैं।"

"तब विलंब क्यों ? सूर्य उत्तरायण हैं, दुःख, ग्लानि, भय और कष्ट से रहित महाप्रयाण का यह क्षण कितना सुखद है, हे कृष्ण!"

कहते ही पितामह ब्रह्मलीन हो गए।

□

कृष्ण की अंतर्वेदना

महासंग्राम का दुःखद अंत अत्यंत भयानक था। कृष्ण अकेले एक शिलाखंड पर विचारमग्न बैठे हुए थे। कुछ दूर पर चिताएँ जल रही थीं, उन्हें देखकर उनका हृदय रो रहा था। उनकी विचारधारा चल रही थी—

"कैसा भयानक दृश्य है, लाखों विधवाएँ छाती कूटकर, सिर धुनती हुई बाल खोले, अपने पति-पुत्रों की लोथ खोजती भटक रही हैं। अनगिनत चिताएँ धूँ-धूँ कर जल रही हैं, उनकी परछाईं जल में पड़ने से जल में अनगिनत चिताएँ जलती दिखती हैं। कौए अधमरे वीरों की आँखें निकाल रहे हैं, वे दर्द से चीत्कार कर रहे हैं। गीध मुर्दों की आँतें खींच-खींचकर उड़ रहे हैं और चीलें झपट्टा मार-मारकर उसे छीन रही हैं। अनगिनत मृत शरीर सड़ रहे हैं। महाचिता पर लाखों वीर-सिपाही जल रहे हैं। चर्बी की चट-चट और दुर्गंध से प्राण निकल रहे हैं। ये चिताएँ तो धीरे-धीरे जलकर ठंडी हो जाएँगी, पर मेरे हृदय में जो चिता धधक रही है, क्या वह भी कभी ठंडी होगी? जिनके सिरों पर कभी हीरों के राजमुकुट जगमगाते थे, आज वे सिर धूल में लुढ़क रहे हैं। जिनके चरणों की धमक से धरती धमकती थी, वे रुंड-मुंड इधर-उधर पड़े हैं। सारे विश्व की राजगद्दियाँ सूनी हो गईं। बड़े-बड़े पुराने राजवंश निर्वंश हो गए। आह! आज भारत और उसके उपनिवेशों में एक भी जीवित योद्धा नहीं बचा।

"जिधर जाता हूँ, लोग उँगली उठाते हैं। कहते हैं, 'यही है वह हत्यारा, सब झगड़ों की जड़ कृष्ण!' लोग मुझे झूठा, कुटिल और लंपट, न-जाने क्या-क्या कहते हैं। वाह! अच्छा जीवन बीता। आदि से अंत तक दुःख, विपत्ति, लड़ाई-झगड़े, भाग-दौड़, रोना-पीटना और अपयश से भरा हुआ। मैं बंदीगृह में जनमा, वे बेचारे मेरे दुःखिया माता-पिता, जिनके सात बच्चे जनमते ही पत्थर पर पटक-पटककर दे मारे गए, उन्होंने जान पर खेलकर मुझे बचाया। मैं जिया, कंस को

मारकर उसके पिता को राज्य दिया, जरासंध को मारकर पांडवों का यज्ञ कराया, अब इस नरमेध में पांडव जीते। मुझे क्या मिला? अपने लिए मैंने क्या किया?

"सारे देश में घर-घर राजा बन गए थे। राह से एक मुट्ठी धूल उठाई जाती, तो उसमें भी दो-चार राजा निकल आते थे। सब अज्ञानी पशु की भाँति आपस में लड़ते रहते थे। संपूर्ण देश को अपना कहनेवाला कोई न था। मैंने सोचा कि इन सब छोटी-छोटी शक्तियों की सम्मिलित एक बड़ी शक्ति, एक बड़ा साम्राज्य हो जाए, जिससे संपूर्ण देश में एक ही शासन हो तो अच्छा! मैंने राजसूय-यज्ञ की युक्ति सोची। युधिष्ठिर धर्मात्मा थे, उन्होंने यज्ञ किया, सब राजा उसमें आए, उन्हें अपना महाराज माना। मैंने सोचा, अच्छा हुआ। बिना ही अधिक रक्तपात के भारत का साम्राज्य बन गया, पर घमंडी दुर्योधन से न रहा गया। जुए का छल रचकर उसने सारे किए-कराए पर पानी फेर दिया। फिर तो मुझे यह कड़वा घूँट पीना ही पड़ा। मैंने पृथ्वी की शक्तियों को रक्त-रँगे अक्षत से न्योता दिया। अब पांडवों का सिंहल से कश्मीर तक और सौवीर से सुह्य तक एकछत्र राज्य हो गया। देश के एक सिरे से दूसरे सिरे तक एक शक्ति, एक प्रबंध, एक राज्य होने से प्रजा को सुख होगा, लड़ाई-झगड़े सदा के लिए मिट जाएँगे। कृषि, व्यवसाय, व्यापार सभी बढ़ेंगे। देश फले-फूलेगा। यही तो मैंने सोचा था, यही तो मैंने किया।

"मूर्ख कहते हैं, मैंने पांडवों का पक्ष लिया। क्या मैं ऐसा नीच था कि भाई-बंधुओं के थोड़े स्वार्थ के लिए उन्हें आपस में लड़ा देता? मैंने तो देश की बिखरी हुई राजनीति को एक ठिकाने कसकर बाँधा। फिर भी लोग मुझे गाली देते हैं, तो दें। शाप देते हैं, तो दें। झूठा, लबार, मक्कार समझते हैं, तो समझें। मैंने सारे जीवन में अपने लिए न कभी कुछ किया, न लाभ उठाया। मैं दीपक की तरह स्वयं जलता और दूसरों को प्रकाश देता रहा, परंतु कुछ भी न हुआ। मनुष्य के गरम रक्त का अभिषेक किए बिना मनुष्यों के दुःखों का अंत नहीं होता। यदि नर-रक्त से ही उसकी मुक्ति है, तो कृष्ण के ही रक्त से विधाता ने क्यों न वसुंधरा को नहलाया। अठारह दिन तक जो यह रक्त-समुद्र बहा, उसकी एक-एक बूंद कृष्ण के गरम रक्त की बूँद थी। इनमें से हर एक चिता में कृष्ण का ही प्राण जल रहा है। परंतु अब भी यदि धर्मराज्य की स्थापना हो जाए तो···।"

उन्होंने एक गहरा निःश्वास लिया। उन्हें अपने बाल्यकाल का भी आया। गोकुल और राधा भी उनकी स्मृति में उभरने लगी। अपने वार्धक्य चिताभूमि के गहन दुःख की अनुभूति उन्हें सहसा अपने बचपन का आलोक दि

लगी, मैं गोकुल में खेलता था, गायें चराता था, राधा को झुलाता था। राधा! हाँ, राधा ही तो थी वह!

राधा की स्मृति ने उन्हें दूसरे स्वप्न में पहुँचा दिया, राधा की एक-एक स्मृति और घटनाएँ नेत्रों के सम्मुख उपस्थित होने लगीं—

यमुना के किनारे गोकुल के एक कुंज में राधा पानी में पैर लटकाकर बैठी थी। उस समय उसकी आयु ग्यारह वर्ष की थी और मेरी आयु भी उतनी ही थी। वह धीरे-धीरे गा रही थी।

X X X

मैंने हँसते-हँसते पीछे से आकर उसकी आँखें बंद कर लीं और पहचानकर उसने कहा—

"तुम बहुत झूठ बोलने लगे, कृष्ण! जाओ, मैं तुमसे नहीं बोलूँगी।"

"क्या रूठ गई, राधा?"

"हूँ, मैं रूठ गई हूँ।"

"नहीं राधा, रूठो मत।"

"मैं तुमसे नहीं बोलूँगी।"

"क्यों, राधा?"

"कल तुमने क्या कहा था, याद है?"

"याद है, मैंने कहा था, मैं तुम्हें कदंब की डाल पर झुलाऊँगा। तुम्हारे जूड़े में फूल गूँथूँगा। यही तो?"

"और बाँसुरी बजाने को नहीं कहा था?"

"हाँ-हाँ, कहा था, राधा!"

"तो तुम क्यों नहीं आए? मैं बैठी दिन भर राह ताकती रही।"

"क्या कहूँ राधा, मथुरा से अक्रूरजी आए हैं।"

"कौन आए हैं?"

"अक्रूरजी, राजा ने बाबा को बुलाया है, वहाँ यज्ञ है।"

"तुम वहाँ मत जाना कृष्ण, कंस तुम्हें पकड़कर बाँध लेगा।"

"नहीं राधा, मैं उसे एक बार अवश्य देखूँगा।"

"कृष्ण, कंस बड़ा पापी है, बाबा कहते थे।"

"तो उसे मैं मार डालूँगा।"

"अरे, वह बड़ा बली है।"

"पर मैं उसे मार डालूँगा।"

"तुम अकेले उसे मार डालोगे?"

"हम और दाऊ उसे मार डालेंगे, राधा। हम उसे…"

"मुझे बड़ा डर लग रहा है, कृष्ण! मत जाओ।"

"जाऊँगा राधा, मैं किसी से नहीं डरता।"

"तो तुम मुझे छोड़ जाओगे?"

"मैं दो दिन में लौट आऊँगा।"

"नहीं-नहीं, मैं नहीं जाने दूँगी।" इतना कहकर वह रोने लगी।

"रोओ मत राधा, मैं झट से आऊँगा।"

"फिर जाओ तुम, हमसे मत बोलो।"

"आह, फिर रूठ गई मेरी रानी? राधा, रूठो मत!"

"मैं रूठूँगी?"

"रानी राधा, रूठो मत।"

"मुझे छोड़ जाओगे तो मैं कैसे रहूँगी? मुझे कौन बाँसुरी सुनाएगा? कौन मेरे बालों में फूल लगाएगा? कौन कदंब पर झुलाएगा?"

"मैं, राधा रानी मैं। मैं तो कल ही आ जाऊँगा।"

"कल?"

"हाँ-हाँ, कल।"

"झूठ।"

"नहीं सच।"

"सौगंध खाओ।"

"अच्छा खाई।"

"यों नहीं, मेरे सिर पर हाथ धरो।"

मैंने उसके सिर पर हाथ रखकर कहा, "लो, अब…।"

"अच्छी बात है, कल नहीं आए तो मैं कभी न बोलूँगी, कभी नहीं।"

"अच्छी बात है, राधा।"

"लाओ बाँसुरी मुझे दो, मैं रखूँगी। कल यहीं आकर बजाना इसे तुम।"

"लो!" यह कहकर मैंने अपनी बाँसुरी उसे थमा दी।

"और जब आओगे, तो मैं तुम्हें एक अच्छी सी बात सुनाऊँगी।"

"कौन सी बात, राधा?"

"एक बात है।"

"अभी सुना दो।"

"सुना दो न।"

"न-न-न।"

"तो मैं गुदगुदी करता हूँ।"

"छोड़ दो, बड़े वैसे हो।" वह खिलखिलाकर हँस दी।

"तो कहो।"

"न-न, अरे छोड़ो, तुम्हारे हाथ जोड़ूँ।"

"कहो फिर!"

"छोड़ दो, तुम्हारे हा-हा खाऊँ।"

"कहो, कहो!"

"तुम्हारे पैर पड़ूँ, तुम्हारी सौंह···।"

"कहो, जल्दी कहो।"

"अच्छा, कहती हूँ, छोड़ो।"

"कहो।"

"एक बात है।"

"क्या बात है? कह दो फिर।"

"नहीं कहते।"

"तो फिर गुदगुदी करता हूँ।"

वह खिलखिलाकर हँस पड़ी, फिर बोली, "अच्छा ठहरो!"

"कहो।"

"लाज आती है।"

"कहो, कहो!"

"बाबा मैया से कह रहे थे।"

"क्या?"

"नहीं कहती, जाओ।"

"अच्छा मत कहो।"

"रूठ गए?"

"..."

"कृष्ण।"

"..."

"कन्हैया।"

"..."

"रूठो मत, कहती हूँ।"

"मत कहो।"

"कहती हूँ, सुनो।"

"न, मत कहो।"

"हमारा-तुम्हारा ब्याह होगा।"

"ब्याह ?"

"हाँ, जब हम बड़े हो जाएँगे।"

"बाबा कहते थे ?"

"हाँ और मैया भी।"

"तब तो खूब मजा होगा।"

"क्या होगा ?"

"मैं तुम्हें खूब दुःख दूँगा।"

"और मैं खूब रूठूँगी।"

"रूठकर देख भी लेना, मैं घर से भाग जाऊँगा।"

"भागकर देख लेना, मैं अन्न-जल छोड़ बैठूँगी।"

"जरूर छोड़ बैठोगी।"

"जरूर भाग जाओगे। पैरों से लिपटकर पड़ जाऊँगी, फिर कैसे भागोगे ?"

"मैं भी गुदगुदी कर बेहाल कर दूँगा, फिर कैसे रूठोगी ?"

"कृष्ण, तुम बड़े बुरे हो।"

"राधा, तुम बड़ी अच्छी हो।"

राधा को आश्वस्त कर मैं मथुरा चला गया, परंतु कालचक्र ने मुझे ऐसा घेरा कि दिन, मास, वर्ष व्यतीत होते गए, मैं न जा सका।

मेरा प्रतीक्षा में राधा दिन व्यतीत करती रही।

एक दिन उसने वृषभानु से पूछा, "कृष्ण नहीं आए, दादा।"

"नहीं आएँगे ?"

"नहीं, राधा।"

"क्यों, उन्होंने तो कहा था ?"

"न आ सकेंगे।"

"उन्हें राजा ने बाँध लिया है?"

"राजा को तो उन्होंने मार डाला।"

"राजा को?"

"हाँ, और वसुदेव-देवकी को कैद से छुड़ा दिया।

"वसुदेव-देवकी कौन हैं?"

"कृष्ण के मैया-बाबा।"

"कौन?"

"वसुदेव-देवकी।"

"कृष्ण के मैया-बाबा तो नंद-यशोदा हैं।"

"अरी पगली, नंद-यशोदा ने तो उन्हें पाला था।"

"कृष्ण?"

"हाँ, अब वे राजा हैं।"

"राजा? अब वे गैया चराने नहीं आएँगे?"

"नहीं री पगली, नहीं।"

"और बाँसुरी भी नहीं बजाएँगे?"

"नहीं, अब नहीं।"

"और···और।" रोते-रोते उसकी हिचकियाँ बँध गईं।

"रो मत राधा!"

"वे तो कह गए थे।"

"कह गए होंगे।"

"सौंह खा गए थे।"

"लड़कपन की बातें!"

"मैं जाऊँगी, बाबा।"

"नहीं बेटी, वहाँ हमारा कोई काम नहीं है।"

"बाबा, मैं कृष्ण के पास जाऊँगी।"

"नहीं बेटी, हम अहीर हैं, वे राजा हैं।"

"वे राजा?"

"हाँ बेटी, यही तो भगवान् की माया है।"

"तो कृष्ण नहीं आएँगे।"

"न, न आएँगे।"

□

एक दिन मथुरा के राजोद्यान में आधी रात के समय मैं अकेला बेचैनी से टहल रहा था। राधा की एक-एक बात मुझे याद आ रही थी।

उसने कहा था, 'न आओगे तो रूठ जाऊँगी।' मैं नहीं जा सका, कई बरस बीत गए, वह रूठी होगी। रोई भी होगी, अब भी रोती होगी। राधा, राधा। उसने कहा था··· । ओफ, कुछ देर ही में क्या हो गया।

जरासंध बवंडर की तरह आता और यादवों को घास-फूस की तरह काटकर चला जाता। ब्रज में विधवाएँ भर गईं। जिधर जाता, आँसुओं में डूब जाता। उसका रोना सुनकर कलेजा पक गया, एक पल को भी अवकाश नहीं मिला। राधा, तुम अभी मेरी बाट जोह रही होगी। आह, तुम्हारा बालसखा कृष्ण क्या था और क्या हो गया।

इसी समय उद्धव ने आकर उनकी विचारधारा को भंग किया। उसने कहा—

"भैया, वे सब गोकुल से आए हैं।"

"कौन, उद्धव ?"

"वृषभानु दादा और मैया जसुमति।"

"सच ? वे आए हैं ? कहाँ हैं, कहाँ हैं ?"

"इधर ही आ रहे हैं।"

कृष्ण अभी संयत भी न हो पाए थे कि सब लोग वहीं आ गए। वृषभानु ने आगे बढ़कर कहा, "तुम्हारी जय हो कृष्ण! हम तुम्हें न्योता देने आए हैं।"

"न्योता ?"

"हाँ भैया, राधा का ब्याह है।"

"ब्याह!"

"हाँ भैया, बेटी तो पराया धन है, न राजा के खपे, न रंक के! राधा सयानी भी तो हो गई है।"

"..."

"भैया, तुम्हें आना होगा, तुम्हारे बिना ब्याह सूना रहेगा।"

"..."

"भैया, क्या कहें, हमारी बड़ी इच्छा थी कि राधा का ब्याह तो हो। राधा भी बहुत प्रसन्न थी। पर क्या कहें, ब्याह, वैर और प्रीति बराबर वालों ही में होती है।

हम क्या जानते थे किं तुम राजा हो। नंद-महर ने भी यह भेद खूब छिपा रखा। अब अहीर की बिटिया राजा के बेटे से कैसे ब्याही जाती, भैया? हम संतोष कर बैठे। पर वर अच्छा मिला है।"

"कृष्ण, तुम्हें यह क्या हो गया?"

"अरे दौड़ो, कृष्ण मूर्च्छित हो गए।"

"अरे दौड़ो उद्धव, दाऊ को बुलाओ।"

"कृष्ण बेसुध हो गए!"

"कृष्ण बेसुध हो गए!"

"कृष्ण बेसुध हो गए!!"

□

राधा का ब्याह हो गया, परंतु वह कृष्ण में आत्मसात् हो चुकी थी। एक दिन उसके पति ने उससे क्रुद्ध होकर पूछा, "कहाँ गई थी री तू निर्लज्ज?"

"कृष्ण का संदेश पूछने! उद्धव मथुरा से आए हैं।"

"क्यों गई थी तू?"

"कृष्ण का संदेश लेने। वे कृष्ण के पास से आए हैं।"

"तुझे उसका नाम लेते लाज नहीं आती?"

"न!"

"गाँव भर में बदनामी फैली है।"

"मैं क्या जानूँ?"

"कौन है कृष्ण तेरा?"

"मैं ही कृष्ण हूँ, मेरे रोम-रोम में कृष्ण हैं।"

"मैं कहता हूँ, अब उसका नाम न लेना।"

"कृष्ण!"

"उसका नाम न ले।"

"कृष्ण!"

"मार खाएगी?"

"हरे कृष्ण!"

"तो ले!" उसने उसे पीटना शुरू किया।

"हरे कृष्ण!"

"..."

"हरे कृष्ण!"

"..."

"हरे कृष्ण!"

"..."

"हरे कृष्ण!"

उसका पति जितनी तीव्रता से उसे पीटता, उतनी ही तीव्रता और धैर्य से वह कहती—

"हरे कृष्ण, हरे कृष्ण!"

"मरना ही चाहती है तो मर!" यह कहकर अंत में उसने जोर से प्रहार किया।

"हरे कृष्ण!"

"हरे कृष्ण!"

"बेसुध हो गई?"

"..."

"मर गई?"

"..."

"नहीं, बेसुध हो गई।"

"..."

"अरे मर गई।"

"..."

"नहीं जीती है। देखो, आँखें खोलीं, वह होंठ फड़के।"

"ह···रे, कृ···ष्ण!"

निराश होकर राधा के पति ने उसे घर से निकाल दिया।

□

राधा गोकुल के रास्ते में बालकों और स्त्रियों से कृष्ण का समाचार पूछने लगती। वे उसे चिढ़ाकर कहते, "राधा, कृष्ण आए हैं।"

"कहाँ आए हैं भैया, कहाँ हैं? बता दो!"

"ही-ही-ही।"

"अरी राधा, कृष्ण को बुला दें?"

"बुला दो सखी, तुम्हारे गुन गाऊँगी।"

"अच्छा राधा, गाओ तो तनिक।"

"मैं तो दिन-रात उन्हीं के गुण गाती फिरती हूँ।"

"राधा, कृष्ण का तू क्या करेगी?"

"देखूँगी बहन, बहुत दिनों से नहीं देखा।"

"देखकर क्या करेगी, राधा?"

"मैं नहीं जानती, मैं तनिक देखूँगी।"

"चलो री चलो, पगली के मुँह कहाँ तक लगें।"

"कहती है देखूँगी, लाज भी नहीं आती।"

"अरी कुल-आन डुबो दी इसने! रात-दिन कृष्ण ही कृष्ण रटती है।"

"पिटती भी तो है।"

"कितनी सूख गई है।"

"बुढ़िया हो गई है।"

"न खाती है, न पहनती है।"

"पगली है बेचारी! सुन राधा!"

"हाँ सखी!"

"देख, कृष्ण का नाम लेना छोड़ दे।"

"कृष्ण का? ऐसा न कहो बहन!"

"अरी, तुझे लाज नहीं आती?"

"नहीं बहन!"

"कृष्ण तो राजसुख भोग रहे हैं।"

"सच?"

"अरे, उन्होंने रुक्मिणी से ब्याह किया है।"

"सच?"

"और सत्यभामा से भी।"

"अहा हा! तो कृष्ण सुखी हैं?"

"अरे, फूटे मुँह तेरा कभी नाम भी नहीं लेते!"

"ऐसा न कहो, बहन।"

"कुछ मोह होता तो आते नहीं?"

"आएँगे सखी, अवश्य आएँगे!"

"अरी भोली, अब कब आएँगे? अठारह बरस तो बीत गए।"

"हाँ बहन, बीत तो गए, पर लगता है, जैसे अभी गए हों। अभी बंसी बजाई हो।"

□

धीरे-धीरे एक युग बीत गया। मैं और राधा मिल ही न सके। एक दिन मैंने उद्धव से कहा—

"अठारह बरस बीत गए, क्यों उद्धव?"

"बीत तो गए।"

"तुम गोकुल गए थे?"

"गया तो था।"

"गोकुल तो यहाँ से तीन ही कोस है।"

"हाँ।"

"राधा देखी?"

"देखी थी।"

"कुछ कहती थी?"

"क्या कहूँ?"

"कहो उद्धव।"

"उसने मुझे ही कृष्ण समझ लिया और कहा—इतने दिन में आए हो?"

"फिर?"

"मैंने कहा—मैं उद्धव हूँ।"

"तब?"

"वह रोने लगी। मैं वह रोना न देख सका भैया, जैसे नदी का बाँध टूट गया हो। मैं उसे धरती पर पड़ी रोती छोड़ भाग आया।"

"ढाढ़स नहीं दिया?"

"हिम्मत नहीं हुई भैया। पीछे सुना…"

"क्या सुना?

"जाने दो उस बात को।"

"नहीं, कहो उद्धव!"

"उसके पति ने उसको बहुत पीटा।"

"आह!"

"भैया, शांत हो।"

"अच्छा और क्या देखा?"

"राह-बाट में बालक तुम्हारा नाम ले-लेकर उन्हें छेड़ते हैं, हँसते हैं।"

"यहाँ तक ?"

"ब्रज-वधुएँ उसे कुलटा कहती हैं।"

"चुप रहो!"

"गाँववाले उसे पागल समझते हैं, उस पर दया दिखाते हैं।"

"चलो यहाँ से उद्धव!"

"मथुरा से ?"

"नहीं, ब्रज से भी!"

"कहाँ, भैया ?"

"दूर, ब्रज से बहुत दूर!"

□

एक दिन संध्याकाल में द्वारका के राजोद्यान के कुंज में रुक्मिणी और सत्यभामा ने मुझसे हास-परिहास करके प्रश्न किया—

"महाराज, वह राधा कैसी है ?"

"राधा ?"

"हाँ जी हाँ, राधा ?"

"कौन राधा, रुक्मिणी ?"

"अजी वही, जो आपके घट-घट में विराजमान है, सोते-जागते उठते-बैठते जिसकी याद में आप चौंक उठते हैं।"

"वह ?"

"हाँ वह, और बताऊँ ? वही अहीर की बिटिया।"

"राधा ?"

"हाँ, राधा-राधा-राधा-राधा, कितनी बार कहें ? कहिए, वह राधा कौन है ?"

"प्रिये, इसका तो कुछ पता नहीं लगता।"

"महाराज को कुछ पता ही नहीं लगता ?"

"नहीं लगता, प्रिय।"

"लोग तो कहते हैं कि महाराज अंतर्यामी हैं ?"

"लोग ऐसा कहते हैं ?"

"वे कहते हैं कि महाराज से दुनिया की कोई बात छिपी नहीं है।"

"अच्छा, यह बात है ?"

"और राधा का आपको कुछ पता ही नहीं है ? अजी कृपानिधान, यह भुलावा

किसी और को दीजिए। कहिए, कौन है राधा?"

"हाँ और वह कैसी है?"

"कैसी?"

"अजी, उसका रूप कैसा है?"

"रूप?"

"हाँ!"

"हाँ जी रूप। क्या वह बहुत सुंदर है?"

"सुंदर?"

"आप उसे बाँसुरी सुनाया करते थे?"

"सुनाया तो करता था।"

"वह आपसे रूठती थी, तब आप मनाया भी करते थे।"

"हाँ-हाँ, मनाया करता था।"

"उसे कदंब की डार में झुलाया करते थे?"

"हाँ-हाँ, झुलाया करता था।"

"तो कहिए प्रभो, वह कौन है?"

"वह राधा है।"

"अजी, वह आपकी लगती क्या है?"

"वह मेरी राधा लगती है।"

"आप कभी किसी और को भी झुलाते थे?"

"न!"

"रूठने पर मनाते थे?"

"न!"

"चोटी में फूल गूँथते थे?"

"न!"

"तो महाराज, आप वहीं जाइए। राधा के पास जाइए, हम लोग आपकी कौन हैं? लो, हम जाती हैं, चलो बहन!"

"सुनो, सुनो, प्रिये! रुक्मिणी, सत्यभामा! ओफ, चली गईं? तीखे तीर मारकर, घाव को निर्दयता से नोंचकर। बेचारी भोली-भाली बालाएँ, जिनके नन्हे से प्राण उनके छोटे से हृदय में बसे हैं, छोटी सी उनकी दृष्टि है। उसी दृष्टि ही में उनका संसार है। कहती हैं, राधा कैसी है? राधा कैसी है? राधा कैसी है?"

बलदेव ने घबराकर कहा, "बड़ी विपत्ति है कृष्ण, कुछ समझ में नहीं आता।"

"क्या हुआ, दाऊ?"

"शिशुपाल का अत्याचार तो अब सहा नहीं जाता।"

"दाऊ, क्या किया जाए, उसकी सेना अपार है।"

"उधर इंद्रप्रस्थ से युधिष्ठिर का बुलावा आया है। यज्ञ है।"

"आप जाइए दाऊ, युधिष्ठिर का यज्ञ पूरा कराइए। यहाँ मैं सब देख लूँगा।"

"नहीं कृष्ण, तुम्हारे बिना वहाँ काम नहीं चलेगा। पांडवों के बहुतेरे शत्रु हैं।"

"आपके रहते सब ठीक हो जाएगा, दाऊ।"

"नहीं कृष्ण, तुम्हें चलना होगा।"

"तब तो पीछे से शिशुपाल द्वारका को धूल में मिला देगा।"

"शिशुपाल भी तो यज्ञ में जाएगा।"

"यह सूचना पक्की है क्या?"

"बिल्कुल पक्की।"

"तब चलो दाऊ, इंद्रप्रस्थ चलें।"

"कहीं वहाँ शिशुपाल से रार न ठन जाए।"

"देखा जाएगा, आप तैयारी कीजिए।"

"चलो, तब इसे लौटने पर समझेंगे।"

"वह लौटने न पाएगा, दाऊ।"

"कृष्ण, यज्ञ भंग न हो जाए।"

"चलिए दाऊ, सब देखा जाएगा।"

"अच्छा, फिर ऐसा ही हो। हम लोग ब्रजमंडल होकर चलेंगे। ब्रज को देखे युग बीत गए।"

"नहीं, हमें पश्चिम की राह चलना होगा। इंद्रप्रस्थ की यही राह ठीक है।"

"काँप क्यों रहे हो कृष्ण? अरे, गिरे पड़ते हो! क्या हुआ?"

"कुछ नहीं, दाऊ? अब मैं ठीक हो गया।"

इंद्रप्रस्थ में युधिष्ठिर का यज्ञ हो रहा था। उसमें नंद भी आए थे। मुझसे और बलराम से मिलने पर नंद ने कहा, "भैया कृष्ण, तुम हमें ऐसे भूल गए?"

"नहीं बाबा, सदा ही आपके चरणों का ध्यान रहता है।"

"तुम्हारी माँ रोते-रोते अंधी हो गई।"

"मेरी जसोदा मैया?"

"और राधा पगली हो गई।"

"बाबा, ब्रज में और सब तो अच्छे हैं?"

"कृष्ण, एक बार ब्रज में चलो। सब तुम्हें याद करते हैं। आते भी बचकर चले आए, अब लौटती बार तो चलना ही होगा।"

"आऊँगा बाबा! मैया से कहना, इस कपूत के लिए रोए नहीं।"

"याद है कृष्ण, जब तुम ग्यारह बरस के थे और जब मथुरा को चलने लगे थे तो उसने कहा था, 'जै दिन में लौटें, उतने दिन का कलेऊ कन्हैया के लिए लेते जाओ।' तब तुमने हँसकर कहा था, 'मैया, मैं तो कल ही आ खड़ा होऊँगा।' सो तुम उस दिन आए, सो आए। उस बात को आज साठ बरस हो गए।"

"हाँ बाबा, साठ बरस हो गए।"

"युग बीत गए कृष्ण, पर हम और तुम्हारी माँ वही हैं। अब यज्ञ तो हो गया, शिशुपाल भी मारा गया। चलो ब्रज को।"

"तुम सब जने चलो बाबा, हम पीछे से आते हैं।"

"अरे कृष्ण, तू बचपन का छलिया है।"

"नहीं दादा!"

"अरे रो मत, कृष्ण।"

"दादा!"

"रोओ मत कृष्ण, रोओ मत, अरे पुत्र, आह!"

□

अकस्मात् कृष्ण की यह विचारधारा भी टूट गई। समीप ही उन्हें स्त्री-कंठ का मर्मभेदी रुदन सुनाई पड़ा। वह स्त्री कृष्ण ही को पुकार रही थी, "अरे कृष्ण, अब तो तेरी छाती ठंडी हुई। हाय, मेरे सौ वीर पुत्रों में से एक भी न बचा। अरे, अब मैं कैसे जीऊँगी? मैं इन बेबस बहुओं का गाय की तरह डकराना कैसे सुनूँगी? अरे कृष्ण, मुझे भी मार डाल, मुझे जीती ही चिता में झोंक दे। अरे, पूरा धर्म-लाभ कर ले। द्रोण और भीष्म को मारकर तो अधूरा ही धर्म हुआ। अरे, बताओ तो कहाँ है, वह कृष्ण?"

कृष्ण ने मुँह फेरकर देखा, देवी गांधारी विलाप करती इधर ही को आ रही थीं। वे सोचने लगे, अब कहाँ भागूँ? कहाँ छिपूँ? अरे, यह तो शाप देकर मुझे भस्म कर देंगी, हाय! हाय! इनका दुःख देखकर तो छाती फटती है। धिक्कार है मुझे। देखो, तपस्विनी गांधारी कैसी गिरती-पड़ती, रोती-कलपती आ रही हैं। शोक, जैसे दुनिया

में लाखों मनुष्य जीते–मरते हैं, उसी तरह मैं भी क्यों न जिया–मरा? अरे, पुत्र–शोक से इनकी छाती फट गई है, वे बहुओं सहित इधर ही को आ रही हैं।

उनके पीछे–पीछे ही विक्षिप्तहृदया उत्तरा भी आ रही थी। सुभद्रा उसे पकड़े हुए थी। उत्तरा ने पूछा—

"मैं कौन हूँ?"

"बेटी, तुम उत्तरा हो।"

"उत्तरा कौन?"

"विराट–राजनंदिनी उत्तरा?"

"उत्तरा, मैं उत्तरा? विराट–राजनंदिनी उत्तरा?"

"हाँ, बेटी!"

"पर मेरे समान यह कौन है?"

"यह तुम्हारी ही परछाईं है बेटी।"

"यह मेरी परछाईं, मैं उत्तरा? विराटराज, सफेद बाल, यह मुँह, ये आँखें, उत्तरा··· ?"

"बेटी, आज छह दिन में तुम्हें होश हुआ है, तुम्हारे जीने की आशा ही न थी। कृष्ण ने तुम्हें बचा लिया।"

"दयामय कृष्ण ने इस अनाथ सूखी लता को क्यों बचाया? आग में क्यों न फेंक दिया?"

"बेटी, तू इस कुरुकुल की लक्ष्मी है, तेरे गर्भ में कुरुकुल का अंकुर है।"

"हाय, न जाने इस कुरुक्षेत्र में कितनी उत्तराओं का भाग्य फूटेगा।"

"युद्ध तो हो चुका।"

"हो चुका? इस काल–युद्ध में कौन–कौन बचा?"

"कौरवों में कृप, कृतवर्मा और अश्वत्थामा।"

"पांडवों में?"

"पांडव, सात्यकि और कृष्ण को छोड़ और कोई नहीं बचा।"

"सब वीर खेत रहे?"

"असंख्य वीर खेत रहे। जगत् की यह महाज्वाला क्षत्रिय–वन को भस्म करके बुझ गई। अभिमन्यु के मरते ही अर्जुन ने ज्वाला धारण कर ली। द्रोण के बाद दो दिन कर्ण और फिर उसके दिन में शल्य और दुर्योधन।"

"अच्छा, अब मैं जाऊँगी।"

"कहाँ बेटी?"

"वहीं, पति की चिता पर।"

"बेटी, पति की चिता पर प्राण देने से बढ़कर क्या स्त्री के लिए दूसरा धर्म नहीं है? अब तू पति-प्रेम को भुलाकर पुत्र-प्रेम को मन में स्थान दे। बेटी, अभिमन्यु ने अपनी छाया तेरे गर्भ में स्थापित की है, उस छोटे से अभिमन्यु के खेल हम-तुम दोनों देखेंगी। फिर उसे भारत के सिंहासन पर बैठाकर अभिमन्यु का यशगान करेंगी।"

"ओह माँ! मेरे वीर पति की चिता-भस्म मेरे मस्तक पर लगाकर मुझे जीवन दो।"

□

कृष्ण अब अधिक सहन नहीं कर सके। वे एक जलती चिता की दिशा में भागने लगे। पीछे से किसी ने पुकारा, "भैया, ओ भैया!"

"कौन?"

"मैं उद्धव हूँ। भागे कहाँ जा रहे हो? सुनो तो!"

"अभी नहीं, फिर कभी।"

"सुनो-सुनो, वे आई हैं।"

"भागो-भागो, सुनने का कोई काम नहीं है।"

"भैया, ऐसे पागल की भाँति कहाँ भागे जा रहे हो? वहाँ महाचिता जल रही है। बचो, बचो, सावधान।"

"आह! जीते-जी अब मैं जलूँगा।"

"भैया, भैया, अरे इधर नहीं।"

"ओह!"

"क्या कर रहे हो, भैया? ठहरो, वे आई हैं।"

"आने दो। मुझे क्या? मैं मरता हूँ।"

"भैया, राधा, राधा आई हैं।"

"राधा?"

"हाँ भैया।"

"राधा?"

"हाँ, राधा आई हैं। वे तुम्हें ढूँढ़ती फिर रही हैं।"

"तो बस, अब···।"

"अब क्या भैया ?"

"मरना ही होगा।"

"नहीं भैया।"

"अब मरना ही होगा।"

"नहीं-नहीं, उधर कहाँ चले ?"

"छोड़ दो उद्धव, मुझे मरना होगा।"

"भैया, तुम कृष्ण हो, दुनिया को धीरज बँधानेवाले! आज स्वयं अधीर हो गए!"

"मैं उसे मुँह नहीं दिखा सकता, मैंने उसे वचन दिया था।"

"कब ?

"बहुत दिन हुए, अस्सी बरस हुए। छोड़ दो!"

"अस्सी बरस ?"

"हाँ, अब तक बचता रहा, अब अंत समय में उसे मैं मुँह नहीं दिखाऊँगा।"

"भैया, राधा की आँखें जाती रही हैं।"

"हाय! हाय!"

"वे बहुत दुर्बल, बहुत जर्जर हो रही हैं, उनका प्राण उनके शरीर में नहीं है, तुममें अटक रहा है। एक बार मिल लो भैया, वे भव-बाधा से पार हो जाएँ, बड़ी आशा से आई हैं।"

"कौन आई हैं, उद्धव ?"

"राधा-राधा!"

"राधा ?"

जीवन की अंतिम वेला में कृष्ण को ढूँढ़ती-ढूँढ़ती राधा उनके समीप आ ही पहुँची। उसने कृष्ण की आहट पाकर पूछा, "कहाँ, कहाँ हैं कन्हैया ?"

"इधर आओ राधाजी, भैया यहाँ बैठे हैं।"

"कहाँ बैठे हैं ? कृष्ण कहाँ बैठे हैं ?"

"इधर, यहाँ बैठे हैं ?"

"कृष्ण ?"

"..."

"बोलते क्यों नहीं कन्हैया ? रूठे हो ?"

"वे रो रहे हैं। राधाजी!"

"रो रहे हैं! कृष्ण, रोते क्यों हो? तुम्हें क्या दुःख है, बोलो?"

"राधा!"

"अहा हा! वही कंठ-स्वर है। पहचान गई, तो तुम मुझे मिल ही गए?"

"बहुत दिन में मिले, राधा!"

"पर मिले तो। मैं कहती थी कि मेरे कन्हैया मिलेंगे और अवश्य मिलेंगे।"

"हँस रही हो, राधा!"

"हँसूँ न? कितने दिनों बाद हँसी हूँ, जानते हो कृष्ण?"

"कदाचित् अस्सी वर्ष बाद!"

"कुछ याद नहीं कृष्ण, मैं कदाचित् तब हँसी थी, जब तुम मेरी चोटी के लिए फूल लेने पानी में घुसे थे और फिसलकर धम से गिर गए थे। खूब हँसी थी, याद है कृष्ण?"

"याद है, राधे।"

"क्या तुम रो रहे हो, कृष्ण?"

"नहीं, राधे।"

"हँसो, फिर एक बार।"।

"राधे, तुम्हारी आँखें जाती रहीं?"

"हाँ कृष्ण, बहुत दिन हुए, पर तुम्हें तो मैं देख सकती हूँ। देखो, तुम्हारे सिर पर मोर-मुकुट है, कमर में पीतांबर है, हाथ में बंसी है।"

"नहीं, बंसी नहीं है। बंसी तो यह मेरे पास है। याद है कृष्ण, जब तुम गोकुल से चले थे, तब मैंने तुम्हारी बंसी छिपा ली थी।"

"याद है, राधा!"

"कितने दिन हुए, कृष्ण?"

"अस्सी बरस!"

"पर लगता है, जैसे कल की बात हो।"

"ओह!"

"बंसी बजाओगे, कृष्ण? तुमने वादा किया था।"

"किया तो था।"

"कदंब पर झुलाने को भी कहा था।"

"कहा तो था।"

"झुला दो फिर।"

"राधे!"

"एक बार झुला दो, कन्हैया।"

"झूलो राधे, झूलो और गाओ वही गीत।"

"गाऊँ?" सुनो—

श्याम कैसी मुरलिया बजाई।
छोड़ सब सिंगार अधूरा, मैं भोरी उठ धाई।
सुध-बुध भूली ढूँढ़ फिरी, नहिं पाए मैं घबराई।
झिलमिल तारों की, धुँधली सी रैन अँधेरी छाई।
कौन कुंज में छिपकर मोहन, तुमने तान उड़ाई।
आँसू के उजले मोती मग में, मैं बिखराती आई।
बिखरा सब सिंगार हुआ सूना, जीवन खिसियाई।
आज मिले हो मोहन छलिया, बात न बने बनाई।
बंसी का सुर भर दो, सूने प्राणों में सुखदाई।
श्याम कैसी मुरलिया बजाई।

"अब खुश हुए कृष्ण?"

"हाँ राधे! और तुम?"

"बहुत खुश, अब तुम बंसी बजा दो। वही तान, वही, जो उस दिन सुनाई थी। लो, यह रही तुम्हारी बंसी।"

कृष्ण बाँसुरी बजाने लगे। पर राधा तो महाप्रस्थान कर रही थी। कृष्ण का उधर ध्यान न था। हठात् उद्धव ने कहा, "भैया! भैया! यह क्या हो रहा है? राधा तो महाप्रस्थान कर रही हैं!"

कृष्ण ने बाँसुरी रोककर कहा, "राधे, राधे, आँखें खोलो!"

"कृष्ण!"

"राधे!"

"मेरे कृष्ण!"

कृष्ण से राधा का यह करुण महाप्रस्थान नहीं देखा गया। वे वहाँ से चल दिए।

"भैया, ठहरो! कहाँ चले? अरे, यह तो शेष हो चुकी भैया, सुनो!"

राधा ने क्षीण स्वर से पुकारा, "कृष्ण!"

कृष्ण ने रुककर कहा, "राधे!"

"कृष्ण!"

"राधे!"

"मेरे कृष्ण!"

"राधे!"

"मेरे कृष्ण कन्हैया!"

राधा कृष्ण में विलीन हो गई।

□

गांडीवदाह

शांतनु के राज्यारोहण के 164 वर्ष बाद महाभारत हुआ। इस काल में शांतनु पचास वर्ष, विचित्रवीर्य बारह वर्ष, भीष्म (प्रबंध) बीस वर्ष, पांडु पाँच वर्ष, धृतराष्ट्र चालीस वर्ष और दुर्योधन सैंतीस वर्ष तक शासक रहे।

महाभारत संग्राम के समय प्रमुख पुरुषों की आयु अवस्था अनुमानतः इस प्रकार थी—भीष्म 131 वर्ष, युधिष्ठिर 73 वर्ष, दुर्योधन 72 वर्ष और अर्जुन 72 वर्ष। इस अनुमान में थोड़ा ही अंतर हो सकता है। इस संग्राम में नौ क्षत्रिय कुल लड़े। भूरि, भूरिश्रवा, शत और उसके पुत्र, चार पीढ़ियाँ साथ ही लड़ीं और मारी गईं।

अठारह अक्षौहिणी का नाश हुआ। एक अक्षौहिणी सेना में हाथी, घोड़े, रथ आदि के अतिरिक्त प्रायः एक लाख चौंसठ हजार योद्धा होते हैं। (1 अक्षौहिणी सेना की गणना महाभारत में इस प्रकार है। 1 रथ, 1 हाथी, 5 पैदल सैनिक, 3 घोड़े = पत्ति। 3 पत्ति =1 सेनामुख। 3 सेनामुख = 1 गुल्म। 3 गुल्म = 1 गण। 3 गण =1 वाहिनी। 3 वाहिनी = 1 तना। 3 तना = 1 चमू। 3 चमू = 1 अनीकिनी। 10 अनीकिनी = 1 अक्षौहिणी। अर्थात् 21870 रथ, 21870 हाथी, 109350 पैदल सैनिक और 65618 घोड़े। इस युद्ध में ग्यारह अक्षौहिणी सेना कौरवों की ओर से तथा सात अक्षौहिणी सेना पांडवों की ओर से लड़ी थी। पांडवों की ओर से मत्स्य, चेदि, कारुष, काशी, दक्षिण पांचाल, पश्चिमी मगध तथा यादव-गुजरात-सौराष्ट्र थे। कौरवों की ओर से पंजाब के सभी राज्य तथा उत्तरी-पूर्वी एवं दक्षिणी शक्तियाँ थीं। इनमें प्राग्ज्योतिष, चीन, किरात, कांबोज, यवन, शक, मद्र, केकय, सिंधु-सौवीर, भोज, दक्षिणापथ, आंध्र, माहिष्मती और अवंती भी थे। इससे इस बात पर प्रकाश पड़ता है कि एक और मध्य प्रदेश के शुद्ध ऋषि थे, दूसरी ओर आर्यावर्त के बाहरी क्षेत्रों के आर्य थे। दुर्योधन की सेना में पश्चिम में गांधार, कंबोज, अफगानिस्तान से लेकर कुरुक्षेत्र के सभी राजा, सिंध काठियावाड़ और अवंति तक

के राजा तथा पूर्व में अयोध्या, अंग, प्राग्ज्योतिष पर्यंत प्रदेशों के राजा थे। इधर पांडवों के दल में दिल्ली, मथुरा, पांचाल, चेदि, मगध और काशी आदि के यमुना और गंगा के मध्यवर्ती देश के राजा थे। दोनों के रहन-सहन, भाषा विचार, संस्कृति आदि सभी में बहुत अंतर था।

यह युद्ध अगहन (मार्गशीर्ष)-पौष मास में हुआ था। कुल अठारह दिन युद्ध हुआ। इन अठारह दिनों में कौरव-सैन्य का नेतृत्व भीष्म ने दस दिन, द्रोण ने पाँच दिन, कर्ण ने दो दिन और शल्य ने आधे दिन किया।

कौरवों में प्रमुख पुरुषों में कृपाचार्य, कृतवर्मा और अश्वत्थामा केवल तीन बचे। पांडवों में पाँच पांडव, कृष्ण और सात्यकि बचे। कौरव-वंश का केवल एक व्यक्ति धृतराष्ट्र का वेश्यापुत्र युयुत्स बचा। युद्ध में भीष्म ने सबसे अधिक पराक्रम प्रकट किया। द्रोण ने सबसे अधिक प्रमुख पुरुषों का वध किया। कर्ण और अश्वत्थामा का पराक्रम भी प्रमुख रहा। पांडवों में अर्जुन का शौर्य सर्वोपरि रहा। कृष्ण की कूटनीति ने उन्हें विजय दिलाई। अंतिम दिन अश्वत्थामा ने पांडवों के पुत्रों का सोते समय वध किया। युद्ध की समाप्ति पर अश्वत्थामा ने धृतराष्ट्र को प्रणाम कर किसी अज्ञात दूर-देश को प्रस्थान किया। कृतवर्मा द्वारका चले गए। कृपाचार्य हस्तिनापुर में जाकर अपने घर में रहने लगे। भीष्म घायल अवस्था में शर-शैया पर कई मास जीवित पड़े रहे, उत्तरायण काल आने पर उन्होंने प्राण त्यागे। महाराज युधिष्ठिर पूरे राज्य के स्वामी हुए। इसके बाद उन्होंने अश्वमेध यज्ञ किया। बारह वर्ष धृतराष्ट्र और गांधारी हस्तिनापुर में पांडवों के साथ रहे। बाद में कुंती और विदुर सहित वन को चले गए। वहाँ वन में आग लगने से वे सब जल मरे।

युधिष्ठिर ने छत्तीस वर्ष हस्तिनापुर में और राज्य किया। इस राज्य-काल में वे सब राजघराने, जो कुलीनों के कारण नहीं पनप रहे थे, विकसित हुए तथा विंध्य-मेखला के उस पार दक्षिणापथ में आर्य-सभ्यता का तेजी से प्रसार हुआ तथा महाकांतार वन में अनेक नए राज्यों की स्थापना हुई। इस प्रकार वह भू-भाग भलीभाँति आबाद हो गया।

दुर्योधन के जामाता, कृष्णपुत्र शांब ने मुलतान में सूर्य का प्रसिद्ध मंदिर बनवाया तथा शाक ब्राह्मणों को देश में ला बसाया। दुर्योधन के बने हुए जन सौराष्ट्र में जा बसे। उनकी जाति काठी प्रसिद्ध हुई, इसी से वह प्रदेश काठियावाड़ कहलाया। इस वंश के लोग अभी भी अपने को धृतराष्ट्र के वंशधर कहते हैं। महाभारत संग्राम के बाद मौर्य साम्राज्य के उदय होने तक का दीर्घकाल एक अंध राजनैतिक युग

रहा। आगे चलकर चंद्रगुप्त मौर्य ने अपना यशस्वी महासाम्राज्य स्थापित किया।

महाभारत संग्राम में सबसे अधिक महत्त्वपूर्ण व्यक्तित्व कृष्ण का रहा। कृष्ण के अवसान के कुछ समय बाद द्वारका समुद्री तूफान में डूब गई। अर्जुन वहाँ से कृष्ण के परिवार की स्त्रियों को लेकर हस्तिनापुर आ रहे थे कि उन्हें आभीरों ने मार्ग में लूट लिया और सब धन तथा स्त्रियों को छीन ले गए। शोकमूर्च्छित वृद्ध अर्जुन गांडीव भी न चढ़ा सके। उस समय अर्जुन की अवस्था अधिक हो चुकी थी। भग्न-मन, खंडित पराक्रम अर्जुन अपने बचे-खुचे मनुष्यों को ले हस्तिनापुर पहुँचे और वहाँ गांडीव का अग्नि में दाह कर लिया। उन्होंने कृष्ण के प्रपौत्र ब्रज को इंद्रप्रस्थ का राज्य दिया तथा सात्यकि के पुत्र को सरस्वती-तट का प्रदेश दिया। हार्दिक्य के पुत्र को मातृकावर्त का राज्य दिया। इस प्रकार ये तीन नवान यादव-राज्य महाभारत के अंत में स्थापित हुए। अक्रूर की स्त्रियों ने तथा सत्यभामा ने वनगमन किया। रुक्मिणी और अन्य कृष्ण-पत्नियों ने चितारोहण किया।

जब आत्मग्लानि और खिन्नता तथा अपवाद और अवसाद से भरे वातावरण में पांडवों का रहना असंभव हो गया, तो महर्षि व्यास के परामर्श से पांडवों ने द्रौपदी सहित हिमालय की ओर महाप्रस्थान किया। बभ्रुवाहन को छोड़कर पांडवों के बारहों पुत्र संग्राम में मर चुके थे। पाँचों भाइयों में एकमात्र संतान केवल अर्जुन के पुत्र अभिमन्यु का पुत्र परीक्षित बचा था, जो संग्राम के कुछ ही काल बाद उत्पन्न हुआ था।

पांडवों ने परीक्षित का राज्याभिषेक कर युयुत्स को उसका मंत्री बनाया तथा कृपाचार्य को कुलगुरु। रानी सुभद्रा उनकी संरक्षक बनीं। उसे पांडवों ने समझाया कि तुम अपने पौत्र का नीति से पालन करना तथा ब्रज से इसकी मित्रता सदा बनी रहे, इसका यत्न रखना।

कुटुंब का ऐसा प्रबंध कर पांडवों ने द्रौपदी सहित सब राजसी वस्त्र और राजचिह्न त्याग दिए। वल्कल धारण किए और अग्नि अपने ऊपर से उतारकर पानी में डाली तथा पूर्व दिशा को प्रस्थान किया। प्रजा हाहाकार में डूब गई। उन्हें इस प्रकार जाते देख नागपुत्री उलूपी गंगा में डूब मरी, बभ्रुवाहन की माता मणिपुर चली गई। शेष राजमहिलाएँ परीक्षित को लेकर हस्तिनापुर में बैठीं।

मद्य के पातक से मत्त यादव प्रभासक्षेत्र में आपस में ही लड़कर कट मरे, दाऊ समुद्र-गर्भ में अंतर्धान हुए और महाप्राण कृष्ण विधि-विडंबना से एक अधम व्याध के बाण से विद्ध हो परमधाम सिधारे, तब दैवकोप से कुपित समुद्र में द्वारका

डूब गई। देव, दैत्य, मानवलोक, वंद्य कृष्ण की अंत:पुरवासिनी राजकुलवधुएँ निराश्रय हो गईं। तब उद्धव के आमंत्रण पर अर्जुन आकर उन्हें हस्तिनापुर ले चले। जैसा पूर्व में वर्णन आया है, मार्ग में आभीरों और जाटों ने उन्हें लूट लिया। भग्नहृदय, लोक-संतप्त महावरी अर्जुन ऐसे निस्तेज हुए कि अपने गांडीव धनुष की डोरी भी न चढ़ा सके, वे हाय करके सिर धुनकर रह गए। इसी करुण घटना का हृदयग्राही वर्णन यहाँ वर्णित है—

रोक दो रथ, सब कटक,
अश्व गज रथ शकट शिविका,
सार्थपति जो हो, अभी वह—
दाँत में तृण दाब शरणागत हमारा हो, तुरत निज प्राण-भिक्षा माँग ले,
वद्धांजलि हो हम आभीरों, जातपुत्रों के कुलपति से,
और ये सब अश्व, रथ, गज, स्वर्ण, मणि,
माणिक्य-हीरक सी प्रभामय,
रूप-गुण गरिमामयी,
चंपकाभा, गौरवर्णी,
ललित लीलामय नयन में मदनमद आपूर्ण भर, मृदु मधुर चितवन फेंकती सी,
आभरण के भार से झुक-झूमती सी,
कुसुम गुंफित डालियों की शुभ्र शोभा धारती सी,
नयन धनु से मदन शर से मारती सी,
मंद मृदु मुसकान से ब्रीड़ाभरी, हीरक जड़ी,
ये दिव्य बालाएँ हमें दो,
प्राण ले भागो यहाँ से,
यह हमारा, जाटपुत्रों और आभीरों का तुम्हें आदेश है!

~•~

रे अधम तस्कर,
तुझे क्या मृत्यु का भय ही नहीं?
जो धृष्टता अक्षम्य ऐसी कर रहा है, अभय हो?
पार्थ हूँ मैं, विश्वजित्,
दिव्य अस्त्रों का प्रयोक्ता,

क्या नहीं तुमने कभी गांडीव की महिमा सुनी?
जिसके विकट शर,
मृत्यु के संदेश–वाहक लोक के, परलोक में, त्रैलोक्य में विख्यात हैं!
जो महत् रथियों, महारथियों,
छत्रधारी, भूपतियों के प्रतापी मस्तकों को भूमिलुंठित कर,
रक्त के आजानुनद में स्नान कर,
नरहीन कर इस वसुंधरा को।
भोग करता है ससागर–भरतखंड अखंड को।
नरपति, शत–सहस्र, जिसके चरण में मुकुट–मंडित सिर झुका,
आदेश पाकर धन्य होते,
प्रसाद पा कृतार्थ होते।
द्रोण से धनुर्धर, जयद्रथ कुटिल,
कर्ण अभिमानी,
शक्ति वर संपन्न,
मृत्युंजय पितामह भीष्म,
भू–लंठित हुए जिनके शरों से,
वही पार्थ हूँ मैं
रे अधम तस्कर!

ये महामहिम महिला,
असूर्यपश्या
द्वारकेश कृष्ण की धर्मसखी,
पुत्र–पौत्र परिजन वधूटियाँ हैं,
जिनके शौर्यपूर्ण उद्दाम चरित,
धर्म–कर्म सिद्धांतवाद,
लोकोत्तर दैवी संपद्,
ज्ञान–ज्योति,
आजीवन जन–जन को अर्पित है,
युग–युग को,
वह पुण्यनाम क्या तूने नहीं सुना?
रे अधम तस्कर!

कुरु समरांगण में,
निश्शस्त्र जिन्होंने,
युग-संचित रूढ़ि विभाजन भंग किया।
चतुरंग चमू की अष्टादश अक्षौहिणी,
भू-लुंठित कर,
दलित तिरस्कृत पांडुसुतों को—
भूतल का साम्राज्य दिया।

जो विश्ववंद्य,
अध्यात्म तत्त्व के मध्यबिंदु,
कर्मयोग आविष्कारक, गोरक्षक,
प्रतिपालक चरण-शरण के थे,
ये उन्हीं कृष्ण की पूजित पत्नी, धर्म सखी,
पुत्र-पौत्र परिजन वधूटियाँ—
भाग्यदोष से हीन-गृहा,
असहाया हो,
प्रभास के पातक का—
कज्जल मिश्रित नयन नीर से तर्पण कर,
जहाँ मदोन्मत्त मद्यप यादव कट मरे,
परस्पर कलह ठान, मद पी-पीकर, हा हंत,
श्रीकृष्णचंद्र आनंदकंद,
नरपति, नरपति-पति,
देवासुर वंद्य, मुनिगन पूजित,
वे महाप्राण,
एक क्षुद्र वधिक आखेटक का—
साधारण सा शराघात खा,
अकस्मात् निष्प्राण हुए!

यों महामहिम अस्तित्व—
अतर्कित अंतर्धान हुआ!

सूनी मथुरा,
श्रीहीन द्वारका,
प्रियहीन पार्थ,
खोए–से परिजन हुए।
दाऊ पीत–समुद्रगर्भ में कहाँ गए?
इस पार रहे, उस पार गए या नहीं रहे?
यह कौन कहे?

फिर उसी रात को प्रलय हुआ।
क्रुद्ध सागर की उत्तुंग तरंगें,
पर्वत की चट्टानों सी,
धन–जन पशु–पक्षी मानव सबको समेट,
हर्म्य, सौध, हाट, वनवीथी,
सबको लपेट,
हुंकृत,
प्रचंड,
दुर्धर्ष,
जब लौट गईं,
तब सबकुछ उनके साथ गया!

यह अभाग्य महाभागों का?
यह नियति–नियति प्रारब्धभोग,
यह विधि–विडंबना निष्ठुर
या मायामय का माया प्रसार!
किंतु जो होना था हुआ,
भला अब उससे क्या?
अभी मैं जीवित हूँ,
मैं पार्थ, गांडीव धृतहस्त!
मेरी आजानु बाहु,
मेरा लोकोत्तर शौर्य—

अभी है,
क्या हुआ, सखा माधव अब नहीं रहे,
क्या हुआ, हृदय के खंड-खंड हो गए,
क्या हुआ, जीव-जीवन सब नीरस हुआ?
विश्व विषमय, भोग सुखप्रद,
प्रियजन आँखों के शूल हुए,
इन प्राणों का बोझ लिये, मैं पार्थ,
अभी जीवित हूँ,
वही मेरा गांडीव,

वही हस्तलाघव मेरा,
वही अडिग रणरंग,
अभी मेरी नस-नस में है।
सो हे तस्कर, हे अधम,
दूर रहो,
दूर रहो पथ से,
तुझ नगण्य से वन्य-तस्करों पर हाथ उठाना वीर पार्थ के योग्य नहीं।
यह अशुभ अशोभायुक्त कार्य है,
दूर रहो,
दूर रहो पथ से,
तुम्हें पार्थ—मैं, कुरुकुल-अधिपति, प्राणदान देता हूँ।

तुम पार्थ हो या सार्थ, हमें इससे क्या?
और प्राणदान की खूब रही!
यह अपने ही मुँह मियाँ मिट्ठू बनना क्या?
अजी,
पार्थ या सार्थ,
तुम्हारा जो कुछ उच्चारण हो,
यह आभीरों का,
जातसुतों का जनपद है,

यह नहीं तुम्हारा हस्तिग्राम,
यह नहीं तुम्हारा कुरुक्षेत्र,
या इंद्रप्रस्थ,
कृष्ण मरें या जिएँ, हमें इससे क्या?
पूरी द्वारका डूब गई तो कहो हमें क्या?
होगा कुछ गांडीव खिलौना,
अरे भाई,
तुम पार्थ-सार्थ जो कुछ भी हो,
झटपट मुख में तृण दाब, उठो—
उतरो रथ से,
नंगे पैरों,
चलो हमारे कुलपति के सम्मुख,
प्राणदान माँगो!
और,
ये शकट, शस्त्र, मणि-माणिक,
स्वर्ण-रत्न, रथ-वाहन,
हाथी, घोड़े,
कौशेय, वस्त्र, काशिक,
ये चपला तरुणी बालाएँ
सबकुछ हमको दे दो!
यह तुम्हें भले की सीख हमारी,
यदि भले-बुरे की समझ तुम्हें हो—
मानो,
चाहे मत मानो—
क्षण भर में कुलपति,
जातों, आभीरों के तरुणों का जत्था लेकर,
ले-ले मोटे लट्ठ,
टूट पड़ेंगे, हड्डी-पसली चूर-चूर कर देंगे,
भेजा निकाल रख देंगे,
सब अंग-भंग कर देंगे,

फिर करते-धरते कुछ न बन पड़ेगा तुमसे,
तब रोना मूँड़ पकड़कर,
ओ पार्थ!
अथवा सार्थ जो कुछ भी तुम हो,
तुम सुनो हमारी सीख भली,
सबकुछ चुपके से दे-लेकर,
हस्तिग्राम को,
इंद्रप्रस्थ को,
अथवा जहाँ रुचे,
भग जाओ!
यह कैसा उत्पात?
प्रलयनाद कैसा यह?
कैसी हुंकृति,
वज्र-गर्जना,
असमय के ये मेघ—
जिन्होंने भास्वान् का तेज तिमिर में ढाँप लिया।
अब समझा
समझा—
यह आभीरों के जातसुतों के, दल-बादल
आ रहे,
अरे ठहरो, ठहरो,
लाओ तो गांडीव,
तस्करों का विध्वंस करूँ,
मैं पार्थ धनंजय त्रिभुवन-विश्रुत,
आभीरों को, जातसुतों को
इसी समय निर्वंश करूँगा!

किंतु अरे,
यह कैसी सिहरन?
भय की काली छाया—

नेत्रों में आ घूमी।
हस्त प्रकंपित होता है,
ज्या चढ़ी नहीं।
क्या हुआ, कौतूहल अद्भुत अति,
गांडीव का यह गुरुत्व इतना बढ़ कैसे गया?
स्रस्तहस्त गांडीव खसकने लगा?
अरे ठहरो, ठहरो,
ओ तस्कर,
ओ पामर,
वह अंतःपुर है,
वहाँ हैं महामहिम महिलाएँ
राजकुलों की मर्यादित,
उधर कहाँ जाते हो,
उनका रक्षक—
अभी मैं पांडुपुत्र अर्जुन
एक-एक को बाणबिद्ध कर—
भूलुंठित कर दूँगा!

किंतु यह हृदय-वेदना कैसी?
विज्जर शरीर,
पर—
ज्वराक्रांत सा अनाहूत अवसाद,
प्राण को, जीवन को,
प्रत्येक श्वास को,
शीतल सा करने लगा?
जैसे रक्त नहीं बह रहा धमनियों में, शीतल जल है
अथवा
यह नहीं पार्थ का यशःपूत, विक्रमस्नात
वह वज्रदेह,
यह मिट्टी का ढेर
अथवा निर्जीव लोथ कायर पशु की।

खिंच रहे प्राण,
नस-नस से।
यह दुर्भाग्य पार्थ का देखें सब—
लोकपाल, दिक्पाल,
व्योमविहारी देववृंद,
सहस्राक्ष,
रविमंडलवासी पितृ पिता,
नाग, दैत्य, दानव, मानव,
मैं पार्थ आज से सत्य-सत्य—
सत्यार्थ भाव में क्लीव हुआ!

ये श्रम सीकर झर-झर झर-झर—
बह चले भाल से,
अश्रु नयन से,
आज विदा पुरुषार्थ हुआ।
मर गया पार्थ गांडीवराज
उसी का शव यह जीवित सा—
प्रतिभास रहा है,
देखो यह चमत्कार अद्‌भुत
अरे-अरे-अरे,
ले चले उठाकर,
कुलवधुओं को?
महामहिम महिलाओं को?
राजकुलों की मर्यादा का कुछ तो ध्यान करो,
उन्हें छोड़ दो,
मुझे बाँध ले चलो,
दास की भाँति, पार्थ मैं—
सब सेवाएँ तन-मन से संपन्न करूँगा।

दुर्योधन का दास्य रोषवश,
अस्वीकार किया था—
किंतु तुम्हारा एकनिष्ठ मैं सेवक हूँगा,
सब सेवाएँ तन-मन से,
मैं पार्थ बजा लाऊँगा।
तुम यही करो केवल—
कौरव-कुल की मर्यादा को
लांछित मत करो,
अरे, ओ आभीरों के कुलपतियो,
या हनन करो पहले मेरा,
तब सखा कृष्ण की इन असहाया—
निरुपाया, हतभाग्या
कुलवधुओं का—
जो होना हो सो हो!
नहीं सुनते कुछ,
कर ली मनमानी,
ले चले उठाकर,
बलात्कार से राजकुलों की
कुलवधुओं को?
हाय-हाय, हतभाग्य हुए
पांडव,
दूषित कुरुवंश हुआ!
बंधु-बांधवों व गुरुजन का
घात फला,
पातक फूला,
सब धर्म-कर्म क्षय हुए—
नष्ट हो गए आज हम,
पांडुपुत्र!

कहो, क्या कहूँ हस्तिनापुर जाकर?
पूछेंगे धर्मराज,
अंत:पुर, सखा कृष्ण का कहाँ गया?
भीम मध्यम—
क्या क्षमा करेंगे?
इस गुरुतर धिक्कृत-कृत को?
उपहास करेंगे नकुल,
द्रुपद-कन्या मुख ढाँप करों से—
रुदन करेगी,
और सुभद्रा मातृपदों का कुशल-क्षेम—
सुन ऐसा अद्भुत,
अर्घ्य पाद्य से सत्कारेगी
वीर पार्थ को,
पुरजन-परिजन, कुरु,
पौरवधू,
सुनकर मेरी गरिमा गुणमय,
लाजा-पुष्प वर्षा कर—
अभिनंदित कर हर्षित होंगी।
हा! हा! हा! हा!
नहीं, नहीं,
मैं जाऊँगा नहीं वहाँ
क्या काम मेरा कुरुराज नगर में,
यह कलुषित मुख,
कहो किसे—
दिखलाकर जीवित हूँगा?
नहीं, नहीं,
मर गया पार्थ,
हत भाग्य,
मृत्यु किंतु अब भी दुर्लभ है।

कौरव,
कौरव कुलपति,
भीष्म–द्रोण अधिरथ–सत,
अभिमान–मेरु दुर्योधन—
सौभाग्य मृत्यु का वरद–हस्त
ले समरांगण ने खेत रहे!
यशः पताका फहराते,
दिव्य विमानों में,
सुरपुर पहुँचे!
रह गया अधम मैं,
क्लीव पार्थ,
देखने कुदिन आज का अशुभ,
कलंकित करने को कुल,
हरे कृष्ण!

क्षमा करो,
क्षमा करो, इस किंकर को,
इस अधम नराधम अर्जुन को,
तुमने जिसको पृथ्वी जय कर दी,
और जिसने—
लाज लुटाई कृष्ण–वंश की,
कुरुकुल की और
क्षत्रियत्व की,
अधम तस्करों, आभीरों के इस जनपद में।

यह वज्र–गर्जना कैसी?
सूर्य तिरोहित हुआ।
प्रलय के मेघ,
अथवा ये उल्कापात?
शत–सहस्र पादिक अधिरथ

बड़वाग्नि उठी क्या यहाँ?
या कि मृत कौरव,
कुरुक्षेत्र भूमि की चिता सुलगती त्याग,
किसी दैत्य से अभिशापित से,
पुनरुज्जीवित हो,
कृष्ण-सखा के गत होने पर,
मृत्युदूत, अथवा मृत कौरव
छिन्न-भिन्न पुरुषार्थ पार्थ से युद्ध करेंगे?
पुनरुज्जीवित हो,
कुरुक्षेत्र में विकल-विताप हुए इन शत्रु-बंधुओं की कुलवधुएँ
एक बार काजल धोकर निज अश्रुनीर से काजल देंगी।

□

अथ भाष्यम्

कृष्ण-ईश्वरोऽहं

पुराणों में जो कंस और कृष्ण का वंशवृत्त प्राप्त है, उसके आधार पर यदुवंश की माथुर–शाखा में वैवस्वत मनु की पुत्री इला और पुरुवंश की संतानों में 25वीं पीढ़ी में 'आहुक' नाम के एक राजा हुए। उनके समसामयिक एक राजा देवमीढ़स थे, जो पूर्वोक्त वंशवृत्त के 46वें राजा वृष्णि से भिन्न किसी अन्य वृष्णि–वंश के थे। इन्हीं के वंश में चौथी पीढ़ी में कृष्ण का नाम है।

मथुरा के चारों ओर का इलाका उन दिनों शूरसेन–जनपद कहलाता था। शूरसेनों के जनपद में पाँच स्थल[1] और बारह वन[2] थे तथा मथुरा के अतिरिक्त एक और पुर कालेश्वर था। वृंदावन और महावन अब भी हैं। वृंदावन का उल्लेख महाभारत में भी है। शूरसेन–जनपद में भोजवंशी यादवों का राज्य था, जिनका वंश–वृक्ष इस प्रकार है—

राम के काल ही में शत्रुघ्न ने मथुरा के शासक लवणासुर को मारकर मथुरा पर अधिकार कर लिया था। बाद में भीम सात्वत ने शत्रुघ्न–वंशियों से मथुरा छीन ली थी। भीम सात्त्वत् राम से एक–दो पीढ़ी बाद के ही पुरुष थे। तब से मथुरा पर सात्वत–वंश का ही राज रहा। कंस इन्हीं के वंश का था, जो 54वीं पीढ़ी का राजा था। कंस भोजराज था। देवावृध और बभ्रु—पश्चिमी मालव के वनस (पर्णाश नदी पर) के स्वामी थे।

---

1. अक्कथलं, वीरथलं, पउमत्थलं, कुरुत्थलं, महत्थलं।
2. लोहजंघवणं, भद्दु वणं, विल्लवणं, तालवणं, कमुअवणं, विंदावणं, भंडीरवणं, खंइरवणं, कामिअवणं, कालवणं, बहुलावणं, महावणं, (विविध तीर्थ कल्प)।

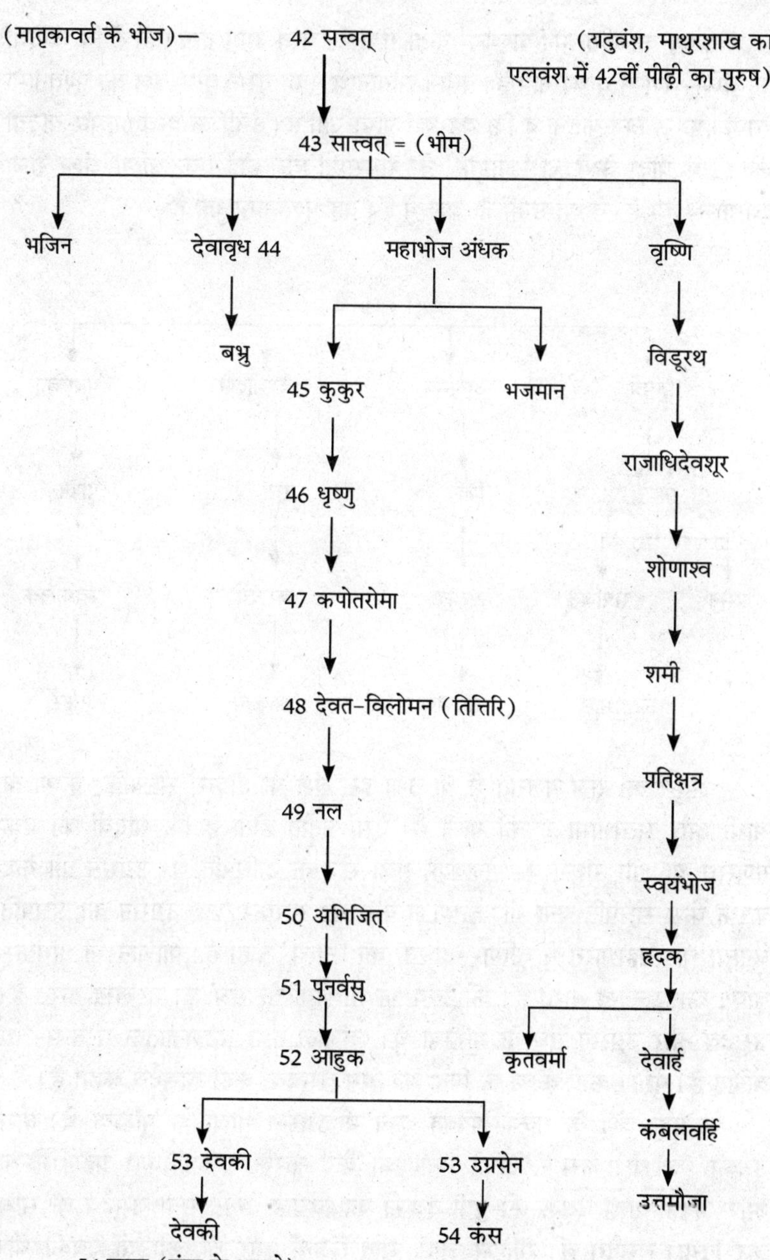
(मातृकावर्त के भोज)—
42 सत्त्वत्
(यदुवंश, माथुरशाख का एलवंश में 42वीं पीढ़ी का पुरुष)
43 सात्त्वत् = (भीम)
भजिन
देवावृध 44
महाभोज अंधक
वृष्णि
बभ्रु
45 कुकुर
भजमान
विडूरथ
46 धृष्णु
राजाधिदेवशूर
शोणाश्व
47 कपोतरोमा
शमी
48 देवत-विलोमन (तित्तिरि)
प्रतिक्षत्र
49 नल
स्वयंभोज
50 अभिजित्
हृदक
51 पुनर्वसु
52 आहुक
कृतवर्मा
देवार्ह
कंबलवर्हि
53 देवकी
53 उग्रसेन
उत्तमौजा
देवकी
54 कंस
54 कृष्ण (कंस के भानजे)

कृष्ण को गीता में 'वार्ष्णेय' कहा गया है। परंतु आप देखते ही हैं कि यादवों के वृष्णि-वंश में कृष्ण नहीं हैं। प्रधान सीतानाथ एक-दूसरे वृष्णिवंश का पुश्तनामा देते हैं। पर उनका कहना है कि यह पूरा प्राप्त नहीं है। उन्हीं के कथनानुसार यादवों की 52वीं पीढ़ी के राजा 'आहुक' के समसामयिक कोई एक वृष्णि-वंशी राजा देवमीढ़स हुए हैं। कृष्ण उन्हीं के वंश में हैं। वह पुश्तनामा यह है—

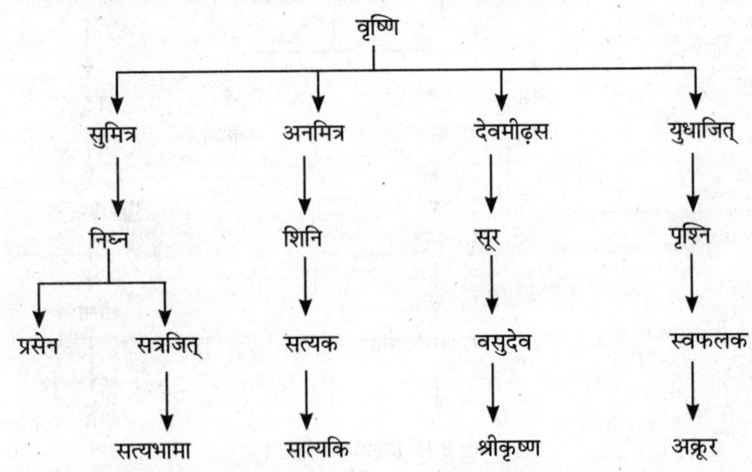

अक्रूर का राज गुजरात में था तथा इस वंश के अक्रूर, सात्यकि, कृष्ण के साथी और सत्यभामा उनकी पत्नी है। ऐसा प्रतीत होता है कि यादवों का एक गणसंघ था और मथुरा के भोजवंशी राजा संघ के अधिपति थे। उग्रसेन को कैद करके कंस संघपति बना था। कृष्ण ने कंस को मारकर फिर उग्रसेन को संघपति बनाया था। महाभारत में वृष्णि—अंधक को 'नात्य' कहा है। पाणिनि भी अंधक-वृष्णि का उल्लेख करते हैं। कौटिल्य भी वार्ष्णेयों के संघ का उल्लेख करते हैं। वसुदेव और उग्रसेन संघ के मुखिया थे। पतंजलि तथा घटकजातक में कंस-वध वर्णित है। पुराण कहीं कृष्ण के पिता का नाम वसुदेव, कहीं वासुदेव कहते हैं।

अंधक-वंश के राज्याभिषिक्त कुल में उग्रसेन भोजों के मुखिया थे। कंस उनका पुत्र था। कंस ने अपने पिता को कैद करके राज्याधिकार ग्रहण किया और अपने चाचा देवक की पुत्री देवकी का विवाह अपने मंत्री वसुदेव के साथ कर दिया। वसुदेव की रोहिणी आदि सात स्त्रियाँ और थीं, आठवीं देवकी थी।

विवाहोपरांत कंस प्रेमपूर्वक अपनी बहन का रथ स्वयं हाँककर उसे वसुदेव के यहाँ ले जा रहा था कि मार्ग में उसे किसी के बताने से वसुदेव-देवकी द्वारा कंस के पिता उग्रसेन के पक्ष में किसी षड्यंत्र का पता चला, जिससे कुपित होकर वह उसी समय तलवार लेकर उन दोनों का सिर काटने को उद्यत हो गया। परंतु पीछे उसने वृद्धों के समझाने-बुझाने से देवकी और वसुदेव को वापस लाकर कैद कर लिया। कैद ही में कृष्ण का जन्म हुआ, जिन्हें वसुदेव ने मथुरा से चार-पाँच मील के अंतर पर गोकुल में अपने मित्र नंद गोप के यहाँ भेज दिया। अपनी दूसरी सगर्भा पत्नी रोहिणी को वह प्रथम ही वहाँ भेज चुके थे, जिनके गर्भ से नंद के घर 'संकर्षण' नामक पुत्र का जन्म हुआ था। यही संकर्षण बलराम या दाऊ के नाम से प्रसिद्ध हुए। बलराम श्रीकृष्ण से अवस्था में एक वर्ष बड़े थे। दोनों बाल्यकाल में नंद के यहाँ साथ-साथ रहे थे।

कृष्ण का बदलाव यशोदा की नवजात कन्या से इस गोपनीय रीति से हुआ था कि यशोदा को भी इसका पता न लगा। कंस ने उसी कन्या को मार डाला। फिर यह पता लगने पर कि देवकी का पुत्र नंद के घर छिपा है, उसने उसे मार डालने के अनेक निष्फल यत्न किए। अंत में बारह वर्ष की अवस्था में मथुरा जाकर कृष्ण-बलराम ने कंस का वध करके माता-पिता तथा राजा उग्रसेन का बंदीगृह से उद्धार कर उग्रसेन को मथुरा के संघ का राजा बनाया। दूसरे संघ के मुखिया कृष्ण रहे और दोनों भाइयों ने मिलकर मथुरा का प्रबंध व्यवस्थित किया।

कंस जरासंध का दामाद था। जरासंध ने उसे अपनी दो कन्याएँ ब्याही थीं। जरासंध बड़ा प्रतापी राजा था। उन दिनों मगध प्रसिद्ध जनपद था और उसकी राजधानी गिरिव्रज थी। जरासंध वृहद्रथ (द्वितीय) का पुत्र था। वृहद्रथ शक्तिशाली राजा था। वह तीन अक्षौहिणी सेना का अधिपति था। उसका विवाह काशिराज की दो यमज कन्याओं से हुआ था। उन्हीं में से एक का पुत्र जरासंध था, जो अपने पिता से भी अधिक प्रतापवान था। जरासंध को अभिषिक्त कर वृहद्रथ वन को चला गया था। जरासंध ने मगध का ऐश्वर्य बहुत बढ़ाया। महाभारत संग्राम-काल में भारत के एक सौ एक प्रमुख क्षत्रिय-कुल थे, जिनमें से छियासी को अकेले जरासंध ने पराजित किया था। भारत में उन दिनों जरासंध का आतंक छाया हुआ था। शिशुपाल, कंस, कारूष और दंतवक्त्र आदि जरासंध के मित्र थे तथा बासठ राजा उसका प्राधान्य मानते थे।

कंस की मृत्यु तथा अपनी पुत्रियों का वैधव्य सुन क्रुद्ध होकर जरासंघ ने

प्रचंड सैन्य लेकर मथुरा पर आक्रमण किया। इस आक्रमण में उसके साथ अनेक राजा भी ससैन्य सम्मिलित थे। मथुरा का राज्य भी साधारण न था। यह युद्ध कई दिन हुआ। संकर्षण ने गदायुद्ध में जरासंध को पराजित किया। एक अल्पायु किशोर से द्वंद्व में पराजित हो, खिन्न मन वह मगध लौट गया, परंतु दूसरे वर्ष उसने फिर चढ़ाई की। परंतु कृष्ण-बलराम ने उसे इस बार भी पराजित कर खदेड़ दिया। इस प्रकार जरासंध ने सत्रह आक्रमण किए, जिससे मथुरा राज्य का बल भंग हो गया। 18वीं बार जरासंध ने कालयवन और 36 छत्रधारियों की संयुक्त बीस अक्षौहिणी सेना लेकर मथुरा को घेरा। तब नीति-पुंज कृष्ण ने युद्ध करने में अपनी असमर्थता देख, पिता वसुदेव और दूसरे साथियों से सलाह कर यह निर्णय किया कि जरासंध का वैर मुझसे और बलराम से है, आप लोगों से नहीं। इसलिए उसके देखते हम यहाँ से चले जाएँ तो वह यादवों को बिना सताए हमारे पीछे दौड़ेगा। फिर हम इससे निपट लेंगे। यह सलाह कर कृष्ण-बलराम ने एक मुहूर्त भर युद्ध कर दक्षिण की ओर पलायन कर दिया। जैसाकि कृष्ण ने अनुमान किया था, जरासंध उनके पीछे सेना सहित चल दिया। कृष्ण-बलदेव अनेक देशों को पार करते हुए सह्याद्रि पर आ पहुँचे। वहाँ वेण-नदी के तट पर भीष्म के गुरु परशुराम से मिलकर उन्होंने परामर्श किया। सब बातें सुनकर उन्होंने कहा, "आजकल इस करवीरपुर का शृगाल राजा बड़ा क्रूर है, तुम्हारा यहाँ रहना निरापद नहीं। मैं तुम्हारे साथ चलता हूँ, हमें वेणु पार कर यक्षगिरि पर एक रात रह, दूसरे दिन खद्योत नगर से उधर क्रौंचपुर जाना चाहिए। वहाँ का राजा महाकपि हमारी सहायता करेगा। फिर हमें गिरिगोमंत चलना होगा। वहाँ जरासंध नहीं पहुँच सकेगा।"

गिरिगोमंत वर्तमान 'गोआ' का नाम था। परशुराम उन्हें वहाँ छोड़ आए। परंतु जरासंध ने गिरिगोमंत को आ घेरा और पहाड़ तथा वन में आग लगा दी। वहाँ से भी कृष्ण-बलदेव किसी भाँति निकल भागे। जरासंध चेदि के राजा शिशुपाल को उनके पीछे लगा मगध लौट गया। चेदिपति शिशुपाल कृष्ण-बलदेव की बुआ का लड़का था। उसने कृष्ण से मिलकर कहा कि तुम यदि अपनी और मेरी सेना लेकर मेरे लिए शृगाल से करवीरपुर जीत दो, तो मैं तुम्हारा अनुगामी बन जाऊँगा। कृष्ण-बलदेव ने इस पर करवीरपुर घेर लिया और युद्ध में शृगाल को मार डाला। तब राजा की पटरानी अपने बालक शक्रदेव को आगे कर कृष्ण के पास आई और उसने अश्रुनयन हो कृष्ण से कहा, "तुमने बिना वैर जिस राजा को मारा है, उसी का यह पुत्र हाथ जोड़कर आपके सम्मुख खड़ा है। अब आप जो आज्ञा दें, यह उसी का पालन करे।"

इस पर कृष्ण लज्जित और अनुतप्त हुए और उसी बालक का अभिषेक कर उसे करवीरपुर का राजा बना दिया। इससे शिशुपाल क्रुद्ध हो चेदि लौट गया और कृष्ण-बलदेव फिर मथुरा लौट आए। शिशुपाल अपना वैर भूला नहीं। वसुदेव ने अश्वमेध किया, तो शिशुपाल ने उनका अश्व हरण कर लिया। इसी समय एक नई बात उठ खड़ी हुई।

कुंडिनपुर के राजा भीष्मक की पुत्री रुक्मिणी कृष्ण से विवाह करना चाहती थी। उसके पिता की भी यही इच्छा थी, पर उसका भाई रुक्मी उसका स्वयंवर करना चाहता था। स्वयंवर की तैयारी सुन शिशुपाल भी गया और कृष्ण भी गए। कृष्ण भारी सैन्य लेकर गए थे, वे मार्ग में राजा कौशिक के यहाँ ठहर गए। कौशिक ने उनका आतिथ्य किया। कृष्ण के आने से स्वयंवर में निमंत्रित सब राजा चिंतित हो भीष्मक के साथ सलाह करने लगे। कृष्ण अभिषिक्त राजा नहीं है, यह प्रश्न उठाया गया। पर जरासंध ने उनके शौर्य का बखान कर संधि की सलाह दी। सुनीथ राजा ने इसका समर्थन किया। दंतवक्त्र ने भी कृष्ण का पक्ष लिया। उसने कहा, "कृष्ण को मित्रवत् स्वयंवर में बुलाइए। कुमारी जिसे चाहेगी, वरेगी।" परंतु राजा शाल्व अड़ गया और उसने युद्ध की सलाह दी।

इधर यह परामर्श हो रहे थे, उधर कौशिक ने दूत भेजकर कहलाया, कृष्ण से निष्कारण वैर बढ़ाने से कुछ लाभ नहीं है। इसलिए जरासंध, शाल्व, रुक्मी और सुनीथ ये चार भूपाल अशून्यहित कुंडिनपुर रहें और शेष सब राजा यहाँ पधारकर कृष्ण का अभिषेकोत्सव देखें।

यह संदेश पा जरासंध से सहमति ले, सब राजा वहाँ पहुँचे। कौशिक के यहाँ कृष्ण का अभिषेकोत्सव हुआ। सब राजाओं ने वस्त्राभूषण, रत्न, हाटक से उनका पूजन किया।

कृष्ण ने भीष्मक से कहा, "मेरा विचार स्वयंवर में विघ्न डालने का नहीं है, आप जिसे चाहें, अपनी कन्या सुखपूर्वक दे सकते हैं।"

परंतु भीष्मक कृष्ण के प्रभाव से चिंतित हो वहाँ से लौटे और सब राजाओं को समझाकर कहा, "स्वयंवर में मुझे विघ्न का भय है, इसलिए अभी स्वयंवर स्थगित किया जाता है।"

यह सुन सब राजा मलिन मन अपने-अपने धाम को लौट गए। केवल जरासंध, दंतवन, सुनीथ, महाकर्म, श्रीशंत, वेणुदार और काश्मीर नरेश मंत्रणा करने को रह गए। इन सब राजाओं की सभा में भीष्मक ने जरासंध को संबोधन करके

कहा, "आप सब लोग नीतिनिपुण हैं, आप ही की सम्मति से मैंने यह कार्य किया था, अब क्या करना चाहिए, वह आप बताइए। वसुदेव-देवकी धन्य हैं, जिन्होंने कृष्ण सा पुत्र पाया।"

यह कहकर राजा ने अपने पुत्र की ओर देख ठंडी साँस भरी।

इस पर शाल्व ने कहा, "यह आपने अपने पुत्र का अपमान किया। इसने भी परशुराम से शस्त्र ग्रहण किया है और कृष्ण से किसी प्रकार कम नहीं है। अब मेरा कहा मानो तो कालयवन की सहायता लेकर कृष्ण का मान-मर्दन करो।"

जरासंध ने भी इस प्रस्ताव का समर्थन करते हुए कहा, "पराश्रय ग्रहण करने से मैं युद्ध को श्रेष्ठ समझता हूँ। राजा शाल्व बड़े विहिताविहित-विचारी और बड़े ज्ञानी हैं। इनके पास आकाशचारी सौभ विमान है, इसलिए इन्हीं को दूत बनाकर कालयवन के पास भेजिए।"

जरासंध की आज्ञा मानकर शाल्व कालयवन के पास गए। कालयवन ने सुना तो अर्घ्यपाद्य ले मंत्रियों सहित अगवानी करने को आया। शाल्व ने कहा, "राजन्, हमें जरासंध आदि राजाओं ने दूत बनाकर भेजा है, दूत राजा के लिए अर्घ्यार्ह नहीं है।"

यह सुन कालयवन ने कहा, "इस अवसर पर आप और भी अधिक पूज्य हैं। क्योंकि आपकी पूजा से सबकी पूजा हो जाती है।"

यह कहकर कालयवन शाल्व का विधिवत् सत्कार कर सभा में ले गया। वहाँ सिंहासन पर साथ बैठाकर कहा, "कहिए, जिस जरासंध की कृपा से हम सब राजा भयरहित रहते हैं, उसने क्या आज्ञा दी है।"

तब शाल्व ने सब हाल कह, कृष्ण की बढ़ती हुई शक्ति का हाल कहा और यह भी कहा कि आप ही कृष्ण को जीतने योग्य हैं, इसलिए हमारे साथ चलकर कृष्ण को मारकर सब राजाओं को भयरहित कीजिए।

कालयवन यह सुनकर बोला, "हे भूपालमणे, मैं आज पृथ्वी पर धन्य हुआ और मेरे पिता का शिक्षण भी सफल हो गया। क्योंकि सम्राट् जरासंध समेत सारे नृपमंडल ने जगद्विजयी राम-कृष्ण को जीतने योग्य समझ यह महत्कार्य मुझे सौंपा। सब नृपतियों के आशीर्वाद से मैं अवश्य जय प्राप्त करूँगा। इस कार्य में मेरा शरीर-पात भी हो तो श्रेष्ठ है।"

इतना कह बहुत सा धन ब्राह्मणों को दान कर वह चतुरंगिणी सेना ले मथुरा की ओर चला।

उधर अभिषेक से निवृत्त हो कृष्ण जब मथुरा पहुँचे तो राजा उग्रसेन ने उन्हें भूपाल स्वीकार कर अर्घ्य देना चाहा। परंतु कृष्ण ने निवारण करके कहा, "आपके लिए हम जैसे हैं, वैसे ही रहेंगे।"

कंस की माता ने कंस का सारा कोष उन्हें समर्पित कर दिया, पर उन्होंने वह भी आदरपूर्वक लौटा दिया। इतने में इन्हें कालयवन की चढ़ाई की सूचना मिली। इस अवस्था में युद्ध करना और मथुरा में रहना निरापद न समझ कृष्ण ने रैवतगिरि पर एकलव्य की रची हुई द्वारकापुरी में रहना स्थिर किया।

यह नगरी रैवत और मदराचल के अंचल में थी। कृष्ण-बलदेव ने रोहिणी नक्षत्र में इस नगर का शिलान्यास कर इसे सँवारा, सजाया। बड़ी-बड़ी अट्टालिकाएँ बनाईं। अक्रूर, विप्राभि, कंक, शतद्युम्न, भूदर, प्रसेन, निक्रांत, भंगकार और हर्ग महासेनापति बन द्वारका का रक्षण करने लगे।

उग्रसेन ने कहा, "आपकी सहायता के बिना हम भी यहाँ नहीं रह सकते।" तब सब बातों पर विचार कर उन्होंने सब यदुवंशियों सहित मथुरा त्याग दी और द्वारका की ओर प्रस्थान कर दिया। द्वारका के अधिपति के लिए इन्हें रोकना संभव न था। अतः द्वारका में यादवों का ठीक प्रबंध कर कृष्ण अकेले फिर मथुरा लौटे।

इसी समय कालयवन ने मथुरा को आ घेरा। कृष्ण पूर्व-नियोजित योजना के अनुसार थोड़ा युद्ध कर एक ओर चल दिए। कालयवन ने भी उनका पीछा किया। भागते हुए कृष्ण ने कालयवन को मुचुकुंद राजा से भिड़ा दिया। मुचुकुंद ने कालयवन को मार डाला और कृष्ण कृतकृत्य हो द्वारका चले आए। द्वारका आकर उन्होंने पुरी का पुनः निर्माण किया। उग्रसेन को ही वहाँ का राजा बनाया तथा उनके पुत्र अनाधृष्ट को सेनापति बनाया। उद्धव, कंक, विकद्रु, गद, स्वफलक, पिपृथु, चित्रक, पृथु और सात्यकि को विविध विभागों का मंत्री बनाया। इस प्रकार कृष्ण ने नौ मंत्रियों के राज्य की प्रणाली चलाई। सात्यकि युद्ध-सचिव बनाए गए, सांदीपन ऋषि कुल-पुरोहित और दारुक कृष्ण के सारथी बने। रैवत ने अपनी पुत्री रेवती का विवाह बलराम से कर दिया।

जरासंध के पूर्वपुरुष वृहद्रथ के पिता उपरिचर वसु के वंश में दमघोष राजा था, जिसका राज्य चेदि में था। यह मगध-वंश में नहीं था। कृष्ण की बुआ श्रुतिश्रवा इसे ब्याही थीं। इन्हीं दोनों का पुत्र शिशुपाल था। इस प्रकार शिशुपाल पितृवंश से जरासंध से संबंधित था और मातृवंश से कृष्ण से। वह कृष्ण का आत्मीद फुफेरा भाई था। वह प्रथम जरासंध के संपर्क में था और कृष्ण के संपर्क में आना चाहता

था कि शृगाल के युद्ध में विपरीत आचरण करने से वह कृष्ण से नाराज हो गया।

विदर्भ के महाराज भीष्मक की पुत्री रुक्मिणी जब विवाह योग्य हुई, तब उन्होंने परिजनों से सम्मति जानने के लिए सबको बुलाया और विचार किया।

महारानी ने कहा, "मैंने कृष्ण की बहुत प्रशंसा सुनी है और उन्हीं को अपनी कन्या देना चाहती हूँ।"

छोटे राजकुमार ने भी इससे अपनी सहमति प्रकट की।

परंतु बड़े पुत्र रुक्मी ने इसका विरोध करते हुए कहा, "मैं अपनी बहन का विवाह चेदिराज शिशुपाल से करना चाहता हूँ, क्योंकि वे शक्तिसंपन्न, वैभवशाली और वीर पुरुष हैं।"

बड़े पुत्र की यह बात सुनकर सभी को दुःख हुआ। महाराज तो चुप रहे, परंतु महारानी ने कहा, "पुत्र, कृष्ण से बढ़कर कोई पुरुष नहीं है, शिशुपाल एक क्रोधी और अहंकारी व्यक्ति है, मैं उसे अपनी कोमल स्वभाव पुत्री नहीं दे सकती।"

माता की बात सुनकर रुक्मी क्रोधित होकर बोला, "बड़े-बड़े राजाओं में छोड़कर इस गोकुल के ग्वाले को मैं अपनी बहन देकर अपयश नहीं कराना चाहता।"

परदे के पीछे रुक्मिणी अपनी सखियों के बीच बैठी यह सब वार्त्तालाप सुन रही थी। उसके हृदय में भी कृष्ण की मूर्ति स्थापित हो चुकी थी, रुक्मी की बात सुनकर वह रोने लगी।

इसी समय देवर्षि नारदजी वहाँ आ पहुँचे। सबने उठकर उनकी अभ्यर्थना की और आसन दिया।

बैठकर उन्होंने पूछा, "क्या चर्चा हो रही है?"

महारानी ने कहा, "देवर्षि, आप सर्वत्र घूमते हैं, हमारी पुत्री रुक्मिणी के लिए योग्य वर आप बताइए।"

देवर्षि ने पूछा, "आपने अभी तक किसी पर विचार किया है?"

महारानी ने उत्तर दिया, "अभी-अभी मैं कृष्ण यादव की बात कह रही थी।"

"तब तो आपने सर्वश्रेष्ठ नरपुंगव को चुन लिया है। मैं इसका अनुमोदन करता हूँ।"

रुक्मी बोला, "देवर्षि, मैं कृष्ण को नहीं, शिशुपाल को श्रेष्ठ और उपयुक्त वर समझता हूँ।"

देवर्षि ने उत्तर दिया, "तुम हीरे की तुलना कंकड़ से कर रहे हो।"

रुक्मी आवेशित हो गया और कहने लगा, "चेदिराज शिशुपाल के सम्मुख वह ग्वाला कुछ भी नहीं है, उसे तो चेदिराज…"

रुक्मी अभी कह ही रहा था कि देवर्षि के नेत्र क्रोध से लाल हो उठे। उन्होंने कहा, "रुक्मी! ब्रह्मा, रुद्र और इंद्र जिसकी स्तुति करते हैं, तुम उन्हीं श्रीकृष्ण की निंदा करते हो। जरासंध, दुर्योधन, कर्ण, दुःशासन, शिशुपाल, जयद्रथ आदि महारथियों का श्रीकृष्ण के अनुसार नाश होगा।" यह कहकर वे उठ खड़े हुए और चल दिए।

परंतु रुक्मी पर इसका कोई प्रभाव नहीं पड़ा। वह अपनी बहन का विवाह शिशुपाल से करने की तैयारियाँ करने लगा। महाराज और महारानी उसे रोकने में असमर्थ थे।

रुक्मिणी के विवाह की तैयारियाँ होने लगीं। चेदिराज शिशुपाल ने अपने मित्र राजाओं को कहलाया कि वे विवाह में आते समय अपने साथ यथासंभव सैनिक लेते आएँ—संभव है, यादवों की ओर से विग्रह हो। जरासंध, जयद्रथ आदि सभी शीर्ष राजा शिशुपाल के राज में आ पहुँचे। पूरी तैयारी कर शिशुपाल बारात लेकर चला। विदर्भ की राजधानी कुंडिनपुर में बारात के स्वागत और ठहरने का उचित प्रबंध था। महाराज, महारानी तथा रुक्मिणी सभी उदास और विमुख थे।

शिशुपाल का बारात लेकर चलने का समाचार सुनते ही रुक्मिणी ने साहस किया और अपने विश्वस्त वृद्ध ब्राह्मण को बुलाकर प्रार्थना की कि जिस प्रकार भी हो, मेरा यह पत्र द्वारका में जाकर कृष्णजी को पहुँचाओ।

पत्र इस प्रकार था—"भुवन सुंदर, मैं विवश हूँ। मेरी निर्लज्जता क्षमा करना। मैंने सदा ही आपकी आराधना की है। मैं आपको वरण कर अपना पति मान चुकी हूँ। आप आकर मेरी रक्षा कीजिए और मुझे अपनी चरण-सेवा का अवसर दीजिए।"

यथाशीघ्र द्वारका पहुँचकर ब्राह्मण ने कृष्ण से भेंट की और रुक्मिणी का पत्र उन्हें देकर सब समाचार कहा।

अगले दिन प्रभात वेला में ही कृष्णजी ने ब्राह्मण को रथ में बैठा विदर्भ की राह पकड़ी। दोपहर तक यह समाचार बलरामजी तक भी पहुँच गया। उन्होंने महाराज उग्रसेन से परामर्श किया। शिशुपाल तथा अन्य राजाओं का सैन्यसहित वहाँ आना सुन उन्हें युद्ध की आशंका हुई। उन्होंने अपना शंख बजाया और यादवों की सेना एकत्र होने लगी। फिर वे सबको साथ ले विदर्भ की राह पर हो लिये।

उस समय विदर्भ राजपरिवार में यह प्रथा थी कि कन्या विवाह से पूर्व

जगदंबिका देवी की पूजा 15 दिन करती थी। पूजा करने उसे नगर से बाहर बने एक उपवन में जाना पड़ता था, जहाँ जगदंबिकाजी का मंदिर था। यादवों के उपद्रव की आशंका से उपवन तथा मंदिर के आसपास रुक्मी ने सैनिक पहरेदार बैठा दिए थे, शिशुपाल ने भी अपने सैनिक पहरे पर नियत कर रखे थे।

परंतु कृष्ण और रुक्मिणी ने अपनी योजनाएँ गुप्त रखी थीं। अतः योजनानुसार जब रुक्मिणी गौरी-पूजन करके लौटी तो उन्होंने उसे हरकर द्वारका का रास्ता पकड़ा। बलराम सेना सहित राह रोककर खड़े हो गए, उनसे रुक्मी ने प्रचंड युद्ध किया। फिर युद्ध करना व्यर्थ समझ और यह प्रतिज्ञा कर, वह कृष्ण के पीछे चला कि यदि कृष्ण को मार रुक्मिणी वापस न लाऊँ तो लौटकर नगर का मुँह न देखूँ। वह प्रचंड कोदंड उठा रथारोही कृष्ण के पीछे वेग से चला। राजा अंशुमान, वेणुदार, श्रुतपर्वा भी उसके साथ चले। नर्मदा-तट पर कृष्ण से उसका विकट युद्ध हुआ। अंशुमान और श्रुतपर्वा मूर्च्छित हुए, वेणुदार का दक्षिण बाहु छेद हुआ। अंततः बहुत देर तक युद्ध करके रुक्मी भी मूर्च्छित हुआ। कृष्ण उसे वहीं छोड़ द्वारकावती को चल दिए। रुक्मी ने फिर कुंडिनपुर में प्रवेश नहीं किया। वह दक्षिण में भोजकट नाम का नया नगर बसाकर वहीं रहने लगा।

रुक्मिणी से कृष्ण ने दस पुत्र उत्पन्न किए। प्रद्युम्न, चारुदेष्ण, सुदेष्ण, सुषेण, चारुगुप्त, चारु, चारुबाहु, चारुविंद, भद्रचारु और चारुक। इनके अतिरिक्त एक कन्या थी चारुवती। कृष्ण ने और भी सात विवाह किए। कालिंदी (किसी सूर्यवंशी की पुत्री), मित्रविंदा (अवंतिराज की कन्या), सत्या (अवधपति नग्नजित की पुत्री), जांबती (जांबवान की पुत्री), भद्रा-रोहिणी (केकयराज की पुत्रियाँ), सुशीला (मद्रराज की कन्या), सत्यभामा (सत्राजित की पुत्री) और लक्ष्मणा (शैव्यराज की पुत्री)। सभी रानियों के पुत्र हुए। पुत्रों में प्रद्युम्न, सांब, सर, सारण और गद प्रसिद्ध हुए। सांब ने मुलतान का सूर्य-मंदिर बनवाया तथा शाकद्वीपी ब्राह्मणों को वहाँ बसाया। इसी वंश में आगे आर्यभट्ट और वराहमिहिर हुए। कृष्ण के पौत्रों में अनिरुद्ध और वज्र प्रसिद्ध हुए। समय पर रुक्मी की कन्या सुभागी का ब्याह कृष्ण पुत्र प्रद्युम्न से हुआ। इसका पुत्र अनिरुद्ध कुमार था। अनिरुद्ध का विवाह रुक्मी की पौत्री से रुक्मिणी ने आग्रहपूर्वक किया। इस विवाह में जुआ खेलते हुए बलराम से रुक्मी का विग्रह हो गया। खेल में बलराम हार गए तो रुक्मी ने उपहास किया। बाद में बलराम जीते तो रुक्मी और उसके साथी राजाओं ने बेईमानी कर अपनी ही जीत बताई, जिससे क्रुद्ध हो बलराम ने मुहरों से भरी थैली उठाकर रुक्मी की छाती

में जोर से दे मारी। रुक्मी खून वमन करता हुआ उसी समय मर गया। बलराम की हार पर कलिंगपति हँसा था। बलराम ने उसके मुँह पर लात मारकर उसके दाँत तोड़ दिए और जनवासे में आकर सब हाल कृष्ण से कह द्वारका को पलायन कर गए।

कृष्ण ने प्राग्ज्योतिष के नरकासुर का वध उसकी राजधानी में जाकर किया और उसके पुत्र भगदत्त को राजा बनाया। फिर काशी के राजा पौंड्रक को मारा। जब द्वारका पर उन्होंने अधिकार किया था, वह उजड़ी हुई थी। उसे उन्होंने सब भाँति संपन्न किया।

कृष्ण के समय में यादवों के संघ में पाँच गण थे—अंधक, वृष्णि, यादव, कुकुर और भोज। आंतरिक व्यवस्था में वे स्वतंत्र थे, परंतु बाहर के लिए एक थे। भोजों के नेता अक्रूर थे, इन पर बलदेव अनुकूल रहते थे। कृष्ण के प्रतिद्वंद्वी बभ्रु थे। कृष्ण और उग्रसेन संघ के नेता थे। कृष्ण से मूसल-युद्ध के बाद भी बभ्रु जीवित बच गए थे। कृष्ण को सदा इस बात का खेद रहा कि उन्हें अच्छे साथी नहीं मिले। महाभारत में कृष्ण कहते हैं, "बलदेव अपने बल में मस्त हैं, गद सुकुमार हैं, प्रद्युम्न अपने बनाव-शृंगार में मस्त है। आहुक और अक्रूर अधिकार प्राप्त करते जाते हैं। मुझे अच्छा साथी नहीं मिलता है।" अंत में एक व्याध के बाण से कृष्ण का प्राणांत हुआ।

कृष्ण ने पांडवों की सहायता महाभारत संग्राम में की, वे अर्जुन के मित्र तथा पांडवों के संबंधी थे। कृष्ण की बुआ कुंती पांडवों की माता थी।

□

वल्लभीय तल्लीनता

ईसा की छठी-सातवीं शताब्दी में ही बौद्धों ने वज्रयान और सहजयान की स्थापना कर वाममार्ग प्रचलित कर दिया था। पीछे जो पाशुपत-दर्शन बना, वह बौद्ध और हिंदू वामाचार का सम्मिश्रण था। वामाचार का यह विष बौद्ध, जैन, शैव, वैष्णव सभी में फैल गया। छठी-सातवीं शताब्दी में लिखे गए बौद्ध-ग्रंथ बड़े ही वीभत्स हैं। पाशुपत-अम्नाय वालों ही ने शिवमूर्ति के स्थान पर लिंगपूजन की विधि प्रचलित की। ह्वेन त्सांग ने काशी में विश्वनाथ की सौ फुट ऊँची ताँबे की मूर्ति देखी थी। उसने भारत में कहीं भी लिंगपूजन नहीं देखा। परंतु महमूद गजनवी के समय में सर्वत्र लिंगपूजा प्रचलित हो गई थी और उसके साथ शिव का नाम स्थायी रूप से जुड़ गया था। लोग वामाचार को भूलकर शुद्ध शिवलिंग पूजन में लगे थे। इसी समय मंजुश्री आदि पुराणों की रचना हुई। ऐसा ही जैनों ने किया। बौद्धों और जैनों की प्रतिक्रियारूप कापालिकों का शैवपंथ निकला। जिन्होंने तलवार, मद्य और स्त्री की सहायता से सबको अपने रंग में रँग लिया।

शठकोपाचार्य और यवनाचार्य ने जो उद्योग किए, उसके फलस्वरूप ईसा की तीसरी शताब्दी में दक्षिण में विष्णु स्वामी ने वैष्णवपंथ की नींव डाली, जिसे रामानुजस्वामी ने पुष्ट किया, जिन्होंने मद्रास के राजा विष्णुवर्धन को शिष्य बनाकर जैनों के सिर तेल की घानी में पीस दिए। उधर चोल राजा कुलोत्तुंग ने रामानुज के साथी कुरत्तांलवार की आँखें निकाल लीं तथा प्रत्येक वैष्णव को तलवार से मौत के घाट उतारा। शिव और विष्णु दोनों ही अंततः लड़ाके देवता तो हैं ही। दोनों ने दैत्य-वंश के संहार करने में कभी उचित-अनुचित का विचार नहीं किया। फिर उनके अनुयायी क्यों करते? अंततः दक्षिण में विष्णु और वासुदेव की पूजा प्रचलित हो गई, पर इस पूजा को वैदिक आधार प्राप्त न था, इसलिए रामानुज ने प्रस्थानत्रयी का सहारा लिया और श्रीभाष्य की रचना की। रामानुज के बाद माधवाचार्य ने वैष्णवों

की नई शाखा स्थापित की। यह समय उत्तर भारत में मुसलमानों के उदय का था। जैसी राजनीतिक अंधाधुंधी चल रही थी, वैसी ही धार्मिक भी। कोई छोटा-मोटा जमींदार जैसे थोड़ी सेना एकत्र कर आसपास का इलाका लूटकर राजा बन बैठता था, वैसे ही कोई भी विद्वान् ब्राह्मण अपने अनुकल 'ब्रह्मसूत्र' का भाष्य रचकर एक नया संप्रदाय खड़ा कर देता था। जनता के सुख-दुःख से उस समय न राजा का वास्ता था, न इन धार्मिक ब्राह्मणों का। वैष्णव शाखा के तीसरे प्रवर्तक निंबार्क ने बारहवीं शताब्दी में वासुदेव-पूजा को दूसरी दिशा में मोड़ा और विष्ण लक्ष्मी और कृष्ण-रुक्मिणी को एक ओर हटाकर राधा-कृष्ण पूजा को महत्त्व दिया।

बंगाल में चैतन्य ने भी राधाकृष्ण को प्रश्रय दिया। धीरे-धीरे वामतत्त्व की प्रधानता बढ़ी और कृष्ण की अपेक्षा राधा को अधिक महत्त्व मिलने लगा। कृष्ण और गोपियों की क्रीड़ाएँ गुप्तकाल ही में उच्चवर्ग में प्रिय हो चली थीं, अब राधा को परकीया के रूप में खुल्लमखुल्ला आगे लाकर उसी के आधार पर वामाचार स्थापित किया गया, जिसका सबसे नग्न, किंतु मनमोहक रूप हम जयदेव के गीतगोविंद में देख सकते हैं।

कृष्ण-भक्ति परंपरा की रचनाओं का आरंभ हिंदी साहित्य में वल्लभाचार्य के समय हुआ। वल्लभाचार्य ने प्रस्थानत्रयी पर भाष्य रचा और शुद्धाद्वैत मत का प्रतिपादन किया। इन्होंने कृष्ण को परमब्रह्म-पुरुषोत्तम माना तथा उनके लोक को बैकुंठ। गोलोक को बैकुंठ का एक खंड। इसके अंतर्गत वृक्ष, वन, यमुना, गोवर्धन, निकुंज आदि सभी नित्य हैं और इनमें कृष्ण अलक्षभाव से गोचारण तथा रासक्रीड़ा किया करते हैं। इस लीला में यदि जीव प्रविष्ट हो पाता है तो उसे परमगति प्राप्त होती है। भगवद्-अनुग्रह को ये पोषण या पुष्टि मानते हैं, इसी से इनका संप्रदाय पुष्टि-मार्ग कहलाता है। इन्होंने अपने संप्रदाय में केवल प्रेम-लक्षणा भक्ति को अंगीकृत किया है।

राधा-कृष्ण का प्रेम अतींद्रिय प्रेमभाव का सर्वश्रेष्ठ उदाहरण है। राधा-कृष्ण शृंगार-साहित्य और धर्म-साहित्य में अप्रतिम अमानुष सत्त्व है। दोनों ही प्रकार के साहित्य में राधा-कृष्ण के प्रेम को लौकिक और अलौकिक दोनों ही स्वरूपों में युग-प्रतिनिधि साहित्यजनों ने प्रतिष्ठित किया है। कृष्ण ऐतिहासिक पुरुष हैं, परंतु राधा काल्पनिक मूर्ति। जब कृष्ण को परिपूर्ण पुरुषत्व के प्रतिनिधि रूप में प्रतिष्ठित किया गया, तब राधा को प्रकृति में आरोपित किया गया तथा प्रकृति-पुरुष की वे संपूर्ण विकृतियाँ, जो विश्व के जीवन में मूर्त होती हैं, ऐतिहासिक कृष्ण को

लेकर नहीं, अमानुष सत्त्व कृष्ण को लेकर भिन्न-भिन्न कलाकारों ने भिन्न-भिन्न भावनाओं में ओत-प्रोत कर चित्रित कीं। इसके लिए प्रेमतत्त्व की भूमि स्थिर की गई और रसोदय के लिए परकीया भाव में राधा को कृष्ण के वाम भाग में स्थापित कर वाममार्ग की स्थापना की गई। इससे धर्म में मानुष जीवन की परिपूर्णता का प्रतिनिधित्व हुआ और शृंगार में संपूर्ण रसोदय।

परंतु राधा-कृष्ण का यह प्रेम ऐंद्रिय ध्वनित किया गया। इसी से प्रेमतत्त्व लगभग सर्वत्र ही कामतत्त्व में लिप्त हो गया और उसमें वासना का वास हो गया, इससे प्रकृति पुरुष का धर्मतत्त्व भी और नर-नारी का शृंगार-तत्त्व भी शाश्वत और चिरंतन न रहकर अस्थिर और कार्यरूप हो गया। परंतु कामतत्त्व ऐंद्रिय और प्रेमतत्त्व अतींद्रिय। प्रकृति-पुरुष कार्यरूप नहीं, कारणरूप में एकीभूत हो सृष्टि रचते हैं। इसी से हम राधा-कृष्ण को अतींद्रिय प्रेम की भूमि पर स्थापित करते हैं।

राधा-कृष्ण दोनों ही ग्यारह वर्ष की अवस्था में बिछड़ते हैं और जीवन के लंबे थपेड़े खाते हुए अस्सी वर्ष की आयु में जीवन के अंतिम क्षण में मिलते हैं। तब तक प्रेमरूपिणी वियोगिनी राधा वृद्धा, अंधी और जर्जर हो जाती है। पर महाकाल का यह प्रबल आघात जैसे उसे छू भी नहीं पाया है। कृष्ण शोकदग्ध, भग्न और अभिशप्त हैं। फिर भी जब वे महाश्मशान में मिलते हैं, अपने उसी बाल्यकाल के वियोग-क्षण को पुनरुज्जीवित करते हैं। प्रेम का प्रभाव ऐसा है कि जीवन कहाँ कैसे बीत गया, यह वे जानते ही नहीं। वास्तव में उनका मिलन कारणरूप है, कार्यरूप नहीं।

ब्रज-साहित्य में वल्लभीय तल्लीनता के उन्नायक सूरदास हैं, जिस समय सूरदास ने अपनी साहित्यसुधा से ब्रजमंडल को मुखरित किया, उस समय हिंदी भाषा काफी उन्नत और संपन्न हो चुकी थी तथा वह सुकवियों के प्रादुर्भाव का प्रकृत-काल था। मुसलिम विभीषिका क्षीण हो चली थी। हिंदू सुगठित होने लगे थे। अवतार, त्रिमूर्ति, प्रतिमा तथा तीर्थ हिंदू धर्म के प्रतीक हो गए थे। तर्कवाद तथा श्रद्धावाद की प्रतियोगिता समाप्त हो चली थी। तर्कवाद अपना काम कर चुका था और उसने बौद्ध तथा जैन प्रभाव से पौराणिक धर्म को मुक्त कर दिया था। सूफीवाद को लेकर जो मुसलिम संत हिंदूतत्त्व में मुसलिम खुदावाद का मिश्रण करना चाहते थे, विफल हो चुके थे। मुसलिम तलवार खुदावाद को बलात् हिंदू-समाज में प्रविष्ट करने के प्रयास में दो सौ वर्षों तक रक्त-स्नान करके कुंठित हो चुकी थी और अब पौराणिक धर्म का सामना करनेवाला देश में कोई न था। लोगों को अब धर्म-

सिद्धांत समझने की उतनी आवश्यकता न थी, जितनी संगठित होने की। रामानंद स्वामी दार्शनिकों और सूफियों पर विजय पा चुके थे तथा हिंदू-समाज को तर्कवाद और एकेश्वरवाद से हटाकर श्रद्धापूर्ण कर चुके थे। उन्हीं की परंपरा में कबीर और नानक अथक साहस करके जनता की जड़ता दूर करने के प्रयत्न कर रहे थे, परंतु अभी एक साहसी और समर्थ धर्मनेता की आवश्यकता थी। इसी समय वल्लभाचार्य ने वाममार्गी भक्ति का मार्ग-प्रदर्शन किया, जो अति लोकप्रिय हो उठा।

वल्लभीय तल्लीनता में सूर एकबारगी ही डूब गए। उनके नेत्रहीन अंधकारपूर्ण संसार में मानव शैशव ऊधम मचाता हुआ उनकी निराश-प्रसुप्त भावनाओं को जगाकर गुदगुदा गया। उन्होंने चमत्कृत हो मानसनेत्रों से उस शैशव का सलोना श्यामरूप देखा, उसकी मधुर तोतली किलकारी सुनी। उनका मचलना, इठलाना, तुतलाना देखा, उनका घुटनों के बल चलना, हँसना देखा, तो सूर की संपूर्ण मानव-सत्ता जाग उठी। उन्होंने मानव-मेदिनी पर अपने संस्कृत हृदय का वात्सल्य-रस बिखेरना प्रारंभ किया और आनंदध्वनि से जनपद को मुखरित कर दिया। मानव-जनपद ने अब उस कोसल-श्यामल बालमूर्ति को देखा, जिसमें कोमलता, विश्वास, पवित्रता, प्यार और आनंद ही भरा था तो उस बालमूर्ति को सिर पर उठाकर वह आनंदातिरेक से उन्मत्त हो नाचने लगा।

राम-युधिष्ठिर वंश

पुराणों में द्वापर काल को दो हजार वर्षों का माना है। इस युग की राम से युधिष्ठिर तक की वंशावलियों में दो शाखाएँ रहीं—(1) सूर्यवंशी शाखा, जिसकी मूल शाखा में राग से वृहद्धल (महाभारत युद्ध में लड़ा) तक केवल चौदह पीढ़ी हैं। (2) चंद्रवंश की कुरुशाखा में कुरु से, जो राम का समकालीन था, महाभिषशांतनु तक ग्यारह पीढ़ी हैं। हम वृहद्धल तक चौदह पीढ़ियों को प्रत्येक का काल अट्ठाईस वर्ष मानकर चलते हैं तो 14 × 28 = 392 वर्ष होते हैं। वृहद्धल से प्रसेनजित् तक 23वीं पीढ़ी है। यह निश्चित तथ्य है कि वह ई.पू. 533 में कौशल की गद्दी पर था तो इस हिसाब से भी 23 × 28 = 644 + 533 = 1177 ई.पू. भारत-संग्राम काल अथवा युधिष्ठिर-काल निर्णीत होता है। अब राम का काल, जो भारत-संग्राम से 392 वर्ष पूर्व है, 1569 ई.पू. निर्णीत होता है, यही द्वापर का आरंभ काल है और अंत महाभारत संग्रामकाल ई.पू. 1177 है। अतः ई.पू. 1569 से ई.पू. 1177 तक 392 वर्ष का काल द्वापर का भोगकाल है।

राम ने तीस वर्ष की अवस्था में पिता की आज्ञा से वनगमन किया और

चौदह वर्ष वहाँ रहकर रावण को मारकर चौवालीस वर्ष की अवस्था में अयोध्या आकर सिंहासन ग्रहण किया। राम के पिता दशरथ का राज्य बहुत बड़ा था। बंग-अंग, मगध, काशी, कौशल, द्रविड़, सिंधु, सौवीर, सौराष्ट्र और दक्षिणापथ उनके साम्राज्य के अंतर्गत थे। राम और उनके भाइयों ने अब और भी राज्य वृद्धि की।

राम के राज्यारोहण के बाद ही भरत ने मथुरा के असुरराजा लवणासुर को मार शत्रुघ्न को वहाँ का राजा बनाया। इसके बाद भरत और उनके पुत्र तक्ष और पुष्कल ने युधाजित् अश्वपति की सहायता से संपूर्ण गंधर्व-देश विजय किया। भरत ने अपने दोनों पुत्रों के नाम पर एक-एक नगर तक्षशिला और पुष्कलावती बसाए तथा वहीं भरत के दोनों पुत्रों की राजधानियाँ रहीं। आगे भारतीय इतिहास में वे नगर बहुत प्रसिद्ध हुए। राम के पुत्र कुश कौशल में स्थापित हुए। उनकी राजधानी कुशावती बसाई गई, जो विंध्य-पर्वत पर थी। लव की राजधानी श्रावस्ती रही। पीछे कुश अयोध्या में लौट आए।

शत्रुघ्न का पुत्र सुबाहु मथुरा का राजा बना तथा दूसरा पुत्र शत्रुघाती विदिशा का। लक्ष्मण के अंगद और चंद्रकेतु दो पुत्र हुए। उनके भी पृथक् राज्य स्थापित हुए। इस प्रकार राम-कुल के आठ राज्य स्थापित हुए। राज्यारोहण के बाद राम ने बीस बरस राज्य किया और अनेक अश्वमेध-यज्ञ किए। इस कुल में भारत-संग्राम पूर्व चौदह पीढ़ियाँ हुईं। महाभारत-संग्राम में इस कुल का राजा वृहद्बल युद्धस्थल में अभिमन्यु द्वारा मारा गया।

संवरण का पुत्र कुरु राम का समसामयिक पौरव राजा था। यह वंशकर प्रसिद्ध हुआ। इसी के नाम पर पौरवों का कुरुवंश चला। कुरु का पिता संवरण पांचाल सुदास से हारकर राज्यभ्रष्ट हो गया था। यह संग्राम बहुत भीषण हुआ था, पेंजवन सुदास ने दस अक्षौहिणी सेना लेकर संवरण पर आक्रमण किया था। युद्ध में हारकर संवरण सिंधु-नद की ओर भागा। तक्षशिला से परे पर्वत के समीप वह किसी निकुंज में रहने लगा। वहीं उसने तपसी से विवाह किया, जिससे पुत्र कुरु उत्पन्न हुआ। उसके मंत्रीगण भी उसके साथ रहते थे। वह बारह वर्ष वहाँ रहा, बाद में सुदास से नाराज होकर वसिष्ठ ने उसे सहायता दी और वह वसिष्ठ की सहायता से सैन्य-संग्रह कर संग्राम करने आया। सुदास कुछ समय पूर्व ही 'दशराज्ञ-समर' (दस राजाओं के भारी युद्ध) में घायल हो चुका था। वह संवरण का सामना न कर सका और युद्ध में पराजित होकर मारा गया। इस प्रकार वसिष्ठ की कृपा से उसने अपना राज्य फिर पाया, परंतु राज्य का पूर्व वैभव वह स्थापित न कर पाया।

कुरु ने कौरवों की प्राचीन राजधानी प्रतिष्ठान त्याग दी। पिता के पलायन-काल में वह संभवत: कुरुजांगल में जा छिपा था। उसी कुरुजांगल में उसने कुरुक्षेत्र बसा, उसे अपनी राजधानी बनाया। उसने जंगल साफ किए और भूमि को खेती के योग्य तैयार किया। यह तपस्वी, प्रतापी और धैर्यवान राजा था। इस वंश में भारत-संग्राम तक ग्यारह पीढ़ियाँ हुईं। लक्ष्मण और शत्रुघ्न के लड़कों के राज्य शीघ्र विनष्ट हो गए। भरत के पुत्रों का प्रभाव दीर्घकाल तक रहा। उनके वंशधर शताब्दियों तक पुष्करावती और तक्षशिला पर राज्य करते रहे, परंतु वे मध्यदेश छोड़कर अपने ही प्रांत के क्षत्रियों में मिल गए।

राम के बड़े पुत्र कुश को दक्षिण कौशल तथा अयोध्या के प्रांत मिले। अवध प्रांत के दो भाग करके राम ने श्रावस्ती लव को दी तथा अयोध्या कुश को। बड़े होने के कारण दक्षिण कौशल भी उन्हीं को मिला। यह विंध्य में था, जो पूर्वोक्त दक्षिण कौशल से पृथक् था। क्योंकि वह राज्य महाभारत के बाद तक चलता रहा। कुश पहले कुशावती में रहे। अयोध्या उजाड़ हो चली। बाद में वे अयोध्या ही में आ बसे। कुश का एक विवाह किसी तक्षक नाग की पुत्री कुमुद्वती से हुआ। दुर्जय नाम के किसी असर से युद्ध करते हुए कुश मारे गए। इनके पुत्र अतिथि ने पिता के घातक दुर्जय को मारा। इनके वंशधर पारिपात्र (49) के छोटे भाई सहस्त्राश्व ने पृथक् राज्य स्थापित किया। बल (50) मुख्य गद्दी पर रहे। सहस्त्राश्व (49) का राज्य छह पीढ़ी चला। अंतिम राजा श्रुतायुध (54) महाभारत-संग्राम में मारा गया।

लव श्रावस्ती के राजा हुए। इनका वंश दीर्घकाल तक चला। लव के पौत्र ध्रुवसंधि थे। इनका विवाह कलिंग राजकन्या मनोरमा तथा उज्जैनपति युधाजित् की पुत्री लीलावती से हुआ। मनोरमा से पुत्र सुदर्शन हुआ और लीलावती के गर्भ से शत्रुजित्। ध्रुवसंधि का शत्रुजित् पर अधिक प्रेम था। राजा के मरने पर मंत्रियों ने सुदर्शन को राजतिलक देना चाहा। इस पर कलिंगराज और उज्जैनपति अपने-अपने दोहतों का पक्ष लेकर लड़ने को तैयार हो गए। श्रृंगवेरपुर में भारी युद्ध हुआ। कलिंग राजा मारा गया और रानी मनोरमा बालक सुदर्शन को लेकर वन में चली गई और प्रयाग में भरद्वाज के आश्रम में आश्रित हुई। युधाजित् ने शत्रुजित् को राजा बना दिया।

युधाजित् ने भरद्वाज से सुदर्शन को बहुत माँगा, पर उन्होंने नहीं दिया। कुछ काल बाद काली-नरेश सुबाहु की पुत्री शशिकला का स्वयंवर हुआ। इस समय तक सुदर्शन भरद्वाज की शिक्षा से विद्वान् हो गया था। उसके गुणों को सुनकर

शशिकला उस पर मोहित हो गई और उसने पत्र भेजकर उसे स्वयंवर में बुला भेजा। सुदर्शन काशी पहुँचा। वहाँ युधाजित्, शत्रजित्, कारुषपति, भद्रशर, सिंहराज, माहिष्मतिपति, पांचालराज, कामरूप, कर्णाटक, विदर्भ, केरल, चोल आदि राजा एकत्र थे। युधाजित् ने सुदर्शन को देख आपत्ति उठाई कि स्वयंवर राजाओं के लिए है, इसलिए सुदर्शन इसमें सम्मिलित नहीं हो सकता।

इस पर केरल के राजा ने कहा, "वह राजा ध्रुवसिंधु का बड़ा पुत्र होने के कारण माननीय व्यक्ति है।" और भी राजा उसके पक्ष में हो गए और राजकुमारी ने उसे ही जयमाला पहना दी। इस पर युधाजित् युद्ध करने को तैयार हो गया। घनघोर युद्ध हुआ, युधाजित् और शत्रुजित् दोनों मारे गए। सुदर्शन अयोध्या का राजा हुआ। महाभारत-काल में इसी के वंश में वृहद्बल हुआ, जो चक्रव्यूह में अभिमन्यु से लड़ते हुए मारा गया।

सगरवंश भगीरथ के बाद समाप्त हो गया।

दक्षिण-कौशल राजवंश के समकालीन राजा कल्माषपाद थे। पीछे इनके राज्य के दो खंड हो गए। प्रथम में अश्मक, उरकाम और मूलक हुए तथा दूसरे में सर्वकर्मन, अनरण्य, निघ्न और अनमित्र।

विदेह राजा जनक सीरध्वज राम के श्वसुर थे। उनके भाई कुशध्वज सांकाश्य नरेश बनाए गए। इनके वंश में धर्मध्वज और केशिध्वज के समय तक राज्य चला। कृतध्वज के भाई मितध्वज थे, जिनके पुत्र खांडिल्य का राज्य उन्हीं के किसी वंश वाले ने केशिध्वज से छीन लिया। पीछे उनसे ज्ञान सीखकर लौटा दिया। मुख्य वंश में सीरध्वज (38) के पुत्र भानुमंत राम के साले थे। शकुनि के पुत्र स्वागत के भाई ऋतुजित् (45) ने दूसरा राज्य स्थापित किया। इस वंश में पचपन पीढ़ी तक राज्य चला। धृति (52) और बहुलाश्व (53) के समय कृष्ण इनके राज्य में गए। तब यह राज्य साधारण स्थिति में था। इसके आगे इस वंश का वर्णन नहीं है। परंतु महाभारत के ढाई सौ वर्ष बाद उसने आध्यात्मिक महत्ता प्राप्त की। वैशाली-वंश त्रेता में ही भंग हो चुका था। लव-वंश का प्राधान्य अंत तक रहा। फिर भी द्वापर में सूर्य-वंश दबा ही रहा। कोई तेजस्वी नामांकित राजा सूर्य-वंश में नहीं हुआ। द्वापर में चंद्र-वंश उन्नत रहा।

कुरु ने वत्स-राज्य जीता। इन्हीं के नाम पर कुरु-वंश चला।

कुरु की पत्नी का नाम वाहिनी था। उसके आगे के वंश के संबंध में महाभारत और पुराणों में बहुत अंतर है। वायु और मत्स्य पुराण में उसके चार पुत्र लिखे हैं।

विष्णु पुराण तीन ही पुत्र बताता है। महाभारत में पाँच पुत्रों का उल्लेख है।

परीक्षित (प्रथम) को मत्स्य पुराण महातेज लिखता है। वायु-पुराण में इसे महाराज कहा है। परीक्षित के भाई उच्चैःश्रवा का उल्लेख जेमिनीय ब्राह्मण और आरण्यक में है। परंतु उसे कुवय या कुपय का पुत्र लिखा है। महाभारत में उसके पिता का नाम अभिष्वान् लिखा है। संभव है, कुपय उसका दूसरा नाम हो। केशी की माता दर्भपत्नी उच्चैःश्रवा कौरव की भगिनी थी। कौशीतकि-ब्राह्मण में केशी दार्भ्य को शिखंडी याज्ञसेन का समकालीन कहा है, जो महाभारत-संग्राम में लड़ा था। केशी का मामा उच्चैःश्रवा इस अवस्था में महाभारत-संग्राम से निकट होना चाहिए। अतः यह संदिग्ध है।

परीक्षित (प्रथम) का पुत्र जनमेजय (द्वितीय) प्रसिद्ध पुरुष है। ऐतरेय ब्राह्मण के कई प्रकरणों में महाराज जनमेजय और तुरःकावषेय का उल्लेख आया है। तुरःकावषेय प्रसिद्ध याज्ञिक था। शतप्रथ ब्राह्मण उसे प्रजापति का शिष्य लिखता है। तुरःकावषेय के समान दंतावलध्रोम भी जनमेजय परीक्षित का समकालीन था। जनमेजय का दूसरा प्रधान याज्ञिक इंद्रोत दैवायत शौनक था। जनमेजय ने आसंदीवान् ग्राम में भारी यज्ञ किया था। इंद्रोत देवायत शौनक और तुरःकावषेय दोनों ही उस यज्ञ में उपस्थित थे। वायु-पुराण जनमेजय को कुरु-पुत्र और परीक्षित-पुत्र कहता है। इस समय जनमेजय के पास एक प्राचीन रथ था, जो इंद्र ने इससे लेकर चौद्यवसु को दे दिया था। चौद्यवसु भारत-संग्राम से कई पीढ़ी प्रथम हुआ। जनमेजय द्वितीय की पुरातन कथा को भीष्म ने युधिष्ठिर को सुनाया था।

जनमेजय (द्वितीय) के भाई काक्षसेन का उल्लेख जैमिनि-आरण्यक और ऐतरेय ब्राह्मण में है। उन वचनों से ज्ञात होता है कि ब्रह्मदत्त चैकितानेय, अभिप्रतारिणी, काक्षसेन कौरव, पुरोहित शौनक और शौनक कापेय समकालीन थे। गिरिक्षित औचामन्यव और काक्षसेन में संवाद हुआ था।

काक्षसेन के पुत्र अभिप्रतारिण का नाम महाभारत में नहीं है। ऐसा अनुमान होता है कि जनमेजय अपनी राजधानी हस्तिनापुर ले गए थे और काक्षसेन कुरुक्षेत्र की गद्दी पर रह गए थे। यह भी संभावना है कि कुरु-वंशियों ने और भी कुछ नए छोटे-छोटे राज्य स्थापित कर लिये थे।

कौशल के राजा ब्रह्मदत्त प्रसेनजित् ने ब्रह्मदत्त चैकितानेय को वरा। प्रसेनजित् कौसल्य वृहद्बल से दो पीढ़ी ऊपर है तथा उसके बाद तक्षक का नाम है। प्रसेनजित् के पुत्र ब्रह्मदत्त का नाम नहीं है। प्रसेनजित् का नाम भी केवल भागवत में मिला है।

यहाँ जैमिनीय ब्राह्मण से उसका समर्थन होता है। अब या तो तक्षक से प्रथम ब्रह्मदत्त नाम जोड़ना चाहिए या फिर ब्रह्मदत्त कहीं दूसरे राज्य का स्वामी हुआ।

जनमेजय के अन्य भाइयों उग्रसेन, श्रुतसेन और भीमसेन का उल्लेख वैदिक साहित्य में मिलता है। हरिवंश में श्रुतसेन, उग्रसेन और भीमसेन को जनमेजय का दामाद लिखा है। कदाचित् यह भ्रम हो।

प्रतीप, प्रतिम, पर्यशव एक ही पुरुष के नाम हैं। वृद्धद्युम्न उनके समकालीन हैं। ऐसा प्रतीत होता है कि प्रतीप को निरंतर घनघोर युद्धों में फँसा रहना पड़ा और अंततः उन्हें पराजित होकर कुरुक्षेत्र छोड़ना पड़ा। तभी से कुरुक्षेत्र उजड़ गया और कौरवों की राजधानी केवल हस्तिनापुर ही रही। इससे यह तो स्पष्ट होता है कि काक्षसेन का पुत्र अभिप्रतारिण था और अभिप्रतारिण का पुत्र वृद्धद्युम्न था। जनमेजय का पौत्र प्रतीप और काक्षसेन का पौत्र वृद्धद्युम्न दोनों समकालीन हैं। दोनों को ही कुरुक्षेत्र छोड़ना पड़ा था।

प्रतीप को बड़ी आयु तक संतान प्राप्त नहीं हुई। उनकी स्त्री शैव्या संथा या सुनंदा थी। शैव्य-जनपद शेरकोट के पास था, जो झंग के समीप है। सुनंदा के पिता का नाम वृषादर्व था। वृद्धावस्था में वे विरक्त भाव से बहुत दिन गंगा तट पर रहे। इस समय प्रतीप को तीन पुत्र हुए—देवापि, शांतनु और वाह्लीक। देवापि बाल्यकाल में ही वनस्थ हो गया, वाह्लीक अपने मामा के घर चला गया। देवापि के पुत्र न होने पर प्रतीप ने शांतनु को राज्य दिया। महाभारत के आदि पर्व की वंशावलि इस प्रकार है—

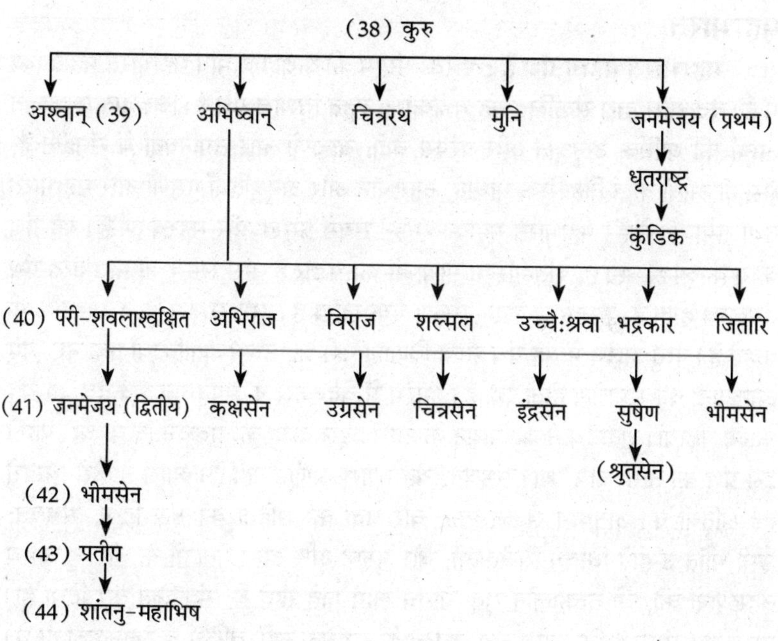

महाभारत के अनुसार प्रतीप का वंशवृत्त इस प्रकार है—

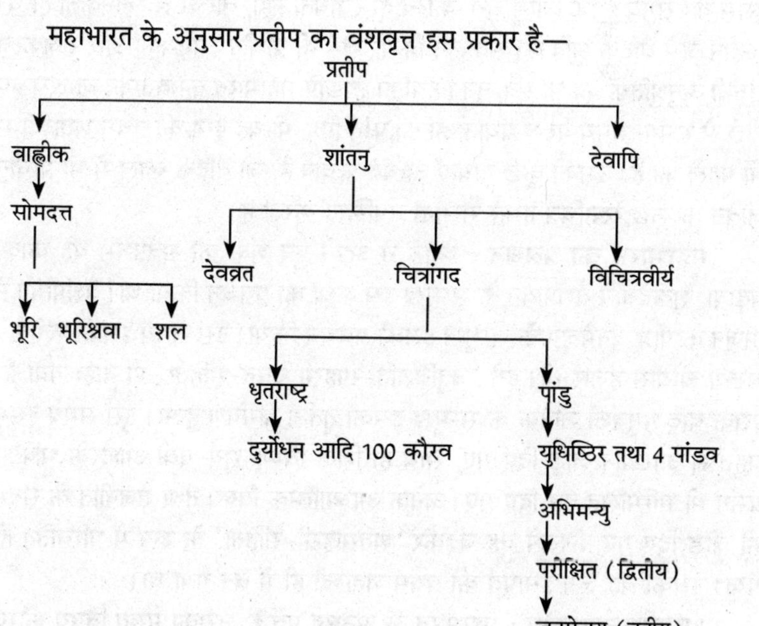

महाभारत

महाभारत महान् ग्रंथ है : भारत-संग्राम की कथा एकमात्र महाभारत महाकाव्य में है। वेदव्यास द्वारा संकलित यह महाकाव्य बहुत विशाल ग्रंथ है। जिस प्रकार प्राचीन आर्यों की धार्मिक अनुश्रुति और परंपरा वेदों, ब्राह्मणों और उपनिषदों में संगृहीत है, वैसे ही आर्यों की ऐतिहासिक गाथाएँ, आख्यान और अनुश्रुतियाँ पुराणों और महाभारत तथा रामायण में हैं। महाभारत महाकाव्य इन सबमें प्रमुख और महत्त्वपूर्ण है। यह ग्रंथ कोरा काव्य ही नहीं है, ऐतिहासिक गाथाओं का भंडार है। इस समय जो महाभारत ग्रंथ उपलब्ध होता है, उसकी श्लोक-संख्या एक लाख है। इसी से उसे 'शत साहस्री' भी कहते हैं। परंतु आरंभ में यह ग्रंथ इतना विशाल नहीं था, उसमें शताब्दियों तक नए-नए आख्यानों का समावेश होता रहा है। आरंभ में वेदव्यास ने अपने पुत्र शुकदेव को यह काव्य पढ़ाया। शुकदेव ने वैशंपायन के सामने इस कथा का प्रवचन किया था। पहले इस ग्रंथ का नाम 'जय' था। संभवत: यह व्यास-प्रणीत नहीं है। व्यास ने जैसे बिखरी हुई श्रुतियों को अनुक्रम से जोड़कर चार वेदों की संहिता का रूप दिया, संभवत: उसी भाँति उन्होंने विविध विजेताओं, वीर पुरुषों और अन्य नेताओं के वीर-कृत्यों व आख्यानों को, जो तत्कालीन सूत-मागध लोग गाते रहते थे, संकलित कर दिया हो। इससे यह संभव है कि व्यास जय-काव्य के रचयिता नहीं, बल्कि संकलनकर्ता ही थे। उन्होंने जैसे वैदिक श्रुति का संकलन किया, वैसे ही प्राचीन आख्यानों और राजकुलों संबंधी अनुश्रुतियों का भी संकलन किया हो। यद्यपि महाभारत का वर्तमान बृहत्स्वरूप पीछे से समय-समय पर बढ़ाया हुआ है। परंतु फिर भी यह ईसा की प्रथम शताब्दी से भी पहले का है। उसकी कुछ गाथाएँ अत्यंत प्राचीन हैं, जो वैदिक काल से भी प्राचीन जीवन के कुछ रेखाचित्र हमारे सम्मुख उपस्थित करती हैं।

महाभारत का प्रवचन : व्यास ने अपने पुत्र शुक को सर्वप्रथम यह काव्य पढ़ाया, शुकदेव ने वैशंपायन के सम्मुख इस कथा का प्रवचन किया था। वैशंपायन ने अर्जुन के पौत्र जनमेजय के सम्मुख इसका प्रवचन किया। उस समय इसकी श्लोक-संख्या चौबीस हजार थी। इसे 'चतुर्विंशति-साहस्री भारत-संहिता' भी कहा गया है। इसके बाद भृगुवंशी शौनक के सम्मुख इसका तृतीय पारायण हुआ। उस समय इसमें बहुत से आख्यान जोड़ दिए गए, साथ ही शिव-विष्णु-सूर्य-देवी आदि के भक्ति-प्रसंग भी सम्मिलित कर दिए गए। अनेक आध्यात्मिक विषय तथा राजनीति के संदर्भ भी जोड़ दिए गए, जिसमें वह बढ़कर 'शतसाहस्री-संहिता' के रूप में परिवर्तित हो गया। उसका यह रूप ईसापूर्व की प्रथम शताब्दी ही में बन गया था।

भारतीय ज्ञानकोष : महाभारत के अठारह पर्व हैं। उसका मुख्य विषय कौरव

पांडवों का संग्राम है, जो कुरुक्षेत्र में हुआ। इस युद्ध में भारत तथा भारत से बाहर देशों के भी अनेक राजा अपनी सेनाओं के साथ सम्मिलित हुए थे। परंतु इस ग्रंथ में इतना ही नहीं, प्रसंगवश इसमें भारत की प्राचीन जनश्रुतियाँ, ऐतिहासिक तथ्य, तत्त्वज्ञान, धर्मशास्त्र, राजधर्म और मुक्तिशास्त्र का भी विशद वर्णन है। इन सब बातों के कारण इस ग्रंथ को भारतीय ज्ञान और संस्कृति का विश्वकोष कह सकते हैं।

महाभारत के कर्ता : महाभारत के तीन कर्ता हैं—1. व्यास, 2. वैशंपायन, 3. सौति। व्यास के मूल ग्रंथ का नाम 'जय' था। उन्होंने तीन वर्ष में यह काव्य रचा था। इस ग्रंथ की श्लोक-संख्या के संबंध में मतभेद है। कुछ पाश्चात्यों का मत है कि इसकी श्लोक-संख्या 8800 थी। वैशंपायन ने उसमें वृद्धि की, तब इसकी श्लोक संख्या चौबीस हजार हो गई और इसका नाम 'चतुर्विंशति साहस्री संहिता' या महाभारत नाम हो गया। इसके बाद उसमें निरंतर वृद्धि होती गई। पीछे सौति ने जब उसका संपादन किया, तब सब उपाख्यान आदि जोड़कर उसकी श्लोक संख्या एक लाख हो गई तथा सौति के ग्रंथ को लगभग स्थायी रूप प्राप्त हो गया। वर्तमान में महाभारत की जो प्रति उपलब्ध है, उसमें सौति की बताई संख्या से एक हजार श्लोक कम हैं। कुछ पर्वों में श्लोक कम हैं, कुछ में अधिक। जहाँ श्लोक अधिक हैं, वहाँ यही संभव है कि पीछे से कुछ श्लोक और बढ़ा दिए गए हैं। ऐसे बढ़ाए हुए श्लोक 'वनपर्व' और 'द्रोणपर्व' में ही पाए जाते हैं। आजकल महाभारत के जो अठारह पर्व हैं, यह पर्व-विभाग सौति ने ही किया है। वैशंपायन के महाभारत में छोटे-छोटे सौ पर्व थे। सौति की अनुक्रमणिका में यह बात प्रकट कर दी गई है। सूतपुत्र लोमहर्षण ने नैमिषारण्य में अठारह पर्वों का ही प्रवचन किया था।

ग्रंथकर्ताओं का काल : व्यास महाभारत युद्धकालीन पुरुष थे। उन्होंने अपनी आँखों से संग्राम देखा था। महाभारत के कुछ वर्णन ऐसे हैं, जिन्हें प्रत्यक्षदर्शी ही कह सकता है। वैशंपायन व्यास के या तो शिष्य थे या शिष्य-परंपरा में थे। क्योंकि वे पांडवों के प्रपौत्र जनमेजय के समकालीन थे। संग्राम के बाद छत्तीस वर्ष युधिष्ठिर ने राज्य किया। इसके बाद उनका पौत्र परीक्षित राजा हुआ। उसने चौबीस वर्ष राज्य किया। तब जनमेजय राजा हुआ। इस प्रकार संग्राम से जनमेजय के राज्योदय तक साठ वर्ष का काल व्यतीत हो गया था। यदि वैशंपायन प्रत्यक्ष ही व्यास के शिष्य थे, तो वे इस समय अत्यंत वृद्ध हो गए थे और 'जय' काव्य को 'भारत' का रूप धारण करने में लगभग साठ वर्ष का काल लग गया होगा।

सौति : सौति कौन थे, इस संबंध में मतभेद है। कुछ लोग हर्षण के पुत्र अग्रश्रवा को सौति कहते हैं, क्योंकि यह सूतपुत्र था। वह यद्यपि यह कहता है कि मैंने सर्प-सूत्र

में वैशंपायन के मुख से भारत सुना। पर यह लाक्षणिक कथन ही है। वास्तव में सौति वैशंपायन के समकालीन नहीं हैं। वे उनसे बहुत बाद ई.पू. 150 के अशोककालीन पुरुष हैं। बौद्ध सम्राट् अशोक के काल में सौति ने महाभारत का वर्तमान ग्रंथरूप संपादित किया था।

महाभारत संग्राम के बाद 1500 वर्षों की संस्कृति का इतिहास : यह एक अत्यंत महत्त्वपूर्ण बात है कि व्यास से सौति के काल तक की सांस्कृतिक स्थिति का वर्णन महाभारत में है। यद्यपि यह कहना कठिन हो गया है कि महाभारत में वर्णित सारी बातें संग्रामकालीन हैं, परंतु इसमें कोई संदेह नहीं कि महाभारत संग्राम के बाद 1500 वर्षों की संस्कृति का कोई अन्य जाग्रत् साक्षी नहीं है।

भाषा : संपूर्ण महाभारत की भाषा ऐसी है, जो प्राचीन भाषा और वर्तमान संस्कृति से भिन्न है। उसमें बोलचाल के शब्दों और परिभाषाओं की भरमार है। निस्संदेह महाभारत के कुछ भागों की भाषा बहुत प्राचीन और जोरदार है। भगवद्गीता की ही भाषा की प्रौढ़ता को देख लीजिए।

सौति का महान् प्रयास : सौति कथा-वाचक थे। उन्हें प्राचीन पौराणिक आख्यान, जो कुछ भी ज्ञात हो सके, उन सबका महाभारत में उन्होंने समाहार कर दिया। इस मेल-मिलाप में कहीं-कहीं असंबद्धता उत्पन्न हो गई है, जो स्वाभाविक था। कहीं पूर्वापर विरोध हो गया है। खूब ध्यान से महाभारत पढ़ने से तथा भाषा और विषय की परंपरा तथा कथा के प्रवाह पर ध्यान देने से पता लग जाता है कि कौन-कौन से भाग सौति द्वारा जोड़े हुए हैं।

श्रद्धावाद और बुद्धिवाद : ई.पू. छठी शताब्दी में जैन और बौद्ध धर्मों का उदय हुआ। विशेषकर बौद्ध-धर्म अधिक उन्नत हुआ, जिसे सम्राट् अशोक का राजाश्रय प्राप्त हुआ। इन दोनों धर्मों ने खुल्लमखुल्ला वैदिक धर्म की प्रामाणिकता अस्वीकार कर दी और धर्म श्रद्धावाद से हटकर बुद्धिवाद पर आ अटका। लोग कहने लगे, "जो बुद्धि से ठीक जचे, वही धर्म है।" ब्राह्मणों के प्रति श्रद्धा कम करने तथा अपने धर्म की महत्ता और प्राचीनता प्रामाणित करने को इन नए धर्मों के उपदेष्टा सुप्रसिद्ध पुरुषों को अपनी ओर खींच रहे थे तथा जिन प्राचीन व्यक्तियों के प्रति आदरभाव था, उनसे संबंध जोड़ रहे थे। जैनों ने वेदों में वर्णित ऋषभदेव को अपना प्रथम तीर्थंकर कहना आरंभ कर दिया था। बौद्ध कह रहे थे कि दशरथ-पुत्र राम बुद्ध के पूर्व जन्म का अवतार हैं। वैदिक यज्ञों में पशु-वध होता था, ये धर्म अहिंसा धर्म की स्थापना कर रहे थे। इनकी बातें दलितों को, सर्वसाधारण को, संकर जातियों को, जो ब्राह्मणों की कुलीनता से चिढ़े हुए थे, प्रिय लग रही थीं। वहाँ उन्हें समानता के अधिकार मिल रहे

थे। अंधविश्वास के स्थान पर आचार पर बल डाला जा रहा था। तीर्थों और देवताओं की निंदा की जा रही थी। चातुर्वर्ण्य की व्यवस्था का भी उल्लंघन हो रहा था, जिसे संकर और नीच जाति के लोग चाव से देख रहे थे। आत्मा और ईश्वर की ओर से लोग उदासीन हो गए, महावीर और बुद्ध के डेढ़ सौ वर्ष बाद ही सर्वत्र ये परिवर्तन होने लगे थे। इस पर अशोक ने बौद्ध-धर्म को राजाश्रय दे संपन्न कर दिया। जहाँ एक तरफ अशोक बौद्ध-धर्म को राजाश्रय दे रहा था, यहाँ आर्य धर्म अपने स्थान से डिग गया था। उसमें पांचरात्र, पाशुपत शक्तिमत जोर पकड़ रहे थे। कोई गणपति को पूजता था, कोई स्कंद को। इनमें संगठन तो दूर रहा, वहाँ तीव्र विरोध था। वेद सर्वसाधारण के लिए दुर्बोध हो रहे थे और यज्ञ-संस्था कमजोर होती जा रही थी। प्राचीन समय के बड़े-बड़े अवतारी पुरुषों के वर्णन इधर-उधर बिखरे पड़े थे या छोटे-छोटे आख्यानों में लुप्त होते जा रहे थे। उस समय एक ऐसे ग्रंथ की आवश्यकता थी, जो समाज को नीति और धर्म की शिक्षा देकर प्राचीन आर्यत्व के गौरव की स्थापना कर सके। प्राचीन ऋषियों और चक्रवर्ती राजाओं की वंशावलियाँ भाटों और सूतों की जीर्ण-शीर्ण पोथियों में बिखरी पड़ी थीं। धीरे-धीरे लोग अपने पराक्रमी पूर्वजों को भूलते जा रहे थे। ऐसी अवस्था में आर्यधर्म बौद्ध और जैन जैसे उदीयमान, सर्वजनप्रिय विश्वधर्मों का कैसे सामना कर सकता था? इस समय तक भी न दर्शनों का, न स्मृतियों का, न सूत्र-ग्रंथियों का जन्म हुआ था। इसी समय सौति ने महाभारत को बृहत् रूप दिया। इसमें उन्होंने आर्यों के धर्म के अंतर्विरोध का निराकरण किया, सब मतों को एकत्र कर उनमें मेल का बीज बोया। कथाओं, उपदेशों, उदाहरणों, गाथाओं, आदर्शों को एकत्र कर आर्यधर्म के उदात्त रूप को मूर्त किया, जिससे आर्य वर्णाश्रम धर्मों-जनों में स्फूर्ति उत्पन्न हुई और उनमें नई शक्ति का जन्म हुआ। आर्यधर्म का सामंजस्य करके उसका उत्कर्ष बताना ही सौति का उद्देश्य था। इसी के लिए आनुषंगिक रीति से तत्त्व-ज्ञान, इतिहास, राजनीति, धर्मनीति आदि विषयों का उसमें समावेश किया। इसका परिणाम यह हुआ कि महाभारत सब संप्रदायों, धर्मों, मतांतरों का एकमात्र मान्य ग्रंथ हो गया। वह प्राचीन काल के वैदिकों और उत्तरकाल के वैदिकों का एक सा पूज्य ग्रंथ बन गया और लोग उसे 'पंचम वेद' कहने लगे।

महाभारत का महत्त्व : महाभारत की वर्णन-शैली बड़ी प्रभावशाली है। उसमें कवित्व बहुत है। हजारों ही कूट श्लोक हैं। आख्यान भी बड़े मनोहर हैं और तत्त्व-ज्ञान बड़ा गंभीर है। इसके साथ ही भूगोल-इतिहास राजनीतिक और धर्मानुशासन का विचित्र संयोग है। साथ ही सब वर्णन मर्यादा के अनुसार है। इसलिए यह ग्रंथ उत्कृष्ट महाकाव्य की गरिमा धारण करता है। महाकाव्य के सब गुणों से संयुक्त यह ग्रंथ

पृथ्वी के सब ग्रंथों में अद्वितीय है। भाषा उसकी प्रौढ़ और गंभीर है। सरलता और प्रौढ़ता का उसमें अद्‌भुत मेल है। पुराणों की भाषा अशुद्ध है, उनमें प्रौढ़ता का चिह्न भी नहीं है। पर महाभारत में यह बात नहीं है। महाभारत के कुछ प्रधान भागों में जिस भाषा का प्रयोग किया गया है, उससे ज्ञात होता है कि संस्कृत जब हजारों लोगों की बोलचाल की भाषा थी, तब शुद्ध और सरल शैली में प्रौढ़ रचना का आदर्श क्या था।

धर्म-काव्य : साधारणतया काव्य का दृष्टिकोण रसोत्कर्ष और मनोरंजन ही रहा है, पर महाभारत ऐसा काव्य नहीं है, उसका दृष्टिकोण धर्म ही है। लौकिक कार्यों में भी धर्म ही का बंधन प्रकट किया गया है। धर्म ही इस महाकाव्य का प्राण है। महाभारत का उद्‌देश्य है, मनुष्य को धर्माचरण करना चाहिए तथा ईश्वर संबंधी और मनुष्य संबंधी अपने कर्तव्य का पालन करना चाहिए। धर्माचरण से ही उसके सब उद्‌देश्य सिद्ध होते हैं और धर्माचरण से भ्रष्ट होने पर उसके सब उद्‌देश्य नष्ट हो जाते हैं। चाहे जैसा संकट आ पड़े, मनुष्य को धर्म का आश्रय नहीं छोड़ना चाहिए। 'धर्मो रक्षति रक्षतिः' यही महाभारत का मूल मंत्र है। 'यतो धर्मस्ततो जयः' यह महाभारत की जय-ध्वनि है।

महाभारत आर्यों का एकमात्र राष्ट्रीय ग्रंथ : महाभारत की रचना वास्तव में सौति का बड़ा भारी राष्ट्रीय कार्य है। उन्होंने असहाय और ध्वस्त आर्य संस्कारों को उस समय बद्धमूल किया, जब उसका सर्वतोभावेन विध्वंस हो रहा था। आश्वलायन ने यद्यपि वैशंपायन को भरताचार्य कहा है, पर वास्तव में भरताचार्य सौति ही हैं। उन्हीं के भगीरथ-प्रयत्न तथा मेधा-शक्ति से महाभारत में वर्षों से प्रचलित गाथाओं, प्रवचनों, दंतकथाओं, धर्म-सिद्धांतों, नीति-वचनों, प्रथाओं, रीतियों और सामाजिक व्यवस्थाओं का जो सैकड़ों वर्षों तक अरक्षित रहकर बिखर गई थीं, एक जगह संग्रह हुआ। इस प्रकार महाभारत धर्म, नीति, तत्त्वज्ञान और इतिहास का एक अप्रतिम ऐतिहासिक ग्रंथ बन गया। आज के हिंदू धर्म की रक्षा करने का श्रेय इसी ग्रंथ को है। प्राचीन आर्य-संस्कृति और नए हिंदू-धर्म को एक सूत्र में बाँधनेवाला यही ग्रंथ रहा है। महाभारत संग्राम-काल से लेकर, जबकि वैदिक आर्यों के प्राचीन धर्म समाप्त हो गए, अशोक-काल तक, जबकि महाभारत संग्राम के फलस्वरूप आर्यों के सामाजिक, धार्मिक और राजनैतिक जीवन का नया ही रूप नए-नए परिवर्तनों के कारण बनता जा रहा था, उनका इस एक ही ग्रंथ में ऐसा संग्रह है कि जिसकी समता दूसरा ग्रंथ कर ही नहीं सकता। सौति ने इसके संबंध में ठीक ही कहा है, "यदिहास्ति तदन्यत्र यन्नेहास्ति न तत्क्वाचित।"

महाभारत का महत्त्व : ऐतिहासिक दृष्टि से महाभारत का महत्त्व अद्वितीय है। महाभारत को छोड़कर एक भी ऐसा भारतीय ग्रंथ नहीं, जिसमें ब्राह्मण-काल से लेकर

यूनानियों की चढ़ाई तक की भारतीय संस्कृति की जानकारी प्राप्त हो सके। ब्राह्मण ग्रंथों, पुराणों तथा सूत्रों में इधर-उधर की बिखरी हुई जानकारी है। परंतु महाभारत में वर्णन विस्तृत है। उसे पढ़कर हम आर्यों के तीनों युगों की बहुत सी सामाजिक स्थिति और रहन-सहन की बातें जान सकते हैं। साथ ही साहित्य, विचारधारा, राजनीति और धर्म क्रांति का परिचय भी प्राप्त कर सकते हैं। आर्यों के आचार-विचार पर जैसी व्यापक दृष्टि महाभारत में डाली गई है, वैसी दूसरे किसी ग्रंथ में नहीं है।

क्या महाभारत इतिहास है : 'धर्मार्थ काम मोक्षाणां—समुपदेश समन्वितम्। पूर्ववृत्त कथा युक्तमितिहासं प्रचक्षते'—इस श्लोक की कसौटी पर हम महाभारत को इतिहास कह सकते हैं। यद्यपि महाभारत में कुछ बातें ऐसी हैं, जिन्हें हम असंभव, असत्य और अनैतिहासिक कह सकते हैं, परंतु ऐसी झूठी-सच्ची बातें तो सभी पुरानी जातियों के पुराने इतिहासों में मिल गई हैं। रोमन इतिहासवेत्ता लीवी, यूनानी हेरोडोटस और मुसलमान ऐतिहासिक फरिश्ता भी इस अपवाद से नहीं बचे। फिर भी यह स्पष्ट है कि हम बिना लीवी, हेरोडोटस और फरिश्ता की सहायता के रोम, यूनान और इसलाम राज्य के इतिहास-वृत्त नहीं जान सकते। फिर असत्य और असंभव बातें तो मेगस्थनीज और केसिअस के इतिवृत्तों में भी कम नहीं हैं, जो जगन्मान्य ऐतिहासिक हैं।

महाभारत में जो इतनी अधिक कल्पनाएँ मिल गई हैं, उसका कारण है। दो कारणों से इतिहास-ग्रंथों में अनैसर्गिक या असत्य घटनाएँ मिल जाती हैं। प्रथम तो यह कि लेखक दंतकथाओं को सत्य मानकर उनके भरोसे ग्रंथ लिखते हैं। दूसरे, ग्रंथ के प्रसिद्ध हो जाने पर पीछे के लेखक अपनी-अपनी रचनाएँ उसमें मिलाते चले जाते हैं। अन्य देशों के इतिहासों में भी ये दोष उत्पन्न हुए हैं। परंतु महाभारत में जो इतनी अधिक मिलावट हुई, उसका कारण यह था कि उन देशों में जब इतिहास लिखे गए, तब लेखन-कला प्रचलित हो चुकी थी। भारत में बहुत धर्म और इतिहास-तत्त्व केवल मौखिक दंतकथाओं पर आधारित होते थे। इसके अतिरिक्त किसी भी देश में किसी भी ग्रंथ का इतना आदर नहीं हुआ, जितना भारत में महाभारत का हुआ। इसलिए लोगों को महाभारत में अपनी कथाएँ मिला देने का प्रलोभन सबसे अधिक हुआ। इसी से महाभारत में कल्पित कथाओं का बाहुल्य हो गया।

पाश्चात्य पंडित महाभारत को 'काव्य' ही कहते हैं, इतिहास नहीं। इसका अर्थ है कि वे उसकी कहानी को काल्पनिक मानते हैं और उसे ऐतिहासिक महत्त्व नहीं देते। इसमें संदेह नहीं कि महाभारत में काव्योत्कर्ष उच्चकोटि का है। फिर भारतीय साहित्य तो काव्यमय है ही।

□□□

शरतचंद्र साहित्य

शरतचंद्र चट्टोपाध्याय
श्रीकांत
(भाग-1)
प्रभात

शरतचंद्र चट्टोपाध्याय
श्रीकांत
(भाग-2)
प्रभात

शरतचंद्र चट्टोपाध्याय
चरित्रहीन
प्रभात

शरतचंद्र चट्टोपाध्याय
गृहदाह
प्रभात

शरतचंद्र चट्टोपाध्याय
लेन-देन
प्रभात

शरतचंद्र चट्टोपाध्याय
सविता
प्रभात

शरतचंद्र चट्टोपाध्याय
पथ के दावेदार
प्रभात

शरतचंद्र चट्टोपाध्याय
देवदास
प्रभात

शरतचंद्र चट्टोपाध्याय
अभागी का स्वर्ग
प्रभात

शरतचंद्र चट्टोपाध्याय
बिंदो का लड़का
प्रभात

शरतचंद्र चट्टोपाध्याय
देहाती समाज
प्रभात

शरतचंद्र चट्टोपाध्याय
परिणीता
बड़ी दीदी
प्रभात

शरतचंद्र चट्टोपाध्याय
सती
विलासी
प्रभात

शरतचंद्र चट्टोपाध्याय
चंद्रनाथ
वैरागी
प्रभात

शरतचंद्र चट्टोपाध्याय
ब्राह्मण की बेटी
विराज बहू
प्रभात

भारतवर्ष की लोककथाएँ

'लोकप्रिय कहानियाँ' शृंखला के सम्मानित कथाकार

• अवध नारायण मुद्गल • अज्ञेय • आचार्य चतुरसेन • आनंद प्रकाश जैन • आर.के. नारायण • उर्मिला शिरीष • उषा किरण खान • ऋता शुक्ल • कमल कुमार • कमलेश्वर • कुसुम अंसल • कुसुम खेमानी • केशव • गंगाप्रसाद विमल • गिरिराज किशोर • गुरुदत्त • गोविंद मिश्र • चंद्रकांता • चित्रा मुद्गल • जयशंकर प्रसाद • जैनेंद्र कुमार • ज्योत्स्ना मिलन • दामोदर दत्त दीक्षित • देवेंद्र सत्यार्थी • धर्मवीर भारती • नरेंद्र कोहली • नासिरा शर्मा • निर्मल वर्मा • पद्मा सचदेव • पांडेय बेचन शर्मा 'उग्र' • प्रकाश मनु • प्रेमचंद • बलराम • बिमल मित्र • भगवान अटलानी • मनु शर्मा • मन्नू भंडारी • महीप सिंह • मालती जोशी • मीरा सीकरी • मृदुला गर्ग • मृदुला बिहारी • मृदुला सिन्हा • मेहरुन्निसा परवेज • रमेशचंद्र शाह • रमेश पोखरियाल 'निशंक' • रवींद्रनाथ टैगोर • रस्किन बॉण्ड • राजी सेठ • राजेंद्र मोहन भटनागर • राजेंद्र राव • रामदरश मिश्र • रामधारी सिंह दिवाकर • रूपसिंह चंदेल • विजयदान देथा • विद्या विंदु सिंह • विवेकी राय • विश्वंभरनाथ शर्मा कौशिक • विष्णु प्रभाकर • वृंदावनलाल वर्मा • शंकरदयाल सिंह • शरतचंद्र चटर्जी • शिवप्रसाद सिंह • शैलेश मटियानी • श्रीलाल शुक्ल • संतोष गोयल • सच्चिदानंद जोशी • सत्यजित रे • सिम्मी हर्षिता • सीतेश आलोक • सुधा मूर्ति • सुनीता जैन • सुभद्रा कुमारी चौहान • सुशील कुमार फुल्ल • सूर्यबाला • से.रा. यात्री • स्वयं प्रकाश • हिमांशु जोशी

विदेशी कथाकार

• आर्थर कॉनन डायल • ऑस्कर वाइल्ड • एच.जी. वेल्स • ओ. हेनरी • काफका • खलील जिब्रान • चार्ल्स डिकेंस • चेखव • जूल्स वर्न • जैन आस्टीन • डी.एच. लॉरेंस • थॉमस हार्डी • पर्ल बक • मार्क ट्वेन • मोपासाँ • रुडयार्ड किपलिंग • लियो टॉलस्टॉय • वाल्टर स्कॉट • शेक्सपीयर • शेरलॉक होम्स • साकी

भारतीय भाषाओं की कहानियाँ

• डोगरी-कश्मीरी • ओड़िया • कन्नड़ • गुजराती • तमिल • तेलुगु • पंजाबी • मराठी • मलयालम • असमीया • बांग्ला • सिंधी • कोंकणी • उर्दू

विदेशों की कहानियाँ

• अमेरिका • इंग्लैंड • जर्मनी • फ्रांस • यूरोप • रूस • स्पेन